시에 잠긴 한국인 생각

－韓國詩思想史試論

김선학 지음

국학자료원

생각이 체계화 되면 사상이 된다. 사상이 자리를 잡으면서 현실과 밀접히 관계하여 현실화—제도화 되면 이념이 된다. 이념은 이데올로기이다.

지난 세기에 이념의 종언을 말한 사람도 있긴 하지만 이념으로 세계가 나뉘어져 냉전의 시대가 오래 동안 지속되기도 했다. 이념과 이념이 충돌하면서 한국인은 반세기 전 동족상잔의 비극을 경험하기도 했다.

생각이란 이렇게 중요한 역사적 사항과 관계하고 있음을 지나쳐서는 안 된다. 이념의 뿌리가 사상이라면 사상의 싹은 생각이다. 이념의 발원지는 그러므로 생각의 평원이다.

문학사상은 작가가 작품으로 체계화 시키는 자신의 생각이다. 생각의 끝에서 언어와 만나 상상력의 조력을 받으면서 작품은 탄생한다. 언어로 형상화된 작품에는 그래서 사상의 싹인 생각이 잠겨 있다.

한국의 시에는 한국인의 생각이 잠겨 있다. 잠겨 있는 한국인의 생각을 한국인의 사유라고 말해도 관계가 없다. 생각이란 뜻의 또 다른 표현이 사유가 아닌가. 시 속에 잠겨 있는 한국인 생각의 자락—사유의 모습을 건져내고 싶었다. 생각의 자락을 붙잡고 가능하면 그것을 온통 들어내 보고 싶었다.

생각이 사상으로 가는 길은 두 가지로 상정해 볼 수 있다.

이성적인 길과 정서적인 길. 시를 포함하는 문학에서 생각이 사상으로 변환되는 것은 정서적인 행로를 통해서다. 특히 시에서는 그것이 압축되고 함축된 언어-지난 세기 영국 쪽 인사의 말을 빌리면 정서적 용법의 언어를 통해서이다. 정서적 용법의 언어가 태생적으로 가진 의미의 애매모호성 껍질을 깨고 보다 명료한 생각의 자락을 붙잡으려고 노력해 보았다. 생각이 사상으로 가는 길이 이성적인 길만이라고 믿는 사람에게는 이러한 작업이 무모하다고 볼 수밖에 없다는 것을 모르는 바가 아니다. 시론(試論)이란 말을 그래서 붙였다.

한국 시문학은 통시적으로 파악하지 않을 때 문학사적 전승과 계승에 단절을 가져오게 될 것이고 한국인의 생각 전모를 파악하는데 결정적으로 장애요소가 될 것이다. '한국시문학사상사'라는 명명은 한국시의 통시적인 파악을 전제하고 문학사의 계승과 전승이라는 것을 염두에 둔 결과에서 붙인 말이고, 이 책에서는 한역시-한국 한시-향가 등에서부터 오늘날 한국 현대시까지, 충담-월명-최치원에서 오장환-이용악-김수영-기형도 등에 이르기까지 두루 조망하려고 했기에 붙인 표현이기도 하다.

이러함에도 '한국시문학사상사시론'이란 걸맞지 않고 성립이 곤란한 명명인지도 모르고 아예 성립될 수 없는 말일 수도 있지 않을까를 반추해 보게 된다.

시론이란 말의 정확한 의미를 다시 한 번 생각하면서 넓은 의미의 시와

사상 그리고 문학사를 바라보는 폭넓은 관점에서 해량하여 이해해주기를 바라고 싶다. 부족한 글에 대해서도 질정과 비판의 채찍에 인색하지 말기를 아울러 간구하고자 한다.

유난히 더운 여름이었다.
간행을 흔쾌히 받아주시고 꼼꼼하게 책을 만든 국학자료원의 여러분들과 원고정리와 교정을 챙겨 준 조임경·박유영 두 조교의 도움에 고마움을 전한다.

2007년 8월. 가을을 기다리며
지은이

|목 차|

| 제3장 | 시적 변용된 불교사상

옛 시 속의 한국인 생각

1. 「公無渡河歌」-순애보적 사랑의 아름다움

근원(根源)의 사전적인 뜻은 '물줄기의 근본' 혹은 '일의 본바닥'이다. 시내가 모여 강을 이루고 강은 바다로 흘러간다. 바다의 근원이 졸졸 흐르는 시냇물이라는 사실을 우리는 짐짓 잊고 사는 경우가 많다. 끝없이 펼쳐지는 망망대해의 푸른 물결도 저 산 속을 숨죽여 흐르는 시냇물임을 생각하는 일은 결코 쉬운 발상이 아니다. 한국시의 본바닥이 아득한 옛날 이름조차 제대로 알 수 없는 사람들이 언어에 낱낱이 생겨놓은 정감의 조각들임을 헤아리는 일도 마찬가지로 손쉬운 것은 아닐 것이다.

그래서 한국시 오늘날의 근원을 찾아가서 그곳에서 조용히 그 가닥을 헤쳐 보는 일은 결코 무의미할 수만은 없다. 따라서 다시 읽어보는 우리들 옛 시(詩)의 모습은 근원이 없이 오늘날이 있을 수 없음을 새삼 확인하는 일이고, 본 바닥의 모습을 통해 변화되고 영글어진 오늘날 시의 얼굴을 제대로 이해하자는 뜻을 동시에 지니게 된다.

한편으로 이렇게 생각해 볼 수도 있을 것이다. 인(因)이 없이 어떻게 과(果)가 있을 수 있을 것인가. 오늘날 한국시의 다양하고 풍부한 모습은 바로 오랜 옛날 그 근원의 터전에서 연유된 한 줄기 맑고 깨끗한 샘물이었음을 확인하는 일이다. 그 샘물로 공해에 찌들고 산업화에 의해 마모된 우리들 척박한 마음의 밭을 촉촉이 적실 수 있다면 그것이 바로 근원을 통해 나 자신 오늘날의 찌든 모습을 본래의 정감적인 싱싱한 것으로 쇄신시키는 일이라고 헤아려 볼 수도 있게 된다.

우리 옛 시의 처음은 노래와 언제나 함께 자리하고 있다. 그것은 우리 옛 시의 경우만이 아니라 어느 민족 어느 국가에 있어서나 공통된 것이다. 노래와 함께하는 그 옛 시의 모습에서 문학의 요람기는 음악의 강보에 싸여 있었다고 말할 수도 있을 것이다. 그리고 또 하나의 특성을 우리의 옛 시는 갖고 있다. 우리말을 적어둘 합당한 글자를 오랜 옛날에는 갖고 있지 않았다는 점이다. 그래서 그 우리의 옛 시들은 이웃나라인 중국의 글자에 의탁할 수밖에 없었다. 그것을 이른바 한국의 한시(漢詩)라고 부르게 된다. 얼마동안 빌어쓴 글자이긴 하지만 우리의 옛 시는 우리 나름대로의 정서의 뜨락과 정감의 평원을 펼쳐놓는데 매우 적극적이었음은 그 시들을 읽어보면 쉽게 알 수 있는 대목이다.

우리의 옛 시를 다시 읽어 보기로 하면서 맨 처음 한자를 빌어 마음의 갈피에 묻혀 있는 사연을 새긴 것 중 한 편을 선택하기로 한다.

님이여, 강물을 건너지 마오.
강을 건너지 마오.
건너다 결국 빠져 죽고 말았음이여.
아아, 그대여. 앞으로 어떻게 살아갈까.

한자로 씌어진 것을 오늘날의 말과 글자로 풀이하여 적어놓았다. 이 시의 제목은 「공후인(箜篌引)」 혹은 「공무도하가(公無渡河歌)」라고도 한다.

공후는 줄을 켜는 현악기의 하나다. 모두 스물 석줄로 되어 있는 수(豎)공후, 넷 내지 여섯줄의 와(臥)공후, 십여줄의 봉수(鳳首)공후의 세 가지가 있었다고 한다. 인(引)은 노래의 곡조 즉 가곡(歌曲)을 말한다. '공후인'이란 공후의 악기에 맞춰 부른 노래의 가사라는 뜻을 가지고 있게 된다. 여기서 옛 시들은 언제나 노래와 함께 있었음을 다시 한번 알 수 있게 된다.

공무도하(公無渡河)란 '님 혹은 그대(公)가 강을 건너지 말아다오'란 뜻이고 가(歌)란 그러한 내용의 '노래'라는 의미다. 요컨대 이 시는 노래와 함께 한 가사라는 것과 그 내용이 강물을 가로질러 님이 건너가지 말아주기를 당부하는 것임을 알 수 있게 된다. 참고로 한자로 된 원래의 이 시 모습을 적어보면 다음과 같다.

公無渡河 公境渡河 墮河而死 將奈公何

이 시의 작자는 고조선(古朝鮮)의 뱃사공 곽리자고의 아내 여옥(麗玉)으로 되어 있다. 이 시를 좀 소상하게 살펴보기 위해서는 이 시의 창작배경을 들추어보는 것이 좋을 것이다.

곽리자고는 새벽에 일어나 사공일을 하였다. 그때 어떤 미치광이 늙은이가 물살이 거센 강을 건너갔는데, 그 아내가 뒤쫓아 오면서 만류했으나 미치광이는 듣지 않고 건너가다가 마침내 물에 빠져 죽었다. 그 아내는 공후를 타면서 노래했다. 그 소리가 매우 애절했고, 그 내용이 가슴을 에이었다. 공후 가락이 끝나자 아내도 강물에 몸을 던져 죽었다. 곽리자고가 돌아와 그 아내 여옥에게 자초지종을 말하자 그 아내도 슬퍼하면서 공후를 잡아 그 소리를 재현해 보았다는 것이 이 시를 둘러싼 배경의 이야기다.

남편이 강을 가로질러 물을 건너려 하는 것을 말리는 그 아내는 적극적이기 보다는 소극적이다. 거센 물살의 강물을 건너면 익사하기 십상이고,

더욱 온전하지 못한 정신을 가진 남편이라면 소맷자락이나 바짓가랭이를 잡고라도 물 속에 들어가지 말도록 했어야 할 일이다. 그런데 다만 '강물을 건너지 마오. 정말 건너지 마오.'라고 애타게 애원했음 따름이다. 여기에서 우리는 한국여인의 지아비에 대한 절대적인 순종의 자세와 만나게 된다. 지아비의 뜻을 절대적인 가치의 항목으로 받아들이고, 다만 자신의 생각과 의지를 그것에 대응시키면서 애타게 들어주기를 갈구하는 순종과 복종의 아름다움을 여기서 만나게 된다.

많은 사람들은 이러한 한국여성의 덕목이 여필종부(女必從夫)의 유교적 가치관과 관계한다고 말한다. 그러나 사실상 이것은 유교적 가치관이 지배하기 이전부터 원래의 한국여성 마음이었고 삶을 살아가는 자세였음을 '공후인'은 확실히 해주고 있다. 물에 빠져 죽어버린 남편의 모습을 보고 '앞으로 어떻게 살아갈까'라고 통곡하다 자신도 지아비와 함께 죽어버리는 곳에서 그 점은 더욱 확실해진다.

사랑이란 서로의 존경심에서 비롯한다. 그 존경을 상대방의 어떠한 점에 대해서도 자신을 돌보지 않는 아가페적 태도에서 비롯한다. 지극한 사랑은 상대방의 의사를 적극적으로 가로막기보다 상대방의 의사를 변화시킬 것을 계속 갈망하다가 그것이 자신의 뜻과 배반된다 해도 결국 그것을 따르는 순애보적 자세에 있다. '공후인'은 한국여성의 이 같은 아가페적이고 순애보적 사랑의 뿌리와 그것이 유교적 가치관에서 비롯됨이 아니라 원천적으로 우리들 것임을 확연히 드러내준다. 또한 그것이 얼마나 처절한 아름다움을 가진 것인가를 새삼 깨닫도록 해주는 우리 옛 시의 뛰어난 모습임을 확인하게 한다.

2. 「祭亡妹歌」 - 현세지향적인 신라인

우리 글자가 없던 시대에도 우리 조상들은 자신의 정감을 담아내는데 적극적이었다. 그 구체적인 모습을 향가(鄕歌)에서 보게 된다. 향가는 한자의 음과 그 뜻인 훈으로 우리말을 기록한 향찰(鄕札)을 사용한 신라시대의 노래다. 그것은 지배계층인 왕족과 귀족에서부터 서민에 이르기까지 폭넓게 불리워진 신라 당대를 대표한 노래였다고 기록들은 전하고 있다. 그 노래의 가락은 오늘날 알 수 없지만 노랫말인 시는 그 일부가 전하고 있어 얼마나 다행한 일인지 모른다. 『삼국사기』의 기록에 의하면 『삼대목』이라는 향가집이 있었다고 한다. 그러나 그 책이 전하지 않아 향가의 다양한 모습을 볼 수 없는 것은 안타까운 일이다. 다행하게도 『삼국유사』와 『균여전』에 25수가 전하고 있음은 우리를 기쁘게 한다.

향찰을 오늘날의 말과 글로써 해독하는 일은 어떤 경우에 한자의 음을 사용하고, 훈을 사용하였는지에 관한 신라 당시의 표기체제가 전하지 않으므로 매우 어려운 일일 수밖에 없다. 그 어려운 일을 우리나라 사람으로 처음 양주동이 하였다. 그의 해독에 의하면 「제망매가(祭亡妹歌)」의 내용은 이렇다.

생사로(生死路)는
예 있음에 두려워서
나는 간다 말도 못다 하고 가는가
어느 가을 이른 바람에
여기 저기 떨어진 잎같이
한가지에 나고 가는 곳 모르온저!
아, 미타찰(彌陀刹)에 만날 나는
도(道)닦아 기다리련다.

이 시의 작가는 스님인 월명(月明)이다. 월명이 자기보다 일찍이 세상을 떠난 누이의 제(祭)를 올리면서 불렀다는 노래의 가사다. 그러나 이 노랫말 속에는 삶과 죽음, 이승과 저승에 대한 신라인들의 가치관이 깊게 드리워져 있음을 지나쳐서는 안 된다.

삶과 죽음을 순환성에 두었다는 것이 우선 살펴볼 수 있는 부분이다. 그리스의 눈이 멀었던 서사시인 호머는 "사람은 나뭇잎과도 흡사한 것, 가을 바람이 땅에 낡은 잎을 뿌리면 봄은 새로운 잎으로 다시 숲을 덮는다"라고 노래했다. 그것은 불교적 발상법에 의하면 윤회라고 할 수 있다. 삼라만상은 영원하지 않고, 그것은 유한하면서 뒤바뀌어 이승에 나타난다는 것이 윤회사상이 가진 의미의 참모습이다. 호머가 이 같은 윤회의 순환성을 나뭇잎에 비유한 것은 월명이 삶과 죽음을 나뭇잎에 비유한 것과 똑 같다.

누이동생과 자신의 같은 부모에서 태어난 것을 한 가지에서 돋아난 잎으로 생각하는 월명은, 잎이 떨어져 어딘가로 바람에 날려가는 현상을 삶과 죽음의 길이 있는 이승의 현실로 생각한다. 그래서 어딘가로 간다는 말도 할 사이가 없이 어느 날 죽음은 우리 앞에 우뚝 다가섬을 노래의 앞부분에서 절절하게 표현하고 있다.

많은 사람들은 불교로서 묶어진 사상적 일체감에서 신라의 삼국통일 위업이 달성될 수 있었다고 말한다. 백성들의 사상적 일체감 없이 국가적인 비원이 이루어질 수 없음은 당연한 일이라 할 때 이 말은 설득력을 가지게 된다. 신라를 지탱시키고 있던 불교의 핵심은 현세주의적인 것이었음은 그것을 통해 삼국통일에로까지 현실적 문제를 해결하려했던 의지에서 충분히 알 수 있는 것이다. 신라인들의 이러한 현실주의적인 가치관에서 비롯되는 불교인식에 「제망매가」는 발을 깊숙하게 담그고 있다. 끝부분의 다음 두 행이 이것을 분명하게 말해주고 있다.

아, 미타찰에 만날 나는
　　도 닦아 기다리련다.

미타찰은 아미타 부처님이 살고 계시는 서방정토다. 서방정토는 불교가 제시하는 이상향의 이름이다. 그곳은 다시 말해 극락이라고 할 수 있는 곳이다. 그곳에 누이동생은 가 있다고 월명은 생각한다. 그래서 불법의 진리 구도에 용맹정진하면 자신도 그곳에 갈 수 있을 것이라고 월명은 확신한다. 그러나 월명이 지금 바로 그곳에 누이를 따라 가지는 않겠다는 점이 "도 닦아 기다리련다"라는 표현 속에서 잠겨 있다. 같은 부모에서 비롯된 동기간의 애끓는 우애를 생각한다면 이것은 얼마간 이해가 힘든 부분이 될 것이다. 그러나 현실주의적 불교관에 사로잡힌 신라인의 입장에서는 지극히 당연한 생각이다.

아무리 서방정토라 할지라도 신라인에게 있어 그곳은 삶의 건너편 죽음의 지평이다. 극락이라 할지라도 그곳이 생사로가 있는 이곳의 현실만큼 의미가 없음을 나타내주고 있다. 요컨대 현실의 이승에 보다 확실한 의미를 신라인들은 부여하고 있음을 알 수 있게 된다. 이승에서 구도에 정진하면서 극락에 가있는 누이를 기다리겠다는 의지 속에서 한편으로는 죽음을 극복하여 영원한 삶의 복락을 희구한 마음이 그 속에 도사리고 있음을 확인할 수 있게 해준다.

결국 삶의 순환성에 많은 부분을 의탁하면서 불교의 저 구도적인 모습을 현실적인 세계관과 절묘하게 접목 시키고 있는 곳에 「제망매가」의 의미는 더욱 확실해질 것이다. 아울러 우리 옛 한국인들의 지극히 현실적이고 현세 지향적인 모습을 헤아릴 수 있게 될 것이다. 그것이 아마 우리들의 감추어져 있는 참 모습일 지도 모르는 일이다. 그러나 「제망매가」에 대한 기왕의 해석도 우리에게는 많은 것을 생각하게 해준다. 현실주의적이고 현세지향적인 한국인의 모습과 아울러 다음과 같은 모습도 분명 「제망매가」
에는 깃들여 있음을 확인해야 할 것이다.

"그 첫째가 이 세상에 있는 너무나 엄연한 나고 죽는 생사의 피할 수
없는 길과 그것을 알기 때문에 죽음에 대한 인간의 두려움과 공포감이 그
것이다. 그래서 월명의 누이는 죽음이 두려워서 나는 간다란 말 한마디조
차도 하지 못하고 죽어가게 되는 것이다. 그 둘째는 바로 죽음의 허무와
이를 체득하는 비탄이다. 이를 형상화하기 위해서 월명은 한 가지에 났다
가 서로 뿔뿔이 가을바람에 날려 흩어지는 나뭇잎들로 비유의 절묘함을 보
이고 있는 것이다. 그것도 이른 바람에 지는 잎에 견줌으로써 젊은 나이로
죽어간 누이의 삶의 덧없음을 절실하게 나타내준다. 뿐만 아니라 가는 곳
모르온저!의 차탄에서 죽음의 삭막함에 대한 뼈아픈 비애의 아픔이 망울져
있다. 그러나 그 셋째에서는 종교적인 신념과 왕생에의 신앙에 의해서 이런
공포와 허무 비애를 마침내 초극하게 된다." (이재선. 『향가의 이해』에서)

3. 「風謠」 - 이승의 한(恨)과 서러움

공덕(功德)이란 불교의 신앙적 의미가 함축되어 있는 말이다. 여러 사람
을 위하여 착한 일을 많이 하는 것을 일컫는다. 다른 종교도 그렇지만 불
교에서는 자신의 희생을 감수하면서 고통받는 사람들을 그곳에서 구원해주
는 일을 이타행(利他行)이라고 한다. 이타행을 실천하여 부처님의 가이없이
넓고 넉넉한 사랑인 자비(慈悲)를 베풀어 주는 사람을 보살(菩薩)이라고 이
름한다. 그래서 보살이야말로 불교에서 말하는 이상적인 인간상의 대표적
인 모습이 된다.

옛날 우리나라에 불교가 들어온 것은 4세기 경의 일이다. 고구려(A.D.

372년)에 이어 백제(A.D. 384년) 그리고 맨 마지막으로 신라에 들어온 것은 A.D. 527년을 전후한 시기다. 전후한 시기라고 말하는 까닭은 신라에 불교가 들어온 내력에 대해서 확인할 수 없는 여러 가지 이야기가 전해오므로 그것을 공인한 법흥왕 14년을 불교 전래의 확실한 시점으로 잡기 때문이다. 신라에 불교가 지배계층으로부터 공인되기에는 이차돈의 순교가 중요한 역할을 하게 된다.

고구려의 스님 아도(阿道)가 처음으로 신라에 불교를 전하려 하자 조정의 모든 신하들은 강력한 반대를 하게 된다. 이차돈만이 받들어 믿기를 주장하다가 결국 처형을 당하고 만다. 이차돈은 죽을 때 '불법(佛法)에 신이 있다면 내가 죽은 뒤 반드시 이변(異變)이 있을 것이다'라고 예언했다. 이차돈의 목을 뱄을 때 피가 흰 젖빛으로 변화하여 솟구치므로 모두 놀라고 감동하여 불교를 국가적으로 공인하게 되었다고 「삼국사기」, 「삼국유사」 등의 기록은 전하고 있다.

신라에 전래된 불교는 그보다 먼저인 고구려, 백제에 비해 더욱 융성 발달한 것을 오늘 우리들은 많은 신라불교의 유적에서 확인하게 된다. 신라가 고구려, 백제를 합하여 삼국을 통일하게 된 것도 불교라는 종교적인 구심점에 연유하고 있다는 것을 많은 사람들은 밝혀내고 있다. 요컨대 법흥왕 이후 신라는 불교를 국교로 받들어 신앙하게 되었다. 어느 종교 할 것 없이 그것이 국가적인 차원의 믿음으로 될 때 정작 피지배계층이나 소외받는 민중계층에서는 그림 속의 떡처럼 오히려 신앙의 외곽지대에서 맴돌고 지배계층이 더욱 더 그네들의 기복(祈福)을 위해 그것에 집념하는 모습을 보이게 된다. 신라라고 해서 예외일 수는 없다.

양지(良志)는 신라 선덕왕 때의 스님이다. 그는 기이한 행적을 많이 했던 스님으로 붓글씨와 조각 등의 예술에도 한 경지를 이룬 분으로 전해진다. 양지 스님이 영묘사에 장육존상이란 부처님을 만들 때 그 재료로 삼은 진흙을 성중의 사람들이 운반하면서 불렀다는 향가가 「풍요(風謠)」다. 선덕왕의 시대는 A.D. 632년에서 647년까지다. 따라서 신라에 불교가 공인된 지 한 세기를 넘어선 시기이다. 그러므로 불교는 이제 신라의 국교로서 확실한 터전을 잡았으며 지배계층은 불교신앙에 투철하여 양지가 부처님을 만든다고 했을 때 많은 시주(施主)를 했을 것임이 분명하다. 그러한 경제적인 공덕을 쌓을 여유가 없던 일반 대중들은 스스로의 노동력으로 부처님의 도량에 시주하여 공덕을 쌓을 수밖에 달리 도리가 없었을 것이다. 사람의 고뇌를 들어주고 깨우침을 주어 이승에서의 고통을 저승에서의 복락으로 바꾸어준다는 불교의 신앙심에 신분의 상하와 귀천이 달리 존재할 수는 없다. 경제적으로 궁핍했을 민중에게 있어 어쩌면 내세의 복락추구는 더욱 절박하고 절실한 것이었을 것이다. 지금 양주동의 풀이로 살펴보려는 「풍요」의 짧은 네 마디의 노랫말 속에는 이 같은 신라 민중의 절절한 사연이 깊이 스며들어 있음을 알 수 있게 된다.

    오다 오다 오다
    오다 서럽더라
    서럽다 우리들이여
    공덕 닦으러 오다

    장육존상을 빚게 될 진흙을 나르면서 불렀다고 하여 노동요라고도 할 수 있을 것이다. 그러나 그 내용의 중심은 '오다'와 '서럽다'와 '공덕'이라는 세 말에 떠받쳐져 있는 소외받고 있던 민중들의 한(恨)과 서러움과 응어리진 이승에서의 고통에 대한 표백이다.

    경제적인 여유가 없으므로 돈과 물건으로 시주하지 못했지만 '공덕'을 쌓아 내세에서의 복락추구가 가진 자들인 지배계층보다 더욱 간절한 그들은 갖고 있는 몸으로 '공덕'을 쌓으려한다. 그래서 이렇게 부처님의 모습을 실체로서 떠올리는 양지 스님의 작업에 왔음을 '오다'라는 말을 반복하면서 확인한다. 그러나 그렇게 온 것은 경제적으로 궁핍한 그들 자신의 계층적인 서러움을 또 한번 확인시켜 주는 일이 아닌가. '오다 서럽더라'라는 구절은 그렇기 때문에 서럽고 고통스러운 자신들의 마음 속 한(恨)을 응축해서 표현한 말이다. '오다 서럽더라'는 그래서 서러운 그들의 자화상을 불교에서 말하는 삶과 현실은 고해(苦海)고 영원하지 않은 무상(無常)인생을 사는 인간은 서러울 수밖에 없다는 것에 아우르면서 인각시킨다. '서럽다 우리들이여'라는 구절도 이것과 상응되는 것으로 '우리들'의 이승에서의 궁핍한 처지에 대한 서러움과 고통을 불교가 애당초 세계와 인간 그리고 현실에 대한 인식인 생사병노(生死病老)와 삼독(三毒:탐욕하고 성내고 어리석은 것)과 오욕칠정(五慾七情)에 사로잡힌 이승에서의 중생들 그것과 나란히 놓아두게 된다.

공덕을 닦는 일은 적선(積善), 즉 착함을 쌓는 일이고, 그것은 남을 위해 봉사하는 이타행(利他行)이며 보살이라는 이상적 불교의 인간에로 다가가는 것이다. 또한 그것은 그렇게 선업(善業)을 이승에서 행함으로 내세인 서방정토의 극락세계에 업적할 수 있는 확실한 담보가 된다. '공덕 닦으로 오다'는 구절은 이 같은 것을 누구보다 불교의 신앙과 구도를 통해 체득한 신라 당대 민중들의 기구와 소원이 담겨져 있는 불교적인 서민의 행동철학이라고 파악할 수 있는 구절이 된다.

「풍요」를 오늘날 다시 보는 일은 신라 일반 민중들의 이승의 현실에 대한 한(恨)과 서러움과 고통을 종교적인 사항과 연루하고 있는 점을 통해 우리 자신의 모습을 비추어보는 일과 결코 무관하지 않다. 가진 자와 갖지 않은 자, 지배계층과 피지배계층, 소외시키는 자와 소외 받는 자의 거리가 더욱 깊어지고 멀어지는 상황에서 우리들의 참모습이 어떤 것인가를 그것은 새삼 통절하게 일깨워 주고 있기 때문이다.

4. 「秋夜雨中」(崔致遠의 漢詩) – 현실도피적인 지식인

당(唐)나라 희종(僖宗) 초년에 소금 암매상이었던 황소(黃巢)가 동업자였던 왕선지(王仙芝)등과 함께 반란을 일으켰다. 환관의 전횡, 관리들의 가렴주구와 소금의 전매, 과중한 세금에 시달린 백성들의 민심을 등에 업고 십년간(875~884)에 걸쳐 당나라 왕조에 결정적인 타격을 준 것이다. 이것이 황소의 난이다. 신라 사람이었던 최치원은 이 반란의 와중에서 난을 평정하려는 절도사 고변(高騈)의 막하에서 「격황소서(檄黃巢書)」를 써서 그 이름을 떨쳤다.

열두살에 당나라로 유학을 간 최치원은 열일곱 살(874)에 외국인을 과거에 의해 벼슬아치로 등용하는 빈공과에 급제하게 된다. 신라 사람으로 당나라의 이 과거에 급제한 것은 최치원만이 아니다. 역사의 기록들은 58명 정도가 이 과거에 의해 발탁된 것이라고 말해주고 있다. 그중에서 최치원은 글로써 이름을 떨친 가장 뛰어난 인재였었다. 스물여덟 살(884)에 최치원은 신라로 귀국하게 된다. 당나라에서 얻은 명성이 신라에까지 널리 알려져 말 그대로 금의환향하게 된 것이었다.

최치원은 귀국하여 처음에는 상당한 환영을 받는듯했다. 한림학사로 등용되고 정치를 바로잡자는 글도 올릴 기회가 있었다. 그러나 그때는 이미 신라가 말기적인 증상을 보이는 이른바 황혼기의 어지러움 속에 있던 때였다. 가슴에 품고 있던 최치원의 뜻을 무엇 하나 제대로 실현시킬 수 있는 상황이 아니었다. 나아가 몇 고을을 돌아다니던 최치원은 조정안이 아닌 외직으로 난세를 비관하고 해인사가 있는 가야산에 들어가 숨어 살았다.

신라 헌안왕 1년(857)에 경주의 사량부(沙梁部)에서 태어난 최치원은 그래서 숨어산 가야산에서 신선이 되었다는 전설만을 남긴채 사라져 갔으므로 그가 죽은 연대를 정확하게 알 도리가 없었다. 이러한 최치원의 불행했던 시대적 정황을 염두에 두고 「삼국사기」 '열전'에서 김부식은 다음과 같이 적고 있다.

"치원이 서(西)로 당을 섬길 때나 동(東)으로 고국에 돌아온 때난 다 난세를 만나 나가는 길이 평탄하지 못하고 움직이면 허물만 생기므로 불우한 신세를 슬퍼한 나머지 다시 벼슬살이할 생각을 버리고 방랑생활로 들어가 혹은 산림, 혹은 강과 바닷가에 집을 지어 소나무와 대나무를 심고 책에 파묻혀 풍월을 노래하였다. 이를테면 경주의 남산, 강주(剛州)의 빙산(氷山), 합주(陜州)의 청량사, 지리산의 쌍계사, 합포현의 별서(別墅)가 다 그의 노닐던 곳이요, 최후에는 집안 권속을 데리고 가야산 해인사에 숨어 동복 형 부도, 현준 및 정현스님과 더불어 벗을 하고 자유로운 생활로 일생을 마쳤다."

최치원이 가야산에 깊이 몸을 숨기고 있었던 만년에 쓴 작품이 5언절구(五言絕句)로 된 한시(漢詩) 「가을밤 빗소리에(秋夜雨中)」라는 작품이다.

괴롭게 읊조린다.
가을바람 소리 들으면서,
알아 주는 사람
너무 적은 세상이여.
창밖에는
한밤중 가을빗소리 들리고
등불 앞에서
마음은 한없이 달려가 헤메는 것을…

한시(漢詩)를 뜻으로 풀이해 본 것이다. 이 작품의 원문은 이렇다.

秋風惟苦吟 世路少知音 窓外三更雨 燈前萬里心

'지음(知音)'이란 말은 얼마간 주의를 요하는 단어다. 원래는 음(音)을 안다는 것으로 거문고의 소리를 헤아려 안다는 뜻이다. 그런데 『열자(列子)』에 나오는 백아(伯牙)가 거문고를 잘 타고, 그의 벗 종자기(鐘子期)는 그 타는 소리를 듣고 백아의 심중을 잘 알았는데, 종자기가 죽자 백아는 '자기가 타는 거문고 소리를 이해하는 사람이 없으니 거문고를 타 무슨 소용이 있으랴'하여 거문고 줄을 끊고 다시는 손을 대지 않았다는 고사에서 나온 말이다. 그래서 '지음(知音)'은 '자기의 마음을 진실로 잘 아는 벗'을 일컫는 말이다.

얼마간 논의의 쟁점이 될 수도 있겠지만 최치원의 이 시는 매우 현실도피적인 성향이 짙은 작품이다. 홀로 깊은 산중에 앉아 먼 곳의 현실상황을 내심으로만 헤아리는 그런 자세다. 그래서 『홍길동전』의 작가 허균은 그의 『성수시화』에서 이 작품을 '웅후(雄厚)하지 못하다'라고 평하고 있다. 즉 힘있고 기상이 넘치는, 현실의 정황에 깊숙하게 개입하여 그 갈등을 올곧게 고뇌로서 드러내고 있지 못함을 꼬집고 있다.

최치원은 신라 최고의 지성인이라 할만하다. 그의 전기를 조심스레 읽으면 그가 문학에 힘쓴 동기는 재능을 발휘해서 인정을 받고 현실적으로 영달하자는데 있음을 알게 된다. 특히 그의 문집 『계원필경집』의 서문은 그 점을 보다 확실하게 해준다. 아버지의 분부를 명심하고 당나라에 가서 피나는 노력 끝에 과거에 급제한 사연이며, 글로 인정받아 고변의 막하에서 밀려드는 문서를 감당해냈던 시절의 자랑이며, 성공담을 자세히 늘어놓고 있는 것들이 그렇다. 그러나 그가 문학으로 영달되지 않음을 알고 은거하어 괴롭게 읊조리고만 있는 것은 너무 이기적인 지성인의 자기중심적 사고 방식이라 할 수 있다. 고통 받는 백성들과 더불어 말기적인 정황의 고국을 바로잡아 보려는 의욕과 의지가 그곳에는 없다. 문학을 영달의 방편인 수 단으로 삼는 일 자체가 지성인으로서 비판받아야 할 것이지만, 자신의 뜻 대로 되지 않는다고 쉽게 포기하여 은거하는 일은 '행동하는 지성'으로서는 용납하기 힘든 모습이다. 체제에 순응하는 일은 물론 비판받아야 한다.

그러나 쉽게 전횡적인 체제를 등지고 자신만이 은거 해버리는 것도 결 코 용납되어서는 안 된다. '나'만이 아닌 '우리'와 더불어 삶의 터전은 형성 되어 있음을 그리고 '우리' 모두가 관계 지어져 있다는 책무에 지성인은 그리고 문학은 항상 눈떠 있어야 할 것이다.

최치원의 '가을밤 빗소리에(秋夜雨中)'라는 시는 고독하고 고매한 경지 에서 역사의 현장을 애써 외면하느라고 스스로 고독을 택한 결과에서 생성 되었다. 그러나 앉아서 만리를 보고, 만고흥망의 내력까지 소중하게 다 알 고 있다고 하더라도 자기 스스로 창조적인 실천에 동참하지 않는다면 모든 지식은 번거로운 짐이 되고 번뇌의 원인이 되는 것이 아닌가. 혼란되고 격 변하는 시대에서 지성인과 문학인이 어떠해야 하는지를 최치원의 시는 역 설적으로 우리에게 말해주고 있다고 할 수도 있다.

5. 「井邑詞」-기다림과 한(恨)의 절절한 사연

한국의 여인에게 예로부터 지금까지 변하지 않는 자세가 있다면 무엇인 가. 그것은 기다림이다. 젊어서는 출타한 남편이 오기를 기다리고, 늙어서 는 성공한 자식이 찾아오길 기다리다가 삶을 마감한다고 한 것은 결코 예 사로울 수 없는 말이다. 그것은 농경이 주축이었던 한국사회의 지나온 현실이 가부장적 가정구조를 형성하여 남성위주로 모든 것이 도모되었던 데서부터 비롯한다. 땀 흘려 씨를 뿌리고 가꾸어 결실케 하여 거두어들이는 농경사회의 구조는 노동력을 필요로 하였다. 자연히 노동력에 있어 남성은 여성을 앞지를 수밖에 없다. 남성의 권위는 여기에서 비롯됐다. 남존여비사상의 바탕에는 이만한 까닭이 있었음을 지나쳐서는 안 된다.

한국인 마음의 저 밑바닥에 엉겨있다는 한(恨)은 이 같은 남성위주의 삶에 여성이 겪어야 했던 서러움과 안타까움에서 연유하고 있다. 나는 무엇이고, 나의 지아비인 남편은 무엇인가. 복받쳐 오르는 서러움을 옷고름을 짓씹으며 몇 번이고 되물으면서도 내놓고 표현하지 못하는 데서 그 한(恨)은 쌓여가기 마련이었다. 기다린다고 반드시 와주지 않는 데서 한(恨)은 서러움이 되고 슬픔이 되어 가슴을 멍들게 한다. 그러나 기다림으로 그것을 다스릴 수밖에 없음을 또 어찌하겠는가.

백제는 신라에 병탐되고 그 유민들은 나라 잃은 슬픔을 안은 채 뿔뿔이 흩어졌거나 신라에 흡수되기를 거부하였다. 그들은 신라의 호적에 오르기를 포기하여 유리걸식했다고 기록들은 전하고 있다. 그러한 백제의 여인이 지어 널리 사람의 입에 오래도록 오르내리다가 조선시대 한글로 기록 정착된 것이 「정읍사」다. 「정읍사」가 고려시대 가요로 분류되는 것은 조선시대 『악장가사』, 『악학궤범』, 『시용향악보』 등의 책에 고려시대의 서민들 민요가 기록 정착되면서 고려시대의 노래로 분류된 것에 근거한다. 그러나 「정읍사」가 백제시대 행상을 남편으로 둔 여인이 지었음을 앞서 책들은 밝히고 있어 신라에 병탐된 후 어느 부분 의도적으로 말살되었던 백제의 문화적 수준과 그네들 심성의 가닥을 헤아릴 수 있게 되었다.

어디 백제의 여인들에게만 국한될 것인가. 「정읍사」에 응축, 형상화되어 있는 여인의 기다림은 앞서 말한 한국 여인들이 다함께 지녔을 기다림과 한(恨)의 정서를 오롯이 담아내고 있다.

달님이시여, 높이 더 높이
돋으시어
멀리 멀리 비치어 주옵소서.
우리 님은 시장에 다니시던가요.
아, 질척한 곳을 밟으실까
두렵습니다.
무엇이든 다 놓아버리옵소서.
아아, 님이 가시는 곳
날이 저물까 두렵사옵니다.

「정읍사」를 오늘날의 말로 옮겨 본 것이다. 이 시는 세 개의 구체적 사항이 떠받쳐 주고 있다. '달'과 시장에 장사하러간 '님'과 그를 기다리는 '여인'이 그것이다. 장사하러 나간 남편은 돌아올 시간이 지났는데도 오지를 않고 있다. 여인은 노심초사 오지 않는 남편을 기다리고 있다. 그 기다림은 여인으로서는 숙명에 해당하는 것으로 그것을 하소연할 곳이 달리 없음에 주목해야 한다. 그래서 밖으로 나온 여인은 좀 높은 곳으로 올라가 멀리 남편의 모습이 나타나기를 애타게 기다린다. 보이지 않는 남편의 모습. 발돋움을 해 멀리멀리 보아도 보이지 않는 남편을 기다리다 못해 하늘을 우러른다. 그 곳에는 달이 떠 있다.

여인은 '달'에 의탁해서 자신의 기다림을 호소한다. 그것은 '달'을 높여서 극존칭으로 부르고 있음에서 보다 확실해진다.

달은 무엇인가. 그것은 자연현상이다. 이 자연현상에 여인은 왜 그토록 의탁할 수밖에 없었던가. 그것을 두 가지로 해석해 보는 곳에 한국 여인 기다림의 실상은 보다 구체화 된다. 그것의 첫째 해석은 자연과 자신의 관계설정을 통해 자신의 보잘 것 없음을 확인하는 것이다.

그 둘째는 자연 이외에는 호소할 대상이 없다는 점이다. 자신의 보잘 것

없음을 확인하는 일과 호소할 곳이 없는 그 안타까운 상태. 이것은 남존여비 사상에 묶여 자신의 존재를 제대로 삶의 현장인 현실 속에서 주장하지 못하는 한국여인의 앞앞이 말 못하는 사연일 것이다. 기다려도 기다려도 남편은 돌아오지 않아 지아비를 기다리다 돌이 되어 버렸다는 '망부석(望夫石)'의 전설과 이 「정읍사」가 맞물려 있음은 한국 여인 그 안타깝고, 고독하고 서러운 한(恨)과 기다림을 보다 적극적으로 설명해주게 된다.

우리의 옛날 시가 모두 그렇듯이 악기에 맞춰 노래로 불리워지던 것에 「정읍사」도 예외는 아니다. 따라서 「정읍사」를 온전하게 파악하기 위해서는 그 곡조의 낱낱을 헤아려 전체적으로 해독하는 일이 무엇보다 필요할 것이다. 그러나 우리가 그것을 모두 헤아릴 수 없는 한계를 갖는 것은 안타까운 일이다. 그러므로 「정읍사」의 기록 정착 당시의 모습을 앞에 오늘날의 말로 해석한 것과 아울러 생각해보는 것은 결코 불필요한 일은 아닐 것이다. 「정읍사」의 기록 정착 당시 원문은 다음과 같다.

    들하 노피곰 도드샤
    어긔야 머리곰 비취오시라
    어긔야 어강뇨리
    아으 다롱디리
    숫져재 녀러신고요
    어긔야 즌뒤를 드되욜셰라
    어긔야 어강됴리
    어느이다 노코시라
    어긔야 어강됴리
    아으 다롱디리

'어긔야 어강됴리'나 '아으 다롱디리'등 은 여음(餘音)혹은 후렴구로 불리워지는 것으로 악기에 맞춰 부르는 여흥구(餘興句)로 유별난 의미를 가지는 것은 아니다.

「정읍사」는 한국여인의 기다림과 한(恨)을 응축시켜 자연을 통해 그것을 풀어내고 있는 한국시의 한 구체적 모습이다. 그것을 통해 한국 여인의 기다림의 전형을 알 수 있게도 된다. 다음에 인용하는 글은 「정읍사」의 보다 정확한 해독을 위한 것이며 읽을수록 「정읍사」 속에서 새롭게 떠오르는 한국여인의 모습을 확인하기 위해서다.

"「정읍사」는 백제의 문학유산으로 유일한 시가이다. 멀리 행상나간 남편을 기다리는 아내의 마음을 노래한 것으로 조선 성종 때는 음사(淫詞)로 단정, 금지령까지 내렸으나 백제의 시가 수준을 짐작케 하는 고도의 예술성을 지닌 작품이다. 형식에서 후렴을 빼면 시조처럼 초·중·종의 3장으로 되어 있고 종결이 ~오시라, ~올세라, ~랄세라로 전부 원망형(願望型)으로 되어 있다. 그렇듯 「정읍사」는 한국여인의 정서적 원천인 한(恨)과 기다림의 시가인 것이다."

6. 「鄭瓜亭曲」 – 직무 유기하는 권력자

국가권력을 몇 사람의 집단이 오로지 전횡하던 때를 왕조시대(王朝時代)라고 한다. 왕을 정점으로 하여 권력을 쥔 귀족들이 백성을 마음대로 요리하던 그 시대를 우리는 절대왕권의 시대라고도 한다. 그러한 시대일수록 백성들은 궁핍함에서 벗어나기 힘들었고, 왕을 중심으로 권력투쟁에 귀족들은 한 눈을 팔아왔음을 역사는 기록하고 있다. 그 같은 권력투쟁에서 패배하여 귀양이라도 가게 되면, 백성의 어려움을 눈으로 확인하고 그들의 아픔을 뼈저리게 체험하려는 자세보다는 어쨌든 권토중래하기 위해 안간힘을 쓰던 것이 권력을 향유한 옛 한국인 대부분의 모습이었다. 그것을 우리는 정서(鄭敍)의 「정과정곡(鄭瓜亭曲)」에서 분명하게 확인할 수 있게 된다.

정서가 태어나서 죽은 확실한 연대를 알 수는 없다. 여러 자료들을 종합해볼 때 그는 고려의 예종, 인종, 의종, 명종의 4대에 걸쳐 살았던 사람임을 알 수 있다. 이자겸(李資謙)의 권세에 맞서고, 묘청(妙淸)의 난 때는 개경(開京)쪽에서 공을 세운 아버지 정항(鄭沆, 1080~1136)의 덕분으로 정서는 벼슬이 정5품 내시낭중(內侍郎中)에 이르렀다. 인종과는 동서간이 되어 인종의 총예를 받아 권력의 핵심부에 자리하였다. 인종에 이어서 자기의 이종 조카인 의종이 왕위에 올랐을 때, 의종의 아우를 왕으로 추대하려는 음모에 가담하고 있다는 참소를 입어 의종 5년(1151) 고향인 동래로 귀양가게 되었다. 귀양을 보내면서 의종은 자기 이모부인 정서에게 '오늘 일은 조정 의론에 핍박되었으나, 가서 있으면 마땅히 소환하겠다'고 했는데 아무리 기다려도 소식이 없었다. 소환을 기다리다가 거문고를 어루만지며 노래를 지었는데 그 사설이 몹시 슬펐다고 『고려사・열전』은 전하고 있다. 정서가 스스로 자신의 호(號)를 과정(瓜亭)이라 했으므로 뒷날 그 곡조를 「정과정곡」이라고 이름 짓게 되었다.

전후 사정을 감안해보면 「정과정곡」이 지어진 연대는 의종 10년(1156) 전후가 아닌가 추정할 수 있게 된다. 『고려사・악지』에서는 노래를 지은 연유를 자세히 소개하고, 이제현(李齊賢)이 소악부(小樂府)에서 한역(漢譯)한 것을 실어 놓기도 했다. 한글로 된 노래의 가사는 조선시대(16세기)에 만들어진 악학궤범(樂學軌範)에 실려서 정착하게 되었다. 조선시대의 말로 정착된 「정과정곡」은 오늘날 사용되는 말로 해석하는데 논란을 일으키는 부분이 여러 군데 있다. 그러나 일반적으로 통용되는 의미를 해석하여 적어보면 그 내용은 이렇다.

님을 그리워하여 내가 울고 있음이여.
산 접동새와 나는 비슷한 것을…
옳지 않고 허황된 줄은
새벽달과 샛별이 알 것이옵니다.
넋이라도 님과 함께 가고 싶습니다,
우기시던 분은 누구였습니까.
잘못도 허물도 정말 제게는 없사옵니다.
모함입니다.
슬픔뿐인 것을!
님이 나를 벌써 잊으셨사옵니까.
아, 님이시여.
다시 들으셔서 사랑해주옵소서.

처음 두 행에서는 님을 그리워하여 울고 있는 자신의 모습을 피울음 우는 산 속의 접동새에다 비겨 그것이 얼마나 처절한 것인가를 말하고 있다. 그다음 두 행에서는 자기가 귀양 당한 죄목이 임금이 알고 있는 것과 같지 않고 자신이 결백하다는 것을 새벽달과 샛별이 알고 있다고 강조하고 있다. 그래서 넋이라도 임금과 함께 가고 싶다고 호소하고 있다. 그래서 자신에게는 잘못과 허물이 전혀 없으며 모두가 참소하는 무리의 모함이라고 간곡히 말하고 있다. 마지막 두 행에서는 그러므로, 임금께서 다시 자신을 사랑해달라고 애원하고 있다.

이 노래 속에서 우리는 정서가 자기의 처지를 하소연하고, 모함이 부당하다고 애절하게 말하고 있는 모습만을 보게 된다. 권력을 오로지 하던 지배세력의 핵심부에 있었던 그가 그토록 임금에게 충성하고 백성의 고충을 헤아렸다면 충신으로서의 포부와 정치가로서의 경륜을 「정과정곡」 속에 내비쳤어야 할 것이다. 뿐만 아니라 귀양한 곳의 백성들 어려움과 그 실상을 얼마만이라도 언급했어야 할 것이다. 그렇게 하지 못한 까닭을 여러 갈래로 파악해 볼 수 있을 것이다. 그 중에서 가장 중요한 것은 정서로 대표될 수 있는 왕조시대 지배계층의 권력자들이 자신이 권력쟁투에서의 승리나 패배에만 집착하였지 백성들의 고충과 국가경영의 경륜에 맹목하고 있었기 때문일 것이다. 자신의 부귀영화와 영달에만 관심을 기울였기 때문에 자신을 버림 받은 여인, 임금을 사랑하는 남자로 설정하여 임금과 자신의 관계를 남녀의 애정관계로 문학화하는 일로 치달았을 것이다. 임금에게 충성하고 백성을 다스리는 일컬어 정사(政事)는 논리적이며 이성적 차원이고, 남녀의 애정은 감정적이며 정서적 영역임을 그들은 구별할 수 없었다. 논리적이며 이성적인 것과 감정적, 정서적인 것의 혼동은 왕조시대 지배계층의 권력자들로 하여금 백성을 도탄에 빠뜨리고 결국 나라를 이민족의 발굽아래 짓밟히게 하는 결과를 가져오게 했다. 고려가 원나라에게 유린당한 것이나 35년간 일제에게 국권을 강탈당한 것은 그 좋은 보기가 될 것이다.

이른바 충군연주지사(忠君戀主之詞), 즉 임금에게 충성하고 그를 사랑하는 내용을 담은 노랫말이 「정과정곡」말고도 조선시대 정철의 「사미인곡」그리고 지배계층이 쓴 시조 주제의 대부분을 차지하고 있으며 그것이 보다 널리 사람의 입에 오르내리게 되었던 사정은 무엇인가. 그것을 「정과정곡」은 분명하게 우리에게 알려준다. 지배계층의 권력자들이 자신의 영달과 부귀영화에만 매달려 국가 경영과 백성의 아픔과 괴로움 그 궁핍에 맹목했던 모습을 적나라하게 말해주고 있게 된다. 다시 말하면 옛 한국의 지배계층 권력자 직무유기의 모습을 「정과정곡」은 분명히 확인하게 해준다. 그래서 「정과정곡」을 정착 당시 표기대로 한번 읽어보기로 한다.

내님믈 그리ᅀᅡ와 우니다니
山접동새 난 이슷하요이다.

아니시며 거츠르신들 아으

殘月曉星이 아르시리이다.

넉시라도 님은 혼딕 녀져라 아으

벼기더시니 뉘러시니잇가

過도 허물도 千萬업소이다.

믈힛마러신뎌

슬웃브뎌 아으

니미 나를 흐마 니즈시니잇가

아소 님하 도람드르샤 괴오쇼셔.

7. 「靑山別曲」 – 헐벗고 굶주린 고려의 서민, 내동댕이쳐진 민초(民草)의 좌절

「靑山別曲」은 고려시대의 시가(詩歌)다. 그것은 「井邑詞」, 「鄭瓜亭曲」과 같이 고려시대에 기록 정착되어진 것은 아니다. 일반 서민들에게 널리 애송되어 오다가 조선시대에 와서 『樂學軌範』, 『樂章歌詞』, 『時用鄉樂譜』 등의 책이 만들어져 그 속에 비로소 훈민정음(한글)으로 기록되어진 것이다. 조선시대 중반기 이전에 이 책들이 만들어졌다고는 하지만 「청산별곡」 등의 시가가 기록될 때는 이 시가들의 처음 모습과는 다소 변화된 형태로 기록되었을 것임은 확실하다. 그렇지만 오늘날 읽을 수 있는 것은 조선시대에 기록 정착된 모습일 수밖에 없다. 그리고 그것은 창작되어졌을 당시인 고려시대의 온전한 모습은 아닐지라도 그 속에서 고려시대를 살아왔던 서민들 모습의 한 자락은 충분히 잡아낼 수 있을 것이다.

「청산별곡」은 지금까지 많은 사람에 의해 그 우수성이 여러 각도에서 고찰되어진 작품이다. 모두 8장, 즉 오늘날의 시를 이야기하는 관점에서 보면 8연으로 된 비교적 긴 작품이다. 「청산별곡」에 대한 여러 논의들을 다음과 같이 요약해 볼 수 있을 것이다.

"작자·연대가 분명하지 않은 고려시대 서민들이 불렀던 이른바 고려속요(俗謠). 속요 중 가장 뛰어난 작품으로 삶의 터전을 잃고 산·바다·속세(俗世) 모두를 고해(苦海)로 보는 허무주의의 갈등을 표현한 노래. 전체가 8연으로 되어 있지만 의미의 단위나 시의 형태는 청산과 바다로 나뉘어 양분되어 있다. 조선시대 은둔의 노래들과는 전혀 다른 은둔의 어리석음과 불가능, 인생의 괴로움을 현실적 인식으로 파악한 뛰어난 작품이다."

「청산별곡」에서 '청산(靑山)'은 한국인에게 있어서는 낙원(樂園:paradise)의 또 다른 표현이다. 그것은 '나비야 청산가자/ 범나비 너도 가자' 등의 민요에서도 확인될 수 있는 사항이다. 그러므로 한국인에게 있어 '청산'은 불교에서의 '극락(極樂)'이나 기독교에 있어 '천당(天堂)'과 같은 이른바 이상향(理想鄕)임을 알 수 있게 된다. 「청산별곡」은 첫 연에서 이 이상향에 대한 고려 사람들의 사무친 그리움을 말해주고 있다.

살어리 살어리랏다
靑山애 살어이랏다
멀위랑 드래랑 먹고
靑山애 살어리랏다
얄리얄리 얄랑셩 얄라리 얄라

'살어리랏다'는 '가서 살고 싶다'는 강한 바램에서 표현된 말이다. 이상향인 청산에 가서 '머루와 다래를 먹고'살고 싶다는 강렬한 그리움과 기원을 말하고 있는 것이 이 첫 연이다. '얄리얄리 얄랑셩 얄라리 얄라'는 여덟

개 연의 끝에 모두 첨부되어 있다. 이것을 '후렴구'라고 부른다. 그런데 이 후렴구는 모두 '얄리얄리 얄라셩 얄라리 얄라'로 되어 있는데 첫 연에만 '얄리얄리 얄랑셩 얄라리 얄라'로 방점한 부분만 '얄랑셩'으로 되어 있다. 이것은 유별난 의미를 가지고 있다기 보다는 노래하는 가락에 어떤 변화를 주기 위한 시도로 파악하는 편이 온당하리라고 생각된다.

가서 살고 싶은 곳을 간절하게 소망하는 고려시대 사람들의 비원(悲願) 은 이 첫 연과 그 시적공간(詩的空間)이 대칭을 이루는 6연에서도 똑같은 어조(語調)로 표현되고 있음을 지나칠 수는 없다. 다만 첫 연의 공간이 이 상향인 '청산'이었다면 6연의 그것은 '바다'라는 점만이 다르다.

　　살어리 살어리랏다
　　바르래 살어리랏다
　　ᄂᆞᄆᆞ자기 구조개랑 먹고
　　바르래 살어리랏다
　　얄리얄리 얄라셩 얄라리 얄라

'바르래'는 '바롤애'를 이어 쓴 이른바 연철(連綴)의 표기에 의한 것이고 '바롤'은 '바다'의 옛말이다. 따라서 '바르래'는 '바다에'라고 오늘날의 말로 적을수가 있을 것이다. 'ᄂᆞᄆᆞ자기'는 해조(海藻)나 해초(海草) 즉 '나문재' 의 옛 표기이고 '구조개'는 '굴과 조개'를 말한다. 그러므로 'ᄂᆞᄆᆞ자기 구조 개랑 먹고'는 '나문재와 굴과 조개를 먹고'라고 해독할 수 있게 된다.

첫 연에서는 '청산'에 가서 머루와 다래를, 여섯째 연에서는 '바다'에 가 나문재와 굴, 조개를 먹고 살고 싶다는 소망을 이처럼 간결하면서도 간절 하게 표현할 수 있다는 것은 고려 사람들의 시적 표현 수준의 예사롭지 않 음을 알 수 있는 부분이다.

'청산'이라는 이상향에 가서 다만 편안히 살고 싶다고 첫 연만을 떼어서 생각할 때 「청산별곡」은 현실 도피적이며 은둔적인 작품이라고 말할 수 있을 것이다. 그러나 여섯째 연의 '바다'와 '청산'을 대칭으로 놓고 생각할 때 그 같은 단정이 전부가 아님을 확실히 알 수 있게 된다. '청산'에 가서 '살고싶다'는 것으로 끝나도 좋을 것을 왜 하필이면 '바다'에 가서 '살고싶다'는 것과 나란히 놓았을까. 여기에 「청산별곡」이 갖고 있는 고려 사람들의 깊은 현실인식과 만나게 된다.

'청산'이나 '바다'에 가서 단지 '살고 싶다'는 것과 동시에 머루, 다래, 나문재, 굴과 조개를 '먹고 싶다'는 것이 그에 뒤따르고 있음을 지나쳐서는 안 된다. '먹고 싶다'는 말은 '배고픔'을 전제한 것이다. 이른바 기아선상에 있지 않고 '먹고 싶다'는 말을 할 수 있겠는가. '청산'이나 '바다'에 가서 그곳에 있는 것을 '먹고 싶다'는 것은 지금 몹시 배고픈 상태임을 구체적으로 나타내는 것이다. 헐벗고 굶주린 상태의 고려시대 서민의 모습 즉 민초(民草)의 모습을 여기서 확인하게 된다.

고려시대는 화려한 왕조의 역사가 아니다. 외우와 내환에 시달릴 대로 시달린 전란과 궁핍의 역사임을 우리는 몽고의 고려침입, 묘청의 난, 강화도로의 천도 등에서 얼마든지 알 수 있다. 어느 왕조시대를 막론하고 대부분의 서민들은 헐벗고 굶주리며 집권층인 소수의 왕족과 귀족의 수탈에서 결코 자유롭지 않았다. 그러나 특히 고려시대의 서민은 세계를 정벌한 징기스칸의 후예 몽고족의 침입에 거의 초토화 됐음을 『고려사』는 소상히 전해주고 있다. 이 초토화된 고려 강토에서 서민들의 굶주림이 그 극한에 가 있었음을 「청산별곡」첫 연과 여섯째 연은 극명하게 드러내 주고 있다. 또한 그것은 고려 서민의 현실인식이 언어로써 응축된 것이라 할만하다. 그것을 둘째 연은 보태어 설명 해준다.

「청산별곡(靑山別曲)」의 둘째 연은 이렇다.

우러라 우러라 새여
자고니러 우러라 새여
널라와 시름한 나도
자고니러 우리노라
얄리얄리 얄라셩 얄라리 얄라

'새'를 통해서 고려의 서민들은 자신의 처지와 입장을 나타내려고 한다. 그것을 문학적인 용어로는 감정이입이라고 말한다.

즉 자신이 말하고자하는 바를 어떤 사물을 통해서 나타내는 것을 말한다. 「청산별곡」의 둘째 연은 '새'라고 하는 사물을 통해 고려서민 자신의 처지와 입장, 그리고 그 억울하고 울적한 심사(心思)를 드러내 보이려 한다.

'자고니러'는 '자고 일어나서'로 풀이할 수 있으며 '널라와'는 '너보다', '시름한'은 '걱정, 근심이 많은', '우니노라'는 계속 '울고 있구나'로 해석할 수 있는 구절들이다. <울어라 울어라 새야/자고 일어나서 울어라 새야/너보다 걱정 근심이 많은 나도/자고 일어나서 계속 울고 있다>는 것이 오늘날의 말로 바꾸어 본 둘째연의 내용이 된다.

노래하는 새소리를 '울음'으로 파악한 것은 고려인의 가슴 속에 응어리진 슬픔과 한(恨)의 무게가 얼마나 큰 것인가를 단적으로 말해 준다. 이렇게 울음으로 삶을 영위할 수밖에 없는 기막힌 현실 속에서 고려의 서민들은 벗어나기를 시도한다. 그러나 이 벗어남은 결국 실패하고 말게 된다. 그것을 셋째 연과 끝 연에서 알 수 있게 된다.

셋째 연의 내용은 질곡의 현실을 벗어나려는 고려 서민들의 둘째 연에서 <자고 일어나서도 계속 울고 있다>는 그 연장에서 시작된다. 새를 통해 울어라고 명령 혹은 강요하는 것은 자신의 울고 싶은 심정이 어떤 경우에까지 와 있는가를 잘 말해준다. 울고 있는 자신의 처지를 벗어나는 것은 새가 하늘로 날아올라 멀리 멀리 날아가는 것과 같다고 그렇게 그들은 파악한다. 날아가는 새를 물끄러미 바라보는 상태. 그 속에서 고려의 서민들은 벗어나려는 현실의 질곡에 대응하는 자신이 이끼가 묻고 녹이 슨 연장밖에 가진 것이 없음을 알게 된다. <날아가던 새를 본다. 저 아랫마을로 날아가던 새를 본다. 이끼 묻은 연장을 가지고 저 아랫마을로 날아가던 새를 본다>는 것이 둘째 연의 내용이 된다. 아랫마을로 새는 날아가는데 자신은 녹슨 연장을 가지고 벗어나지도 못하는 절망감 그것을 고려의 서민은 끝 연을 통해 구체적으로 나타내고 있다.

> 가다니 뵈브른 도귀
> 설진 강수를 비조라
> 조롱곳 누로기 미와
> 잡사와니 내 엇디 ᄒᆞ리잇고
> 얄리얄리 얄라셩 얄라리 얄라

이끼 끼고 녹이 슨 연장을 가지고 가다가 먹음직한 독한 술이 있어 그것을 마시고 주저앉고 만다는 것이 「청산별곡」끝 연의 내용이다. 현실에서 벗어나 보다 나은 현실에로 지향하려는 의지와 희망이 송두리째 물거품이 되고 말았다는 것을 끝 연은 확연히 드러내주고 있다. 그것은 4연과 5연에서 보게 되는 보다 적나라한 고려서민의 현실인식과 맞물려 있음을 또한 알 수 있게 된다.

> 이리공 뎌리공 ᄒᆞ야
> 나즈란 디내외숀뎌
> 오리도 가리도 업슨
> 바므란 또엇디 호리라

얄리얄리 얄라셩 얄라리 얄라

어되라 더디던 돌코
누리라 마치던 돌코
뫼리도 괴리도 업시
마자셔 우니노라
얄리얄리 얄라셩 얄라리 얄라

위의 4연과 5연의 내용을 오늘날의 말로 뜻풀이 하면 이렇게 된다.

이렇게 저렇게 하여
낮은 지내왔는데
올 사람도 갈 사람도 없는
밤은 또 어찌할 것인가
어디에 던지던 돌인가
누구를 맞히기 위한 돌인가
미워할 사람도 사랑할 사람도
없이
맞아서 울고 있구나

벗어나기 위한 현실은 밤과 낮이 교차되는 상황이며 그곳에서 벗어나는 일은 계속되는 밤의 어둡고 암울한 속에서의 몸서리치는 고독감이다. 그 고독감을 견뎌내는 일을 '밤은 또 어찌 할 것인가'로 표현되고 있음을 놓쳐서는 안 될 것이다. 그러나 '밤'은 홀로 있는 고독감만은 아니다. 밤의 어둠 속에서도 계속 쫓기는 자신의 모습을 5연은 '미워할 사람도 사랑할 사람도 없이/맞아서 울고 있구나'로 표현하고 있다.

지금까지 어느 누구를 미워한 적도, 또한 사랑한 적도 없는데 어디에서 날아왔는지 알 길 없는 돌멩이에 맞아 울고 있다는 것이다. 이것은 고려 당대의 역사적 현실을 밝혀 설명해주는 구절이며 그 같은 역사적 현실인 질곡의 상황 속에서 고려 서민들이 어떻게 대응하며 어떻게 주저앉고 마는가를 말해준다.

원나라 고려 침공은 고려인 특히 서민들에게는 미증유의 아픔을 동반하는 고통이었을 것이다. 강화도로 천도해 간 왕실은 왕실대로, 초토작전으로 용맹을 떨친 원나라의 군사들은 그들대로 고려서민들을 내동댕이쳤을 것임을 생각하면 '사랑할 사람도 미워할 사람도 없이 맞아서 울고 있다'는 말이 얼마나 처절한 절규인가를 확인할 수가 있다.

요컨대 「청산별곡」은 내우와 외환에 시달린 고려 당대 서민들의 현실에 대한 첨예한 인식을 표출시킨 작품이다. 그 현실인식은 질곡의 상황으로부터의 벗어나려는 의지를 좌절시키는 것으로 결론이 나지만 헐벗고 굶주린 자신들의 처지를 끝까지 어딘가로 벗어나 풍요롭게 살고 싶다는 간절한 희망으로 언어에 담아내려 한다.

예나 지금이나 갖지 못한 사람, 피지배 계층의 원통한 사연을 귀담아 들어 그들의 사연을 제도적 장치인 정치의 틀로 완벽하게 해소시킨 적은 없다. 그런 속에서 인간실존이 어떻게 내동댕이쳐지고, 어떻게 좌절하며 현실을 인식하는가를 「청산별곡」은 처절한 어조로 우리에게 말해주고 있다.

8. 「가시리」―한국여인의 심성(心性)

'이별'은 헤어짐이다. 서로 오랫동안 만나지 못할 것을 전제하면서 헤어지는 그것이 이별이다. '그리움'은 이처럼 오래 만나지 못하는 사람을 두고 마음에 사무치게 그 사람을 생각하는 것에서 비롯된다. 그래서 이별은 그리움을 낳고 그리움은 사무치는 마음에 절절한 사연으로 엉겨서 '한(恨)'이 된다. 이별과 그리움과 한(恨)은 한국인에게 있어서는 전통적인 정서의 하나라는 것은 많은 사람들에 의해 공통적으로 말해진다. 어디 한국인뿐이겠는가. 사람이라면 누구나 이별에서 오는 쓰라림과 그 후에 갖게 되는 그리움과 한(恨)을 맛보지 않을 수 없을 것이다. 그렇다면 이별과 그리움과 한(恨)의 정서는 인간이 공통으로 갖게 되는 정감의 주요부분이라고 말하지 않을 수 없다.

'회자정리(會者定離) 이자필반(離者必反)'이라는 말이 있다. '만나면 반드시 헤어지고 헤어지면 반드시 만나게 된다'는 뜻이다. 이별의 아픔을 아픔으로 비통해 할 것이 아니라 언젠가 반드시 만나게 된다는 확신을 가져야겠다는 의지가 그 말 속에는 배어 있다. 뿐만 아니라 그것이 우리가 살아가는 이 세상에서의 원리나 법칙 같은 일컬어 순리(順理)라고 파악하고 싶은 간절함이 스며있는 말이라고 할 수도 있을 것이다.

일본 제국주의자로부터 국권을 송두리째 강탈당한 시절이 우리에겐 있었다. 나라를 잃어버렸다는 비통함에 주저앉는 것만이 능사가 아님을 한용운은 시(詩)로서 절규한다. 잠시 조국과 이별하여 있는 것이라고 그는 생각한다. 그러므로 그 이별은 조국에 대한 그리움으로 사무치게 가슴에 맺히게 된다고 그는 확신한다. 무엇보다도 그는 그러한 이별은 만남을 필연코 달성 시킨다고 강하게 항변하여 「님의 沈默」이란 시에서 이렇게 노래한다.

그러나 이별을 쓸데없는 눈물의 원천(源泉)으로 만들고 마는 것은, 스스로 사랑을 깨치는 것인 줄 아는 까닭에 걷잡을 수 없는 슬픔이 힘을 옮겨서 새 희망의 정수배기에 들어부었습니다.
우리는 만날 때에 떠날 것을 염려하는 것과 같이 떠날 때에 다시 만날 것을 믿습니다.

'만날 때에 떠날 것을 염려하고' '떠날 때에 다시 만날 것을 믿는 것'은 바로 '회자정리(會者定離) 이자필반(離者必反)'의 시적표현이다.

고려의 서민들이 즐겨 부르고 읊은 속요(俗謠)의 「가시리」도 이별을 노래하고 있다. 그 이별은 사랑하는 사람과의 이별인데 시 속에서 떠나는 사람은 남자로, 보내는 사람은 여자로 설정되고 있음에 주목해야 한다. 그래서 「가시리」가 말하고 있는 이별은 사랑하는 사람을 보내면서 가지례 되는 이별의 정한(情恨)이 한국 여인 보편적 심성(心性)이며 전통적인 것이라고 많은 사람들이 말하게 된다. 「가시리」 가사의 전부는 이렇다.

가시리 가시리잇고 나는
브리고 가시리잇고 나는
위 증즐가 太平盛代

날러는 엇디 살라흐고
브리고 가시리잇고 나는
위 증즐가 太平盛代

잡스와 두어리마르는
선흐면 아니 올셰라
위 증즐가 太平盛代

셜온 님 보내읍나니 나는
가시는 듯 도셔 오쇼셔 나는
위 증즐가 太平盛代

'위 증즐가 태평성대(太平盛代)는 여음(餘音) 혹은 후렴구라고 불리는 것으로 「가시리」를 노래로 읊었기 때문에 붙이게 된 것으로 의미 내용과는 별 관계가 없다. 그래서 흥을 돋우는 여흥구라고도 한다. 고려가요를 탁월하게 오늘날의 말로 해석한 양주동은 「가시리」의 내용을 풀이해서 이렇게 설명하고 있다.

> "가시리 가시리잇고, 임은 정작 가시리잇고, 이 나를 버려두고 임은 기어코 가시리 잇고.
> 임은 가시면 가는 곳마다 혹 위안도 있고 혹 행락(行樂)도 있으리만, 이 나는 임 곧 없으면 죽은 몸이라, 대관절 나는 어찌 살라하고 차마 버리고 가시리잇고.
> 억지로 붙들기만 하면 제 아무리 거센 임이라도 뿌리치고 가든 못하련만, 억지로 그랬다가는 임이 혹시 서운한 생각에 다시 아니 올세라.
> 이도저도 못하여 설으온 그 임을 이제는 하는 수 없이 보내옵노니, 가시기는 가셔도, 지금 가실 때 그렇게 총총이 가시는 듯, 제발 총총히 고대 다시 돌아 오소서."

등을 돌려 가는 임을 붙잡지 못하고 혹 붙잡으면 서운한 생각을 갖게 될까 봐 돌아서서 옷고름만 씹으며 눈물을 삼키는 고려여인의 모습. 그것은 '나보기가 역겨워/ 가실 때에는/ 죽어도 아니 눈물 흘리오리다'는 김소월의 「진달래꽃」에까지 그대로 이어져 와 한국여인의 심성과 사랑에 대한 자세로 자리 잡게 된다.

그러므로 「가시리」에서 볼 수 있는 것은 임을 중심으로 형성되는 삶의 모습과 현실에 대응하는 여인의 질기디 질긴 그리움의 매듭들이다. 같은 속요의 하나인 「서경별곡」에서는 이 같은 임을 중심으로 형성되는 삶과 현실에의 대응이 '임께서 사랑하신다면 울면서 따라가겠습니다'라고 보다 직접적으로 나타나기도 한다.

수동적이지만 끈질긴 그리움과 임을 모든 가치의 최고 실체로 파악하면서 오로지 임에게 모든 것을 다 맡기는 고려 여인의 심성을 우리는 「가시리」에서 만날 수 있다. 그리고 그것은 한국 여인의 전통적인 심성으로 오늘날까지 면면히 이어져 옴을 또다시 확인하게 된다. 그래서 「가시리」를 두고 양주동은 다음과 같이 찬탄을 아끼지 않았다.

"별리(別離)를 제재로 한 시가(詩歌)가 고금(古今) 동서(東西)에 무릇 그 얼마리오마는, 이 「가시리」일편(一篇) 통편(通篇) 67자 20수어의 소박미와 함축미, 그 절절한 애원(哀怨), 그 면면(綿綿)한 정한(情恨), 아울러 그 구법(句法), 그 장법(章法)을 따를 만한 노래가 어디 있느뇨……. 본가(本歌)야말로 동서문학의 별장(別章)의 압권이 아니랴. 강엄(江淹)의 별부(別賦)는 기려(綺麗)에 흘러 애초에 실감이 결여하고 셸리의 「야별(夜別)」은 재치가 앞서 드디어 심충(深衷)이 겸연(慊然)하니, 이 일편이 족히 차종(此種) 문자의 총기조(總基調), 총원류(總願流)가 된다 할지라, 뉘라서 별(別)을 서(叙)하되 다시 지리한 언사와 분분한 장절(章節)로써 감히 이 일편의 초(貂)를 속(續)하료."

9. 「五冠山」－어머니에게로 향한 사랑

사람은 누구나 고향을 그리워한다. 고향은 나서 자라고 마음의 뜨락에 꿈과 이상을 가꾸었던 곳이라서 더욱 그렇다. 고향을 그리워 한다는 것은 이미 고향을 떠나 있다는 사실을 확인시켜 준다. 누구나 고향을 떠나 있으므로 사무치게 고향을 생각한다. 옛날이나 지금이나 고향에 대한 그리움은 그 색깔이 결코 퇴색하지 않는다. 퇴색하여 바래어 질 수 없다.

육신이 나서 자란 산천이 눈에 보이는 고향이라면 어머니는 언제나 마음의 고향이다. 고향의 산천을 못 견디게 그리워하듯이 마음의 고향인 어머니를 몽매에도 잊지 못하는 것은, 그 품속에서 철이 들고 세상의 잡다한 일들에 눈 떠 왔기 때문이리라. 성장하여 어른이 되고, 사회에서 활동 영역이 넓어지면 질수록 어머니의 소중함과, 어머니를 생각하는 정성의 너비와 두께가 더욱 넓고 깊어지는 것은 그러므로 우연이 아니다.

옛 사람들이 마음의 고향인 어머니를 지극히 그리워한 것은 우리에게 많은 것을 생각하게 해준다. 물론 효도가 모든 가치의 중심이 되었던 가치관에서 비롯된 것이라고 잘라 말해버릴 수도 있겠지만 '효도'라는 교육적 덕목 이전에 근본적으로 사람은 어머니라는 마음의 고향으로 회귀하려는 본능을 갖고 있다고 보아야 할 것이다.

지은이가 분명히 농부였으리라고 파악되는 고려의 서민이 '어머님 같이 사랑하실 분이 없어라'라고 「思母曲」에서 절절하게 외치고 있는 것도 이 같은 맥락에서 이해할 수 있게 된다. 많은 옛 시들의 시적 대상이 어머니를 노래하고 있으며 그 한 편 한 편이 모두 우리의 심금을 울리는 까닭도 우연한 일이 아님을 확인할 필요가 있게 된다.

그동안 우리들은 고려 서민의 한(恨)과 그리움 그리고 피맺힌 사연들을 속요(俗謠)라고 하는 형식 속에 담아낸 것을 통해 그 일부분을 살펴보았다. 그러나 30여 편을 넘지 못하는 그 시들은 서민들이 쉽고 빠르게 습득할 수 있었던 우리의 문자가 없었으므로 입에서 입으로만 전해져 우리 문자인 한글의 창제 이후에 그 일부가 기록으로 정착되었음을 지나쳐서는 안 된다.

그런데 다행스러운 것은 서민 계층이 아닌 지배계층의 지식인이 이들 서민의 구전(口傳)노래를 고려 당시의 통용문자였던 한자(漢字)로 기록해주고 있다는 점이다. 그것도 그 노래들을 한시(漢詩)로 번역해서 남겨 두었다는 것은 여간 기쁜 일이 아닐 수 없다. 이것은 사람 마음의 깊숙한 바닥에

고여 있는 정서의 샘물에 서민과 지배계층의 구별이 있을 수 없음을 단적
으로 말해주는 것이라고 할 수 있게도 된다.

그 일을 가장 많이 한 사람으로 이제현(李齊賢)을 들 수 있다. 이제현은
고려 충렬왕 13년(1287)에서 공민왕 16년(1367)까지 산 지배계층의 핵심부
에 있었던 문인이자 정치가였다. 그의 호를 따서 만든 시문집(詩文集) 『익
재난고(益齋亂藁)』는 모두 10권으로 되어 있다.

그 4권에 「소악부(小樂府)」가 있고 그곳에 고려 서민들이 애송했던 시를
한시(漢詩)로 번역한 것이 들어있다. 속요로 기록 정착된 것들도 그 중에는
들어있지만 우리말과 글인 한글로 정착되지 않은 이른바 고려의 잃어버린
노래 5편이 설화와 곁들어져 있다. 「장암(長巖)」, 「거사련(居士戀)」, 「사리
화(沙里花)」, 「제위보(濟位寶)」, 「오관산(五冠山)」이 그들 시의 제목이다.

영욕이 뒤섞인 정치인들의 처세를 그물에 비유한 것이 「장암」이고, 집을
떠나 오래도록 오지 않는 지아비를 기다리는 노래가 「거사련」이며, 새떼가
조를 쪼아 먹듯 벼슬아치가 백성의 재물을 갈취하는 것을 쓴 것이 「사리화」
이고, 죄를 지어 일로써 벌을 받게 된 여자가 외간 남자에게 손마저 잡혀,
그 치욕을 씻을 길 없다고 한탄하며 부른 노래가 「제위보」다.

「오관산」은 어머니에 대한 한없는 사랑을 노래한 내용이다. 한역시(漢譯
詩)로 된 것을 다시 풀이하면 이렇게 된다.

　　나무로 작은 닭을 만든다.
　　벽에 보금자리 만들어 살게함이여,
　　꼬끼오 이 나무 닭이 울 때까지
　　어머님 오래오래 사시옵기를.

마음의 고향인 어머니 곁에서 영원히 살고 싶은 우리의 마음을 나무로

만든 닭이, 결코 울 수 없는 그 닭이 홰를 쳐 울 때까지 사시라는 것은 얼마나 절절한 비원인가. 그 비원은 지배자에게 수탈당하면서, 사랑하는 사람과 이별하면서, 내우와 외환에 시달릴 대로 시달리면서도 결코 버리지 않은, 버릴 수 없는 마음의 고향 어머님에 대한 고려시대 사람들의 사무치는 사랑의 증표가 아니겠는가.

이제현은 이 고려 서민들의 노래를 한시(漢詩)로 번역하면서 설화를 첨가해놓고 있다. 이 설화는 이제현이 지배계층이었음을 분명하게 보여주는 교훈적 내용이지만, 그 이면에는 고려사람 모두의 어머니에 대한 사랑과 마음의 고향으로 되돌아가고 싶음이 가로놓여 있음을 간과해서는 안될 것이다. 그 설화는 오관산(五冠山) 아래 살았던 효자 문충(文忠)이 당시 서울이었던 개성에서 집까지 30리 길을 오가면서 어머니를 봉양하였는데 자꾸만 늙어가는 어머니를 보면서 한탄하여 이 노래를 지었다는 것으로 되어 있다. 어쨌든 어머니에 대한 사랑과 그 사랑을 영원히 갖고 싶은 심정을 효도라는 것과 아우르면서 나무닭의 울음으로 비유한 것을 고려 사람들의 어머니에 대한 사랑의 강도를 짐작하게 해준다.

"이 세상에서 우리가 고향이라 부를 만한 것이 있다면 새로 생긴 자에 대해 그에게 영양을 제공하고 그에게 생명을 부여하는 어머니야말로 참된 향토가 아닐까요. 어린 아이 뿐만 아니라 성장하여 가는 아동에 있어서도 어머니는 영원히 그들의 괴로워할 때의 좋은 피난소이며 그들이 즐거워할 때의 좋은 동감자입니다."

현대의 뛰어난 수필가인 김진섭(金晉燮)의 위와 같은 단정이나 옛 고려 사람들의 어머니에 대한 인식이 조금의 차이도 없음에 놀랄 필요는 없다. 어머니는 영원한 마음의 고향이기 때문이다.

10. 李兆年의 時調 - '다정(多情)'과 '병(病)'의 절묘한 만남

시조(時調)는 우리 민족의 문학 유산 중에서 가장 귀중한 것의 하나로 평가 받는다. 시조는 일반적으로 고려말에 그 형태가 확정된 것으로 이야기된다. 시조는 약 7백여년 동안 우리 민족의 정서에 깊게 뿌리를 내려 아직까지 그 모습을 그대로 간직하고 있다. 그것은 시조라는 문학의 형태가 한국인의 정서를 담아내는 데 가장 적합한 문학 형식임을 말해주는 것이라 할 수 있는 근거가 된다.

시조가 처음 발생하여 그 형태가 가다듬어질 때의 명칭은 '시조'가 아니었다. 그것은 '단가(短歌)' '시여(詩餘)' '신번(新翻)' 또는 '신조(新調)'등으로 불리워졌다. '시조(時調)'라는 명칭이 확정된 것은 18세기 조선시대 영조 무렵으로 말해진다. 그것은 그 무렵 유명했던 가객(歌客)인 이세춘(李世春)에 의한 것으로 알려져 있는데 '시절가조(時節歌調)'의 줄임말이다. '시절가조(時節歌調)'란 글자의 뜻 그대로 '그 시대에 유행된 노래의 곡조'란 의미다. 따라서 시조는 특히 옛날의 이른바 '고시조(古時調)'는, 글로 지어졌고 노래로 불려졌음을 알 수 있게 된다. 그러므로 엄격한 의미에서 시조는 문학적인 내용과 음악적인 의미를 함께 가지고 있었음이 확실하다. 그래서 문학적으로는 '시조시(時調詩)'의 개념으로, 음악적으로는 '시조창(時調唱)'의 개념을 동시에 가지고 있음을 알아야 할 것이다.

물론 현대시조는 음악적인 시조창(時調唱)의 개념이 배제되어 있고, 고시조의 경우에도 우리는 문학적인 시조시(時調詩)의 의미에서 시조를 접근한다는 점을 간과해서는 안 된다.

시조의 처음 명칭 중에서 '시여(詩餘)'라는 이름에 주목할 필요가 있다. 그것은 '시(詩)의 여기(餘技)'라는 의미를 함축하고 있다. 이 경우 시조는 조선조 이전까지 지배계층의 고급문학이었던 '한시(漢詩)'에 대해서 그 여가에 한가롭게 혹은 쉽게 쓰여졌던 것이 시조라는 뜻임을 알 수 있는 열쇠가 된다. 즉 시조는 애당초 한시(漢詩)를 정통적인 시형식으로 인정하면서 시조는 그 여가에 한번쯤 쉽게 읊어보는 가벼운 시형식이라는 것으로 당시의 지배계층인 지식인들은 생각하고 있었음을 알게 해주는 부분이다.

물론 조선조의 중반 이후 이러한 생각은 많은 변화를 가져오지만, 시조의 형식이 가다듬어졌던 고려말에는 한시(漢詩)에 대해 '시여(詩餘)'라는 개념이 팽배했을 것으로 생각된다. 그렇다고 해서 시조의 문학적 가치가 평가절하되어야 한다는 뜻은 아니다. 다만 이러한 '시여(詩餘)'라는 개념으로 시조를 지었던 고려 지식인의 문학적 자세를 전제했을 때, 그들 시조 속에 보여지는 인간적 모습이 보다 뚜렷해질 것이기 때문이다.

우리가 감상하고자 하는 시조의 첫 번째는 이조년(李兆年)의 작품이다. 이조년(李兆年)은 자신의 호를 매운당(梅雲堂)으로 한, 고려 원종 10년(1269)에서 충혜왕 복위 4년(1343)까지의 사람으로 벼슬이 대제학(大提學)에까지 이른 고려만 최고의 지식인이었고 지배계층이었다. 이 지배계층의 지식인이 남겨놓은 시조는 단 한편 뿐이다. 그러나 이 시조는 사랑을 노래한 것이며 애타는 그리움을 형상화하고 있는 서정적인 연애시임을 헤아릴 때 얼마쯤 의아해진다. 그렇지만 한편으로는 시조를 한시(漢詩)의 여기로 생각했기 때문에 근엄한 지배계층의 지식인이 자신의 마음을 솔직하게 풀어놓을 수 있지 않았을까 생각되기도 한다. 또 그 진솔한 마음의 표출을 통해 지배계층이든 피지배계층이든 간에 우리 옛 사람들 마음의 깊숙한 곳에 도사리고 있었던 정서의 한켠을 볼 수 있게 된다.

이조년(李兆年)의 시조는 이렇다.

이화(梨花)에 월백(月白)하고 은한(銀漢)이 삼경(三更)인제
일지춘심(一枝春心)을 자규(子規)야 알랴마는

다정(多情)도 병(病)인양 하야 잠 못들어 하노라

　첫 행은 초장(初章)이라 하고 둘째, 셋째 행을 각각 중장(中章), 종장(終章)이라고 하는 것은 시조의 형태 명칭이다. 각 장마다의 글자 수(3·4·3·4/ 3·4·3·4/ 3·5·4·3)가 이 시조의 기본적인 글자수다. 그러나 시조는 이러한 정형적인 글자수를 고집하지만은 않는다. 각 글자 수에 2자 내지 3자를 보태고 빼지는 것을 허용한다. 이것은 시조를 정형시면서 비정형시적인 요소를 가진 이른바 자유시에 접근하는 것으로 이해할 수 있는 근거가 되기도 한다. 어쨌든 시조의 형식은 엄격한 글자수의 폐쇄된 정형의 공간만을 고집하지 않는 신축적인 자유성을 가진다. '이화'는 배꽃이고, '월백'은 흰 달빛, '은한'은 은하수를 말하며, '삼경'은 자정 무렵의 한밤중을 의미한다. 따라서 초장은 '가득하게 핀 배꽃에 달빛이 쏟아져 눈이 시리도록 흰 한 밤 중'이라는 의미다. '일지춘심'은 그렇게 피어있는 배꽃의 가지에 가닿는 시인의 봄을 생각하고 님을 그리워하는 마음이며, '자규'는 피울음을 우는 소쩍새 혹은 접동새를 말한다. 그래서 중장은 부서지는 달빛에 희게 피어있는 배꽃가지를 바라보며 님을 그리워하는 시인의 마음을 피토하듯 절규하는 소쩍새도 어찌 알아주겠는가 라는 한탄이다. 그러므로 종장에서 시인은 이렇게 그리워하는 다정한 사랑의 마음을 병으로 생각한다. 그 병 때문에 잠을 이루지 못함을 직설적으로 토로하고 있다.

　요컨대 배꽃이 만발한 달 밝은 밤에 사무치도록 님을 그리워하는 우리 옛 사람들의 그리움 그것을 '다정'과 '병'이라는 말로 응축시켜 표상하고 있다.

　그리움 그것은 무엇인가. 만날 수도 이루어질 수도 없는 사랑에 대한 몸이 타들어가도록 안타까운 심정 아니고 또 무엇이었던가. 오죽하면 '다정'을 '병'으로 생각할 수밖에 없었던가에 다다르면 한국인 사랑에 대한 지극한 경지를 헤아리게 된다. 사랑이란 정신적인 것을 병이란 육체적인 것으로 환치시킨 형이상학과 형이하학의 절묘한 만남을 우리 옛사람들은 이미 언어로서 형상화하고 있음을 알게 된다. '잠못들어 하노라'의 '~하노라'에서 방기적 자세를 읽을 수 있고, 그것은 지식인인 지배계층의 다소는 무책임한 표현일 수 있다는 점이 옥의 티이기는 하지만, 이 같은 한국인의 사랑과 그리움에 대한 인식은 결국 현대의 한국인에 오면 이렇게 시로서 표상화된다. '사랑하는 것은/ 사랑을 받느니보다 행복하나니라' 그래서 '사랑하였으므로 나는 진정 행복하였네라.'(유치환)라고.

11. 「丹心歌」(정몽주) - 신념 표현의 소멸지향성

어려운 경우에 자신이 어떻게 그것에 대처하는가 하는 문제는 그 사람의 역사적 평가에 중요한 역할을 한다. 우리가 논의하고나 하는 정몽주도 그런 경우의 한 사람이다. 기울어져 가는 고려왕조를 끝까지 되살리려는 그의 노력은 매우 값진 것이다. 그러나 그런 노력을 누구나 다 할 수 있는 것은 아니다. 오히려 그런 노력에 자신을 내던지는 사람은 흔하지 않다. 그런 사람은 언제나 소수에 불과하다. 소수에 불과하기 때문에 그 희소가치는 두고두고 역사에서 빛나는 부분으로 평가 받는다.

정권을 찬탈하기 위해 조카까지 살해한 수양대군의 세력에 과감히 맞섰던 핵심부의 사람은 생육신, 사육신을 합해 20여 명 안팎이다. 그러므로 소수의 사람들에 대한 존경은 역사에 길이 그 빛이 바래지 않을 것이다.

이런 경우를 한번 생각해 볼 수는 없겠는가. 일제 강점의 36년 동안 독립투쟁을 한 사람은 전체 국민의 몇 퍼센트였을까를. 대부분의 사람들은 일제에 협력 혹은 훼절하였고, 할 수 밖에 없었을 것이다. 말하자면 시대적인 도도한 물살에 대다수 사람들은 자신이 그 물살의 흐름을 돌려놓기를 포기하거나 방관하였을 것이다. 요컨대 시세(時勢)에 동조하거나 그것에 편승하기는 쉬운 일이다. 그러나 그것이 잘못된 것이라는 확신을 갖고 과감히 그렇지 않다고 응전(應戰)하는 일이야말로 얼마나 어려운 것인가. 그렇기 때문에 그것은 또한 얼마나 값지고 귀중한 것인가.

정몽주는 고려 충숙왕 복위 6년(1337)에 태어나 조선의 개국과 함께 유명을 달리한 정치가이자 성리학자였다. 후에 조선 왕조의 태종이 된 이방원(李芳遠)에 의해 개경(開京＝松都＝開城)의 선죽교에서 살해당했을 때가 1392년이었다. 오십 중반의 아까운 나이에 고려를 재건하려던 꿈을 가슴에 간직한 채 죽고 말았다. 포은(圃隱)은 그의 호(號)이고 야은 길재와 목은 이색과 더불어 여말(麗末)의 삼은(三隱)으로 일컬어지며 그들은 모두 기우는 왕조의 운명을 끝까지 되살리려 했다는 의미에서 높이 추앙되고 있다.

널리 알려져 있는 그의 시조는 고려조를 끝까지 피끓는 마음으로 지킨다는 내용을 담고 있다고 하여 「단심가(丹心歌)」라고 이름 붙여지기도 한다.

이 몸이 죽고 죽어 일백번(一百番) 고쳐 죽어
백골(白骨)이 진토(塵土)되어 넋이라도 있고 없고
님 향(向)한 일편단심(一片丹心)이야 가실줄이 이시랴.

죽고 또 죽고 끝없이 죽더라도 자신이 생각하는 고려조에 대한 충성심은 변할 수 없다는 강인한 의지를 나타내고 있다. 이 시조에 얽힌 이야기를 살펴보면 정몽주의 충성심과 그 강도가 어떠한가를 또 한번 확인하게 된다.

정도전을 이론적 참모로 하고, 자신의 아들 이방원을 행동총책으로 한 이성계는 고려조를 뒤엎고 조선을 개국한다. 고려의 유신(遺臣) 정몽주를 초대한 이성계의 행동총책 이방원은 자신의 세력과 합류하여 조선의 건국 사업에 동참할 것을 넌지시 시조로서 읊는다. 그것이 「하여가(何如歌)」다.

이런들 어떠하며 저런들 어떠하리
만수산(萬壽山) 드렁칡이 얽혀진들 어떠하리
우리도 이같이 얽혀져 백년까지 누리리라.

　말하자면 이성계 일파인 자신들과 더불어 잘살아 보자는 내용이다. '고려'면 어떻고 '조선'이면 어떠냐, 개성 서쪽에 있는 <만수산>에 얽혀져 있는 칡넝쿨을 보아라, 우리도 그것처럼 합류해서 잘살아보자는 이방원의 이 시조 「하여가」에 대한 대답이 바로 앞서 소개한 「단심가」다. 정몽주는 절대 적당주의적 자세로 삶을 영위하지 않겠다는 내용이다. 그날 밤 집으로 돌아오는 길목(선죽교)에서 정몽주는 이방원에게 살해되고 말았다는 것이 「단심가」에 얽힌 이야기다.
　삶을 살아가는 두 가지 방법, 즉 옳다고 자신이 생각하는 이념을 투철하게 지키는 태도와 시세(市勢)의 흐름에 편승하여 살아가는 두 가지 상반된 우리 옛 사람들 삶의 태도를 「단심가」와 「하여가」는 극명하게 보여 주고 있다. 어느 방법이 보다 현명하고 지혜로우며 슬기로운 삶의 방법인가를 단정적으로 말할 수는 없다. 그러나 「단심가」적 삶의 방법이 고통스럽고 어려우며 소수의 사람들이 취하는 태도라면, 「하여가」적 삶의 방식은 쉽고 안락하며 다수의 사람들이 선택하는 방식임에는 틀림없다.
　지금 우리의 주변을 살펴보라. 자신의 신념에 따라 올바르고 곧은 삶의 방법을 살아가는 사람의 수가 얼마나 극소수인가를. 그리고 과연 내 스스로는 「단심가」적 방법과 「하여가」적 방식 그 어느 쪽에 속하면서 삶을 영위하는 가를 헤아려 보라.
　그런데 우리 옛 사람들이(물론 오늘날의 사람도 마찬가지지만) 자신의 신념을 나타내는 표현방법이 소멸지향적임을 「단심가」에서 읽을 수 있다. 죽고 또 죽어 뼛가루가 흙먼지로 날릴 때까지, 넋인 영혼이 없어질 때까지 신념은 변할 수 없다고 「단심가」는 노래한다. 이 점은 우리의 「애국가」가사에서도 접할 수 있는 대목이다. 동해의 물과 백두산이 '마르고' '닳도록'—그 영원의 시간까지 나라를 사랑하겠다고 「애국가」의 가사는 강조한다. 빗물이 모여서 내를 이루고 내가 강을, 그래서 바다가 된다는 것이 아니라 '바닷물'이 마를 때까지라는 표현은 분명 신념과 의지를 소멸지향적으로 나타낸다고 파악할 수 있는 부분이다. 그 소멸지향적인 태도는 현대시에 와서는 이렇게도 표현된다.

죽는 날까지 하늘을 우러러 한점 부끄럼이 없기를

—윤동주, 「서시」 중에서

모란이 지고 말면 그뿐
내 한해는 다 가고 말아
삼백 예순날 하냥 섭섭해 우옵네다
모란이 피기까지는 나는 아직 기다릴테요.
찬란한 슬픔의 봄을

—김영랑, 「모란이 피기까지는」 중에서

소멸을 윤동주는 '부끄러움'과 연결시키고, 김영랑은 '찬란한 슬픔'이라는 심미적 태도와 결합시키고 있다. 이것은 우리 옛사람의 신념 표출의 소멸지향성이 많은 부분 문학내적 질서와 손잡으면서 정서적인 새 지평 개척에 작용하고 있음을 말해준다. 아무튼 정몽주의 「단심가」는 삶을 보다 보람 있게 영위하는 데 있어 많은 것을 생각하게 해주는 시조다. 그리고 우리 민족의 신념에 대한 표현이 소멸지향적임을 보여주는 대표적 작품이라 할 만하다.

12. 왕방연(王邦衍)의 시조 — 삶을 영위하는 이중적(二重的) 처세(處世)

　신념을 위해서 목숨을 바친다는 것은 쉬운 일이 아니다. 그 일이 쉽지 않으므로 오랫동안 신념을 지키기 위해 목숨 바친 사람들은 칭송된다. 그러나 우리가 다시 생각해야 될 일은 자신의 신념과 상반되는 곳에 자리하는 신념 또한 가볍게 보아서는 안 된다는 것이다. 요컨대 신념과 신념의 충돌이 있을 경우 그 어느 하나는 반드시 희생될 수밖에 없다는 점이다. 희생당한 신념만이 언제나 대의명분에 입각해 있다는 생각은, 많은 경우, 약한 사람의 입장에 동정심을 가질 수밖에 없는 인간의 심정적 마음가짐과 관계한다. 이 심정적 마음가짐은 정서적인 부분과 불가분의 관계에 있고, 정서적인 항목은 아무래도 현실적인 실제보다 덜 이성적이다.

　사람이 살아가는 삶의 터전인 현실은 정서적인 감정의 공간이라기보다는 실제적인 이성의 영역이다. 이 이성적 영역이 역사를 움직이고 창조해간다는 것은 분명하다. 정서적 공간에 보다 깊이 관계되어 있는 문학 작품을 읽을 때 우리는 정감적인 통로를 거쳐 나온 작가와 시인들의 현실인식을 접할 수 있게 된다. 이 현실 인식은 대부분의 경우 희생당한 신념의 편에 서서, 그것을 희생시킨 신념에 부정적인 입장을 취하곤 한다. 그렇게 해야 읽는 사람의 감정을 휘어잡아 보다 감동적인 파문을 그들 가슴에 일으킬 수 있기 때문인지도 모른다. 물론 모든 문학 작품이 다 그렇다는 것은 아니다. 오히려 희생시킨 강자의 신념 편에 서서 그것을 옹호하는 작가정신도 분명 존재하고 있음을 간과할 수는 없다.

　이광수(李光洙)의 소설 「단종애사(端宗哀史)」와 김동인(金東仁)의 소설 「대수양(大首陽)」은 지금까지 이야기한 희생당한 신념과 희생시킨 신념 그 어느 하나의 입장에 서서 작가가 바라본 삶과 현실의 문학적 형상화다. 이광수는 어린 나이에 왕위에 올라 그 삼촌인 수양대군의 야망에 무참히 짓

밝히는 단종과 그를 옹호하는 사람들의 희생당한 신념의 애절하고 통탄스러운 모습을 그려내고 있다. 그 반대로 김동인은 어린 아이가 왕위에 오르므로 그 측근들의 수렴청정은 명약관화하고 허약한 정권을 창출할 것이 자명하므로 세도정치가 판을 치게 될 때 역성혁명으로 간신히 개국한 조선의 사직이 위태로울 것임을 생각하게 된다. 그래서 왕권과 사직의 수호를 위해 강력한 왕실의 힘 있는 정치를 위해 단종과 그를 둘러싼 일파들을 제거하여 튼튼한 왕권수호를 하게 되는 수양의 신념을 긍정적으로 소설화하였다. 말하자면 희생시킨 강자의 신념도 옳을 수 있다는 우회적인 생각을 소설로 표현하고 있다.

수양대군에 맞서 그의 부당한 왕권찬탈에 죽음으로 맞선 사육신(死六臣)의 신념이 옳다면 세조로 등극한 수양의 신념도 깡그리 옳지 않다는 생각은 재고될 수도 있어야 한다는 것을 김동인은 소설로써 말하려고 한 것 같다. 어쨌든 우리가 사려 깊게 살펴야 할 점은 어느 한쪽으로 기울어진 편향된 생각의 굴레에서 벗어나 모든 경우와 관점을 조심스레 검증하면서 보다 객관적이며 열려있는 사고로 가치의 판단을 행하는 일일 것이다. 그러나 그것은 힘든 일임이 틀림없고, 그 힘든 일을 감당하기 위해 현실과 삶을 냉철하게 바라보는 이성적 통찰이 필요할 것이다.

수양은 조카를 왕위에서 끌어내리고 등극을 한 후 단종을 강원도 영월로 유폐시키게 된다. 영월을 유폐 장소로 택한 것은 신숙주의 제안이었음을 역사적 자료들은 말해주고 있다. 신숙주가 영월의 부사로 한때 재직하였기 때문에 그 부근의 지리에 능통했으며, 영월 그곳이 단종을 따르는 무리들이 그의 복위(復位)를 꾀하기에 가장 부적절하다고 판단했기 때문이었다. 영월의 청령포에 유폐된 단종은 그곳에서 결국 세조 일파에 의해 죽게 된다. 세조 3년(1457), 단종을 영월로 유폐시킬 때 그를 호송한 의금부도사(義禁府都事)가 왕방연(王邦衍)이었다. 그는 세조의 부당함과 의롭지 못함을 분명 알았었다. 그럼에도 단종을 호송하여 유폐시킨 귀로(歸路)에서 다음과 같은 탄식의 시를 읊게 된다. 그 형식은 물론 시조(時調)다.

> 천만리(千萬里) 머나먼 길헤 고흔 님 여의옵고
> 내 마음 둘 데 없이 냇가에 앉아이다
> 저 물도 내 안 갇하야 울어 널만 하놋다.

‘고흔 님’은 ‘고은 님’이란 뜻으로 단종을 가리키며, ‘앉아이다’는 ‘앉아 있습니다’란 뜻이고, ‘내안’의 ‘안’은 ‘마음’의 의미이며, ‘갇하야’는 ‘같아’, ‘널만’은 ‘가기만’, ‘하놋다’는 ‘하는구나’의 뜻들이다.

세조의 신하로서 단종을 호소하는 책임을 맡은 시인은, 세조의 왕명(王命)을 거역하지 못하면서도, 부당하게 유폐되는 단종의 처지를 애통해마지 않는 내용이다. 여기서 우리는 왕방연이 취한 이중적 태도를 결코 놓쳐서는 안된다. 그것은 한 발은 세조의 권력 쪽에, 또 다른 발은 단종의 편에 놓아두는 지극히 교묘한 처세술이다. 사육신처럼 세조의 신념에 죽음으로 맞서지도 못하고 그렇다고 단종의 입장을 애통해하지 않을 수도 없는 이중성은 무엇인가. 그것은 현실적인 이성적 입장과 정서적인 입장이라 말할 수는 없겠는가.

현실적으로는 목숨을 부지해야 하고, 정서적으로는 무참히 짓밟히는 약자의 입장을 헤아리는 이중구조라고 말할 수 있을 것이다.

그리고 이 같은 이중구조는 특별한 경우를 제외한 대다수 평범한 사람들인 우리 모두의 삶을 지탱하는 모습일 것이라 판단된다. ‘누가 있어 죄 없는 자는 저 여자를 돌로 쳐라’라고 사마리아 여인을 향해 말한 예수나, ‘악법(惡法)도 법이므로 이 독배(毒杯)를 마신다’라는 소크라테스의 입장과 같은 영역에 놓을 수 있는 삶을 살아가는 어쩔 수 없는 이중성—그것을 한국의 옛 사람들인 우리의 선인(先人)들은 이미 터득하고 있었던 것이다. 그래서 왕방연의 시조는 역사의 격동기였던 단종과 세조의 시대에 한 편의 시로서 그것을 극명하게 밝혀놓고 있는 것이 아닌가. 그러므로 신념을 위해 목숨을 내던진 극소수의 사람들은 언제나 칭송되어 우리의 기억에 남고, 이중적 처세로 삶을 지탱시킨 대부분의 평범한 사람들은 역사의 벌판에 그저 먼지로만 흩날리다 사라져 버리는 것은 아닌지……. 문득 아놀드 토인비가 말한 '역사는 긴 안목에서 보면 반복되는 측면을 가진다'는 것이 왕방연의 시를 읽으면 더욱 가슴깊이 아로새겨지는 것은 결코 우연이라 할 수 없다.

13. 「일실」(김시습의 한시) — 매섭고 세찬 저항정신

소설(小說)은 이야기다. 그러나 이야기를 보다 재미있게 구성하여 언어로서 기록한 이 '형상화된 이야기'는 그 역사가 시(詩)에 비하여 그렇게 오래된 것은 아니다. 소설이란 문학의 갈래(이것을 '장르'라고 말한다)가 생겨나기 이전 문학의 영역은 온통 시(詩)로서 채워져 있었다고 보아도 크게 틀린 것은 아니다. 소설의 발생 이전에는 문학이 곧바로 시(詩)를 의미했다고 보아도 좋다.

우리나라에서 '형상화된 이야기'인 소설이 처음 나타난 것은 15세기이다.

그것은 서양의 경우도 우리나라 보다 크게 앞서지 않는다. 서양에서 최초의 소설로 꼽히는 보카치오의 「데카메론(열흘 이야기)」은 14세기 중반, 즉 1353년에 씌어졌다.

이 시기에 '백성을 가르치는 바른 소리(訓民正音)'인 한글이 만들어진다. 그러나 한글은 아직도 지배계층인 양반들의 보수적인 성향으로 그들 의사를 나타냄에 널리 사용되지 못했다. 양반계층인 지식인들은 계속 한자(漢

字)를 그들의 통용어로 했다. 그래서 우리나라의 첫 소설인 「금오신화(金鰲新話)」도 한자(漢字)로 씌어진 한문소설이었다.

이 「금오신화」는 다섯 편의 소설로 이루어져 있다. 남원에 사는 노총각 양생이 부처님과 윷놀이 내기를 하고 수년전 왜구에게 죽은 처녀의 환신(幻身)을 만나 사랑을 속삭이는 「만복사저포기(萬福寺樗蒲記)」, 개성에 사는 이생이 최소저와 만나 연애를 하고 나중에는 이생이 홍건적의 난 때 죽은 최 소저의 환신(幻身)을 만나 부부생활을 하다 헤어졌다는 「이생규장전(李生窺墻傳)」, 홍생이 장사길에 평양에 들러 부벽루에서 수천 년 전의 인물로 지금은 선녀가 된 기씨녀(箕氏女)를 만나 사랑을 했다는 「취유부벽정기(醉遊浮碧亭記)」, 경주 사는 박생은 미신과 불교를 배척하는 선비인데, 꿈속에서 저승으로 가 염라대왕과 토론하고 돌아온 내용인 「남염부주지(南炎浮洲志)」, 그리고 개성에 사는 한생이 꿈속에 용왕의 초대를 받고 그 곳에서 시를 지으며 놀았다는 「용궁부연록(龍宮赴宴錄)」 등이 그것이다.

일상적인 현실이 아닌 신비로운 내용과 환상적이며 이상스런 내용을 다루었다고 하여 이것을 내용상 '전기소설(傳奇小說)'로 분류하기도 한다.

이 한국 최초의 소설 「금오신화」를 쓴 사람이 김시습(金時習 1435 - 1493)이다. 태어난 지 8개월만에 글자를 깨치고 3살 때 글을 짓고, 5살 때에는 임금(世宗)에게 불려가 글을 지어 바쳐 칭찬을 받았다는 신동(神童)이었다고 한다.

스물한 살 무렵 삼각산의 절간에서 공부하던 중 세조의 왕위찬탈 소식에 접하여 비분강개한 나머지 세상을 등지고 일생을 기행(奇行)과 유랑으로 초야에 묻혀 은둔생활을 한 생육신(生六臣)의 한 사람이기도 하다.

그는 여러개의 호(號)를 갖고 있었다. 설잠(設岑), 벽산청은(碧山靑隱), 청한자(淸寒子), 동봉(東峰), 췌세옹(贅世翁), 매월당(梅月堂)이 그것들이다. 지금은 남산(南山)으로 부르는 '용장사'가 우리나라 소설문학의 발상지인

셈이다.

삼십대 후반에서 사십대 후반까지 서울 근교의 성동(城東)에서 남의 땅을 빌어 농사를 짓기도 하였지만 다시 산속으로 가 충청도의 홍산(鴻山) 무량사(無量寺)에서 58년의 한 많은 생을 마감했다. 그의 기행(奇行)과 유랑(流浪)과 방랑, 그리고 세조에 대한 반항과 체제에 대한 타협 모르는 저항은 소설에서 보다는 남겨놓은 한시(漢詩)들에서 더욱 두드러지게 나타난다.

그리고 당시 왕조사회의 폐쇄된 현실에서 지식인의 고뇌에 찬 모습과 좌절이 진득하게 배어있음을 알 수 있게 된다. 조선 초기 우리 옛사람들 중에서 양반계급에 속했던 지식인들의 고뇌와 체념의 한 자락을 휘어잡을 수 있는 것은 그의 시가 무엇보다 자신의 체험과 울울함을 언어 속에 심어 놓았기 때문일 것이다.

그의 한시(漢詩) 「일실(一室)」을 「초라한 집」으로 옮기고 원래의 한시와 함께 내용을 번역하면 이렇게 된다.

초라한 집 좁은 방에 무릎을 펴다
텅빈 뒤주는 처마에 걸린 풍경 같고
맑게 흘러흘러 가는 물같은
삶
내딛는 발걸음은 떠가는
돛단배
석달 지내자고 한 노릇이
일년을 넘겼다
산은 마음에 들지만
아,
신선(神仙)이 사는 화산(華山)만 못한 것을……

一室僅容膝 修然如磬懸 生涯談若水 琮跡泛於船
偶爾留三月 居然已隔年 峯巒雖信美 爭似華山前

사람의 한평생인 삶을 흐르는 물에 비유하고 살아가는 것을 그 위에 떠가는 돛단배로 말한 것은, 거대한 역사의 흐름에 개인이 거역하는 것이 한계가 있음을 말한다고 보아야 할 것이다. 물이 없으면 배가 갈 수 없듯이 삶의 현장을 벗어나서 인간은 살 수가 없다. 그 삶의 현장인 역사의 흐름을 거슬러 배가 갈 수 있겠는가.

세조의 왕위찬탈에 죽음으로 대항하지 아니한 생육신 김시습의 역사를 보는 예리한 통찰력은 당시 세조의 불의를 비판했던 지식인들의 지배적인 생각은 아니었겠는가.

그러므로 사육신(死六臣)의 충절 그 다른 편에 삶의 현장인 역사의 흐름 앞에 당당히 발을 딛고 살아 있으면서 '그것은 잘못이다'라고 항변할 수 있는 용감한 지식인의 지성도 필요했음을 과소평가할 수는 없을 것이다.

초라한 방구석에 무릎을 펴고 양식마저 떨어진 처지에 있는 저항적 지성인 김시습은 그러나 그곳이 낙원인 유토피아라는 조선조 선비들의 일반적 성향인 허세를 부리지는 않는다. 마지막 구절의 '신선(神仙)'은 도교(道敎)에 영향 받은 무위자연(無爲自然) 사상만으로 볼 수는 없다.

그것은 자신이 처한 이 은둔과 저항의 상태가 현실적으로 처참한 것임을 인식하는 것이고, 그 인식은 시인 자신인들 신선처럼 호의호식하며 살고 싶은 마음이 왜 없겠느냐는 반문이기도 하다. 그것을 누구보다 잘 아는 자신이지만, 결코 불의와는 타협하지 않겠다는 강인한 의지의 표출이기도 하다.

조선시대 유학자인 우리의 옛 선인들은 충(忠)과 효(孝)의 두 기둥으로 떠받쳐진 지조와 절개의 이상적 항목을 지키기 위해 오늘날 관점에서는 허세라고 밖에 할 수 없는 근엄한 표정을 짓거나 낙향하여 음풍농월 하는 경우가 많았다.

그러나 김시습은 그것을 훌훌 벗어던지고 '나 역시 잘 먹고 잘 살고 싶다'라고 이 시의 끝 구절에서 분명 말하고 있다. 그러나 부정직하고, 도덕성이 결여되었으며, 혈육의 정마저 짓밟는 불의의 실체인 세조와 그 일파들과는 타협하지 않을 것임을 '초라한 집 좁은 방에 무릎을 펴다'라는 언어들 속에 깊숙이 박아 놓는다.

'초라한 집' '좁은 방' 그리고 혼자 '무릎을 펴'는 그 고독 속에 오뉴월 서리보다 매섭고, 살을 에이는 한 겨울의 삭풍보다 더 세차고 매운 옛날 우리 선인들의 저항의식이 살아 숨쉰다고 할 것이다. 그래서 그것은 일제 식민지 치하의 깜깜한 어둠 속에서도 '지금 눈 내리고/ 매화향기 홀로 아득하니,/ 내 여기 가난한 노래의 씨를 뿌려라'라고 절규하는 이육사(李陸史)에게까지 이어지는 것이 아니겠는가.

14. 「용비어천가」 ─ 지식인의 도구적 지성

어느 시대를 막론하고 역사의 실질적인 주체는 권력을 가진 사람들이었다. 그 사람들을 집권자라고 한다. 사실 권력을 갖지 않은 힘이 없었던 일반 서민들은 어쩌면 그들 권력자들의 들러리였다고 해도 지나친 말은 아닐 것이다.

집권자들에 의해 좌지우지되어 온 역사의 뒤안길에는 일반 서민들의 눈물겨운 이야기와 억울한 일과 말과 글로써 다할 수 없는 한 많은 사연들이 있었을 것이다. 그러나 우리는 그것을 다 건져낼 수가 없다. 다만 그 몇 개의 조각들만을 찾을 수 있어 그것을 통해 그들의 삶과 다난한 역정을 생각해 볼 도리밖에 없다. 그 몇 개의 조각들을 가장 손쉽게 찾을 수 있는 곳이 정서적인 쪽에 기울어져 있는 문학작품에서다. 그러나 그것 역시 시인 김수영(金洙暎)이 적절하게 갈파했듯이 다만 그들은 '풀잎'에 불과하다는 확인 정도에 그친다. '민초(民草)'라는 말이 있듯이 저 들판의 하찮은 풀잎에 불과한 다수의 피지배계층인 서민들의 보잘 것 없었던 모습을 문학작품 속에서 다만 검증하는데 그칠 수밖에 없는 안타까움을 그래서 갖게 된다.

이러한 일반 서민들, 즉 풀잎만큼 하찮은 존재인 '민초(民草)'들의 생각을 집권자들의 의도대로 이끌어 가고자 지어진 작품은 많이 있다. 말하자면 일반 서민들인 백성을 교화하고 계몽시키려는 의도를 이들 작품은 처음부터 분명히 갖고 있게 된다. 그리고 이러한 작품은 왕조시대의 경우 국가적인 차원에서 작품제작이 이루어지는 공통점을 지니고 있다.

고려 왕조를 뒤엎은 이성계 일파는 그들이 내세운 이념적 바탕인 성리학, 즉 유학(儒學)의 가치관인 충(忠)과 효(孝)에 정면으로 배치되는 고려조의 전복과 조선건국을 합리화시킬 수 있는 명분을 찾아야만 했다. 여러 가지 명분 중에서 그들은 조선의 건국이 어쩔 수 없는 하늘(天)의 소명이었다는 것을 일반 서민인 백성에게 주입시키기로 했다. 그래서 조선 건국의 합리화를 위해 국가적인 사업으로 만들어진 것이 한글로 지은 최초의 서사시인 「용비어천가(龍飛御天歌)」다. 서사시는 소설처럼 줄거리를 가진 시(詩), 즉 장편의 시를 말한다. 「용비어천가」도 125장, 즉 125편으로 구성되어진 시이며 그 속에는 중국 역대 왕조 성군(聖君)들의 행적이 드라마틱하게 압축되어 있고, 조선을 건국한 이성계의 행적이 그것과 비교될 수 있도록 구성되어져 있다.

세종이 당시 집권세력의 핵심부에 있던 정인지, 권제, 안지에게 반포하지 않은 훈민정음인 한글로 창작하게 한 이 서사시는 한 사람의 창작품이라기보다는 여러 사람이 함께 참가하여 지은 집체작(集體作)의 성격을 띠고 있다. 세종 27년(1445)에 일단 완성된 이 작품은 그러니까 훈민정음 반포 1년 전에 이미 골격이 잡혀졌다고 할 수 있다. 세종은 다시 최항, 박팽년, 강희안, 신숙주 등에게 원시(原詩)에 대한 자세한 주석을 붙이도록 하여 세종 29년(1447) 2월에 완성을 해서 그해 10월에 간행하게 했다.

「용비어천가」는 크게 세 가지 내용으로 구성되어져 있다. 우리말인 훈민정음으로 쓰인 노래가 있고, 그것을 한시(漢詩)로 번역한 것이 있으며 그 다음에는 역사적인 사실이나 전설 등을 자료로 한 주석이 상세하게 첨가되어 있다. 모두 125장, 즉 125편의 내용과 전체 주제를 제1장과 제2장은 요약하고 있다. 제3장에서 109장까지에서는 중국 창업주인 성군(聖君)들의 경우와 이성계를 포함한 그 선조(先祖)들의 위대한 업적을 나란히 표현해 놓았다. 제110장에서 125장까지는 작품 전체의 결론으로써 후대 임금에게 간곡하게 당부하는 부분으로 되어 있다. 건국 당시 선왕(先王)들의 뜻을 잊지 말며, 정치의 잘못으로 나라가 망하지 않도록 해야 한다고 경계하였다. 태평을 누리기만 하며 사치스러운 생활을 하고 형벌을 능사로 삼고, 교만한 마음을 가져 덕을 잃고, 간사한 무리를 믿고 백성을 지나치게 수탈하는 것이 모두 잘못된 정치라고 규정하고 있다. 정치는 다스리는 사람이 다스림을 받는 사람들에게 내리는 명령이기에 앞서서 다스리는 사람 스스로가 지켜야 할 행동규범이라는 생각을 구체적으로 표현하여 조선 초기 통치철학을 시적으로 응집하고 있다고 말할 수 있다.

전체 125장의 주제를 요약하고 있는 1장과 2장의 시를 오늘날의 표기법으로 적으면 이렇게 된다.

海東六龍 날으시어 일마다 天福이시니 古聖이 同符하시니(제1장)

뿌리가 깊은 나무는 바람에 아니 움직이므로 꽃 좋고 열매 많으니

제1장의 '해동(海東)'은 '우리나라', 즉 '조선'을 말하며 '六龍'인 여섯 마리 용은 태조 이성계와 그 선조인 목조, 익조, 도조, 환조와 태조, 태종(이방원)을 상징한 것이다. '古聖'은 '옛 성인들의 하신 일과 말씀'을 말하며 '동부(同符)'는 '부절(符節)'을 합친 것처럼 꼭 일치 한다'는 뜻이다. 우리나라에 이성계를 비롯한 여섯 사람이 나타나니 하는 일마다 모두 하늘이 내린 복으로 그들이 임금이 되어 조선을 건국한 것은 하늘의 소명이었음을 강조한다. 그것은 옛날 성인인 중국 제왕들의 일과 꼭 합치된다는 내용이다. 고려를 전복시키고 조선을 건국한 것을 하늘의 명으로 합리화시키고 있다.

제2장은 근원이 깊고 튼튼하면 얼마든지 번창한다는 것으로, 조선의 건국이 다만 성(姓)을 바꾸는 역성혁명(易姓革命)이 아닌 뿌리가 깊고, 근원이 확실한 하늘의 명령에 기초한 것임을 강조하고 있다.

정권을 잡은 집권자들의 자기 합리화와, 그 합리화에 동원되는 지식과 지식인의 모습을 「용비어천가」를 통해 확인한다면 얼마간 비약이 될지 모른다. 그러나 「용비어천가」에서 집권자들이 정권탈취의 합리화와 역사의 주체 자리에서 밀려나 있는 일반 서민의 백성들을 정신으로 교화하기 위한 것임을 확실하다. 또 지식인에게 집체적으로 목적을 가진 작품을 창작하게 한 왕명의 절대성과 그것에 저항하지 못한 채 꺾이고 굴복하는 지식인의 허약함을 목격할 수는 있게 된다.

그래서 「용비어천가」를 통해 집권자의 합리화 논리의 문학적 메시지보다는 억지로 교화·계몽당해야 했던 일반 서민들인 피지배계층의 모습과 권력에 매달린 지식인들의 도구적 지성을 우리 옛 선인들에게서 또다시 확인하게 된다.

시인이 생각하는 자리

1. 한용운[1] – 불과 칼의 언어

1)

사람은 혼돈 속에서 살아간다. 이리 엉키고 저리 헝클어진 속에서 사람이 삶을 영위해 가는 과정을 그래서 무명(無明)이라고 했다. 앞을 가늠 할 수 없고, 먼 곳을 바라볼 수 없는 어둠의 한가운데서 발버둥치는 삶의 모습을 사바세계(娑婆世界)라고 말했다. 오욕칠정(五慾七情)이 걷잡을 수 없는 집착의 고리가 되어 엉킨 이 무명의 세계에 대응하는 시인의 의지는 무엇인가. 시인이 언어라는 등불을 들고 어둠의 한 켠을 밀어내고 사람의 참 모습을 건져 올리려 했을 때 문학과 종교의 관계는 무엇인가.

이 같은 생각을 계속 반추하도록 해주는 시인이 바로 만해(萬海) 한용운(韓龍雲)임을 확인할 필요가 있다. 그가 마치 식민지 시대 한국시인의 대표인 것처럼 거론되고, 그의 시가 식민지 시대를 아픔과 고통과 고뇌로 점철한 대다수 한국민(韓國民)의 복음서인 것으로 자리매김 되는 까닭의 한 자락은 시와 삶의 관계, 문학과 종교의 관계를 매우 절실하게 표현해 주고 있다는 데 근거할 것이다.

---

1) 韓龍雲(1987.충남 홍성 – 1944.서울) 『님의 침묵』(회동서관, 1926) 등 시집. 『한용운전집』(신구문화사, 1973)

확실히 만해의 시는 그와 동시대의 시인들인 소월(素月), 상화(尙火), 혹은 지용(芝溶)과는 별개의 영역을 가지고 있다. 그 별개의 영역은 소월과 상화 그리고 지용의 시 세계를 무시해도 좋다는 성질의 것이 아니다. 다만 그들보다는 더 치열하고, 더 강한 의지를 언어에 담아 어둡고 궁핍했던 시대를 확연하게 드러내주면서 대응했던 시정신에서 파악해야 할 항목일 것이다. 그러나 만해의 시를 파악하려 할 때 언제나 전제되는 기왕의 논리들은 대부분이 찬사와 찬탄의 범주에 묶여 있어 곤혹감에서 벗어나기 힘들 때도 있음을 부인할 수 없다. 그 곤혹감은 대부분 만해를 신성시하는 것 같아 보이는 데서 비롯된다. 비판적 관점이 필요하다고 보는 이유를 여기서 찾을 수 있게 된다.

만해의 시집 『님의 沈默』을 재조명해 보자는 의도는 이러한 맥락에서 매우 필요한 일이라 할 수 있다. '재조명(再照明)'이란 말 그대로 비판의 도마 위에 다시 한번 대상을 올려놓고, 기왕의 논의를 검증하고 미쳐 못 본 부분들을 하나씩 찾아내자는 것이다. 그러므로 그것은 언어의 등불로 삶의 한 켠을 밝혔던 영역보다는 아직도 어둠으로 남아 있는 부분에 만해가 맹목했던 점이 없는가를 짚어 보는 일이 선행되고, 시로 대응했던 삶의 부분이 그가 주도했던 종교적 항목과 어떻게 어긋나고 있는가에 더 관심을 집중시킬 수밖에 없을 것이다.

2)

『님의 沈默』은 「군말」과 「독자에게」라는 서문과 후기에 해당하는 부분을 제외하면 88편의 시로써 구성되어져 있다. 그러나 88편 본문 시의 형식적 특성과 「군말」 그리고 「독자에게」를 비교하면 서문과 후기인 그것들 역시 독립된 한 편의 시로서 편입될 수 있음을 알 수 있게 된다. 따라서 『님의 沈默』은 90편의 시로써 구성된 사화집임을 확인하는 데 이론을 제기하기는 힘들 것이다. 특히 「군말」은 『님의 沈默』 속의 시들을 이해하는 관건이 되는 매우 중요한 부분임에 대부분의 논자들 의견이 일치된다.

> (가) 군말. 쓸데없는 말이라고 하지만, 이 序文은 詩集의 내용을 이해하는
> 데 매우 중요하다.
>
> ─송욱, 『님의 沈默 全篇解說』, 科學社, 1985. 18쪽)

> (나) 詩 <군말>은 萬海詩 全篇을 하나의 連作詩로 존재하게 하는 푯대
> 와 같은 序詩이다.
>
> ─尹在根, 『님의 沈默 研究』, 民族文化社, 1985. 20쪽)

(가)의 논자는 그 중요성을 강조하고 있고 (나)의 논자는 『님의 沈默』 속의 시들을 연작시로 파악하고, 그 근거의 중요한 부분이 「군말」임을 명시하고 있다. (가)(나)의 논자뿐만이 아니라 『님의 沈默』 속의 시편들을 이해함에 「군말」의 중요성은 매우 강조되고 있다.

> 「님」만 님이아니라 긔룬것은 다 님이다 衆生이 釋迦의님이라면 哲學은
> 칸트의님이다. 薔薇花의님이 봄비라면 맛치니의님은 伊太利다 님은 내가
> 사랑할쑨아니라 나를사랑하나니라
> 戀愛가自由라면 님도自由일 것이다. 그러나 너희는 이름조은 自由에 알
> 쓸한拘束을 밧지안너냐 너에게도 님이잇너냐 잇다면 님이아니라 너의그림
> 자니라
> 나는 해저문벌판에서 도러가는 길을일코 헤매는 어린羊이 긔루어서 이詩
> 를 쓴다

이상의 「군말」 전문은 세 부분으로 구별해 볼 수 있을 것이다.

첫 부분은 님에 대한 생각을 정리한 것으로, 가운데 부분은 님과 자유에 대한 생각을 개진한 것으로, 마지막 부분에는 『님의 沈默』의 시편들을 쓰게 된 동기를 말하고 있다고 할 수 있을 것이다. 동기라기보다 시를 쓴 목적을 말한다고 보아도 무방할 것이다. 이 마지막 부분부터 살펴보는 것이 논의를 훨씬 용이하게 이끌어 줄 것이다.

<해저문벌판에서 도러가는 길을일코 헤매는 어린羊>은 무엇을 의미하는가.

기독교적 표현을 연상시키는 이 귀절을 앞의 두 부분과의 연관에서 살피면 그것이 조국을 잃어버린 식민지 치하의 동포 형제의 상징임을 알 수 있게 된다. 즉 갈 곳을 몰라 헤매는, 이름 좋은 자유, 식민지 치하에서 억압받고 착취당하는 민중임을 알 수 있게 될 것이다. 의미의 폭을 넓혀 불교에서의 중생이라고 해도 나쁠 것은 없다. 그러나 만해가 언어로써 대응하던 자세는 항상 조국으로 응집되어 출발하는 불교 사상이었으며 그것은 또한 독립에 대한 의지로 나아가는 바탕이었음을 생각한다면 그 중심은 나라 잃은 백성, 우리의 민중임을 부인하기는 힘들 것이다.

<긔루어서>는 <그리워서>의 충청도 방언임을 언어학자들은 증언해 주고 있다. <어린羊이 그리워서 이 詩를 쓴다>는 말은 무엇을 의미하는 것일까.

먼저 <그립다>는 상태가 무엇을 의미하는지를 헤아려 볼 필요가 있다.

그립다는 것은 대상 A와 대상 B가 거리를 두고 떨어져 있을 때 생기는 마음의 움직임이다. A와 B가 서로 함께 자리할 때 그리움이 생겨날 리는 없다. 만해라는 대상 A와 어린 양이라는 대상 B는 함께 있는 것이 아니라 거리를 두고 떨어져 있음을 알 수 있게 된다. 적어도 만해의 정신적 세계는 그렇게 인지하고 있었던 것임을 알 수가 있다. 어린 양 즉 식민지 치하의 민중과 함께 있지 않다는 만해의 정신적 상태는 결국 민중에 대한 그리움으로 인한 충동에 의해 시를 쓰게 된 것으로 파악할 수 있다.

이와 같은 만해와 민중과의 거리는 만해에 있어 첫째, 일제와 타협을 모르는 강한 저항으로 표출되었으며 둘째, 그렇기 때문에 변절하는 그들 대부분의 일반 민중과는 별개의 존재임을 스스로 확인하는 것으로 굳어졌을 것이다. 그래서 그 일반 민중을 계도하고 이끌어가야겠다는 경향 속에 그의 가치관을 놓을 수밖에 없지 않았던가 라고 파악할 수 있다. <길을일코 헤매는 어린羊>인 그들 민중을 계도하고 이끌어 보겠다는 것은 지도자가 의당 가져야 할 태도이긴 하지만 선민의식(選民意識)이란 비판을 면하기는 어렵다. 민중과 함께 한다는, 민중과 함께 있다는 생각의 결여(缺如)는 만해로 하여금 그의 시를 불교적 아포리즘의 세계로 이끌어 갔으며, 민중의 정서를 고양시켜 확산시키는 시적 리듬을 찾지 못하고, 힘차고 도도하지만 길고 지루하며 교훈적인 산문의 패턴으로 고착시키는 결과를 가져오지는 않았던가 하고 생각하게 한다.

거리를 두고 있는 그리운 민중에게 계도하고, 설교하고, 지도하려고만 하는 시혜적(施惠的) 자세는 만해의 정신적 편향으로 파악될 수 있는 부분이다. 그리고 그 같은 정신적 자세는 『님의 沈默』 속의 시편들을 설교적이며 산문적인 경향으로 이끌고 있음도 생각해 보게 함은 물론, 만년에 만해가 끝까지 훼절하지 않고 철두철미한 일제에 대한 저항으로 고독한 스스로의 성을 쌓았던 점과 무관하지 않았다고 파악되는 부분이다.

만해의 시의 특성을 말하는 많은 사람들은 시의 형식과 조사(措辭)가 지닌 여성주의적 경향을 말한다. 그 같은 논의는 타당한 면을 갖고 있다. 우선 <님>에 대한 줄기찬 추구와 <님>이라는 한 말로 집약되는 시적 대상에 대한 그리움을 노래하고 있다는 사실에서 그것은 확인된다. 그래서 『님의 沈默』 속의 절대 다수 시편들은 존칭어미로 종결되고 있음을 보게 된다. 그리운 사람, 혹은 대상에 대한 존경과 그곳으로 향하는 끊임없는 마음의 발길을 고려할 때 그것은 여성적이라 말하지 않을 수 없게 된다. 이 여성적 편향은 그러나 『님의 沈默』이 간행되었던 1920년대 중반의 일반적 경향이었음을 간과해서는 안 된다.

국권이 일제에 의해 강탈된 후 기미독립운동을 전개한 민족의지는 잘 훈련되고 조직적인 일제 식민주의자들 앞에 여지없이 짓밟힐 수밖에 없음을 확실히 알 수 있게 된다. 이 같은 인식이 문학에서는 우리 것을 찾자는 자각으로 이어지고, 강탈당한 조국을 시적 대상으로 하게 되는 결정적 계기로 작용하게 된다. 그래서 우리 것을 찾자는 자각은 시조부흥이란 구체적 문학행위에 결집되게 된다. 육당(六堂)의 『百八煩惱』가 이 무렵(1926.12) 간행된 것은 결코 우연한 일이 아니었다.

> 다만시조를한 文字遊戲의굴형에서건져내어서 엄숙한思想의一容器를맨들어보려고 애오라지애써온點이나삺혀주시면 이는무론分外의榮幸입니다.

위의 인용은 『百八煩惱』 서문의 일절이다. <엄숙한 思想> 이란 바로 우리의 민족정기임을 확인할 수 있게 되고 그것을 담는 <一容器>로 시조를 파악한 것은 면면히 이어져 온 우리 것 찾기의 분명한 작업임을 알 수 있다. 육당뿐만 아니라 많은 지식인들의 민족정기의 되찾기는 이 무렵을 지배하고 있었던 하나의 시대정신이었음을 알 수가 잇다. 이러한 지배적 경향은 곧 강탈당한 조국을 시적 대상으로 하게 된다. 그것을 또한 『百八煩惱』 등에서 확인할 수 있게 된다.

> 六堂의님은구경누구인가? 나는그를짐작한다 그님의닐음은「조선」인가한다.
> 이닐음이六堂의입에서쎠날째가업건마는 듯는사람은대개 그님의닐음으로불으는것을쌔닷지못한다. 百八煩惱에는 「님」이란말이만하서 特히그님이문제

가될른지몰으나 그님을사랑하는基調를가지기는 六堂의달은作品이百八煩
惱와달으지아니하니 近來著作으로만보더라도 檀君論은勿論그러하니다시
말할必要도업거니와 尋春巡禮가그러치아니한가, 白頭觀參이그러치아니한
가, 대개六堂의著作으론하나도그렇지아니한것이업슬것이다.

　　　　　　　　　－육당 시조집『百八煩惱』, 洪命憙 跋文 중에서

　벽초(碧初)의 위와 같은 지적은 강탈당한 조국을 시적 대상으로 하고
<님>을 그 대상의 또 다른 명명으로 삼고 있음을 분명히 하고 있다. 이
와 같은 정신은 당시의 지배적 경향을 말해 주는 좋은 보기가 된다. 또한
강탈당한 조국을 <님>으로 설정할 때 시의 화자는 버림받았거나 님을 여
윈 사람으로 설정되는 것은 일반적인 추세임은 당연하다. 따라서 이 시대
의 대부분 시적 경향이 여성주의적 편향 속에 있었음은 매우 보편적임을
기억할 필요는 없다.
　만해의 『님의 沈默』 속의 시편들이 여성주의적 경향을 띠고 있음은 이
러한 사정의 한 가닥임을 확인해야 되고, 그가 시 속에 설정한 님의 원관
념은 강탈당한 조국이고 이 조국을 향해 그의 시정신이 일차적으로 가열되
고 있음을 확인해야 할 것이다.

님은갓슴니다 아아 사랑하는나의님은 갓슴니다
푸른산빗을깨치고 단풍나무숩을향하야난 적은길을 거러서 참어썰치고 갓슴니다
黃金의꼿가티 굿고빗나든 옛盟誓는 차듸찬띄끌이되야서 한숨의微風에
나러갓슴니다
날카로은 첫 「키스」의追億은 나의運命의指針을 돌너노코 뒤ㅅ거름처서
사라젓슴니다
나는 향긔로은 님의말소리에 귀먹고 쏫다은 님의얼골에 눈머럿슴니다
사랑도 사람의일이라 맛날째에 미리 써날것을 염녀하고경계하지 아니한것

은아니지만 리별은 쏫밧긔일이되고 놀난가슴은 새로은슯음에 터짐니다
그러나 리별을 쓸데업는 눈물의源泉을만들고 마는것은 스스로 사랑을깨치
는것인줄 아는까닭에 것잡을수업는 슯음의힘을 옴겨서 새希望의 정수박이에
드러부엇슴니다
우리는 맛날째에 써날것을염녀하는것과가티 써날째에 다시맛날것을 밋슴
니다
아아 님은갓지마는 나는 님을보내지 아니하얏슴니다
제곡조를못이기는 사랑의노래는 님의沈默을 휩싸고돔니다.

『님의 沈默』의 표제시인 「님의 沈默」 전문이다. 앞서 말한 대로 님이란
시적 대상에게로 가열되어 집중되는 시정신을 충분히 헤아릴 수 있게 된
다. 님이 강탈당한 조국임을 확인할 때 몇 가지 특징적 사항을 파악해야
할 것이다.

첫째 님의 부재(不在)를 깨우침의 시작으로 설정하고 있다는 것이다.

둘째 님의 부재(不在)를 상실로 보지 않고 있는 점이며, 세째 님의 부재
(不在)를 침묵으로 확인하며, 그러므로 그것은 헤어짐이 아니라 다시 만남
의 확신임을 분명히 하고 있다는 점이다.

이별을 언표(言表)하는 첫째 행에 주목한다면 넷째 행의 <날카로은 첫
「키스」의 追億은 나의運命의指針을 돌녀노코>의 부분을 확인해야 한다.
이 부분을 이렇게 설명하는 논자도 있다.

<날카로은 첫「키스」의追憶>. 민족에 대한 참된 사랑을 깨달은 순간도
되고 ,見性의 眞理를 깨친 찰나도 된다. 숖이 存在와 접촉하는 순간이기
때문에 <감미로운 첫 키스>가 아니고 <날카로운 첫 키스>, 이렇게 표
현하였으리라.

—송욱, 『님의 沈默 全篇解說』, 23〜24쪽

민족과 불법(佛法)과의 만남 그 어느 것으로 해독해도 무방하지 않겠느냐는 입장이다. 그러나 어느 것을 통해서 만해가 그 다음의 인식을 시정신으로 환원하는가는 『님의 沈默』 속의 시편들을 이해하는 데 주요한 사항이라고 보아야 한다. 그것은 <님>의 원관념이 만해에 있어 무엇인가를 말할 때 그것을 다층적으로 해석하는 것이 온당하다는 기왕의 논의들, 말하자면 <님>을 강탈당한 조국 혹은 불법(佛法)의 이상적(理想的) 실체(實體)라고 복합적인 접근을 해야 한다는 이유를 보다 확연하게 해줄 수 있는 근거가 되기 때문이다.

<運命의指針을 돌너노코>라는 자신에게의 큰 변혁은 어디에서 비롯되었는가.

그것은 <님>과의 만남 즉 <날카로은 첫키스>에서 비롯되었다. 그 만남이 <날카롭다>는 것은 시인에게 깨달음을 주는 해후였기 때문이다. 깨달음을 준 것은 1, 2, 3행에서 말하는 <님>과의 이별이 된다. 그 이별이 바로 깨달음을 준 계기인데, 그것은 만해 당대에 미만해 있던 강탈당한 조국에 대한 시적 표상임을 확인해야 한다. 그 강탈당한 조국과의 이별이야말로 조국에 대한 사랑을 확실히 깨닫는 계기가 되고, 그 사랑은 다음 단계의 깨우침을 통해 더욱 확대되고 견고해진다는 점을 간과해서는 안된다.

다음 단계의 깨우침이란 불법(佛法)과의 만남이다. 요컨대 만해는 『님의 沈默』 4행에서 강탈당한 조국을 통해 조국에 대한 사랑을 더욱 확실하게 확인하고 그 조국애를 통해 불법(佛法)과 만나고 있음을 알 수 있게 된다. 조국의 현실인 일제강점, 말하자면 조국이 강탈당해 버린 상황을 뼈저리게 인식한 상태에서 만해는 되찾아야 할 조국의 모습을 확인하게 되고, 그 확인을 다져가는 구체적 과정에서 불법(佛法)과 만나게 됨을 『님의 沈默』 4행은 말하고 있다.

만해가 조국의 식민지적 현실, 강탈당한 조국의 실상을 투철하게 각인한 후에 불법(佛法)과 만난다는 이같은 사실은 『님의 沈默』의 5행 이후가 불법(佛法)을 통한 상항의 인식에 기초하고 있음에서 더욱 확인된다.

6행의 <새로운슯음>과 7행의 <리별을 쓸데업는 눈물의源泉을만들고마는것>과 <슯음의힘을 옴겨서 새希望>으로 파악하고 있는 표현들은 결국 9행의 <회자정리 이자필반(會者定離 離者必反)>이라고 하는 불교사유(佛敎思惟)의 구체적 표현을 획득하는 하나의 과정이었음을 알 수 있게 된다.

『님의 沈默』은 따라서 그것을 표제로 한 90편의 시들이 일제히 빼앗긴 조국의 상황을 통해 불법(佛法)을 더욱 깊이 천착하는 만해의 시적 응전을 표명해 주는 것들임을 알 수 있게 된다. 이러한 논의는 지금까지 불법(佛法)의 구도자인 승려로서 만해가 독립 쟁취를 위해 투쟁하고 그 투쟁의 연장선상에서 그의 시를 파악하려 한 점에 대한 성찰을 요구하게 된다. 즉 만해는 잃어버린 조국에 대한 확실하고 엄정한 역사 및 민족적 상황에 대한 인식의 연장에서 불법(佛法)을 만나게 되고, 불법(佛法)을 통해 더욱 이같은 현실에 대한 대응의지를 확고하게 한다는 사실의 확인이다. 그래서 만해가 <님>으로 표상한 시적 대상은 조국과 불법(佛法)이 되지만 불법(佛法)을 통한 조국이 아니라 조국의 현실을 더욱 치열하게 확인하는 방편으로서 불법이 원용되고 있음을 파악해야 할 것으로 판단된다.

따라서 「알ㅅ수업서요」, 「나루ㅅ배와行人」, 「당신을보앗슴니다」 등의 가편(佳篇)들은 결국 불법(佛法)의 잣대를 이용하여 만해가 조국의 현실을 어떻게 시적으로 파악하고 있었던가를 헤아릴 것만은 아니다. 조국의 현실 상황을 시정신의 치열성으로 대응해 가는 한 깨어 있는 식민지 지성이 그같은 시적응전 속에서 불법(佛法)과 여하히 만나고 있느냐를 헤아려야 할 것이다.

다음에 인용하는 「朝鮮獨立의 書」의 일절은 그러므로 『님의 沈默』을 쓰기 이전 그가 강탈당한 조국의 식민지적 현실과 식민주의자들에게 불법(佛法)과는 연관하지 않고 어떻게 응전하고 있는가를 보여주는 좋은 보기가 될 것이다.

自由는 萬有의 生命이요 平和는 人生의 幸福이라, 故로 自由가 無한 人은 死骸와 同하고 平和가 無한 者는 最苦痛의 者라 壓迫을 被하는 者의 周圍의 空氣는 墳墓로 化하고 爭奪을 事하는 者의 境涯는 地獄이 되느니 宇宙의 理想的 最幸福의 實在는 自由와 平和라. 故로 自由를 得하기 爲하여는 生命을 鴻毛視하고 平和를 保하기 爲하여는 犧牲을 甘飴嘗하느니 此는 人生의 權利인 同時에 또한 義務일지로다.

자유의 획득을 위하여서는 생명을 터럭처럼 여기고 평화를 지키기 위해서는 희생을 달게 받겠다는 만해의 의지는 무엇보다 빼앗긴 조국의 현실에 대한 투철한 인식과 조국을 빼앗은 자들에 대한 투쟁의 칼날을 대응시키는 행동의 그것이다. 이러한 신념이 결국 시 속에 용해되고 그 신념을 통한 또 하나의 지평이 불법(佛法)과의 만남임을 알 수 있게 된다.

조국의 현실에 대한 뼈져린 인식이 불법(佛法)을 만나게 되어 시적 대상인 님을 애타게 갈구하며 노래한 『님의 沈默』 속의 시편들은 그러나 그 지나친 치열성이 어떤 경우에는 구호로 되어 합당한 시어의 선택을 통한 형상화에 이르지 못하고 말기도 한다. 그래서 시어의 운문적 구조라기보다는 생각을 펼쳐놓은 산문적 진술의 구조가 되어버리는 경우도 있음을 간과할 수 없다. 많은 경우 여성주의적 편향에 의해 이것은 호도되고 있긴 하지만 말결의 부드러움이 아닌 진술의 호응으로 여성편향에 그치고 있음도 사실이다.

그래서 만해가 만나고 있는 불법(佛法)의 시적 해설인 듯한 느낌에서 완전하게 자유롭기도 어려운 시들이 흔한 것도 지나칠 수 없다. 이러한 사항들을 좀 더 구체적으로 말한다면 독립 쟁취와 불법(佛法)이란 두 개의 기둥이 언어의 상징적 수사를 통해 너무 강하게 진술하고 있음으로 신앙고백서의 성격에서 완전히 자유로울 수 없게 된다. 그 신앙은 조국과 불법(佛法)이 되겠지만 균여(均如)가 향찰(鄕札)이긴 했지만 「보현시원가(普賢十願歌)」에서 응집시킨 말결들과 상응시켜 보면 만해가 『님의 沈默』의 시편들 속에서 지나치게 시인이 진술의 입장에 서 있음을 또한 확인하게도 된다. 이러한 까닭들을 보다 더 『님의 沈默』의 시편 속에서 캐내려고 할 때 동시대의 소월(素月)과 지용(芝溶)의 시를 만해의 시들과 나란히 놓아보게 된다.

3)

(가)
琉璃에 차고 슬픈 것이 어린거린다.
열없이 붙어서서 입김을 흐리우니
길들은 양 언 알개를 파닥거린다
지우고 보고 지우고 보아도
새까만 밤이 밀려나가고 밀려와
부딪히고
물먹은 별이 반짝 보석처럼 백힌다.
밤에 홀로 유리를 닦는 것은
외로운 황홀한 심사이어니
고운 肺血管이 찢어진 채로
아아, 늬은 山새처럼 날러갔구나!

(나)
산에는 꽃피네

꽃이 피네
갈 봄 여름없이
꽃이 피네

山에
山에
피는 꽃은
저만치 혼자서 피어 있네

山에서 우는 적은 새요
꽃이 좋아
山에서
사노라네

山에는 꽃지네
꽃이 지네
갈 봄 여름없이
꽃이 지네

　(가)는 지용(芝溶)의 「琉璃窓 Ⅰ」의 전문이고 (나)는 소월(素月)의 「山有花」 전문이다. (가)에서 정밀하고 치밀한 형용사의 선택을 목격하게 된다. 그 선택은 <유리>라는 차고 냉혹한 물질을 구심점으로 확산되어지는 성질의 것이다. 그래서 산새처럼 날아가 버린 (가)의 시적 주인공에 대한 그리움으로 번져나간다. 그런데 그리움으로 번져나간 이별의 상태는 (가)의 경우 폐혈관이 찢어진 채로 날아가 버렸다는 한정으로 하여 그 이별이 시인 개인에 국한된 사정으로 축소되어버렸음을 놓쳐서는 안 된다.

그러한 사정들은 시인의 개인에서부터 객관적인 모두의 것으로 호소해 나아가는 구조를 갖게 된다. 만약 읽는 이가 시인의 개인적 사정 이외의 것을 느낄 수 있다면 그것은 시인과의 유사한 환경 속에 서 있을 때라는 것을 알 수 있게 된다. 이러한 점은 읽는 사람이 시인과 유사한 환경 속에 서 있을 때라야 시인이 시 속에서 말하고자 하는 정서의 범주에 확실히 자리할 수 있다는 것을 알 수 있게 된다.

이러한 점을 염두에 두고 살펴보면 시 (가)에서 시인은 언어로써 시인 자신의 처지와 독자의 것과를 통일선상에 놓을 수 있을 만큼 극히 세밀하게 조립하고 있다는 사실을 알 수 있게 된다. 그래서 읽는 이는 우수한 언어의 연금술사에 의해 시인 개인의 슬픔을 자신의 가슴에 감지하게 되는 것이다. 말하자면 시인의 개인적 정감을 언어로써 잘 떠올려 표현했음을 시 (가)에서 확인하게 된다.

(나)는 이른바 3·3·4조의 잣수율을 근간으로 하는 민요의 말결이다. 민요의 말결이란 민요조를 말하는데 그것은 형식에 제한되어 내용을 담았다는 표현이 아니라 전통적 율조에 바탕하여 정감을 표현했다는 것을 뜻한다. 그래서 오브제도 바로 자연 속에 있는 <山>과 <새>였으며 그것을 <울음>이라는 것과 대응시켜 놓음으로써 시인의 고독이 또 다른 영역으로 상징되어 확산하지 못하고 주저앉아 버리는 결과를 가져오고 말았다.

이같이 (가)의 정치한 언어의 조립, (나)의 전통적인 말결(민요조)에 의한 고독의 형상화는 극히 개인적인 범위 다시 말해 시인 자신의 정감에서 탈피하지 못한 상태이다. 이점은 시인이 관계하고 있는 현실에 대응하는 자세와 연장시켜 생각할 수 있는 부분이다. (가)와 (나)의 모든 것은 시대적 상황과 현실을 고스란히 들어내 버리고 시인의 개인적인 정감만 시 속에 채워놓고 있는 결과가 되고 말았다. 그곳에는 치열한 삶의 양태, 식민지의 억눌리고 착취당하는 망국민으로의 한(恨)이 아닌, 고요한 저녁놀 떠오르는 그런 정감의 세계만이 응집되어 있는 것이다. 시인이 처했던 현실의 상황과는 초연해 있었다는 표현이 적절할지도 모른다.

그들의 관심은 <감정의 움직임>을 언어로 어떻게 표현할 것인가에 집중되어 있었다는 파악이 그래서 가능하게 된다. 그들이 얻은 시에서의 <어떻게 표현할 것인가>의 성과는 (가)의 경우 모더니즘으로 이월되고, (나)에 있어서는 청록파(靑鹿派)로 이어져 전통적인 한국시의 패턴을 얻게 된다.

지용과 소월의 이러한 입지점과 전혀 다른 곳에 서 있는 만해의 세계는 경악할 만한 것이다. 그것은 앞서 논의한 대로 강탈당한 조국의 식민지적 상황에 대한 투철한 인식이며 그 인식이 종교적 진리와 만나는 곳이다. 그러므로 투쟁과 행동의 시적 응전이 시퍼렇게 날을 세우고 있게 된다.

이 점을 전제하면서 만해의 『님의 沈默』 시편들을 우선 형태적으로 살펴보기로 하자.

만해의 시들은 (가)와 (나)의 지용, 소월과는 형태에 있어 매우 다른 점을 보이고 있다. (가)와 (나)의 시가 행의 구분이 뚜렷하고, 행이 주술관계가 분명한 문장으로 완결되어 있지 않거나 완결되어 있다고 하더라도 단문인 데 대하여 대부분 만해의 시들은 한 행이 주술관계가 완전한 한 문장임은 물론 대부분이 복문이거나 중문에 해당한다.

이것은 지용과 소월이 시적 상태를 간결하게 직정한 데 대하여 만해의 시들은 다양한 이미지가 복합되도록 부연, 설명하는 쪽으로 기울고 있음을 말해준다. 그래서 (가)와 (나)로 대표되는 지용과 소월의 시가 가볍고 부드러운 느낌을 준다면 만해의 시들은 중후하고 거침없으며 도도히 흐르는 강물, 혹은 굽이치는 파도의 넘실거림 같은 압박을 준다. 그리고 그것은 줄글, 즉 산문시의 형태에 접근하거나 산문시의 형태를 가지고 있게 된다. 이것은 <감정이 움직이면 언어로 표현되고 理知가 작용하여 문장이 나타난다>는 『文心雕籠』에서의 유협(劉協)의 표현에 의하면 이지(理知)의 표현인 문장에 상응된다. 그런데 그 문장(文章)이란 동양적 문학관에서는 산문을 지칭하고 있음에 맹목해서는 안될 것이다.

만해 시의 대부분이 산문적 양태에서 벗어나는데 자유롭지 못하다는 앞서의 논의는 이러한 관점에 서서 조망할 때 더욱 확실한 근거로서 다가서게 된다. 요컨대 『님의 沈默』 90편 시의 대부분은 산문적 패턴을 갖고 있음에 누구도 이의를 제기하지는 못할 것이다. 그리고 이것을 구조에서 살핀다면 지용, 소월의 시가 압축적이고 말결의 섬세함에 의지한 표현의 구조를 지닌다면 만해의 그것은 진술의 구조, 즉 설명적이고 산문적인 형태임을 또 한번 확인하게 된다.

이 모든 것은 포괄해서 지용과 소월과 만해의 시를 다음과 같은 관점에서 파악하는 논의도 있음을 그래서 확인할 필요도 있다.

'만해의 시는 ① 지용, 소월의 전통적 한국시의 맥락과는 전혀 판이 하다. ② 그 이유는 시를 생각하는 입장이 달랐다. 지용이 개인적 정감을 정치한 언어로, 소월이 민요의 가락 속에 그것을 형상화했다면 만해는 당대의 시대적 현실 내지는 역사적 현실과의 대응에서 개인을 그것과 합치시켜 상징적으로 확산시켜 형상화 했다. ③ 따라서 지용, 소월과는 다른 산문적 형식을 취하게 했다.'

－金善鶴, 『批評精神과 삶의 認識』, 문학세계사, 34쪽

4)

혼돈 속의 무명(無明)을 살아가는 사람에게 진리의 빛은 구원이다. 만해는 자신이 살아간 시대와 삶의 현장을 불교적인 혼돈과 무명의 사바세계(娑婆世界)로만 파악하지 않았다는 점을 확인할 필요가 있다. 그는 일제에 강탈당한 조국의 식민지적 현실 그것을 어둠의 상황으로 먼저 인식하려했

다. 그는 자신의 시대와 그 시대 삶의 터전을 한없이 헝클어 놓고 목에 멍에를, 민족의 발에 족쇄를 채웠던 식민주의자들의 횡포와 발호의 상황을 무명과 혼돈으로 파악하여 불교적인 세계관과 조우하게 되었다.

그러므로 불교적인 세계관은 만해에게 있어 그가 파악하고 인식했던 자신의 시대를 완벽히 설명해 주는 하나의 깨우침이었다고 말할 수 있을 것이다. 그 깨우침은 그러나 빼앗긴 국권의 인식 다음의 항목이며 그렇기 때문에 불교적 세계관은 그로 하여금 국권을 되찾기 위한 논리화의 체계와 그것을 행동으로 실행하는 채찍의 역할을 하도록 했다. 그래서 그는 혼돈과 무명을 극복하여 빛을 주는 구원자가 되고자 했다. 그가 민족대표 33인의 대열에 참가한 것은 불법(佛法)의 구도자인 승려로서라기보다는 식민지의 지성인으로서 국권을 되찾기 위한 소명의식에서 비롯되었다.

그는 이와 같은 입장에서 문학행위를 시작하였다. 그의 시집 『님의 沈默』은 그러므로 식민지 상황을 극복하려는 식민주의자들과의 대응의지를 언어로 담아 올린 것이다. 『님의 沈默』을 재조명하여 만해의 모습을 살필 때 이 점은 조심스럽게 전제되지 않으면 안 될 것이다. 그의 시들이 식민지시대를 가장 치열하게 언어로 대응한, 폭압과 강권 그리고 착취를 감당해야했던 민족의 복음서라는 판단은 매우 타당한 해석이라 할 수 있다. 그렇기 때문에 일반적인 시의 개념을 그의 시들은 뛰어 넘고 있으며 치열한 정신의 핵심을 유감없이 드러내주고 있다.

그러나 이러한 점의 뒤안길에 도사리고 있는 그의 시들에 대한 문학적 결함 역시 그대로 지나칠 수만은 없다. 계도적이고 시혜적인 그의 선민의식의 표출은 그가 조선시대를 마감하는 선비적 지성의 한 사람임을 말해주고 있으며 그것은 민중과 더불어 함께 하는 것에 대한 거부감을 머금고 있다는 것을 우선 들 수가 있을 것이다.

언어의 조탁에 의한 형상화의 구조에 맹목하고 굽이치는 진술의 산문적 구조에 집착하고 있는 점이나 그 시대의 보편적 경향인 여성주의적 경향에서 크게 벗어나고 있지 못한 점 역시 거론되어질 수 있는 항목이다.

언어를 등불로 볼 때 삶의 현장인 이 무명의 세계는 언어가 구원자다. 적어도 식민지의 어두운 현실에서 『님의 沈默』의 시편들로 만해는 그 일을 해냈다고 파악해야 할 것이다. 그는 구원자였고 그의 시는 혼돈과 무명을 정리하고 어둠을 벗겨내는 역할에 긍정적으로 작용했다.

시의 역할과 존립의 이유는 무엇인가.

만해시들이 해낸 몫을 되돌아보고, 그것을 비판적 시각에서 재조명하고자 할 때 만해시의 극복이 이러한 물음에 보다 적극적으로 대답하는 길임을 알게 될 것이다. 식민지 상황과 그에 맞선 치열한 정신과 열렬한 투쟁의 민족적, 불교적 세계관을 그 행동의 막바지에서 자기화할 수 있었던 만해에 대한 찬사보다는 그것이 언제나 합당할 수 있는가를 질문하는 것이 필요한 까닭을 여기서 찾게 된다. 그리고 그것은 만해를 뛰어넘는 시인을 우리의 시대에 애타게 기다리는 이유이기도 하다.

2. 이육사[2] 겨울은 강철로 된 무지개

1)

일제강점·국권상실의 식민지 상황에 투철하게 대응한 문학적 자취가 튼튼하고 확실하지 않음에 차라리 경악한다. 그리고 일제의 강점이 더욱 확실하고 조직적인 탄압과 착취의 형태로 고착할 무렵인 1930년대 이후에는 대부분의 지성들은 훼절이란 족적을 역사 속에 새겼다는 점에서 더욱 의미심장함을 갖게 된다. 모든 지성들이 문학의 담당자는 아니었지만, 시인

---

2) 李陸史(1940.경북 안동1944.북경 감옥서 옥사) 『육사시집』(유고집서울출판사.1946) 등

이며 소설가 혹은 비평가들이 빼앗긴 조국의 깨어 있는 정신들이었다는 점에 주목할 때 언어로써나마 그 같은 파행적 식민치하에 과감하게 맞서지 못한 점은 반드시 확인하고 넘어가야 할 부끄러운 대목이 될 것이다. 문학은 어떠한 방법으로든지 당대 현실과의 끈질긴 유대 속에 그 현실을 언어의 질서로 재구하여 제시 혹은 증언하지 않을 때 공허한 메아리로 남을 수밖에 없을 것이다.

그러나 그 같은 식민지적 현실에 언어로써 과감하게 맞선 드문 경우가 있다는 것은 다행스러운 일이다. 陸史 李源祿은 1930년대의 모두에서부터 그의 詩作을 전개한다. 그래서 육사는 혁명가·독립지사로서 활동하는 그의 행동적인 항일운동과 병행하여 언어로써 일제의 가혹한 식민정책에 정면으로 선전포고를 하게 된다. 광복 직전(1944년)에 그가 감옥에서 유명을 달리하기까지 육사는 활화산처럼 불타는 독립에의 의지와 빼앗긴 조국의 국권회복을 비밀결사인 의열단3)의 한 사람으로 활동하면서 언어 속에 각인하였다. 그래서 그의 시편들에서는 혈흔으로 얼룩진 일제와의 투쟁 자취가 있고, 잃어버린 조국에 대한 시인으로서의 확인이 있고, 언젠가 반드시 민족적 독립이 쟁취되리란 항일투사로서의 확신이 배어 있다.

이 같은 육사의 시들이 있으므로 국권상실의 식민지적 상황에 대응한 한국 시문학의 당당한 입지점이 설정될 수 있음은 그만큼 육사의 시문학사적 위치가 무겁다는 것을 말해주는 것이기도 하다. 그러나 단지 육사가 항일투사였기 때문에 그의 시를 저항의 시들로 혹은 민족적인 시들로 묶음하는 것은 성급한 일이다. 우리는 그 같은 선험적인 사실들을 엄정하게 배제하고 육사의 시들이 문학적인 성취를 어떻게 달성하면서 그가 가진 시정신이 그가 획득한 언어들에 의해 어떻게 전개되어 어떠한 양태로 형상화되는

---

3) 宋相燾 騎驢隨筆, p.390, <……九月定基歸大邱, 與李源祿·李源棋·李源裕(源一) 等結秘密社運動其革命, 於是亦入團, 暗自活躍以矣其機……>

가를 파악해야 할 것이다. 어떠한 경우에 있어서도 시는 시 자체가 갖고 있는 구조적 질서에서 벗어날 수 없다. 그러므로 시는 시의 내적질서 속에서 언어들이 머금고 있는 확실한 의미의 폭을 가늠해야 할 것이라고 생각된다.

육사가 남긴 시는 30여 편에 불과하다.4) 그가 생전에 잡지 및 신문에 발표한 것과 유족들이 시집을 엮을 때 발표된 미 발표작도 다수가 된다. 이것은 육사의 시를 파악함에 있어 작은 실마리를 제공해준다. 육사의 시는 발표 연대순으로의 파악이 사실상 불가능하다는 점이 그것이다. 그리고 육사의 시는 발표 연대순에 의해 그 갈래를 매김하기보다는 전체적으로 파악, 갈래매김하는 것이 보다 온당할 수 있다는 점을 시사해주기도 한다. 이 같은 전제에서 볼 수 있는 첫 번째 항목은 육사가 시 속에 암울하고 어두운 식민지 상황을 투철히 인식하고 있다는 점을 꼽을 수 있게 된다.

    Ⅰ

이른 아침 골목길을 미나리 장수가 길게 외고 갑니다
할머니의 흐린 瞳子는 무엇을 달리시는지
아마도 X에 간 맏아들의 입맛을 그려나 보나 봐요
    Ⅱ

시냇가 버드나무 이따금 흐느적거립니다
漂母의 방망이 소린 왜 저리 모날까요
쨍쨍한 이 볕살에 누더기만 빨기는 짜증이 난게죠
    Ⅲ

삘딩의 避雷針에 아지랑이 걸려서 헐덕거립니다
돌아온 제비떼 抛物線을 그리며 날려 재재거리는 건

---

4) 1975년 正音社에서 刊行된 『李陸史全集』에는 詩(漢詩 포함) 34편, 論文 12편, 수필 12편, 번역 2편이 실려 있음. 이하 인용시는 모두 正音社 刊行 全集에 의함.

깃들인 옛집터를 찾아 못 찾는 괴롬같구려.

－「春愁三題」, 전문

(Ⅰ)에서 우리는 <아마도 X에 간>이라고 표현할 수밖에 없었던 육사 당대의 식민지적 현실에 주목해야 한다. 鄭漢模는 <X>를 <獄>으로 해독하려 했지만5) 그것은 무엇이라도 관계없다. 우선 그것을 시인이 언어가 아닌 기호로밖에 표기할 수 없었던 상황에 주의를 돌려야 한다. <할머니의 흐린 瞳子>가 <맏아들의 입맛>을 생각한다는 것은 맏아들과 헤어질 수밖에 없었던 할머니의 상황에, 사랑하는 아들들과 헤어져 있을 수밖에 없었던 당시 모든 어머니들의 식민지적 상황을 확인하는 시인의 형상화다.

(Ⅱ)에서 <누더기만 빨기는 짜증>이 나는, 그래서 <漂母의 방망이>소리가 모가 난다는 이미지에서 <누더기>로 살아갈 수밖에 없었던 착취당한 식민지인의 생활상을 또한 확인할 수가 있게 된다. 마지막으로 그같이 아들을 빼앗기고, 생존권을 박탈당하고 살아가는 민족의 현실을 <옛집터를 찾아>도 <못 찾는 괴롬>으로 파악하여 제비의 재재거림에 감정이입하고 있음은 육사가 암울한 식민지 상황을 언어로써 확인하려는 투철한 의지로 받아들여야 할 것이다.

> 光明을 背反한 아득한 洞窟에서
> 다 썩은 들보라 문허진 城砦 위 너헐로 도라단이는
> 가엽슨 빡쥐여! 어둠에 王者여!
> 쥐는 너를 버리고 부자집 庫간으로 도망했고
> 大鵬도 北海로 날러간 지 임이 오래거늘
> 검은 世紀에 喪裝이 갈갈이 찌저질 긴 등안

---

5) 나라사랑, 16집, 정음사, 1974.

비닭이 같은 사랑을 한번도 속삭여 보지도 못한
가엽슨 빡쥐여! 孤獨한 幽靈이여!
…… (中略)……
제 情熱에 못익여 타서 죽는 不死鳥는 안일망정
空山 잠긴 달에 울어새는 杜鵑새 흘니는 피는
그래도 사람의 心琴을 흔들어 눈물을 짜내지 안는가!
날카로운 발톱이 암사슴의 연한 肝을 노려도 봤을
너의 머ー乚 祖先의 榮華롭든 한시절 歷史도
이제는 「아이누」의 家系와도 같이 서러워라
가엽슨 빡쥐여! 滅亡하는 겨레여!

―「蝙蝠」, 부분

박쥐를 <멸망하는 겨레>로 환치시킨 점은 동굴에서 어둠과 함께 살아야 하는 박쥐의 운명이 국권을 상실한 겨레의 운명과 동류항이란 인식에서만 가능했을 것이다. 몹시 산문적이면서 강렬한 언어의 직조로 지나치게 영탄적인 부분들이 감동을 탕감시키는 구성상의 허점에도 불구하고 처음 연에서 <쥐는 너를 버리고 부자집 庫간으로 도망했고>에서 보여주는 상징은 육사의 당대 현실인식의 날카로움을 말해준다. 쥐가 박쥐와 다 같은 조상임에도 박쥐를 두고 달아났다 함은 일제에 훼절하여 영합한 무리들을 지칭하는 상징임을 놓칠 수는 없다. 이 같은 육사의 투철한 현실인식은 그것이 어둠이며, 암울한 식민지적 상황이고, 착취당하는 민족구성원에 대한 확실한 파악이라는 점에서 충격적이다. 이 충격은 육사로 하여금 고뇌하게 하고 방황하게 한다.

남들은 기뻣다는 젊은 날이었건만
밤마다 내 꿈은 西海를 密航하는 「짱크」와 같애

소금에 절고 潮水에 부프러 올랐다

항상 흐렸한 暗礁를 벗어나면 颱風과 싸워가고
傳說에 읽어본 珊瑚島는 구경도 못하는
그곳은 南十字星이 비처주도 않았다

쫓기는 마음 지친 몸이길래
그리운 地平線을 한숨에 기오르면
시궁치는 熱帶植物처럼 발목을 오여쌌다

—「路程記」, 부분

<서해를 密航하는 「짱크」>와 같다는 저 표랑하는 의식은 결국 <쫓기는 마음 지친 몸>이라는 고백을 하기에 이른다. 육사는 암울한 국권상실의 식민지상황을 확실한 눈으로 점검하면서 그 같은 상황이 비롯된 원인을 천착하려들게 된다. 그래서 표랑하게 되고 쫓기게 되면서 드디어 확실한 자기 확인과 거기에서 비롯되는 강한 투쟁의지를 확인하려 하게 된다.

3)

시인이 당대의 상황과 어떻게 대응하는가는 시인이 가진 시정신과 상관한다. 시인이 갖고 있는 시정신은 그러므로 직면하는 당대 상황에 대한 언어와의 만남에서 보다 구체화된다. 시인이 언어 속에 각인하는 그의 정신은 그렇게 하여 한 편의 시로서 우리 앞에 구체화된 실체로 나타난다.

육사는 국권상실의 식민지상황을 일단은 어둡고 암울한 것으로 투철히 인식하는 데서 출발하였다. 이 같은 육사의 시정신은 그것을 자기내면으로 이끌고 와서 그 같은 상황 속에 자신이 놓여져 있다는 자기 확인의 단계로 나아간다.

① 쇠줄에 끌여 것는 囚人들의 무거운 발소리!
　넷날의 記憶을 아롱지게 繡놋는 고이한 소리!
　解放을 約束하든 그날 밤의 陰謀를
　먼동이 트기 전 또다시 속삭여 보렴인가?

　검은 벨을 쓰고 오는 젊은 女僧들의 부르지즘
　고이한 소리! 발밑을 지나며 흑흑 늣기는 건
　어느 寺院을 脫走해 온 어엽뿐 靑春의 反逆인고?
　시드렀든 내 亢奮도 海潮처럼 부폭러 오르는 이밤에

　이밤에 날 부를이 업거늘! 고이한 소리!
　曠野를 울니는 불 마진 獅子의 呻吟인가?
　오 소리는 莊嚴한 네 生涯의 마즈막 咆哮!
　내 孤島의 매태긴 城廓을 깨트려다오!

ㅡ「海潮詞」, 부분

② 첫 사랑이 흘러간 港口의 밤
　눈물섞어 마신 술 피보다 달드라

　공명이 마다곤들 언제 말이나했나?
　바람에부처 돌아온 고장도 비고

　서리밟고 걸어간 새벽길우에
　肝잎만 새하얗게 단풍이들어

거미줄만 발목에 걸린다해도
쇠사슬을 잡어맨듯 무거워졌다

눈우에 걸어가면 자욱이 지리라고
때로는 설레이며 파람도 블지

—「年譜」, 부분

①에서 海潮音을 파악하는 자세를 살펴보면 육사가 암울한 상황을 자기 속으로 확인하는 한 구체적 言表와 만나게 된다. <쇠줄에 끌여 것는 囚人들의 무거운 발소리>로 海潮音을 파악하는 것은 바로 囚人처럼 살아가는 식민지 당대의 현실에 대한 투철한 자기인식이다. ②에서 역시 그것은 확인되고 있다. <거미줄만 발목에 걸려>도 <쇠사슬로 잡아맨듯> 확인하는 상황을 육사는 <눈물섞어 마신술 피보다 달드라>로 절규하게 된다.

한편으로 ①과 ②의 시에서 강하게 감지되는 것은 어떠한 상황일지라도 그것을 스스로 확인하면서 그 상황으로부터 도피하지 않고 맞서겠다는 강한 의지를 내보이는 점이다. 그것은 ①에서 <시드렀든 내 亢奮도 海潮처럼 부폭러 오르는>이라는 부분과 ②에서 <눈우에 걸어가면 자욱>이 지리라는 설레임을 간직한다는 부분에서 확인된다. 이같은 육사의 현실과 당당히 맞서겠다는 시정신은 그의 산문 속에서 보다 구체적으로 점검된다.

……내가 들개에게 길을 비켜줄 수 있는 겸양을 보는 사람이 없다고 해도 정면으로 달려드는 표범을 겁내서는 한 발자욱 이라도 물러서지 않으려는 내 길을 사랑할 뿐이오. 그렇소이다. 내 길을 사랑하는 마음, 그것은 나 자신에게 희생을 요구하는 노력이오. 이래서 나는 내 기백을 키우고 길러서 金剛心에서 나오는 내 시를 쓸지언정 유언은 쓰지 않겠소. (中略) 다만 나에게는 행동의 연속만이 있을 따름이오. 행동은 말이 아니고, 나에

게는 시를 생각한다는 것도 행동이 되는 까닭이오.[6]

정면으로 맞서서 한 발자국도 물러서지 않겠다는 강한 의지는 행동으로 파악되고 그것은 곧 시를 생각하는 시정신으로 포괄된다. 육사가 상황을 스스로의 내면으로 끌고 와서 확인하고 그곳에서 不退轉의 강인한 행동의지를 보이고 있음은 육사가 조국광복을 위한 독립운동과 같은 선상에서 시를 파악했음을 의미한다. 행동이 곧 시고, 시가 곧 행동이라는 이 같은 육사의 시정신은 그것이 언어와 만나 시로서 구체화 될 때 일차적으로 광복에 대한 의지로 나타나게 된다.

<blockquote>

푸른 하늘에 닿을듯이
세월에 불타고 우뚝 남아서서
차라리 봄도 꽃피진 말아라

낡은 거미집 휘두르고
끝없는 꿈길에 혼자 설내이는
마음은 아예 뉘우침 아니라

검은 그림자 쓸쓸하면
마침내 湖水속 깊이 거꾸러져
참아 바람도 흔들진 못해라
</blockquote>

―「喬木」, 전문

어떠한 경우일지라도, 그것이 휘몰아치는 바람이나 호수를 뒤엎는 격랑일지라도 <喬木>에 감정 이입된 육사의 광복과 독립의지는 흔들리지 않

---

6) 수필, 계절의 5행, 부분.

는다는 점에 이 시의 주제는 놓인다. 이 같은 육사의 강한 의지의 표백은 철저한 식민지 현실의 파악에서 비롯하여 이제 구체적인 광복의 확신으로 나아가 민족이란 단위와 만나게 된다.

4)

「絶頂」, 「靑葡萄」, 「曠野」 그리고 「꽃」은 육사의 시정신이 민족이란 단위와 광복 및 독립에 대한 확신으로 확고하다 함을 증언해주는 대표작들이다. 또한 이 작품들은 그가 식민지의 상황을 아프게 확인하고 그것을 행동으로 자기 확인하는 시들의 거칠고 영탄적이며 조악한 詩語들과는 달리 매우 정감적이며 상징적인 시어들로 구성된 특징을 가지고 있다. 이 같은 원인이 어디에 기인하는가를 따지기 전에 우리는 육사가 자신의 시대를 아프게 인식하면서 그 때문에 스스로 정신적인 표랑을 겪었던 그 격렬함이 언어와 만나는 자리에서 그대로 표백되었다는 점을 확인할 필요가 있다. 자신이 살고 있는 시대상황에 격렬하게 대응할 때 시인은 언어에 절망할 수도 있을 것이다. 그 절망의 벼랑에서 획득하는 언어들에는 시인이 갖고 있는 시정신의 치열함이 수사구조와 미처 손잡기가 힘들게 될 수도 있을 것이다. 그 구체적인 예를 육사의 식민지 현실 인식과 그것을 자기 확인하는 시편에서 읽을 수 있게 된 것은 우연이라 보기는 힘들다.

억울하여 분노하지 않을 수 없는 일제강점의 식민지상황을 인식하는 치열하고 불타는 열정이 암울하고 한없이 좌절해야 하는 경우 육사의 시어들은 거칠고 조악해졌다. 그러나 그 같은 사실을 아프게 인식하여 당당하게 맞서서 일보의 양보도 없이 행동해야겠다는 의지가 확고해지고, 그것을 독립운동이라는 구체적인 행동으로 실행하면서 육사는 광복에 대한 확신, 민족운명의 개척을 생각하게 되었다.

육사의 시어들은 여기에서 변화되게 되고 상징성을 획득하게 된다. 이 같은 가설은 그러나 중요한 문제점을 제기할 수 있다. 첫째, 육사 시의 제작연대와 그 내용별 갈래매김이 일치하지 않는다는 점. 둘째, 육사의 독립투쟁과 모든 詩作은 그 시기가 일치하고 있다는 점 등이 그것이다. 문제는 편년체적 연대기에 의해 시인의 시정신과 언어와의 관계를 따질 것이 아니라, 시정신이 어떠한 경우 어떠한 표현을 획득하느냐를 염두에 둘 때 이 같은 문제점은 극복되리라 믿는다.

말하자면 광복의 확신이란 굳건한 신념의 바탕과 식민지적 현실의 확인과 그것을 스스로 인식하는 시정신은 작시에 있어 편차를 가져온다는 말이 된다.

(가) 매운 季節의 채쭉에 갈겨
마츰내 北方으로 휩쓸려 오다

(나) 하늘도 그만 지쳐 끝난 高原
서리빨 칼날진 그 우에서다

(다) 어데다 무릎을 끓어야 하나
한발 재겨 디딜곳조차 없다

(라) 이러매 눈 감아 생각해 볼밖에
겨울은 강철로 된 무지갠가 보다

—「絶頂」, 전문

편의상 각 연을 (가)(나)(다)(라)로 매김했다. 「絶頂」이 매우 안정된 구조를 가진다는 점을 漢詩의 형태인 起承轉結로 부연 설명하는 것은 타당한 일면을 갖게 된다. 육사가 漢學과 漢詩에 조예가 있었음을 그의 성장과정

은 말해주고 있기 때문이다. (가)를 起로 볼 때 그것은 식민지 현실의 민족
상황이며 육사 개인의 눈물겨운 독립투사로서의 역정일 수도 있다. 承으로
이어받은 (나)에서 <서리빨 칼날진 그 우에 서다>라는 점을 주목할 필요
가 있을 것이다. 그것은 <서리빨 칼날>과 <그 우에 서>는 행위의 대응
이 매우 대척적임에서다. 그러나 이 대척관계는 식민지 현실에 당당히 맞
서 행동으로 독립을 쟁취하겠다는 육사의 강렬한 의지의 표상을 극명하게
나타내는 표현으로 파악할 수 있는 부분이다. (다)의 轉은 다시 한번 식민
지현실 속에서 민족이 당하고 있는 현실의 표현으로 해독해야 할 것이다.
(가)와 (다)의 이 같은 계속적인 상황 설명은 이 시 속에서 육사가 자신을
포함한 민족단위에 대한 강한 인식을 수반하는 것이라 파악할 수 있을 것
이다. (라)의 結, <눈 감아 생각>한다는 점의 여유를 놓쳐서는 안 된다.
그것은 현실에 대한 관조의 자세며, 현실을 극복하기 위해 새로운 다짐을
기약하는 여유라고 보아야 할 것이다. <겨울>로 표상되는 일제 식민치하
의 수탈과 착취와 억압의 상태를 <무지개>로 파악하는 것은 어떠한 경우
에도 광복의 확신은 변할 수 없다는 재확인이며, 그러므로 독립투쟁은 계
속할 수밖에 없다는 결의이기도 하다.

(마) 지금 눈 나리고
梅花香氣 홀로 아득하니
내 여기 가난한 노래의 씨를 뿌려라.

다시 千古의 뒤에
白馬타고 오는 超人이 있어
이 曠野에서 목놓아 부르게 하리라.

―「曠野」, 부분

(바) 내가 바라는 손님은 고닲은 몸으로
靑袍를 입고 찾아 온다고 했으니

내 그를 맞아 이 포도를 따먹으면
두 손을 함뿍 적셔도 좋으련

—「靑葡萄」, 부분

(마)가 강한 육사의 의지와 독립과 광복의 확신을 말하고 있음은 (바)와 꼭 같다. 그러나 (마)에서와는 다른 희생정신을 (바)는 가지고 있음을 간과해서는 안 된다. <두 손을 함뿍 적셔도 좋다>는 자기 희생정신 그것이야말로 육사가 민족을 위해 자신을 일제의 총칼 앞에 당당히 투쟁토록 한 주체적 표현이 된다. 여기에서 민족을 위해 희생하고 투쟁하는 민족시인으로서의 육사를 우리는 목격하게 된다.

5)

자기희생을 전제하지 않고 민족을 환난에서 이끌어가려 할 때 그것은 선민의식에 불과하다. 식민지시대 그 같은 의식을 가졌던 많은 지성을 우리는 알고 있다. 그 대표적인 경우를 春園으로 꼽을 수 있다. 자기희생을 생각하지 않은 민족주의자들이야말로 결국은 훼절하고 말았으며, 그들의 의식이야말로 말의 정확한 의미에서 반지성의 표본이었음을 확인해야 한다.

육사에 있어 민족이란 자기희생을 전제로 한 것이었다. 자기의 희생에 의해, 그 혹독한 탄압과 맞서서 일제와 부단히 투쟁해가는 스스로의 행동을 통해 민족에게 빼앗긴 국권을 회복시켜주려 했으며 독립과 광복의 확신을 심으려고 했다. 차라리 육사는 <정면으로 달려드는 표범을 겁내서는 한 발자욱도 물러서지 않으려>고 했으며, 그 같은 자기 길을 가려는 것은

<자신에게 희생을 요구하는 노력>이라고 확실하게 말할 수 있었다. 그 같은 그의 시정신은 결국 <두 손을 함뿍 적셔도 좋다>는 언어와 만나게 된다.

시정신의 치열성이 반드시 훌륭한 시로서 구체화된다는 법은 없다. 그것은 훌륭한 시를 창출할 수 있는 기본적 요구사항에 불과하다. 그러므로 시정신은 그에 합당한 언어와 만나 구체화되어야 한다. 그 구체화를 육사는 그의 모든 작품에서 실현했느냐에 대해 우리는 확실한 대답을 할 수 없다. 육사의 시정신의 궤적을 삼분할 때, 첫째, 식민지적 현실의 투철한 인식과, 둘째, 그 같은 인식을 자기화하여 확실한 의지로 정립하고, 셋째, 광복에 대한 확신을 민족단위에서 희생정신으로 포괄하려 했다는 것으로 요약이 가능할 것이다.

첫째·둘째의 시정신이 언어와 만났을 때 그것은 넘쳐나는 격정과 격렬함으로 하여 거칠고 조악하며 생경하였음을 알 수 있다. 그러나 셋째 경우에는 시가 가진 상징의 틀과 시어가 가진 정감적 유연성을 결부하여 매우 탁월한 시적 구체화에 도달할 수 있었다. 육사의 시정신의 치열성은 그러므로 「絕頂」, 「曠野」, 「靑葡萄」, 「꽃」 등에서 매우 성공적인 형상화를 할 수 있었다는 점을 확실히 할 수 있게 된다.

육사는 시인이었던가. 이 같은 물음은 육사가 독립투사로서 민족사에 남긴 발자취가 매우 컸음을 의미하는 말이 된다. 그렇다면 육사는 독립투사였던가. 이 물음에 확실한 대답을 유보할 수밖에 없는 곳에 시인 육사로서의 文學史上의 비중이 가로놓여 있게 된다. 따라서 육사는 독립투사였으며 시인이었다는 해답을 우리는 작성할 수밖에 없다. 그리고 그 같은 물음과 답안은 사실상 별 의미가 없다는 사실도 또한 알게 된다. 왜냐하면 한 시인으로서의 육사가 차지할 문학사에서의 비중이 찬연한 반면, 독립투사로서도 절대 절명의 목적과 사명을 그는 완수했기 때문이다.

요컨대 육사는 치열한 시정신을 그의 독립투사로서의 행동과 일치시킨 사람이다. 그의 시정신은 자기희생을 전제로 한 민족의 독립 쟁취, 즉 광복이었으며 그의 대 일본과의 투쟁 역시 독립 쟁취로 요약될 수 있게 된다. 우리는 이 같은 논의의 결말에서 민족시인으로서의 육사의 커다란 실루엣과 만나게 되며, 일제강점·국권상실의 식민지상황에서 그 같은 현실에 언어로 대응하고 행동으로 투쟁한 뚜렷한 자취를 읽게 된다.

그러나 그 암울했던 시대를 살았던 많은 시인과 작가 중에서 육사와 그 몇몇의 이 같은 자취로 만족하기에 우리는 너무 황량함을 느끼지 않을 수 없는 것 또한 숨길 수 없다.

3. 서정주[7]

1) 서정주 시와 샤머니즘

(1) 샤머니즘과 서정주의 시세계

엘리아데(M.Eliade)는 『샤머니즘』에서 '(샤머니즘이라는) 이 복잡한 현상의 제1의적 정의 그리고 가장 위험 부담이 작은 정의는 샤마니즘=접신술'(Mircea Eliade - 이윤기 옮김, 까치, 1992년, 24쪽)이라고 말한다. 샤머니즘을 接神術이라고 命名하는 것이 가장 합당하고 오해가 적을 것이라는 의미다. 서정주는 자신의 시세계를 샤머니즘적 경향이라고 지적한 것에 대해 다음과 같이 말한다.

> '김종길씨는 神秘라는 말로 내 近年의 시를 말씀하고, 또 그것을 靈媒,
> 接神術이라 하고, 내가 靈媒者 接神術家가 직접 되어 있다 하고, 大詩
> 人인 릴케나 예이쓰나 엘리오트 등도 신비적 색채는 보이고 있지만, 이런

---

7) 徐廷柱(1915,전북 고창 - 2000.서울) 동아일보 신춘문예로 등단(1936). 『花蛇漢』(남만서고, 1941) 『新羅炒』(정음사, 1961) 등 시집. 『미당시전집』(민음사, 1994) 등

分揀들은 내가 近年 하고 있는 노릇과 어느만큼 비슷한 듯하면서도 영 잘 안맞는 招待席과 같아서, 거기 해당되어 있기가 많이 거북하다. 사실은 내가 近年 해오고 있는 일은 김종길씨가 말씀하고 있는 바와 같이 그렇게 어마어마하게 큰 말로써 표현할만한 것도 되지 못하는 극히 미세한 부분적인 어떤 시험에 불과하기 때문이다.

김종길씨는 내가 靈媒者나 接神術家로까지 나와서 그 어디 東亞日報 옆이나 文學春秋 근방에 卜術房이라도 하나 열고 있는 것같이 말씀하시고 있고, 또 다른 비평가의 몇과 또 내 정신을 잘 못 이해하는 知人의 혹자도 「거 서정주는 샤마니즘이야」하고 있기도 하긴 하지만, 나는 내 스스로 현실에서 떠나는 접신술사를 自任한 일도 없고, 또 샤마니스트인 일도 없고, 앞으로도 아마 그런 일은 없을 것이다.

나는 그냥 신라적인 精神態의 한 두 어가지가 近年(자세히 말하면 1952년, 1·4후퇴 이래) 매력이 있어서 시험 삼아 본따 보고 있을 뿐이다.

그것은 大別하자면 두 가지로서, 그 하나는 「靈通」이나 「魂交」라는 말로써 전해져 오는 그것이고, 다른 하나는 불교의 三世因緣과 輪回轉生이다. 이 두 가지는 내게는 지금도 참 매력 있는 일인데, 앞으로도 아마 생전 그럴 줄로 안다.'

―서정주, 내 精神의 現況―김종길씨의 「우리 詩의 現況과 그
問題點」에 答하여, 『文學春秋』, 1964.7. 269쪽

1964년 김종길과의 논쟁에서 한 말이다. 이 논쟁은 당시 월간지 『文學春秋』 6월호―9월호까지 이어진 것이다. 서정주는 첫 시집 『花蛇集』(1941년)에서 보여주었던 관능과 원시적인 생명력의 추구에서 시집 『歸蜀道』(1946년)와 『徐廷柱詩選』(1955년)에 와서는 동양적인 내면과 감성의 세계 천착으로 그 시적세계를 변모 시켰다. 김종길과 논쟁을 한 이 시기에는 그들 세계에 대한 탐구에서도 벗어나 새로운 시세계의 모습을 보여주고 있던 때였다.

서정주가 김종길과 논쟁을 벌였던 이 시기는 시집 『新羅抄』(1960년)가 간행되고 『冬天』(1968년)이 출간 되었던 그 사이이다. 이 시기 서정주 시 세계의 중심축은 신라의 정신과 불교사상 등에 대한 탐구였다. 김종길은 이러한 서정주의 시가 다분히 샤머니즘적 세계에 닿아 있다고 지적했다. 그것을 서정주는 비현실적이고 접신술인 샤머니즘의 세계가 자신의 시세계 는 아니라고 말한다.

자신의 시세계는 '新羅的인 精神態'에 대한 모색이고 '靈通'과 '魂交'의 세계이며 '불교의 三世因緣과 輪回轉生'의 세계라고 말한다. 그래서 현실 세계에서 떠나 있는 샤마니즘의 세계가 아니라고 김종길의 견해를 반박한 다.

서정주의 시와 샤마니즘을 논의하기 위해서는 서정주와 김종길의 논쟁에 서 서정주가 말한 자신의 시세계에 대한 언급에 주목할 필요가 있다. 그것 은 시인 스스로가 시로서 표출하고자 한 세계는 어떤 형태로든 시 속에 가 장 깊숙하고 짙게 베여 있게 마련이고 시의 내밀한 사상적 바탕을 이해하 는 열쇠가 될 수도 있기 때문이다.

서정주가 자신이 관심을 가지고 모색하는 세계는 新羅的인 精神態이며 그것은 靈通과 魂交 그리고 불교의 三世因緣과 輪回轉生의 세계라고 말 하고 이후 평생 그것에 관심을 가질 것이라고 하였다. 이 말은 이후 서정 주의 시세계 형성에 대한 많은 시사를 던져 준다.

1960년대에 출간된 두 시집 『新羅抄』와 『冬天』의 세계는 물론 이후 70년대의 시집 『질마재 神話』(1975년)와 『떠돌이의 시』(1976년)에 이르기 까지 서정주의 이러한 언급은 계속 그의 詩作에서 중심축으로 형성되어 있다고 보아지기 때문이다.

서정주가 말하는 신라적인 정신태에 대한 모색은 구체적으로 『三國遺事』 와 『三國史記』에서 보이는 신라인의 정신적인 세계에 대한 천착이다. 『三

國史記』보다는 『三國遺事』에 더 기울어져 있음은 『新羅抄』와 『冬天』의 시편들을 읽으면 확인 할 수 있게 된다.

신라적인 정신태를 靈通과 魂交 그리고 불교적 세계라고 구체적으로 서 정주는 대별해서 말한다. 그러나 실제에 있어 영통과 혼교와 불교적 세계 가 시편마다 구분되어 표출되어 있다기보다는 서로 어우려져 혼융되어 있 거나 서로 융합되어 나타나고 있다.

굳이 그것들을 분리시키고, 분류해서 말한다면 그렇게 말할 수 있겠지만 실제 한 편의 시에서 표출-형상화되고 있는 것은 영통과 혼교 그리고 불 교적 세계가 분리되어 있다기 보다는 서로 융합 용해되어 未分化 상태에 있다고 말할 수 있다.

魂交와 靈通은 '接神'으로 확대 해석할 수 있다. 그래서 영통과 혼교의 세계는 接神의 세계이므로 샤머니즘이 아니라고 하는 것은 얼마간 설득력 을 상실한다. 그러나 불교의 三世因緣과 輪回轉生에 대한 세계를 샤머니 즘에 연결 시키는 것은 무리한 일이다.

三世는 前生과 現世와 來世을 말하는 것이고 인연이란 緣起思想을 말 한다. 연기사상은 불교의 해심적 사상의 하나다. 연기사상은 세계 안에 있 는 모든 존재의 상태와 운동에 대하여 원인과 조건, 결과의 관계성을 세우 는 것이다. 불교의 초기 경전에 의하면 석가모니는 이 緣起의 진리를 깨달 아 부처가 되었다고 한다.

緣起의 법칙은 '이것이 있으므로 저것이 있고, 이것이 생겨남으로 저것 이 생겨난다. 이것이 없으므로 저것이 없으며, 이것이 滅하므로 저것이 滅 한다'는 형식으로 표현된다. 이것은 하나의 원인으로 모든 것을 설명하는 一元論的인 세계관이나 세상의 모든 것이 결정되어 있다고 하는 운명론적 인 해석을 거부하고, 모든 사태에는 일정한 원인과 조건이 반드시 있다는 것을 말한다. 그러므로 모든 존재는 인연에 따라 변화하며(無常), 자신의 고유한 존재성을 지닐 수 없다(空). 이 법칙은 객관적인 사실이며, 어떠한 예외도 없고 불변하는 것이라는 사상이 연기의 법칙이다.

輪回轉生이란 윤회사상을 말한다. 윤회사상은 인도의 고대 사상이다. 이 것을 불교가 흡수하여 크게 발전하게 된다. 윤회라는 말 자체는 중생이 迷惑의 세계에서 삶과 죽음을 반복하기를 수레바퀴처럼 멈추지 않고 流轉함을 의미한다.

불교의 삼세인연과 윤회전생은 따라서 접신술이라고 말하는 샤마니즘의 영역에 포함시킬 수는 없다. 그러나 이러한 불교사상은 서정주의 시에서 대부분의 경우 영통과 혼교라는 것과 용해 또는 융합되어 나타남으로 따로 분리하여 설명할 수가 없다. 영통과 혼교 그리고 불교의 삼세인연과 윤회 전생 등의 시적변용이 서정주 시에서는 서로 융합 용해되고 미분화되어 드러나고 있기 때문이다. 그래서 넓은 의미에서 서정주의 시세계를 불교적인 세계라고 부를 수 있는 것과 마찬가지로 샤마니즘의 세계라고 부를 수도 있게 된다.

서정주가 김종길의 지적에 대해 비현실적인 샤머니즘의 세계가 자신의 시세계는 아니라고 하는 말에는 '불교사상이 어찌하여 신비주의적이고 현실과 유리된 것이냐'라는 뜻이 함의되어 있다. 이때 서정주는 불교사상과 샤 머니즘적 요소가 융합 혼융되어 있는 자신의 시세계를 불교사상 쪽에서 보고 싶다는 생각을 내비친 것이다. 자신의 시세계를 불교사상적인 측면에서 본다면 서정주의 반문에 타당성이 전혀 없는 것도 아니라는 점을 이해할 수가 있다.

시집 『新羅抄』(1960년)와 『冬天』(1968년)에 이르기까지 서정주의 시세계 는 그의 표현대로 新羅的인 精神態와 靈通과 魂交 그리고 불교사상의 천 착에 집중되어 있다. 신라적인 정신태라고 말하는 신라인의 정신세계의 시 적 변용을 서정주는 주로 『三國史記』 보다는 『三國遺事』를 기반으로 하고 있다.

『삼국사기』가 합리적이고 공식적인 입장을 취한 正史라면, 『삼국유사』는 초월적이고 불교적인 입장을 견지한 野史에 해당한다. 이 야사적 설화에 서정주가 더욱 기울어졌다는 것은 시적 상상력을 넓히는 데 효과적이라고 생각했기 때문일 것이다. 확실한 역사적 사실에서 보다는 개연성이 있는 설화적 사항에 대해서 시적 상상력은 보다 더 풍부해지기 마련이다. 서정주가 『삼국유사』의 야사적 설화에 시적 관심을 보다 많이 집중한 것은 바로 이러한 이유였을 것으로 이해할 수 있다.

『삼국유사』는 '遺事'라는 말 자체가 언표하듯이 많은 이야기들을 모아놓은 일종의 불교설화집 같은 역사서다. 설화는 이야기다. 불교적인 '이야기'를 모아놓은 『삼국유사』에 서정주가 더 많은 관심을 가졌다는 것은 이후 그의 시세계가 토착적 설화의 시적 변용으로 전개되는 데 많은 시사를 던져주기도 한다.

1975년과 76년에 간행된 시집 『질마재 神話』와 『떠돌이의 시』는 '신라적인 정신태'라는 시세계에서 많이 벗어난 곳에 자리한다. 『질마재 神話』는 고향인 '질마재'에 전해오는 민담들의 시적변용이고 『떠돌이의 시』는 이러저러한 시인의 개인사와 경험한 일들을 설화조로 풀이하면서 戲畫化한 시편들이다.

『삼국유사』의 불교적 설화에 주목하여 신라적인 정신태와 불교사상을 시로 건져올렸던 서정주는 『질마재 神話』에 오면 民譚을 통해 토속적인 한국인의 모습과 그 정신태를 시로 형상화한다. 오히려 서정주의 시가 샤머니즘의 세계에로 한 발 더 다가서고 있다고 볼 수 있는 세계에 대한 시적 천착이다. 토착적이고 토속적인 한국적 상황을 설화의 구조로 시적 변용하면서 한국인의 모습을 더 적극적인 주술적 표현으로 드러내고 있기 때문이다. 비문명화 지대인 고향의 토착적 모습을 혼교 혹은 영통과 뒤섞으면서 주술적으로 형상화한 것이 『질마재 神話』다.

『떠돌이의 시』에서는 생활의 이야기를 통해 시인 자신의 정신적 지형도를 다소 戲畵化하여 시로 나타내려고 한다. 여기서는 서정주 시세계의 신라적인 정신태나 불교사상 그리고 샤머니즘의 어렴풋한 그림자를 그것도 희화화한 시인의 정신적 지형도와 함께 읽을 수 있을 따름이다.

① 魂交-靈通의 세계

국화꽃이 피었다가 사라진 자린
국화꽃 귀신이 생겨나 살고

싸리꽃이 피었다가 사라진 자린
싸리꽃 귀신이 생겨나 살고

사슴이 뛰놀다가 사라진 자린
사슴의 귀신이 생겨나 살고

영너머 할머니의 마을에 가면
할머니가 보시던 꽃 사라진 자리
할머니가 보시던 꽃 귀신들의 떼

꽃귀신이 생겨나서 살다 간 자린
꽃귀신의 귀신들이 또 나와 살고

사슴의 귀신들이 살다 간 자린
그 귀신들의 귀신들이 또 나와 살고

─「古調 貳」, 전문, 『新羅抄』

귀신들의 이야기다. 온통 귀신들이 나와 사는 이야기를 펼쳐 보여준다. 모든 것에는 다 귀신들이 있고 그 귀신들은 원래의 것이 살다가 사라진 그 자리에 다시 살고 있다는 것이다.

귀신의 사전적 의미는 '사람이 죽은 뒤에 남는다는 넋'이다. '鬼'라고 하기도 하고 '神'이라고 하기도 한다. '넋'은 魂靈이다. 귀신은 바로 샤먼 그 자체라고 할 수도 있다. 귀신이 살다가 간 자리에는 또 귀신들의 귀신이 나와서 산다는 것은 귀신과 '魂交'하고 있는 시인의 모습을 보기에 충분하다.

존재하는 세계 속의 모든 것들은 생명을 가졌고 서로 소통할 수 있다고 보는 낭만주의의 입장을 유기체적 세계관이라고 한다. 서정주의 이 시는 존재하는 모든 것은 사라지고 그 사라진 자리에는 사라진 것의 귀신이 산다는 혼령체적 세계관이다. 또 모든 것은 변하고 사라진다는 연기사상에 닿아 있기도 하다. 혼령체적 세계관에서는 모든 혼들이 소통한다. 그것이 魂交다. 이 시의 모습은 샤머니즘 세계의 모습을 불교의 연기사상과 융합하여 적나라하게 보여준다.

> 먼저 죽은 愛人 양산이의 무덤 앞에
> 숙영이가 오자, 무덤은 두 쪽으로 갈
> 라져 입을 열었다. 숙영이가 그래 그
> 리로 뛰어드는 걸 옆에 있던 家族이
> 그리 못하게 치마 끝을 잡으니, 그건
> 찢어져 손에 잠깐 남았다가, 이내
> 나비로 변했다—는 우리 옛이야기가 있다.

> 그 나비는 아직도 살아서 있다.
> 숙영이와 양산이가 날 받아 놓고
> 양산이가 먼저 그만 이승을 뜨자

숙영이가 뒤따라서 쫓아가는 서슬에
생긴 나빈 아직도 살아서 있다.
숙영이의 사랑 앞에 열린 무덤 위,
숙영이 옷끝을 잡던 食口 옆,
붙잡히어 찢어진 치마 끝에서
난 나비는 아직도 살아서 있다.

―「숙영이의 나비」, 전문, 『新羅抄』

양산이와 숙영이의 애절한 사랑 이야기를 풀어 놓고 있다. 숙영이가 오자 양산이의 무덤이 갈라지고 그 속으로 숙영이가 들어가고, 말리려던 식구들 손에 잡힌 치맛자락이 나비가 되었다는 이 시의 이야기는 현실세계의 이야기라고 볼 수가 없다. 그것은 혼교가 되고 영통이 되는 신비의 세계고 이승과 저승이 교통하는 세계다. 숙영이의 치맛자락이 나비가 되었다는 것은 윤회전생에 많이 접근해 있다. 이처럼 불교의 세계와 혼교―영통의 세계는 서정주의 시세계에 서로 용해되어 있는 모습으로 나타나고 있다.

「娑蘇 두번째의 편지」, 「新羅의 商品」, 「百結歌」 등의 시에서도 신라인의 모습과 그 정신적 세계가 혼교와 영통 그리고 인연과 윤회전생의 세계와 분리해내기 힘들게 서로 용해되고 혼융되어 있다.

노래가 낫기는 그중 나아도
구름까지 갔다간 되돌아오고,
네 발굽을 쳐 달려간 말은
바닷가에 가 멎어버렸다.
활로 잡은 山돼지, 매(鷹)로 잡은 山새들에도
이제는 벌써 입맛을 잃었다.
꽃아, 아침마다 開闢하는 꽃아.

네가 좋기는 제일 좋아도 물낯바닥에 얼굴이나 비춰는
헤엄도 모르는 아이와 같이
나는 네 닫힌 門에 기대 섰을 뿐이다.
門 열어라 꽃아. 문 열어라 꽃아.
벼락과 海溢만이 길일지라도
門 열어라 꽃아. 門 열어라 꽃아.

* 裟蘇는 新羅始祖 朴赫居世의 어머니. 處女로 孕胎하여, 山으로 神仙
修行을 간 일이 있는데, 이 글은 그 떠나기 전, 그의 집 꽃밭에서의 獨白.
―「꽃밭의 獨白」, 전문, 『新羅抄』

상징구조로 되어 있는 이 시는 서정주가 불교의 세계에 그의 시적 중심 축을 설정하겠다는 것을 표상해 주는 가장 구체적인 모습을 보여주는 작품이다. 그리고 불교세계에로의 구도에 용맹정진하겠다는 의지의 일단을 보여주기도 하는 시다.

노래=예술, 구름/바닷가=한계, 말=권력, 산돼지/산새=산해진미, 꽃=불교 진리의 세계 등으로 원관념을 확인하면 '헤엄도 모르는 아이와 같이'가 無明世界에서 헤매는 중생을 원관념으로 하고 있음도 알게 될 것이고,'아침 마다 開闢하는 꽃'의 실체가 불교의 진리세계임을 헤아릴 수 있게 될 것이다.

시집 『新羅抄』의 「善德女王의 말씀」 다음에 이 시를 놓았다는 것을 그냥 지나칠 수는 없다. 서정주는 이 시를 통해 '신라적인 정신태'와 불교정신 그리고 혼교와 영통의 세계를 시로 형상화하겠다는 의지를 보여주기 위해 시집의 앞머리에 배치했다고 해석할 수 있는 부분이기도 하기 때문이다.

『三國遺事』―券7感通―「仙桃聖母隨喜佛事」條를 근원설화로 하고 있는 이 작품은 시의 끝부분 注에서 보듯이 그 자체가 魂交고 靈通이다. 사소가 박혁거세의 어머니라는 것도 신화의 세계고 처녀로 잉태했다는 것은 몰론 신선수행도 설화와 신화의 세계다. 따라서 사소가 그의 집 앞에서 태교인 신선수행을 떠나기 전 꽃밭에서 하는 독백은 그 자체가 영통이고 혼교다. 그러면서 이 시는 불교에로의 구도를 말하고 있다. 불교의 세계와 샤머니즘이 혼융 용해되고 있음을 확인하게 되는 작품이다.

② 三世因緣과 輪廻轉生의 세계

섭섭하게
그러나
아조 섭섭치는 말고
좀 섭섭한듯만 하게.

이별이게,
그러나
아주 영 이별은 말고
어디 내생에서라도
다시 만나기로하는 이별이게.

蓮꽃
만나러 가는
바람 아니라
만나고 가는 바람 같이…

엊그제
만나고 가는 바람 아니라
한 두 철 전

만나고 가는 바람 같이…
–<蓮꽃 만나고 가는 바람같이>, 전문, 『冬天』

'내생'이라는 말에 주목한다면 이 시는 분명 불교의 세계, 前生－現生－來世인 三世에 발을 담그고 있음을 확인하게 된다. 연꽃이 불교를 상징하는 원관념이라고 본다면 만남이란 인연이 되고 그것은 緣起가 된다. 그 인연을 통해 생겨나는 만남은 자연스럽고 그 자연스러움은 존재하는 모든 것에 다 적용되는 것이라는 점을 '바람 같이'라는 비유적 수사로 표현했을 것이다. '내생에서라도 다시 만나는 이별이게'라는 구절에서 서정주의 三世因緣 세계에 대한 시적 표현을 확인하게 된다.

말라붙은 여울바닥에는 독자갈들이 들어나고
그 우에 늙은 巫堂이 또 포개어 앉아
바른 손 바닥의 금을 펴어 보고 있었다.

이 여울을 끼고는
한켠에서는 少年이, 한켠에서는 少女가
두 눈에 초롱불을 밝혀 가지고 눈을 처음 맞추고 있던 곳이다.

소년은 山에 올라
맨 높은데 낭떠러지에 절을 지어 지성을 디리다 돌아 가고,
少女는 할수없이 여러군데 후살이가 되었다가 돌아 간 뒤…

그들의 피의 소원을 따라 그 피의 분꽃같은 빛깔은 다 없어지고
맑은 빗낱이 구름에서 흘러내려 이 앉은 자갈들우에 여울을 짓더니
그것도 할일 없어선지 자취를 감춘 뒤

말라붙은 여울바닥에는 독자갈들이 드러나고
그 우에 늙은 巫堂이 또 포개어 앉아
바른 손바닥의 금을 펴어 보고 있었다.

―「마른 여울목」, 전문, 『冬天』

이 絶唱을 어떻게 설명할 수 있을 것인가. 한국인의 마음 바다 저 깊은 곳에 숨어 있는 恨의 한 모습을 여울목을 통해 읽을 수 있게 된다.

가난 때문에 이룰 수 없었던 사랑이 구름 되어 떠돌다 맑은 빗낱으로 내려와 여울을 만들고 그것마저 말라버리고 돌자갈이 드러난 여울바닥에 무당이 손금을 보고 있는 풍경. 이 풍경은 모든 존재는 인연에 따라 변화하며(無常), 자신의 고유한 존재성을 지닐 수 없다(空)는 연기의 법칙을 시로서 형상화 한 것이다.

바른 손바닥의 손금을 펴어 보고 앉아 있는 무당은 자신의 운명을 보고 있는지도 모른다. 남자는 왼손, 여자는 오른손의 손금으로 운명을 본다고 했던가. 무당을 등장시켜 토속적 샤머니즘의 세계를 불교의 인연―윤회의 세계와 절묘하게 융합하고 있음을 확인하게 된다.

③ 土着的 說話의 세계와 呪術的 상상력

① '이 『질마재 神話』는 근년 『現代文學』誌와 『詩文學』誌에 연재해 온 산문시들로 제목의 「질마재」는 내가 생겨난 고향 마을의 이름이다. 이 마을의 동쪽에, <질마재>라는 山이 있어 마을에도 그 이름이 붙게 된 것이다'

―『질마재 神話』, 自序, 서정주

② '『질마재 神話』는 산문시로서 토속적이고 주술적이기까지 한 세계가

눈치를 살피지 않는 대담한 언어구사를 통하여 파헤쳐지고 있다'
—『질마재 神話』, 跋文, 박재삼

①②를 종합하면 『질마재 神話』는 서정주의 고향마을에 口碑傳承되어 오던 설화를 토속적이고 주술적으로 형상화한 시편들을 엮은 시집이다.

新婦는 초록저고리 다홍치마로 겨우 귀밑머리만 풀리운 채 新郎하고 첫 날밤을 아직 앉아 있었는데, 新郎이 그만 오줌이 급해져서 냉큼 일어나 달려가는 바람에 옷자락이 문 돌쩌귀에 걸렸습니다. 그것을 新郎은 생각 이 또 급해져서 제 新婦가 음탕해서 그 새를 못참아서 뒤에서 손으로 잡 아다리는 거라고, 그렇게만 알곤 뒤도 안 돌아보고 나가 버렸습니다. 문 돌쩌기에 걸린 옷자락이 찢어진 채로 오줌 누곤 못 쓰겠다며 달아나 버렸 습니다.
그러고 나서 四十年인가 五十年이 지나간 뒤에 뜻밖에 딴 볼일이 생겨 이 新婦네 집 옆을 지나가다가 그래도 궁금해서 新婦방 문을 열고 들여 다보니 新婦는 귀밑머리만 풀린 첫날밤 모양 그대로 초록 저고리 다홍치 마로 아직도 고서란히 앉아 있었습니다. 안스러운 생각이 들어 그 어깨를 가서 어루만지니 그때서야 매운재가 되어 폭삭 내려 앉아 버렸습니다. 초 록 재와 다홍 재로 내려앉아 버렸습니다.
—「新婦」, 전문, 『질마재 神話』

토착적인 설화의 세계를 도무지 현실이지 아니한 샤머니즘의 주술적 세 계까지 확산시킨 시적 변용이 두더러진 시이다.
이 작품에서 '대담한 언어구사'의 일단을 보게 되는 것은 우선 시간적으 로 50년을 상회하는 과정을 대담하게 압축 혹은 생략 처리할 수 있었다는 점이 된다. 松江의 시조나 가사에서 보이는 과감한 생략을 방불하게 하는,

그러면서 이야기의 전개를 읽는 사람이 무리 없이 파악할 수 있도록 한 구조가 그것이다.

이런 경우에 있어서는 이야기의 요소를 가진 설화가 시적 언어의 압축 속에 행복하게 자리하는 경우가 된다. 그러면서 동시에 성급한 신랑 때문에 한평생을 재로 폭삭 날려보낸 한 여인의 사연을 통해 주술적인 모습도 읽게 되고, 우리 민족이 갖고 있던 전통적인 여인상을 그려보게도 된다. 그래서 一夫從事를 불변하는 정신 및 육체적 지주로 삼았던 한국여인들의 恨 많은 사연을 상정할 수 있게도 될 것이다.

서정주는 口傳하는 토착적인 설화를 시적으로 수용하여 주술적이고 상상력을 무한히 자극하는 새로운 구조의 시적 틀을 만들고 있다.

이것은 코울리지와 워즈워드가 영국 낭만주의 길을 열면서 줄기차게 주장한 空想과 想像의 이질성에서 공상 쪽에 훨씬 발을 들여놓고 있다고 판단할 수 있는 설화를 낭만적인 상상의 평원으로 이끌어 내는 시적 달성으로 파악할 수가 있을 것이다.

'상상력은 재창조하기 위해서 분해하고 확산시키며 흩어지게 한다. 혹은 이런 과정이 불가능할 경우 어떤 때에라도 상상력은 이념화하려거나 통일화하려고 노력한다. 상상력은, 모든 대상들이(대상으로서) 본질적으로 교정되고 죽은 것임에 반하여, 본질적으로 생명적인 것이다. 이와 반대로 공상력은 오직 고정된 것과 한정적인 것을 제외하면 취급할 대상이 없다. 실제 공상력은 時空의 질서로부터 자유롭게 된 기억의 한 양식에 불과하다. 그것은 우리가 선택이라는 말로써 표현하는 경험의 의지적 현상에 섞이거나 그 현상에 의해서 수정된다. 보통의 기억력과 다름없이, 공상력은 연상의 법칙으로부터 그의 모든 자료를 기성품으로 받아들이지 않으면 안 된다.'8)

아무래도 설화 특히 토착적인 설화는 단순한 이야기이며, 그것은 시공의

---

8) Coleridge 『문학평전』(문학과지성사 간, 『문학이란 무엇인가』 19쪽에서 재인용)

질서로부터 자유롭게 된 기억의 한 양식인 공상 쪽에 훨씬 가깝다고 볼 수 있을 것이다. 이것을 시로서 수용함으로써 '본질적으로 생명적'인 상상의 질서로 서정주는 『질마재 神話』에서 토착적인 설화의 재편을 시도한다. 이 작업을 서정주는 주술적인 방법을 가미함으로 더욱 효과적으로 달성하고 있음에 주목할 필요가 있다. 서정주의 시가 『질마재 神話』에서 성공한 이유를 여기서 찾을 수 있게 된다.

서정주의 시세계와 샤머니즘은 그의 시집 『新羅抄』(1960년)에서 『떠돌이의 시』(1976년)까지로 이어진다. 그러나 그것이 보다 구체적으로 나타나게 되는 것은 시집 『新羅抄』에서 『질마재 神話』까지이다. 시인 자신의 말에 따른다면 그 세계는 불교사상과 魂交·靈通 그리고 민담으로 표출되는 토속적 상황으로 크게 나누어 볼 수 있다. 세분하면 三世因緣의 세계, 輪回轉生의 세계, 魂交 靈通의 세계, 토속적인 설화의 세계 등이다.

이러한 세계들이 시인의 상상력과 깊이 연루되어 있다는 점을 간과해서는 안된다. 보다 폭 넓은 상상력을 동원하기 위하여 서정주는 『삼국사기』보다는 『삼국유사』에 더 깊숙하게 발을 들여 놓는다. 불교적인 설화세계의 보고인 『삼국유사』는 시인에게 신라의 정신태를 혼교와 영통 그리고 불교사상을 혼융하여 폭 넓은 상상력으로 시에 담아내기에는 무엇보다 호재였을 것이다.

상상력은 언제나 새로운 정신적 지평을 열어주는 에너지다. 혼교 영통이라는 샤머니즘적 요소와 삼세인연과 윤회전생이라는 불교적 사유를 함께 혼융 시킬 수 있는 힘도 사실은 상상력에서 비롯한다.

상상력은 그래서 창조의 원동력이 된다.

『질마재 神話』에 이르러 서정주의 시세계는 불교사상과 영통·혼교의 샤머니즘적 세계에서 토착적인 한국인의 세계로 확장되면서 설화를 통해 샤머니즘의 한국적 모습을 보다 넓은 상상력으로 아우르게 된다. 가장 한국적인 것이 가장 세계적인 것이라고 한다면 서정주는 토착적인 한국의 모습을 설화를 통해 주술적으로 형상화하여 가장 세계적인 것으로 빚어내었다고 할 수도 있을 것이다. 그런 의미에서 『新羅抄』와 『冬天』의 시편들과 『질마재 神話』는 하나의 성과라고 할 수 있다.

서정주 이후의 한국시에서 그가 이르렀던 토착적 샤머니즘의 설화세계를 뛰어넘는 성과를 기대할 수 없을까. 불교적 사유와 토착적인 주술의 세계를 상상력으로 아우르면서 한국적인 또 다른 세계를 발견하고 시적으로 창조해 낼 수 있는 영역은 없을까.

그 통로를 한국적 샤머니즘의 세계에서 찾아 볼 수는 없겠는가.

2) 설화의 시적 수용―『질마재 신화』를 중심으로

(1) 문제 제기

說話는 이야기다. 이야기란 그것이 어쨌든 재미있어야 한다. 재미라는 측면이 문학에서 이야기될 때 그것은 구성(plot)이란 전문적 술어로 환치된다. 그렇기 때문에 설화는 언어의 美的 요소를 바람직한 이미지로 처리하여 고도의 음악적 아름다움까지 승화시키는 詩보다는, 그것이 가지고 있는 본질적인 서사성 때문에 소설과 보다 더 밀접히 관계하게 된다. 그래서 설화가 설령 소설의 역사와는 비교가 안 될 정도로 길다고 하더라도, 그것이 문학의 본격적인 장르인 소설의 발달 및 생성에 결정적 구실을 한 것을 부인할 수는 없다. 말하자면 설화는 소설 생성 및 발달의 모태가 된 것이다. 뿐만 아니라 설화를 바탕으로 하지 않고서는 소설이 시작될 수 없었으며, 소설이 성립된 이후라도 소설은 설화로부터 끊임없이 필요한 영양소를 섭취해 왔다.9)

현대문학에 있어 소설에 보다 밀접히 관계하는 설화는 그러나 소설문학과의 관계에서만 바라볼 것만은 아니다. 문제를 제기하는 가장 근본적인 이유는 바로 여기에 있다. 설화가 소설에만 관계하지 않는 어떤 측면은 무엇인가. 그리고 그것에서 설화가 바람직하게 수용되었다면 그 양태는 어떤 것인가.

발생학적 측면에서 문학을 개관할 때, 16세기 보카치오의 「데카메론」이전까지 시와 소설은 미분화 상태였었다. 이 미분화 상태에서 소설이 분화될 때 설화의 구실이 지대하였음은 이미 살펴본 바지만, 시의 서사적 요소가 송두리째 소설에만 이월되고 만 것은 아니다. 서사적 요소의 일부가 소설로 가고 그 일부를 시는 그대로 간직하고 있었다. 이러한 진술은 시에도 이야기의 요소가 간직된 채 소설과의 분화가 이루어졌다는 말이 된다. 그래서 언어의 정치한 연금술사적 입장에 서게 되는 시인이 이야기의 측면만 강조하는 것이 아니라, 그것의 언어적 미학 쪽에도 관심을 환기 시키면서 설화를 수용하였다면, 할 수만 있다면, 이것은 설화가 소설만이 아닌 또다른 문학의 존재양식에 충격을 가하는, 끊임없이 자양소를 공급하는 것이 될 것이다. 그것이 바로 문제를 새롭게 제기해 보는 이유가 된다.

(2) 설화의 개념10)

설화는 일반적으로 이야기를 말한다. 그러나 일반적인 신변잡담을 모두 설화라고 하지는 않는다. 설화는 일정한 구조를 가진, 꾸며낸 이야기인 것이다. 그러므로 역사적인 이야기나 현재적 사실을 말하는 것은 설화가 아니다. 설화의 또 하나의 특징은 구전되는 것이다. 설화는 기록된 것도 있으

---

9) 소설사의 출발기에 있어서는 소설과 설화를 구별할 수 없을 만큼 설화성이 농후했다. 가령 우리 소설사에 있어 「金鰲新話」의 경우나 서구 문학사에 있어서 「데카메론」, 「켄터베리 이야기」와 같은 것들은 설화문학에 매우 근접해 있는 것이다.—「說話硏究의 諸側面」(文學과 知性社 刊, 『古典文學을 찾아서』, 334쪽.

10) 說話의 개념 설정에 있어서는 孫晋泰 『韓國民族說話의 硏究』, 張德順의 『韓國說話文學硏究』(韓國口碑文學會 編)·『口碑文學槪說』(新丘文化社 刊)·『國語國文學事典』 등을 참고함.

나 話者와 聽者 사이에서 구전되는 것이며, 이것은 소설과 구별되는 특성이 된다. 따라서 설화는 구전에 적합한 단순하고 간편한 표현 형식을 가지며, 소설과 같은 복잡한 구조나 상세한 묘사가 없다. 또한 설화는 산문을 취한다. 서사문학 장르 중 서사민요·서사무가·판소리 등이 보통 律文으로 口演되는 데 반하여 설화가 율격을 가지지 않음은 그 문체상의 특징이다. 설화의 口演上의 특질은 구연 기회의 제한을 받지 않는다는 점이다. 언제 어디서나 話者와 聽者간에 이야기할 수 있는 분위기만 이루어지면 설화는 구연된다. 그러나 상대가 없이 설화는 구연되지 않는다. 민요는 청자가 없어도 스스로 즐기기 위해서 불려지지만 설화는 상대를 의식하고 상대편의 반응을 관찰하며 구연되는 것이다.

내용 \ 항목	神話	傳說	民譚
① 전승자의 태도	神聖性을 인식	진실성을 믿음	신성성이나 진실성을 인식하지 아니함
② 시간과 장소	태초의 신성한 장소	구체적인 시간 및 장소	뚜렷한 시간 및 장소가 없음
③ 증거물	매우 포괄적인 증거물	특정의 개별적인 증거물	증거물이 없거나 아주 포괄적인 증거물
④ 주인공	神 중심	인간 중심	일상적인 인간이나 인간적인 행동을 하는 동물 및 기타
⑤ 주인공의 행위	신적 능력 발휘	예기치 않던 사태에 좌절	인간적인 행동, 그러나 예기치 않던 사태에 이르러서는 초월자의 도움으로 운명을 개척
⑥ 結構의 특징	숭고적·종교적	비극적·운명론적	희극적·낙천적
⑦ 전승의 범위	민족적(또는 부족적·씨족적)인 범위	지역적인 범위	범세계·범민족적

설화는 보통 신화(myht)·전설(legend)·민담(folktale)으로 三分하고 있다. 이 셋 사이에 획일한 선을 긋는 것은 곤란하나 대체로 그림과 같은 차이점

이 있음을 도시해 볼 수 있다.

설화는 원칙적으로 구비문학이기 때문에 구전이어서 유동적이며 항상 현대의 것이다. 그런데 구전되는 과정에서 기록화가 있어 왔다. 이때 기록된 자료를 문헌설화라고 하며, 이에 대해서 현재 口承되는 자료를 구전설화라고 칭한다. 이 같은 설화의 기록화는 오랜 옛날부터 진행되었는데『三國史記』,『三國遺事』,『殊異傳』에 삼국시대의 설화 자료를 보유하고 있다. 조선시대로 들어와서도 筆記·雜錄 등에서 흔히 기록된 설화를 보게 된다. 조선 후기에 들어와서 설화의 기록화는 새로운 양상을 띠었다. 설화를 기록하는 과정에서 기록자의 의도가 들어가기 마련인데 이 창의성이 보다 적극적으로 될 때 필연적으로 기록된 설화는 곧 소설로 나타난다.

(3) 설화의 시적 수용

앞에서 설화가 산문적 양태를 취한다는 사실을 기억한다면 설화가 시적 오브제로 수용됨에 있어서 봉착하는 난관은 한둘이 아닐 것이다. 그러나 문학의 발생학적 측면에서 서사적 요소가 시에도 잔존함을 간파할 수 없다면 설화의 시적 수용이 가능하다는 이론적 자리는 마련되는 것이다. 물론 이 경우의 시는 시의 하위분류로서 서정시, 서사시, 극시로 말해질 때 서사시에 해당되겠지만 그것은 「일리어드」나 「오딧세이」 혹은 「帝王韻記」 등의 소설과의 미분화 상태일 때가 아닌 소설과 분화된 이후의 현대시에서 말해지는 것임을 분명히 해야 할 것이다.

未堂 徐廷柱는 주지하는 대로 한국에서 현존하는 가장 우수한 시인의 한 사람으로 평가된다. 그의 시에 보이는 여러 가지 변천을 도식화해 본 많은 사람들은 그의 시적 오브제가 역사적인 데에 연유하는 방향으로 선회하고 있음에 의견을 같이한다.11) 그의 시가 불교의 도저한 공간을 형상화

---

11) 東國文學人會 編『徐廷柱研究』(同和出版公社 刊, 1975年), 東國大韓國文學研究所 編

하기 위한 몸부림치는 구도의 자세를 『新羅抄』나 『冬天』의 시집에서 보여주고 있는데, 여기서 우리는 未堂의 大家다운 풍모를 목격하게 된다. 그가 오브제로 삼고 있는 『三國遺事』나 『三國史記』의 여러 설화는 문헌설화가 되는데 그것을 未堂은 詩로 변용시키는 데 있어 탁월한 그의 언어감각을 십분 발휘하게 된다.

노래가 낫기는 그 중 나아도
구름까지 갔다간 되돌아오고,
네 발굽을 쳐 달려간 말은
바닷가에 가 멎어 버렸다.
활로 잡은 山돼지, 매[鷹]로 잡은 山새들에도
이제는 벌써 입맛을 잃었다.
꽃아, 아침마다 開闢하는 꽃아,
네가 좋기는 제일 좋아도,
물낯바닥에 얼굴이나 비취는
헤엄도 모르는 아이와 같이
나는 네 닫힌 門에 기대섰을 뿐이다.
문 열어라 꽃아, 門 열어라 꽃아,
벼락과 海溢만이 길일지라도
門 열어라 꽃아, 門 열어라 꽃아.

―「꽃밭의 獨白」, 전문

「娑蘇斷章」이란 副題가 붙어 있는 이 「꽃밭의 獨白」14행 詩는 '娑蘇는 新羅 始祖 朴赫居世의 어머니, 처녀로 孕胎하여 山으로 神仙修行을 간 일이 있는데, 이 글은 그 떠나기 전 그의 집 꽃밭에서의 獨白'이란 詩

『徐廷柱』(연회출판사 刊, 1980年) 등 참조

끝의 설명이 말해 주는 대로 설화를 오브제로 하여 형상화 된 詩다. 우선 14행의 詩로서 한 편의 거창한 드라마—娑蘇가 처녀로 잉태를 하여 神仙 修行을 떠남에 앞서 그 뜰녘 꽃밭을 바라보며 서 있을 때까지를 요약 압축한 놀라운 언어의 장인적 기질이다. 이것은 천부적인 詩的 능력에 값하는 것으로, 그것이 서사시로 잘못 인식되는 것을 힘 있게 막아주는 놀라운 직능을 수행하게 된다. 또한 이 한편의 설화를 이렇게 압축하기 위해서는 다음과 같은 두 가지 전제를 시인은 분명히 黙示하고 있다.

첫째, 娑蘇가 잉태하게 된 전후 사정의 설화에서는 일단 초월할 것.

둘째, 娑蘇의 독백이라는 命名이 암시하는 대로 娑蘇의 행위에 관점이 놓이는 것이 아니라 사소의 내면적 의식상태에 관점을 놓아두는 것.

이 두 가지 전제를 다시 설명한다면 설화의 이양기적 요소가 끝나는 곳에서 이 詩는 출발하고 있다는 점이 된다. 행위는 이야기를 구성하는 필수적 조건이 되는데, 그 행위가 정지된 상태에서 내적 의식을 표상해 내는 것은, 또 한편으로는 이 시를 서정시의 본령에 튼튼히 결박하는 구실도 하게 하는 것이다. 이것들이 시인의 탁월한 언어감각과 손잡고 응축되어 표상화되는 곳에 설화의 시적 변용이라는 또 하나의 지평이 열려지게 된다.

문헌설화에 해당하는 『三國遺事』와 『삼국사기』의 여러 설화를 중요한 시적 오브제로 삼고 있는 『冬天』과 『新羅抄』는 「꽃밭의 獨白」에서 보는 대로 설화의 이야기 요소가 끝나는 지점에서, 곧 행위가 정지된 상태에서 출발하는 언어의 표상화 작업이다. 그렇기 때문에 그것은 설화를 수용한다기보다 설화를 변용한다는 표현이 적절하게 된다. 이 같은 未堂의 일련의 설화의 시적 변용은 여러 가지 모습을 『冬天』과 『新羅抄』에서 보여주다가 『질마재 神話』에 와서는 전혀 다른 각도에서 설화를 詩化하기에 이른다.

이 『질마재 神話』는 近年 『現代文學』誌에 연재해 온 산문시들로 제목의

「질마재」는 내가 생겨난 고향 마을의 이름이다. 이 마을의 동쪽에, <질마
재>라는 山이 있어 마을에도 그 이름이 붙게 된 것이다.[12)

　이 시집의 自序에서 보는 바로 <질마재>는 시인이 태어난 고향의 마
을 이름이 된다. 그리고 이 시집 속의 오브제는 <질마재> 마을에서 口碑
傳承되어 온 설화들이다. 이 설화들은 『三國遺事』나 『三國史記』의 문헌
설화가 아닌 구전설화들이다. 시인은 문헌설화가 아닌 구전설화를 오브제
로 했기 때문에 그것을 변용할 수 없게 된다. 구전설화의 형식은 화자와
청자 사이에 수수되는 관계이기 때문이다. 이 경우 시인은 독자인 청자를
상대로 화자가 될 수밖에 없다. 따라서 시인은 설화의 이야기적 요소에서
벗어날 수 없는, 결코 벗어날 수 없는 상황 속에 던져질 수밖에 없게 된다.
그래서 시인은 복잡한 구조나 상세한 묘사가 없기는 하지만, 설화의 산문
적 양식에서 벗어나지 못함은 물론 그것을 수용하지 않을 수 없게 된다.
우선 그것은 각 편의 詩 題名에서부터 노출되기 시작한다.
　①「新婦」, ②「海溢」 ③「上歌手의 노래」 ④「小者 李생원네 마누라님의
오줌기운」 ⑤「그 애가 물동이의 물을 한 방울도 안 엎지르고 걸어왔을 때」
⑥「신발」 ⑦「외할머니의 뒤안 툇마루」 ⑧「눈들 영감의 마른 명태」 ⑨「내
가 여름 학질에 걸려 여러 적 앓아 영 못쓰게 되면」 ⑩「李三晩이라는 神」
⑪「姦通事件과 우물」 ⑫「단골 巫堂네 머슴아이」 ⑬「까치 마늘」 ⑭「분
질러 버린 불칼」 ⑮「박꽃 시간」 ⑯「말 피」 ⑰「紙鳶勝負」 ⑱「마당房」
⑲「알뫼집 개피떡」 ⑳「소망(똥간)」 ㉑「神仙 在坤이」 ㉒「秋史와 白坡와
石顚」 ㉓「石女 한물宅이의 한숨」 ㉔「來蘇寺 大雄殿 丹靑」 ㉕「風便의
소식」 ㉖「竹窓」 ㉗「걸궁배미」 ㉘「深思熟考」 ㉙「沈香」 ㉚「꽃」 ㉛「大
兇年」 ㉜「소X 한 놈」 ㉝「金庾信風」[13)

---

12) 徐廷柱 第六詩集 『질마재 神話』 自序(一志社 刊・1979年 5版)

①②⑥⑬⑯⑱⑳을 제외한 나머지는 모두 전체의 70%를 상회하는데,
題名 자체가 벌써 산문적 구조를 취하고 있음은 물론 그 題名이 제시하는
(혹은 함축하고 있는) 내용은 다분히 산문적임을 그대로 드러내 주고 있다.
이것은 설화의 변용이 아닌 수용이란 말을 더욱 타당하게 받침해 주는 것
이 되는데, 아무튼 이렇게 할 수밖에 없는 것은 詩人이 오브제를 설화로
택했을 때의 상황 때문이다.

『질마재 神話』는 散文詩로서 土俗的이고 呪術的이기까지 한 世界가 눈치
를 살피지 않는 대담한 언어구사를 통하여 파헤쳐지고 있다.14) (방점 필자)

註⑭에서 시인 자신이 산문시로『질마재 神話』속의 시들을 규정한 것
과 더불어 註에서 또 다른 시인이 「질마재 神話」속의 시적 양식을 산문
시로 본 것은 구전설화의 시적 수용에서 오는 필연적인 결과가 되게 된다.
그래서 시인은 설화를 시 속에 수용하게 됨으로 하여 그것을 화자로서 이
야기하면서 또 한편으로는 그것을 시로서 압축, 형상화하여야 하는 극히
상반되는 두 개의 상황 아래 놓이게 된다.

新婦는 초록 저고리 다홍치마로 겨우 귀밑머리만 풀리운 채 新郎하고 첫
날밤을 아직 앉아 있었는데, 新郎이 그만 오줌이 급해져서 냉큼 일어나
달려가는 바람에 옷자락이 문돌쩌귀에 걸렸습니다. 그것을 新郎은 생각이
또 급해서 제 新婦가 음탕해서 그 새를 못 참아서 뒤에서 손으로 잡아당
기는 거라고, 그렇게만 알곤 뒤도 안 돌아보고 나가버렸습니다. 문 돌쩌귀
에 걸린 옷자락이 찢어진 채로 오줌 누곤 못쓰겠다며 달아나 버렸습니다.
그리고 나서 40年인가 50年인가 지나간 뒤에 뜻밖에 딴 볼일이 생겨 이

---

13) 앞의 詩集 속의 作品. 題名의 번호는 임의로 붙인 것임.
14) 『질마재 神話』, 85쪽, 朴在森 跋

新婦네 집 옆을 지나가다가 그래도 잠시 궁금해서 新婦방 문을 열고 들
여다보니 新婦는 귀밑머리만 풀린 첫날밤 모양 그대로 초록 저고리 다홍
치마로 아직도 고스란히 앉아 있었습니다. 안스러운 생각이 들어 그 어깨
를 가서 어루 만지니 그때서야 매운 재가 되어 폭싹 내려앉아 버렸습니
다. 초록재와 다홍재로 재려앉아 버렸습니다.

―「新婦」, 전문

이 작품에서 '대담한 언어구사'의 일단을 보게 되는 것은 우선 시간적으
로 50년을 상회하는 과정을 대담하게 압축 혹은 생략 처리할 수 있었다는
점이 된다. 마치 松江의 時調나 歌辭에서 보이는 과감한 생략을 방불하게
하는, 그러면서 이야기의 전개를 聽者인 독자가 무리 없이 파악할 수 있도
록 한 구조가 그것이다. 이런 경우에 있어서는 이야기의 요소를 가진 설화
가 시적 언어의 압축 속에 행복하게 자리하는 경우가 된다. 그러면서 동시
에 성급한 신랑 때문에 한평생을 재로 폭삭 날려 보낸 한 여인의 사연을
통해 이 민족이 갖고 있던 전통적인 여인상을 그려 보기도 할 것이며, 일
부종사를 불변하는 정신 및 육체적 지주로 삼았던 우리 여인들의 恨 많은
사연을 상정할 수 있게 될 것이다. 말하자면 시인은 구전하는 설화를 시적
으로 수용하여 화자가 되어 청자인 독자의 상상력을 무한히 자극하는 효과
를 충분히 획득하게 되는 것이다.

이것은 코울리지와 워즈워드가 영국 낭만주의의 길을 열면서 줄기차게 주
장한 공상과 상상의 이질성에서 공상 쪽에 훨씬 발을 들여놓고 있는 설화를
상상의 낭만적 평원 속으로 이끄는 시적 달성으로 평가될 수 있을 것이다.

상상력은 재창조하기 위해서 분해하고 확산시키며 흩어지게 한다. 혹은
이런 과정이 불가능할 경우 어떤 때에라도 상상력은 이념화하려거나 통일
하려고 노력한다. 상상력은, 모든 대상들이(대상으로서) 본질적으로 교정되

고 죽은 것임에 반하여, 본질적으로 생명적인 것이다.

이와 반대로 공상력은 오직 고정된 것과 한정적인 것을 제외하면 취급할 대상이 없다. 실제 공상력은 時空의 질서로부터 자유롭게 된 기억의 한 양식에 불과하다. 그것은 우리가 선택이라는 말로써 표현하는 경험의 의지적 현상에 섞이거나 그 현상에 의해 수정된다. 보통의 기억력과 다름없이, 공상력은 연상의 법칙으로부터 그의 모든 자료를 기성품으로 받아들이지 않으면 안 된다.15)(방점필자)

부연하여 말한다면 설화는 시공의 질서로부터 자유롭게 된 기억의 한 양식인 공상 쪽에 훨씬 접근해 있다고 보겠는데, 이것을 시로 수용함으로써 '본질적으로 생명적'인 상상의 질서로 개편하게 된다.

「新婦」에서 보게 되는 이 같은 설화의 수용은 『질마재 神話』에서의 대부분의 작품이 이룬 성과의 축적보다 훨씬 위에 자리한다. 이 말은 『질마재 神話』에서의 대부분 작품이 설화를 수용함에 있어 「新婦」만큼 성공한 작품이 아니라는 뜻이 된다. 「秋史와 白坡와 石顚」같은 작품에서 보게 되는 것은 단지 설화의 이야기적 구성에만 치우친 것이 되고, 「風便의 소식」「소X 한 놈」, 「深思熟考」 등에서는 압축이 없는 짤막한 笑話에 머물고 있음에 주목하게 된다.

(4) 남는 문제

설화의 시적 수용에 있어 바람직한 상태를 「新婦」를 통해 살펴보았다. 말하자면 공상의 영역을 상상의 이쪽으로 끌어와서 '본질적으로 생명적인' 무엇을 제시하는 것으로 설화를 시로서 再構하는 것이 되는데, 그것은 시적 언어의 압축과 그 구사의 능력에 많이 의지해야만 가능할 것이다. 또한 구전설화는 그것이 결국 산문시의 패턴을 벗어날 수 없는 제약에 처하게

---

15) Coleridge, 『文學評傳』(文學과 知性社 刊, 『문학이란 무엇인가』, 190쪽에서 再引用)

되는데, 그것이 성공적으로 되지 않을 때는 짤막한 얘기 혹은 笑話에 그치고 말아, 시로서도 설화로서도 명명하기 힘든 꼴이 되고 말 것이다.

『질마재 神話』에 수록된 여러 편의 시를 통해 주목할 수 있는 것은 그러므로 설화의 수용에 있어 탁월한 언어적 장인으로서의 요건을 강조하는 길이 된다. 그래서 에즈라파운드가 말한 세 종류의 시의 구분을 한번 살펴볼 필요가 있게 된다.

> (詩에 있어서는)음악시(melopoeia), 즉 말이 그 명백한 의미에 덧붙여 어떤 음악적 성질을 담고 있어 그것이 그 의미의 방향이나 경향을 정하는 것. 視覺詩(phanopoeia), 즉 시각적 상상에 이미지를 던지는 것. 理論詩(logopoeia) '말 사이에서의 理智의 舞踊', 즉 그것은 말을 그 직접적인 의미로만 사용하는 것이 아니라 관음상의 성질, 그 말에 따르는 것으로 우리가 예상하는 文脈, 그것이 항용 수반하는 것, 그것의 기왕에 허용되어 있는 용법 및 反語的인 효과를 특별한 방식으로 중요시한다. 그것은 특히 언어에서 나타나는 영역이요, 조형이나 음악에는 담겨질 수 없는 美的 內容이다. 그것은 가장 늦게 생겼고 아마 가장 까다롭고 믿을 수 없는 양식이다.[16]

파운드의 이 같은 분류에 많은 문제점이 있음을 새길 필요 없이 파운드가 시를 하나의 유기체로 볼 때, 그것의 개성과 특징을 언어의 면에서 분류하고 있음은 시에서 설화를 수용할 때 당면하는 언어문제에 시사하는 바가 있다. 논리적인 오브제를 시각적으로 이미지화하여 음악적 요소로써 형상화시킬 때 유기체인 시는 독립적인 한 영역을 갖게 될 것이다.

> 말라붙은 여울 바닥에는 독자갈들이 드러나고
> 그 위에 늙은 무당이 또 포개어 앉아
> 바른 손바닥의 금을 펴어보고 있었다

16) 「T.S Eliot論」, The Literary Essays of Ezra Pound 52~56쪽.

이 여울을 끼고는
한 켠에는 少年이, 한 켠에서는 少女가
두 눈에 초롱불을 밝혀 가지고 눈을 처음 맞추고 있던 곳이다.

少年은 山에 올라
맨 높은 데 낭떠러지에 절을 지거 지성을 들이다 돌아가고,
少女는 할수없이 여러 군데 후살이가 되었다가 돌아간 뒤……

그들의 피의 소원을 따라 그 피의 분꽃 같은 빛깔은 다 없어지고
맑은 빗낱이 구름에서 흘러내려 이 앉은 자갈돌 위에 여울을 짓더니
그것도 하릴없어선지 자취를 감춘 뒤
말라붙은 여울 바닥에는 독자갈들이 드러나고
그 위에 늙은 무당이 또 포개어 앉아
바른 손바닥의 금을 펴어보고 있었다.

-「마른 여울목」, 전문

『질마재 神話』가 창작되기 훨씬 전의 이 작품은 논리적 오브제(이야기=설화)를 이미지화하여 음악적 요소를 형상화하는 성공적인 예가 된다.

ⓐ 소년과 소녀의 이룰 수 없었던 사랑의 이야기.

ⓑ 여울 바닥을 배경으로 전개되는 장면.

ⓒ 내재율이 보여주는 압축미.

ⓐ→ⓑ→ⓒ의 전개는 바로 이 시를 성공적인 예로 들 수 있는 매우 굳건한 바탕이 될 것이다. 그러나 시인은 여기서 설화를 수용한 것은 아니다. 시인 자신이 설화를 한 편의 시 속에서 만들고 있는 것이다. 독자는 이 만들어놓은 시인의 설화 속에서 허무와 恨의 그 끝없는 심연을 보게 되는 것이다. 때문에 시인은 시의 오브제가 설화이기 때문에 제약받게 되는 산

문시에서 완전히 자유로울 수 있게 된다. 이것은 문헌설화를 오브제로 했을 때 시인의 재능으로 만들었던 영역과 같은 맥락의 것이지만 그것보다는 한결 차원 높은 영역이 되어진다. 「春香遺文」도 마찬가지다. 시인은 시에서 『春香傳』의 어떤 부분을 오브제로 한 것이 아니다. 시인은 春香의 遺書를 이야기로 만들고 있는 것이다.

안녕히 계세요
도련님.

지난 오월 단오ㅅ날, 처음 만나던 날
우리 둘이서 그늘 밑에 서 있던
그 무성하고 푸르던 나무같이
늘 안녕히 안녕히 계세요.

저승이 어딘지는 똑똑히 모르지만
춘향의 사랑보단 오히려 더 먼
딴 나라는 아마 아닐 것입니다.
천길 땅 밑을 검은 물로 흐르거나
도솔천의 하늘을 구름으로 날더라도
그건 결국 도련님 곁 아니예요?

더구나 그 구름이 소나기 되어 퍼부을 때
춘향은 틀림없이 거기 있을 거예요!

春香의 정절을 윤회라는 불교사상을 바닥에 깔고 한 편의 이야기로 만들었다. 그러므로 거기에 산문시로밖에 될 수 없는 제약은 전혀 관계가 없게 된다.

설화는 이야기다. 이것은 부정할 수 없는 설화의 운명적 멍에에 해당된다. 이 이야기는 대체로 그 전승과정의 차이에 의해 양분될 수밖에 없다. 그러나 원래는 다 口傳·傳承이었다가 그 일부가 기록, 정착됨으로써 문헌적 요소가 되어진다. 그래서 前者를 구전설화, 後者를 문헌설화라고 한다. 설화가 詩에 수용되어지는 것도 때문에 이 두 가지 설화로서 구분되어 말해져야 한다. 未堂 徐廷柱는 이 설화를 시로 수용한 한국의 대표적 시인이다. 그는 처음 문헌설화를 詩에 수용 하였다기보다 변용하였다. 문헌의 기록된 이야기가 끝나는, 설화적 행동이 중단되는 거기에서부터 그의 시는 출발했다. 「꽃밭의 獨白」은 그래서 娑蘇의 내면적 의식을 표상화하게 된다. 그렇기 때문에 그것은 오브제가 된 설화와는 실질적으로 아무 관련 없이 독립적이다.

『질마재 神話』 속의 일련의 시는 구전설화를 오브제로 하게 된다. 그래서 이 일련의 시들은 설화의 산문적 성격에 깊이 연루된다.『질마재 神話』 속의 시들이 산문시가 된 것은 그러므로 필연적이다. 「新婦」라는 시가 보여주는 설화의 수용은 그것이 시로 표상화됨으로써 '時空의 질서로부터 자유롭게 된 기억의 한 양식'에 가까운 설화가 '본질적으로 생명적'인 상상의 질서로 개편되어 낭만의 평원으로 나아가게 된다. 그러나 『질마재 神話』 속의 대부분 시들은 결국 笑話와 단편적인 이야기의 차원에서 더 나아가지 못하고 만다. 그 이유를 시는 정치한 언어의 장인에 의해서 표상화된다는 측면에서 살필 때, 차라리 시는 설화를 수용하거나 변용하는 쪽보다 설화를 시로서 창작할 때, 만들어낼 때보다 성공적임을 알게 된다.

「마른 여울목」, 「春香遺文」에서 우리는 그 가장 분명한 경우와 만나게 된다. 어떠한 경우에라도 詩는 언어의 예술임을 부인할 수는 없다. 시가 설령 서사적 요소를 아직도 갖고 있다고 해도 그렇다. 이 언어로서 새로운 이야기를 시 속에서 만들어야 성공할 수 있다는 말은 시인이 위대하려면 설화를 시의 오브제가 아닌 시의 주체로 삼아야 된다는 말이다. 시인은 설화를 시에서 수용할 때보다는 시로서 설화를 창조할 때 위대하고 시적으로도 성공한다는 말로 바꿀 수도 있다.

설화를 이야기라고 할 때 그것은 上代의 사람들이 지혜를 모아 만들어 낸 이야기가 될 것이다. 설화를 시로서 수용한다는 것은 그러므로 그들 上代人 지혜의 어느 한 켠을 再構하자는 뜻이 분명히 포함될 것이다. 그러나 그 再構는 발견의 영역을 결코 벗어나지 못하고 만다. 그러기에 시인은 그것의 수용에서 성공한 시를 낳기가 힘들어지는 것은 타당한 이유 중의 하나가 된다. 시인은 창조자다. 그들은 이 시대에 발을 붙이고 이 시대의 이야기를, 이 시대인의 지혜를 집약한 시대의 설화를 형상화해야 한다. 시대의 설화를 시적으로 창조해야 한다.

설화의 시적 수용은 그래서 시적 설화의 창조가 되어야 할 것이다. 그러기에 설화의 시적 수용은 성공하기 힘든 하나의 과제가 될 것이며, 그 가장 두드러진 예를 우리는 『질마재 神話』에서 보게 된다.

3) 「꽃밭의 獨白」 평설 - 구도의 고행길에 들어선 마음

칠흑같이 짙은 어둠을 생각해 보자. 그 어둠 속에 자신이 놓여져 있다고 가정할 때 답답함과 암울함은 깊이를 헤아리기 힘들 것이다. 인간존재란 결과적으로 이 어둠 속에서 가슴을 짓누르는 암담함으로 살아간다고 불교에서는 말한다. 이 같은 어둠과 암담함은 어디에서 비롯하는가. 그것은 인간의 욕망에서, 끊어도 끊어도 잘라내지 못하는 그 인간의 욕망에서 시작된다고 불교에서는 애써 강조하려 한다. 마음을 비우고, 비운 마음속에 일찍이 이것들을 깨달은 부처님의 모습을 가득 채운다면 어둠을 밀어내는 가느다랗지만 확실한 등불을 달 수 있다고 불교의 많은 가르침은 우리 앞에

모습을 드러낸다.

　그러나 어디 마음을 비우는 것이 쉬운 일인가. 뼈를 깎고 살을 에이는 고통과 노력이란 고행이 수반되지 않고는 불가능함을 기억할 필요는 있다. 요컨대 무명(無明)이라고 말해지는 이 깨달음이 없는 중생들 삶의 터전인 사바세계의 실상을 확인하는 자리에서 서정주 시인의 「꽃밭의 독백」은 시작되고 있다.

　　노래가 낫기는 그 중 나아도
　　구름까지 갔다간 되돌아오고,

　이 첫 부분은 '노래'라는 말이 무엇을 의미하는가를 읽어낼 때 보다 확실한 해독(解讀)의 실마리를 가질 수 있다. 시인들이 사용하는 언어는 일상생활 속에서 우리들이 사용하는 말의 의미를 바탕으로 하여 또 다른 뜻과 알맹이를 만든다는 것을 알 필요가 있다. 이른바 비유라든가 상징이라 일컫는 시어(詩語)의 구조적 특성은 여기에서 비롯되게 된다.

　그러므로 '노래'라고 시인이 말할 때 그것은 단순한 '노래' 그것에 국한되는 것은 아니다. '노래'가 가진 일상적인 뜻에 바탕하고 있으면서 또 다른 의미를 담뿍 머금고 있는 자리에서 이 말은 해석되어야 한다. 그래서 이 말은 '노래'가 포함하는 예술의 전반적인 영역을 지시하고 있음을 알아야 한다. '노래'로서 대표할 수 있는 예술이란 작업은 우리가 살아가는 사바세계인 이 세상의 많은 것들 중 시인에게 있어서는 그래도 '그 중' 제일 '낫다'는 의미를 첫 행은 말하려 하고 있음을 놓쳐서는 안 된다.

　'노래'로 말해지는 예술이 사바세계 예술이 사바세계 삶의 모습에서 그 중 나은 줄 안 시인의 다음 말에 또한 주목하여야 한다. '구름까지 갔다간 되돌아' 온다는 것이 그것이다. 이 경우 '구름'도 결국은 상징화된 시적 언

어의 체계 속에서 이해될 성질의 것이다. 노래가 꿰뚫고 영원이라고 할까,
무한대의 우주 저편까지 가지 못하고 되돌아온다는 것은 결국 한계를 가진
다는 말의 다른 표현임을 알아야 할 일이다.

그래서 「꽃밭의 독백」 첫 부분은 무명의 사바세계 중생들이 갈구하고 시
인 역시 갈망하는 예술이란 작업과 그것에의 몰두도 결국 한계 속에 놓여져
있음을 표현한 말로 이해되어야 할 것이다. 예술 전반에 대한 시인의 이 같
은 생각은 그 다음 부분에서는 또 다른 것에의 절망으로 바꾸어 표현된다.

네 발굽을 쳐 달려간 말은
바닷가에 가 멎어버렸다.

힘찬 말들의 질주를 생각할 일이다. 발굽을 차면서 평원을 내닫는 말들
의 거침없고 당당하고 기세 좋은 모습 그것은 무엇인가. 그것이야말로 힘
의 표상이고 권력의 상징이 아닌가. 힘과 권력을 '네 발굽을 쳐 달려간 말'
로 상징한 것은 이 시인이 탁월한 능력을 가졌음을 확인하게 하는 여러 이
유 중 하나인 것 또한 지나쳐서는 안 된다. 권력으로 말할 수 있는 세속의
힘을 이처럼 힘찬 말의 질주로 떠올리는 일은 여간한 언어의 연금술사가
아니고서는 불가능한 것이다.

이미지라는 말로 통용되는 이 같은 심상화 작업은 관념적인 요소를 구체
적 사물로 바꾸어 놓는 능력을 말하는데 말들이 힘차게 평원을 내달리는 모
습으로 권력이란 세속의 힘을 나타낸 것은 하나의 경지에 이른 시인의 솜씨
가 아니고서는 불가능하다는 점은 아무리 강조해도 지나치지 않을 것이다.

이 세속의 힘인 권력 역시 한계를 가진다는 것을 '바닷가에 가 멎어버렸
다'로 시인은 표현한다. <권불십년(權不十年) 화무십일홍(花無十日紅)>은
이와같은 권력의 무상함을 말해지는 인구에 회자된 표현들이다. 아름답게

휘들어진 꽃이 낙화하지 않을 수 없는 이치는 권력이란 영원하지 않다는 것을 확인해 주는 비유로서는 매우 적절하다. 질주하는 말발굽이 바다를 넘어서지 못하는 한계 그것은 바로 세속적인 힘인 권력이나 권세의 한계를 시인이 깨달은 것의 표현이다.

돌이켜 생각해 보라. 진시황의 권세와 시이저의 힘과 징기스칸의 무소불능한 권력들은 어디에 있는가. 그것은 삶이란 영원하지 않다는 인생무상과 더불어 저 흙 속에 저 바람 속에 혹은 풀들의 시듦과 같이 역사의 먼지 속에 파묻히고 말지 않았던가.

예술과 권력의 한계를 인식한 시인은 이제, 보다 구체적인 세속의 욕망이 허망함을 체득하게 된다. 그것을 시인은 이렇게 말한다.

활로 잡은 산(山)돼지, 매(鷹)로 잡은 山새들에도
이제는 입맛을 잃었다.

'산돼지'나 '새들'은 길짐승이나 날짐승만으로 국한시킬 것은 아니다. 시의 구조 속에 놓여짐으로 그것은 인간이 세계 속에서 누릴 수 있는 모든 향락을 말해 준다고 보아야 한다. 산해진미(山海珍味)란 말을 기억할 일이다. 식욕이란 인간이 탐할 수 있는 욕망 중 으뜸가는 자리에 있다. 그 욕망의 향유는 사바세계의 이른바 세속적 환락의 하나가 아니겠는가. 시인은 그것으로부터 참다운 진실과 진리의 세계를 감득할 수 없음을 확인하게 된다.

요컨대 예술과 권력 그리고 산해진미로 향유하는 세속적인 향락도 오로지 허망함을 시인은 올바르게 깨닫는다. 그것을 정각(正覺)이라 말할 수 있을 것이다. 그 같은 정각이 있기까지 시인의 정진은 고통을 동반한 고행이라 이름 할 수는 없겠는가. 일찍이 이 시인은 「자화상」이란 시에서 이렇게 몸부림쳤다. '애비는 종이었다'라고 자학하면서 '나를 키운 건 8할이 바람이었다'고 방황과 헤맴의 처절함을 토해 내고 '병든 수캐마냥 헐떡거리면서 나는 왔다'라고 말한다. 그것은 바로 시인이 정각이 있기까지의 고통과 고행을 달리 표현했다고 판독할 수 있는 부분들이다. 그 아픔의 뒤에 시인은 문득 구도(求道)의 출발선에 다다르게 된다.

꽃아. 아침마다 개벽하는 꽃아.
네가 좋기는 제일 좋아도,
물낯바닥에 얼굴이나 비취는
헤엄도 모르는 아이와 같이
나는 네 닫힌 문(門)에 기대 섰을 뿐이다.

'꽃'은 다만 아름다움의 표상만은 아니다. 그것은 깨우침의 결정(結晶)일 수도 있고, 깨우침을 일깨워 주는 계시일 수도 있을 것이고, 오욕칠정(五慾七情)이 범람하는 진흙탕인 사바의 세계를 밝혀주는 부처님이 해탈 그 자체일 수도 있다. 시인은 그래서 '꽃'을 피어난다고 하지 않는다. 꽃은 '개벽'한다고 직핍한다. '개벽'이라는 표현은 미망(迷妄) 속에서 헐떡거리며 삼독(三毒)에 찌들려 가까스로 자신을 가누다 문득 눈 앞에 전개되는 새로운 세계와의 만남이다. 새로운 세계란 자비로운 부처님의 미소가 누리를 환하게 밝혀주는 깨달음의 평원이다.

그러나 시인은 다시 한 번 절망한다. 넓고 넓은 시방세계(十方世界)의 부처님 품속까지의 까마득한 길은 보잘 것 없는 자신의 모습과 대비시킬 때 '물낯바닥에 얼굴이나 비취는 헤엄도 모르는 아이'로 밖에 스스로를 인식할 수 없도록 한다. 그러한 인식의 순간에 '꽃'은 문을 닫아 버린다. 닫힌 문 앞에서 시인은 다시 한 번 절규하게 된다.

문(門) 열어라 꽃아, 문(門) 열어라 꽃아.

이제 이 말은 꽃을 향해 하는 말이 아니다. 시인 스스로 자신에게 수백 번이고 수 천 번이고 되뇌는 독백이고 절규다. 그 같은 절규의 끝에서 드디어 시인은 깨닫는다.

벼락과 해일(海溢)만이 길일지라도
문(門) 열어라 꽃아. 문(門) 열어라 꽃아.

불법(佛法)의 진리를 체득하여 스스로 보살이 되는 일이 어찌 수월하겠는가. 그것은 뼈를 깎고 살을 저미는 고통과 간난의 연속임을 알아야 할 일이다. 중생을 다 건지고(衆生無邊誓願度), 번뇌를 다 끊고(煩惱無盡誓願斷), 법문을 다 배우며(法門無量誓願學), 불교의 진리, 부처님의 가르침을 다 이루는 일(佛道無上誓願成)이 어디 말처럼 쉬운 일이 아님을 시인은 '벼락과 해일'로서 표상한다, 벼락과 해일이 몰아치는 길일지라도 이제 옷깃을 여미고 시인은 부처님의 품안으로 가겠다는 의지를 맨 마지막 행 '문 열어라 꽃아'에서 우리는 확인하게 된다.

「꽃밭의 독백」에는 '사소단장'이라는 부제가 붙어 있고, 시의 끝 부분에는 다음과 같은 주(注)가 부기(附記)되어 있다.

사소(娑蘇)는 신라시조(新羅始祖) 박혁거세(朴赫居世)의 어머니, 처녀(處
女)로 잉태(孕胎)하여, 산(山)으로 신선수행(神仙修行)을 간 일이 있는데,
이 글은 그 떠나기 전, 그의 집 꽃밭에서의 독백(獨白).

이 주는 시 「꽃밭의 독백」이 옛이야기인 설화에서 소재를 얻어 왔다는 점을 설명해 주는 구절이다. 이 설화는 『삼국유사』 속의 <선도성모, 불교 일을 즐겨하다(仙桃聖母隨喜佛事)> 항목에 수록되어 있는 일들을 일단은

제재로 시인이 빌려왔음을 알려주는 부분이 된다. 그러나 이러한 요소들은 이 시를 이해하는 데는 그다지 큰 무게를 지닌 것은 아니다. 이 시는 이러한 옛이야기의 문헌적 설화에 기대어 차라리 시인 자신의 불교적인 인생관과 세계관 혹은 구도의 자세를 응축시켜 표상하고 있기 때문이다.

시인 서정주의 시 세계가 변모해 온 과정을 많은 사람들은 이렇게 요약하는 데 동의하고 있다. 즉 넘쳐나는 인간 생명의지의 약동을 노래하는 시집 『화사집』의 세계, 『귀촉도』를 중심으로 하는 동양적인 정한(情恨)의 세계, 신라의 불교적 세계관을 표상하는 옛날 신라정신과 불교의 세계 천착, 그리고 샤머니즘적인 토속세계의 시화(詩化) 등이 그것이다.

우리가 새겨두어야 할 일은 서정주의 시 세계가 변모해온 그 모습 자체가 아니다. 오히려 그가 불교세계에 그의 시적 언어들을 적시기 시작한 것은 격렬한 몸부림과 정한을 그의 언어들로 표상한 연후라는 점에 있다. 이와 같은 궤적은 「꽃밭의 독백」에서 방황과 탐닉과 향락의 그 끝에 구도의 모습을 보이는 것과 같음을 확인하는 일이다.

가령 우리는 너무 잘 알려진 그의 시 「국화 옆에서」가 인연으로 있음이 생겨나는 불교의 연기사상(緣起思想)에 맞닿아 있다는 것을 얼마든지 설명할 수 있다. 그러나 그 시 속의 소쩍새의 피울음과 천둥과 먹구름 그리고 무서리의 존재를 연(緣)으로 하여 국화라는 기(起)가 생김을 말하면서도 '젊음의 뒤안 길'이라는 방황과 떠돔 그리고 헤맴의 흔적을 남겨두는 일을 예사로 볼 수만은 없다. 그것은 바로 부처님의 한량 없는 깨달음―그 불교의 길을 찾는 동안 몸서리치는 고행을 감당하지 않을 수 없었던 시인의 체험적 불교론이 언제나 도사리고 있음을 알아야 한다는 점이다. 바꾸어 말한다면 그와 같은 헤맴과 떠돔 그리고 고행의 시련 없이 불교 구도의 출발점에는 결코 설 수 없다는 점이다.

어둠이 짙으면 짙을수록 그 뒤에 오는 밝음은 더 눈을 부시게 한다. 사바세계 삶의 진흙탕 속에 깊이 자신을 빠뜨린 사람만이 올곧은 깨달음을 더욱 깊게 할 것이라는 가설을 세워 볼 수 잇는 것은 아닌가. 그렇다면 「꽃밭의 독백」 속의 '문 열어라 꽃아'라는 마지막 행은 차라리 시인의 깨달음의 절규고 이제사 부처님 면전에 설 수밖에 없었던 참회의 눈물로 볼 수는 없겠는가.

생각해 보아라. 경주에 있는 선도산의 산자락에 어둠이 깔리고 잉태한 여인이 그 깔려오는 어둠을 응시하면서 스스로에게 짐지워진 고통과 시련을 어금니로 깨물면서 두 손을 합장하여 부처님에게 귀의하는 모습을. 그것이 바로 수천 년 전에 즐겨 불교 일을 하시던 신라시조 박혁거세 어머님의 윤회하신 모습일지도 모르지 않는가. 「꽃밭의 독백」은 그러므로 우리를 저 깊이를 알 수 없는 불법의 바다 가운데 자꾸 끌고 가는 그런 언어들의 응축이고 표현이며 한 시인의 신앙고백, 한 불교 구도자의 깨달음의 절규라고 말할 수 있을 것이다.

4. 김달진[17] – 열치매 나타난 달처럼(김달진의 문학과 삶)

월하(月下)는 金達鎭의 아호(雅號)다. '달 아래'라는 그 아호의 뜻은 김달진의 삶과 시를 이해하는 하나의 열쇠가 된다.

달과 해는 인간존재가 살고 있는 이승을 잡아걸고 있는 두 개의 고리다. 밤과 낮이 하루를 이루듯이 천상의 달과 해는 이승의 바닥인 지구와 더불어 우주를 이룬다. 달이 밤과 함께 하면, 해는 낮과 함께 하면서 이승의 중생들과 고리로 연결되어져 있다. 달과 해의 고리가 느슨하게 풀어져 버

---

17) 金達鎭(1907.경남 진해 – 1989.서울) 『시원(詩苑)』, 『시인부락(詩人部落)』 동인으로 1929년 『문예공론(文藝公論)』에 시를 발표하면서 등단. 『청시』(청색지사, 1940) 『올빼미의 노래』(시인사, 1983) 『김달진시전집』(문학동네, 1997) 등 시집

릴 때 이승의 삶은 제자리를 찾기가 힘들어진다. 달과 해라는 이 두 개의 고리가 제대로 맞물리고 밤과 낮이 순환되면서 삶의 모습은 비로소 온전한 입지를 설정하게 된다. 온전한 삶의 이러한 모습을 유목민의 시각은 해와 낮 쪽에 치우쳐져 파악하려한다. 그래서 그들은 해 뜨는 곳을 향해 그들의 삶을 보람차게 쌓아가려 했다. 기독교적 발상은 이 같은 사항과 많이 연관되어져 있다.

히말리야 산록의 만년설을 바라보면서, 삶의 길을 고행(苦行)으로 파악하고 지친 몸으로 태어나서(生) 늙고(老) 병들고(病) 죽는(死) 자신을 바라보던 인도인들의 눈동자는 해보다는 달, 그 달과 맞물리는 밤을 통해 삶의 온전한 모습을 이해하려 했다.

해가 있는 낮이 행동의 시간이라면, 달과 함께 하는 밤은 행동보다는 사색과 성찰의 시간이다. 기독교가 행동을 중시하는 신앙이라면 불교는 사색과 성찰을 내세우는 종교라 할 수 있는 까닭을 여기서 알 수가 있다. 동적(動的)이기보다는 정적(靜的)이고, 드러내기보다는 안으로 가라앉혀 자신을 관조하는 그런 종교가 불교임을 또 한번 확인하게 된다.

김달진이 자신의 또 하나 모습을 '달 아래(月下)'라고 한 곳에는 불교적 사유에 의한 삶과 현실을 파악하려는 의지가 잠겨 있음을 알게 된다. 현실의 얽히고설킨 갈등의 질곡 속에 자신을 드러내놓고 행동하는 모습으로 보이려하기 보다는 현실을 관조하면서 그 속에서 참다운 진여(眞如)를 탐색하는 자세를 가지게 된다. 실제로 김달진의 생애는 자신을 알리려하기 보다는 감추면서 깊이 성찰하고 가다듬어 간 은둔주의자의 모습을 연상하게 된다.

을사조약에 의해 사실상의 주권을 일제에게 강탈당하고, 정미조약이 체결될 무렵인 1907년 김달진은 경남 창원에서 태어난다. 1934년 금강산에 입산 승려생활을 하고, 『시원(詩苑)』(1935)동인, 『시인부락(詩人部落)』(1936)동인이 되면서 왕성한 시작(詩作)을 하게 된다. 식민지의 사슬에서 해방되던

1945년『동아일보』기자를 잠시 한 후 계속 교육계에 투신한다. 이 무렵부터 『손오병서(孫吳兵書)』를 번역하는 것을 시작으로 하여 『고문진보(古文眞寶)』 등의 한서(漢書) 번역에 심혈을 기울인다. 1964년 동국대학교 역경원에 심사위원 겸 역경위원이 되면서 역경과 번역에 온 생애를 바치다시피 한다. 『장자(莊子)』, 『법구경(法句經)』, 『한산시집(寒山詩集)』, 『당시전서(唐詩全書)』, 『현대한국선시(現代韓國禪詩)』, 『한국한시(韓國漢詩)』 등의 번역이 그 대표적인 것들이지만 역경위원으로 불경을 번역한 것을 여기에 합친다면 경악할만한 양이 될 것이다.

번역이란 무엇인가. 그것은 남의 언어를 자신의 말글로 옮기는 일이다. 그렇기에 번역자는 원작자의 모습 뒤에 항상 숨어있게 마련이다. 그래서 그것은 고통과 인내를 동반하여 그것을 감내하면서 극복하는 의지가 수반되지 않을 때 불가능한 작업이다. 월하 김달진은 그것을 묵묵히 때로는 우직스럽게 평생을 두고 실천하였다. '달 아래'라는 그의 또 다른 이름이 말해주듯이 자신을 드러내기 보다는 스스로를 감추면서 번역을 통해 원저자의 내밀한 사상의 핵을 차곡차곡 인식과 성찰로 가슴에 쌓아간 것이 아니겠는가.

불교적 가치관에 발을 담근 시세계

그의 시작활동 역시 그렇다. 『시원』이나 『시인부락』 동인으로 참여하고 『청시(靑柿)』와 『올빼미의 노래』라는 시집을 갖고 있었지만 대부분의 경우 화려한 문단적 각광을 조명 받은 일이 없었다. 같은 동인이었던 오장환과 서정주가 요란하게 거론될 때도 그의 시인으로서의 모습은 외따로 한 켠에 쓸쓸히 서 있을 뿐이었다. 그것은 그의 시가 결코 문학적 성취를 이루지 못했음이 아님을 한 문학교수는 이렇게 말하고 있다.

'김달진은 미당과 더불어 『시인부락』동인으로, 1907년생이니까 우리 시문
학 초창기에서부터 그 생을 시작하였다. 필자는 그의 아주 짤막한 작품을
우연한 기회에 읽고 어째서 이렇게 우수한 시인이 문학사에서 매몰되다시
피 한 상태에 있는가를 생각해보며 우리 문학사의 얄팍한 질에 분노를 느
꼈다. 역시 한국의 문인들은 적당히 문단 정치도 하고 또 거드름도 피워야
만 사적(史的)으로 생존하는 것일까.' (오탁번, 『文學思想』, 1978.8)

그러므로 김달진은 위에 인용한 글에서도 알 수 있듯이 자신의 시와 문
학적 업적과 성취도를 드러내놓고 말하려 하지 않았다. 다만 '달 아래'서
삶의 모든 것을 관조하듯이 그의 시를 세상에 내던져놓고 초연해 있었던
것이다. 이 초연하고 달관한 모습은 그의 시세계의 중심부가 되고 있음도
역시 간과해서는 안 될 것이며 그것은 불교적 가치관에 발을 담그고 있다.

깊은 밤 뜰 우에 나서
멀리 있는 愛人을 생각하다가
나는 여러 億千萬年을 사는 별을 보았다.

「애인(愛人)」의 전문이다. 이 3행의 짧은 시는 김달진이 대상에 얼마는
초연하고 있으며, 그 초연함을 대상에 대한 달관으로 전이시키고 있는가를
극명하게 설명해 주고 있다.

사랑하는 사람에 대한 생각은 그리움이다. 그것은 얼마나 치열하게 가슴
을 불태우는 것인가. 그러나 시인은 다만 '생각하다가'로 진술하고 '억천만
년 사는 별을 보'는 것과 연결시키고 있다. 요컨대 사랑과 그리움의 실체인
애인에 대한 생각을 초연하게 함으로 하여 영원히 빛을 바래지 않고 존재
하는 별로 깨닫는 달관의 모습을 보여주게 된다. 이 달관은 「샘물」이라는
시에서는 삼라만상에 대한 인식을 범아일여적(梵我一如的) 상상력으로 통

찰하는 예지로 변모시켜 준다. 그 전문은 이렇다.

> 숲 속의 샘물을 들여다본다.
> 물 속에 하늘이 있고 흰구름이 떠가고 바람이 지나가고
> 조그마한 샘물은 바다같이 넓어진다.
> 나는 조그마한 샘물을 들여다보며
> 동그란 地球의 섬 위에 앉았다.

'샘물'을 통해 '하늘'과 '구름' 그리고 '바람'의 모습을 읽어내고, 그것을 '바다'로 확산시키면서 우주에 대한 인식으로 극대화된다. '동그란 地球의 섬'에 있는 존재로 시인 자신을 확인하는 곳에서 김달진의 시적 기량의 범상하지 않음을 알 수 있게 된다.

애써 꾸미지 않는 무위자연의 삶

> 사람들 모두
> 산으로 바다로
> 新綠철 놀이 간다 야단들인데
> 나는 혼자 뜰 앞을 거닐다가
> 그늘 밑의 조그만 신냉이꽃 보았다.

> 이 宇宙
> 여기에
> 지금
> 신냉이 꽃이 피고
> 나비 날은다.

「신냉이 꽃」의 전문이다. 조그많고 보잘 것 없는 야생초에 불과한 '신냉이 꽃'을 '우주'와 '나비'로 환치시키는 것은 김달진의 불교적 사유, 거기에 포함된 노장적 발상과 무관하지 않다고 보아진다. 원래 '달 아래(月下)'라는 그의 아호가 말해주듯이 자신을 성찰하고, 대상을 관조하며 그것을 새로운 인식의 틀로 삼겠다는 의지를 이 시는 또렷하게 보여주고 있다. 이같은 시세계를 최동호 교수는 김달진의 삶에 대한 태도와 함께 다음과 같이 적절하게 요약하고 있다.

'……애써 꾸미지 않는 무위자연(無爲自然)의 삶의 태도야말로 김달진 스스로가 일생 동안 지켜온 삶이며 시의 세계가 아닌가 한다. 「청시」에서의 푸른 잎새속의 푸른 감이나, 「샘물」에서 동그란 지구 위의 섬에 앉는 화자나, 「추성」에서 해묵은 당판 시집을 읽는 화자나, 「신냉이꽃」에서 꽃이 피고 나비가 나는 이 우주 속의 지금, 여기의 나 모두가 삶과 자연을 인식하는 독특한 정신적 세계로 일관되어 있음을 발견할 수 있다. 어떻게 보면 김달진의 시는 60여 년의 시작 생활을 통해 너무나 변하지 않았다고 말할 수 있을 것이며, 그렇기에 역설적으로 말하자면 불교적이며 노장적인 동양의 철학적 세계의 진수를 그대로 간직하고 있는 정신적 정통성을 지니고 있다고 하겠다. 물론 이는 정치·윤리·교육·형법의 원리가 된 천명사상(天命思想)과는 다르다. 현실에 집착하는 천명사상의 반대명제가 무위자연이 아니었던가.' (『경남문학』, 1989·여름)

시인으로서의 김달진의 모습은 시세계 속에 담겨진 그대로 불교적 사유를 실천하고 넉넉한 가슴으로 모든 것을 안아 들였다. 그래서 법구경에서 말하는대로 '고귀한 사람을 보는 일은 좋은 일이다. 그와 함께 사는 것은 언제나 즐겁다'는 것을 항상 생각하게 해준 것으로 파악된다. 그 점을 김달진의 동국대학 후배이며, 시인인 김장호 교수는 「때묻지 않은 웃음소리에

미역 감고」라는 글에서 이렇게 술회한다.

'김달진 선생을 마주보고 앉았으면 이 편 심지가 풀어지는 것을 느낀다. 어지러운 세상을 누비느라 저도 모르게 몸에 사려 감은 안간힘 같은 것이 목줄기에서 팔다리에서 어느새 슬며시 연기처럼 새어나는 것이다. 섬벅이는 눈매에 악기가 없어서만은 아니다 높지 않는 억양의 그 경상도 사투리가 빚어내는 목소리의 정감이 시키는 것만도 아니다. 잔잔한 문맥의 관조가 방안에 피어 올라서는 얼기 설기 사람에게 죄어들어 어깨에서 힘을 빼게 하고 숨결에 거친 맥을 삭여주는 것이다. 그의 입에서 무슨 대단한 소리가 울어나는 것을 듣는 이는 없다. 그저 일상으로 듣고 보는 다반사들이 화제에 오를 뿐인데 그것이 그와 나의 일인데도 눈을 뜨고 보면 그것은 이미 그와 나의 일이 아닌 것이다. 나는 그것을 緣起의 法으로 해독한다.'

월하(月下)는 '달 아래'라는 뜻이다. 달에 대한 불교적 생각의 가닥은 문득 '월인천강(月印千江)'을 떠올리게 한다. 김달진은 즈믄 강에 모두 비치는 달을 생각하며 부처님의 자비를 떠올리고 자신이 '달 아래' 서 있다고 과연 확인했을까. 어쨌든 그는 시인으로서 번역가와 승려로서, 그리고 교육자로서 20세기를 드러내놓지 않고 조용히 자신을 가다듬고 성찰하면서 살았다. 그러나 간과하지 말아야 할 것은 그의 관조적이며 달관적이고 불교사상에 침윤된 시세계는 그의 선배였던 한용운과, 동국대학 후배였던 조지훈, 서정주에게로 이어지면서 불교시의 정신사적 흐름에 분명 뚜렷한 획을 긋고 있다는 점이다. 따라서 '달 아래(月下)'라고 자신을 세계 속에 드러내놓지 않으려고 했으며 그것을 실천한 모습은 구름을 열어젖히고 흰구름 쫓아 서방정토로 가는 「찬기파랑가」에서의 저 하늘 위에 떠 있는 '달'을 생각하게 해준다.

5. 박목월[18] ─ 『청록집』에서의 목월시

시인을 포함하는 작가의 탄생지는 그가 쓴 작품을 이해하는 통로의 하나다. 나서 자란 작가의 환경은 작품에 큰 영향을 준다. 작가의 탄생지를 확인하고 작가의 연보를 세밀하게 고찰하는 이유다. 작가가 태어나 살았던 환경은 작품에 짙은 그림자를 드리운다. 그것을 지나치고 작가를 연구하고 작품을 해독─해석한다는 것은 무리다. 뉴크리티스트들의 한계를 여기서 확인한다.

작가의 연보와 전기적 사실이 확실하고 정확하게 정리되고 있지 않은 것이 우리의 실정이다. 어떤 작가의 경우 탄생지와 생몰 연대가 문학사전마다 각기 다르고, 같다고 해도 실제와는 차이가 나는 것이 한국문학 작가 전기의 실상이다.

지금까지 간행된 것 중 가장 결정판으로 보이는 『박목월 시전집』(민음사, 2003.2.20.1판 간행)은 '작가연보' 앞머리에 다음과 같이 목월 박영종의 탄생지를 적시하고 있다.

'1916(1세)

1월6일. 경북 경주 서면 모량리 571에서 아버지 박준필(朴準弼)과 어머니 박인재 사이에서 장남으로 태어났다……'

이 연보에 의하면 목월은 경북 경주에서 탄생한 것이 된다.

『보라빛 소묘』(신흥출판사, 1958)는 목월이 직접 쓴 자작시 해설집이다. 이 책의 후기(문학적자서전, 254쪽)에서 목월은 자신의 탄생에 대한 소회를 밝히고 있다.

---

18) 朴木月(1916.경남 고성─1978.서울) 본명 박영종. 『청록집』(공저, 을유문화사, 1946) 『산도화』 (영웅출판사, 1955) 등 시집. 『박목월시전집』(민음사, 2003)

'내가 태어난 곳은, 경남고성(慶南固城). 제일차 세계 대전이 끝날 무렵이다. 아버님이 그곳 <고을>을 사시게 되었다. 그리고 <三·一운동>이 일어날 무렵은 이미 경주(慶州)로 이사 온 후다. 三·一운동의 기억은 전혀 없다. 아버님이 숨을 헐떡거리며 골방에 숨고, 뒤미쳐 순경이 몰려오던 희미한 기억이 남아 있기는 하나, 그것이 젊은 아버님이 만세를 부른 탓이라는 사실을 후에 안 일 그것 뿐이다… 서라벌의 옛 도읍인 경주에서 네 살때부터 열 두 살까지, 그리고 스물에서 스물 둘까지, 또한 스물 여섯 에서 여덟까지 살았다.'

목월 자신에 의하면 그는 경남 고성에서 태어났다. 3.1운동의 발발은 1919년이다. 목월은 3살(한국식 연령 셈법으로는 4살) 이전에 고성에서 경주로 이사를 온 것이 된다. 목월의 아버지는 경남 고성에서 토목기사였었다. 그 곳 수리조합에 토목기사로 재직하다 경주로 자리를 옮겼고 나중에는 경주수리조합 이사로 재직한 것으로 확인된다.

이 같은 사실이 시인 자신의 진술로 확인된다면 그의 탄생지는 경남 고성으로 바로 잡아져야 한다(물론 호적사항의 확인도 필요한 일이다). 아주 어린 나이―강보에 싸여 고성을 떠남으로 목월의 시에서 경남 고성의 환경이 영향을 주었다고 볼 수는 없다. 역시 목월은 이후 경주에서 성장하고 청년기를 경주의 금융조합 서기로 근무하면서 『문장』지에서 정지용의 추천을 받아 등단하게 된다. 시적 영향은 그래서 경주와 깊이 상관하게 된다. 그렇다고 그의 탄생지를 경주로 기술해서는 안 된다. 목월의 연보에서 '경북 경주에서 태어났다'는 '경남 고성에서 태어나 아주 어린 시절부터 경북 경주에서 성장했다'로 정확하게 기술되어야 한다.

이 글은 글머리에서 목월의 태어난 곳을 바로 잡는 것으로 시작하고 싶다. 이 글은 경주에서 태어나 목월과 동시대를 살았던 작가 김동리의 고향인 경주에 건립한 <동리목월문학관> 개관(2006.3.23−25) 세미나에서 발표한 원고를 수정한 것임을 또한 밝힌다.

목월시의 개괄 - 향토성의 천착

목월의 시세계는 초기와 중기 그리고 후기로 나누어 말할 수 있다.

3인 시집인 『청록집(靑鹿集)』(1946)과 『산도화(山桃花)』(1955)까지를 초기, 『난 기타(蘭 其他)』(1959) 『청담(晴曇)』(1964)을 펴낸 시기까지를 중기, 『경상도(慶尙道)의 가랑잎』(1958) 이후 마지막 시집에 이르는 세계를 후기로 나누어 설명할 수 있다.

초기시에서는 자연을 바라보는 입장에 서 있고 중기를 시작으로 해서 후기시에서는 사회현실을 인식하고 성찰하는 입장에 서 있다고 할 수 있다. 중기와 후기시의 세계는 소재가 자연에서 일상적인 삶으로 바뀌고 표현방법도 객관적인 소묘에서 주관적인 자아응시로 바뀌는 변모를 보여주고 있다. 초기시가 '보는 자'로서의 입장에 충실하고 있다면 중기를 기점으로 후기에 와서는 '느낀 자'로서의 입장에 충실하고 있다.

초기시가 시적 대상과 어느 정도 거리를 두고 동화내지 화해를 꾀했다면, 중기 이후, 후기에는 시인이 세계와 삶에 대해 어긋남과 비틀어짐 속으로 빠져들면서 현실과 세계에 대한 갈등과 성찰이 드러나는 시세계를 보여주고 있다.

그러나 목월시의 핵심은 무엇보다도 『청록집』에 발표된 초기시의 세계에 놓인다. 물론 중기와 후기시의 변화된 세계가 의미심장하지 않은 것은 아니지만 목월시의 진면목은 자연을 대상으로 한 향토성의 형상화에서 그 진수를 볼 수 있다. 국권상실기의 모국어를 지키면서 탁월하게 그것을 조탁한 것은 물론 누구도 형상화 하지 않았던 관조적 입장에서의 한국 자연을 시 속에 담아내었기 때문이다. '청록파 시 새로 읽기'에서 목월시의 경우 그의 시세계 핵심인 초기시의 향토성에 대한 천착을 중심으로 논의하는 까닭이다.

향토(鄕土)의 사전적인 의미는 '고향 땅' 또는 '시골이나 고장'이다. '목월 시의 향토성'이라고 했을 때 그것은 목월 시가 시적 대상으로 하고 있는 고향 지향적이며 시골이나 고장으로 포괄될 수 있는 자연지향적인 시세계의 성격을 말한다.

목월 시의 세계에서 이 같은 향토성은 초기시의 세계-자연을 바라보는 입장에 서 있는 세계에 거의 대부분 집중되어 있다. 따라서 목월 시에의 향토성은 시집 『청록집』, 『산도화』 등의 초기시를 대상으로 해서 논의할 때 보다 확연하게 드러날 것이다.

'경주'라는 고도(古都)의 공간이 바로 20대 초반인 목월의 정서를 형성시킨 곳이다. 이 고도의 자연이 목월 시세계의 핵심인 초기시의 세계를 형성한 곳이다. 김동리가 "박목월이 발견하는 詩源이 자연이요, 詩情이 고독과 애수요, 시풍이 민요조로 동일한 가락과 어휘로 느껴진다"(「三家詩의 자연과 발견」, 『藝術朝鮮』, 1948.4)고 말한 것은 초기 목월시의 세계를 말해주는 좋은 근거가 된다.

이렇게 목월의 초기 자연과 향토를 시적 대상으로 하고 있는 시들의 구조는 두 가지의 다른 유형으로 분리해서 말 할 수 있다.

자연과 향토 자체만을 대상으로 쓴 경우가 하나다. 다른 하나는 자연과 향토를 배경으로 하면서 사람을 등장하게 한 유형이다. 이 두 가지 유형은 모두 시적 화자가'바라보는 자'의 입장을 취하는 것이 대부분이다. 대상을 바라보는 자의 입장에 서는 것은 시적 화자가 대상과 거리를 두고 관조하는 입장에 선다는 것을 의미한다.

사람 부재의 '바라보는' 자연-향토

①

芳草峰 한나절

고운 암노루

아랫마을 골짝에
홀로 와서

흐르는 냇물에
목을 추기고
흐르는 구름에
눈을 씻고

하얗게 떠가는
달을 보네

-「三月」, 전문, *이하 인용시는 모두 전문(全文)

②

머언 산 靑雲寺
낡은 기와집

山은 紫霞山
봄눈 녹으면

느름나무
속스잎 피어나는 열두 구비를

靑노루
맑은 눈에

도는
구름

―「靑노루」

③
山은
九江山
보라빛 石山

山桃花
두어 송이
송이 버는데

봄눈 녹아 흐르는
옥 같은
물에

사슴은
암사슴
발을 씻는다.

―「山桃花 1」

①②③의 시 속에는 사람이 없다. 시인은 자연을 그대로 묘사만 하고 있다. 시적 화자는 다만 자연을 있는 그대로 소묘하고 있을 뿐이다. 시적 화자인 시인이 배제된 시의 구조 속에는 시인이 없다. 이 기막힌 시인 부재의 소묘에서 자연은 다만 시인이 그려놓은 한 폭 그림(image)으로 읽는 사람에게 다가선다.

　목월 시의 자연과 향토성은 시 속에 사람을 부재(不在) 시켜 다만 언어만으로 그리는 풍경화에 충실한 모습으로 존재한다. 자연과의 합일 혹은 주객일체 또는 물심일여의 사상적 그늘을 걷어낸 여실한 자연과 향토의 모습만이 거기에는 있을 뿐이다. 말의 정확한 의미에서 목월은 자연-향토를 관조하고 있을 뿐이다. 다른 말로는 자연을 객관적으로 '바라보는 자'의 자리에서 다만 바라보고 있을 뿐이다. 그래서 목월시의 자연과 향토성이란 그의 정서를 형성시킨 고향과 자연 그리고 향토만을 있는 그대로 언어에 담아내고 있다고 말할 수 있다.

자연-향토의 부분이 된 사람

④
松花가루 날리는
외딴 봉우리

윤사월 해 길다
꾀꼬리 울면

산직이 외딴집
눈 먼 처녀사

문설주에 귀 대이고
엿듣고 있다.

-「閏四月」

⑤
江나루 건너서

밀밭 길을

구름에 달 가듯이
가는 나그네

길은 외줄기
南道 삼백리

술 익는 마을마다
타는 저녁 놀

구름에 달 가듯이
가는 나그네
　　　　　－「나그네」－술 익은 강마을의 저녁 노을이여－芝薰

⑥
산이 날 에워싸고
씨나 뿌리며 살아라 한다
밭이나 갈며 살아라 한다

어느 짧은 山자락에 집을 모아
아들 낳고 딸을 낳고
흙담 안팎에 호박 심고
들찔레처럼 살아라 한다
쑥대밭처럼 살아라 한다

산이 날 에워싸고
그믐달처럼 사위어지는 목숨

그믐달처럼 살아라 한다
그믐달처럼 살아라 한다

—「산이 날 에워싸고」

④⑤⑥에는 '눈 먼 처녀' '나그네' '나'가 등장한다. 그러나 시 속에 등장하는 사람들은 풍경을 말하기 위한 소도구에 불과하다. ④에서의 '눈 먼 처녀'는 송화가루 날리고 꾀꼬리가 우는 풍경의 한 요소에 불과하다. ⑤⑥의 '나그네'와 '나' 역시 풍경 속의 한 요소에 다름 아니다. 특히 ⑥에서의 '나'는 자연에 동화되어 자연처럼 살아야 한다는 것을 오히려 강요당하는 듯한 느낌마저 갖게 한다. 자연과 향토에 동화되어 있는 사람들이 이들 시에서는 다만 자연과 향토라는 풍경의 하나로 등장해 있을 따름이다. 사람을 자연의 하나로 등장시켜 바라보는 유형, 그것이 목월 시의 자연—향토성의 또 다른 유형이다.

변용된 민요의 율조

목월 시의 자연—향토성을 '사람 부재의 바라보는 풍경'과 '자연—향토의 부분이 된 사람'으로 갈래를 정리하면, "…목월로 하여금 처음 시를 쓰게 한 것도 향수지만 또한 30여년 동안 꾸준히 시를 쓰게 한 것도 향수라는 것을 우리는 알고 있다. 왜냐하면 향수가 평생 그의 '정신의 바탕'이 되고 그의 작품에 깊은 정서를 제공하는 원천이 되고 있기 때문이다…"(김종길, 『진실과 언어』, 일지사, 1974)라는 지적이 바로 자연—향토에 대한 목월의 끝임없는 갈증인 향수가 목월 시의 근간을 이루고 있음을 확인하게 된다.

이 향수는 목월로 하여금 정지용이 『문장(文章)』지(2권7호)의 시선후기(詩選後記)에서 말한 '민요적 가락을 시적 율조로 삼게 만든' 주요 원인이 되었을 것이다. 민요의 가락은 향수를 형성하는 고향의 자연과 향토성에 소박하게 뿌리내리고 있는 정서의 가락이고 그 곳에 사는 사람들의 호흡과 체취가 베어 있기 때문이다.

그러나 목월의 초기시 즉 자연과 향토성의 세계를 보여주는 시들이 전통적인 민요의 율조에 그대로 기대어 있지는 않다. 목월의 초기시 율조는 민요의 율조를 수용하면서 이를 다양하게 변용하고 있다.(홍희표, 『박목월 시의 연구』, 문학아카데미, 1993, 56-73쪽. 권명옥, 『목월시의 연구』, 민족문화사, 1983, 157쪽 참조)

목월의 초기시가 민요의 율조를 수용하면서 변용하고 있다는 것은 『청록집』이나 『산도화』(1955)의 시편에 나오는 많은 고유명사-땅이름이나 산이름 등이 실제로 존재하지 않는 목월의 상상세계에서 비롯하는 이름이라는 것이 시사해 주는 바와 관계를 가진다. 목월은 땅이름이나 산이름을 자연과 향토에서 그대로 따오지 않고 자작시 해설집인 『보라빛 소묘』에서 <마음의 지도>라고 한 시적 상상력을 통해 변이 시킨다.

목월 시의 정서적 원천이 된 향수의 호흡과 체취인 민요의 율조도 마찬가지로 그의 <마음의 지도>에서 수용하여 변용시켜 시 구조 속에 담았다고 이해할 수 있다. 목월의 시에서 보여주는 자연과 향토성은 이 같은 민요의 변용된 율조를 통해 더욱 정서의 원천이 된 향수, 향수의 대상인 자연과 향토성을 곡진하게 담아낸다.

목월 시는 초기의 세계에서 중기 후기를 거치면서 변모하는 모습을 보여준다. 중-후기에 오면서 보다 일상적이고 생활적인 것으로 시적 대상이 바뀌면서 세계와 삶에 대해 얽히고 갈등하고 비뚤어지는 모습을 보여주기도 한다. 초기의 자연과 향토를 바라보는 자세에서 벗어나 세계와 삶에서 느끼는 사항을 융섭하려는 태도를 보이기도 하고 기독교적 신앙의 세계로 발을 들여 놓는 모습도 보여준다.

무엇보다 목월 시의 향토성은 『청록집』과 『산도화』 등 초기시 세계를 살펴봄으로서 더욱 확실해 진다. 그 세계는 또한 목월시의 핵심이 되는 세계이기도 하다.

목월 시의 핵심인 초기의 시는 사람 부재의 관조 대상으로 자연과 향토성을 풍경화했다. 또한 사람을 자연과 향토의 한 부분에 놓아두는 유형으로 형상화하기도 한다. 그러나 무엇보다 민요의 율조를 수용하면서 이를 자신이 변용한 자기의 율조로 활용하면서 자연과 향토성을 보다 곡진하게 그의 시 속에 담아낼 수가 있었다. 목월 시의 자연과 향토성은 변용된 민요의 율조를 통해 보다 확실하게 그 특성을 견지할 수 있게 된 것이다.

목월시의 새로운 읽기는 이 지점쯤에서 출발해야 할 것이 아닌가.

7. 한국 현대시와 선시－오세영, 조정권, 최동호의 詩를 중심으로

선(禪)사상을 바탕으로 오도적(悟道的) 세계나 과정, 체험을 읊은 것이 선시(禪詩)다. 선은 마음의 깨달음을 중시하면서 자아와 세계의 본질을 탐구한다. 그래서 풍부한 상상과 심도 있는 투시력을 발휘하여 깊고 오묘한 경지에 이르고자 한다. 이 같은 선은 시적 사유를 통해 사물과 삶의 본질을 천착하려는 시적 원리와 유사하다.

선가(禪家)의 언어는 압축적 비약적 비유적이며 고도의 상징화를 추구한다. 이와 같은 선가에서의 언어에 대한 사유는 시어에 대한 시인의 태도와 매우 닮아 있다. 선에서 표현하기 어려운 정신적 경지를 상징적으로 나타내고자 할 때 언어와 만나게 된다. 그것이 선시다.

'현대시와 선시의 경계'라고 했을 때 그것은 시의 갈래로서 현대시와 선시를 나누어 설정하고 그 둘이 추구하는 시 세계에 대한 접합점이 있다면 그 지점을 '경계'라고 말할 수 있을 것이란 전제를 함의하고 있다.

시와 선시의 일반적인 유사점을 벗어나 지향하고자 하는 시 세계의 공통점을 찾아내고자 하는 것이 '현대시와 선시의 경계'라는 말이 의미하는

목표라고 할 수 있다. 그것을 오세영, 조정권, 최동호의 시에서 찾아보고자
하는 것이 이 글의 중심 주제가 된다.

1) 불립문자(不立文字)와 불이문자(不離文字)

경론(經論)의 어구나 문자에 의존하지 않는다는 것이 불립문자 혹은 교
외별전(敎外別傳)의 불교적 해석이다. 문자에 집착하지 않고 보편적 명제
의 형태로 정언(定言)을 세우지 않는다는 것이다. 따라서 경전의 형식에 집
착하지 않는 자유로운 태도를 말한다는 것이 불립문자의 의미다.

선의 종지(宗旨)는 '곧바로 사람의 마음을 가리켜 불성(佛性)을 깨닫고
부처가 되는 것이다. 선지(禪旨)란 교 밖에 따로 전하는 것으로 말을 내세
워 표현할 수 없다(直指人心 見性成佛 敎外別傳 不立文字)'(達摩祖師,
『悟性論』)라는 것은 이 점을 밝히 설명해 주는 부분이다.

별전(別傳)의 세계가 선이며, 그 별전이란 다름 아닌 이심전심(以心傳
心) 그 자체이다. 이미 깨달은 스승의 마음을 따라서 스스로의 마음 속에
있는 불성(佛性)을 깨치는, 곧 마음의 수행을 통하여 '마음이 부처(心則是
佛)'임을 깨치는 것이 바로 선이다. 선종을 심종(心宗)이라 하는 것은 이
같은 맥락에서다.

그러나 선에서 깨달음의 전달과 그 경지를 표현하기 위해서는 문자에
의존할 수밖에 없다는 것을 지나치고 있지는 않다. 세속적 선입견에 때문
에 있는 언어의 허상으로는 깨달음에 도달하는 것이 끊어지고(言語道斷)
말지만, 본질을 꿰어 전할 수 있는 소통의 방편으로서 언어문자를 완전히
이탈할 수 없다는 것을 제시하기도 한다. 불립문자이면서 불이문자(不離文
字)라는 것은 이러한 사정을 말해주는 것이다.

이 경우 '문자'를 언어로만 한정시켜 보아온 것이 종래 선시에 대한 일
반적인 시각이었다. 그러나 '문자'는 전달이란 일차적인 목적을 지니면서

그것으로 표현되는 일체의 형식을 이름한다고 해석할 수 있을 것이다. 언어가 허상이라고 하는 것은 언어가 가진 기능에 입각, 언어가 제시하는 형식적 틀을 의미한다고 할 수 있다. 언어가 도단되고, 언어로서 전달할 수 없다는 말은 언어라는 형식으로부터 부단히 벗어난 곳에 깨달음의 진리는 존재하고 있다는 극단적인 표현이다. 따라서 선가에서 불립문자 혹은 언어도단이라고 하는 것은 형식적인 것으로부터 부단히 벗어난 곳에 참다운 깨달음의 실체가 있다는 의미라고 해석할 수 있을 것이다.

형식을 벗어난 자유로운 사유가 자리하는 곳에 선시가 있음을 오히려 불립문자하면서 불이문자라는 말은 암시하고 있음을 놓쳐서는 안 된다. 플라톤이 언어로서 모방하는 것은 진실의 본체를 왜곡되게 이해할 수 있는 소지가 있다고 하여 문학을 부정한 것이 사실은 언어가 실상을 보다 확실하고 완전하게 표현해야 한다는 의미의 강조라고 할 수 있듯이, 선가에서 언어로서 말할 수 없다고 깨달음의 세계를 이야기 하는 것은 언어가 고착된 형식에서 벗어나 새로운 모습으로 존재의 실상과 깨달음의 경지를 표현해야 한다는 것을 강조한 것으로 이해할 수 있게 한다.

선시가 기왕의 언어가 가진 형식적 틀에서 벗어나 어떤 것을 새로운 언어로 담아내어 깨달음의 세계를 말할 수 있다면 불이문자(不離文字)의 뜻은 보다 확실해 질 것이고, 현대시와의 경계를 거기에 설정할 수가 있을 것이다.

(1) 오세영의 시-깨달음의 서정적 변용

'오세영 씨는 오늘날 시인들 가운데서 가장 전통적인 시를 쓰는 사람의 하나이다. 그것은 그는 근대 이전의 시적 전통 속에 있을 뿐만 아니라 근본적으로 그것의 확대 발전 변용 또는 쇠퇴를 보여준 우리의 현대시의 흐름 속에 있다.'19)

오세영의 시 세계를 전통적인 시라고 말하는 것은 그의 시가 가진 여러 가지 특징을 염두에 두고 한 표현이다. 그러나 무엇보다 그의 시 세계가 한국의 과거 많은 시인들이 천착해온 세계의 연장선에 있다는 의미임을 강조하고 있다고 할 것이다. 이 경우 오세영의 시에서 새로움을 찾는다는 것은 힘들어진다. '확대 발전 변용'을 통해 입고출신(入古出新)했다고 해도 이미 누군가에 의해 언급된 세계를 전제하고 있다고 말할 수 있기 때문이다.

그러나 사실 오세영의 시를 전통적인 한국시의 맥락 속에 있다고 해서 진부하고 구태의연하다고 단정할 수만은 없다. 무엇보다 그의 시는 서정적인 세계이면서 불교적 사유와 깊이 연관하는 세계 속에 있다. 불교적 사유를 관념적인 것으로 시적 변용한 것을 한용운의 세계에서 만날 수 있다면, 불교적 사유를 서정적 깨달음으로 변용하고 있는 것이 오세영의 시라고 파악할 수 있기 때문이다.

대부분의 불교적 사유를 시와 접목시킨 시인들은 한용운에서 보듯이 관념적인 세계에의 몰입이거나 불교적 사유의 세계를 언어로 풀이하고 있다. 오세영은 이것을 넘어 선다.

원고지를 앞에 놓고 이틀째 궁리를 해도 뾰족한 생각이 떠오르지 않는 僧房의 겨울, 들리는 건 얼음장 밑으로 흐르는 계곡물 소리뿐이다. 가만히 귀를 기울이니 작년 여름에 졸졸졸 하던 개울물 소리가 오늘은 돌돌돌 하고 난다. 시가 될성불러 먼 산을 바래는 마루의 스님에게 물소리가 어떻게 들립니까 하고 물었더니 왜 그러느냐고 되묻는다. 시를 한 편 쓸까 해서 그렇다고 하자 노 스님 대답은 아니 하고 '시라니 무슨 시! 물소리가 바로 시지. 시 나부랭이 같은 것은 다 집어치우고 마루에 앉아 햇빛 공양이나 좀 받으라. 햇빛이 참 좋다!'고 한다.

---

19) 김우창, 오세영 시집 『벼랑의 꿈』 해설, 1999, 시와시학사.

시라니 무슨 시!
－「後續九龍寺 詩篇」, 전문, 시집 『벼랑의 꿈』(1999, 시와시학사)에서

불교의 진리세계를 불교 안에서 찾아 시적으로 형상화 하려고 할 때 관념적인 범주를 넘어서기는 힘들다. 그것은 불교의 세계를 언어로 풀이하는 것을 극복하기가 어렵기 때문이다. 가령 한용운 시의 경우가 이것을 극명하게 보여주는 예가 된다. 「나룻배와 행인」은 보살행(菩薩行)이라는 불교적 세계를 상징과 은유를 통해 드러내려고 한 경우가 된다.

오세영은 매우 다른 시적 접근법을 보여준다. 예시한 작품에서는 '시'라는 화두를 노스님과의 대화를 통해 드러내려고 한다. 시적 진실과 깨달음의 실체가 무엇인가를 다만 드러내 놓고 '시라니 무슨 시!'라는 또 다른 화두를 제시하여 끝내고 있다.

깨달음이라는 불교적 진여(眞如)세계에서 볼 때 시 또한 삼라만상의 모든 현상과 동일한 것임을 스님의 말씀을 통해 표현해 놓고 있다. '작년 여름에 졸졸졸 하던 개울물 소리가 오늘은 돌돌돌하고 난다'는 정감적 세계를 통해 이 모든 것은 수렴되고 확산되는 시적 공간을 이 시는 만들고 있다. 오세영의 시가 불교적 깨달음을 서정적 세계로 변용시키고 있는 통로를 여기서 보게 된다.

아침에는 산새가 창 밖에서 우짖고
저녁에는 여우가 숲에서 운다.
한나절 퍼붓던 폭설이 지자
밤새 달빛이 쌓이는 소리,
무심한 山翁은 잠들었는데
머무는 나그네는 시름도 많다.

적막한 외로움 견딜 수 없어
살포시 뜰 위로 내려와 서면
우지끈 이마를 때리는 소리,
눈더미에 부러지는 솔가지 소리.
　　　－「寂滅」, 전문, 시집 「벼랑의 꿈」』(1999, 시와시학사)에서

　'적멸'의 불교적 의미는 생멸(生滅)이 함께 없어져 무위적정(無爲寂靜)함을 일컫는 말이다. 즉 번뇌로부터의 해탈－열반의 경지를 의미한다. 고타마 싯달타가 극심한 고행을 통해 쇠약해진 몸으로 쓰러져 수자타가 공양하는 우유죽을 먹고 보리수 아래서 성도(成道)한 후 녹야원에서 행한 첫 설법의 사성제(四聖諦)와 관계하는 말이 적멸이다. 사성제의 세 번째에 해당하는 고(苦)가 없어진 상태－고멸성재(苦滅聖諦) 가 바로 적멸이며 이것은 삼독(三毒＝貪·瞋·痴)을 벗어나 삶과 죽음의 경지를 초월한 열반이다.

　그러나 예를 든 시에서의 「적멸」은 함의 극한으로 설정되어 있다. 이것은 글자 그대로의 해석이다. 오세영은 글자 그대로의 해석으로 적멸을 '달빛이 쌓이는 소리' '눈더미에 부러지는 솔가지 소리' 등의 이미지를 통해 다만 형상화하고 있다. 오세영의 시 「적멸」에서는 고요함의 극한이 자연의 현상을 통해 이미지로 조립되어 다만 제시되고 있을 뿐이다. 불교적 의미의 무위적정이나 열반 등의 의미와는 완전히 떨어져 있는 상태다.

　오세영은 '적멸'을 불교적 의미를 완전히 배제하고 글자 그대로의 뜻－ '고요함의 극한'으로 바라보고자 한 것이다. '불립문자'했을 때 '문자'가 가진 기존의 언설(言說)과 형식에서 벗어나 세계의 모습을 인식하고 그것을 표현하고자 한 것이다. 그러한 표현을 통해 오세영의 시에서는 불교적 사유가 서정적 세계로 변용된다. 그 변용된 모습을 「적멸」 시적 세계로 잘 보여주고 있다.

고요함의 극한이 무엇이겠는가라고 시의 밖에서 오세영의 화두는 시작된 다고 보아야 한다. 고요함의 그 극한에서 열반적정의 세계를 만날 수 있지 않겠느냐고 오세영은 묻게 되는 것이다. 그렇다면 오세영의 시는 서정적 세계의 시적 변용을 통해 불교의 깨달음이라는 진여(眞如)의 세계로 발을 담그게 된다고 말할 수 있게 된다.

산이 온종일
흰 구름 우러러 사는 것처럼
그렇게 소리 없이 살 일이다.
여울이 온종일
산 그늘 드리워 사는 것처럼
그렇게 무심히 살 일이다.
꽃이 피면 무엇하리요,
오늘도 山門에 기대어
하염없이
먼 길을 바래는 사람아,
산이 온종일
흰 구름 우러르듯이
그렇게 부질없이 살 일이다.
물이 온종일
산 그늘 드리우듯이
그렇게
속절없이 살 일이다.
　　─「山門에 기대어」, 전문, 시집 『벼랑의 꿈』(1999, 시와시학사)에서

불교적 사유의 서정적 변용을 「산문에 기대어」는 매우 잘 말해주는 보기로 들 수 있는 시다. '소리 없이 살'고, '무심히 살'며, '부질없이 살'고

'속절없이' 사는 일은 제행무상(諸行無常)의 깨달음에서만 가능한 삶의 태도다. 이 삶의 태도를 산과 구름, 여울과 산 그늘, 꽃의 피고 짐 등을 통해 그냥 제시해 주고 있다. 그 같은 서정적인 객관적 상관물을 통해 제행무상을 변용시키고 있다.

> 대 그림자 뜰을 비질하고 있다./ 먼지 하나 일지 않는다./ 달빛이 물 밑을 뚫고 있다./ 수면에 흔적 하나 남지 않는다. (竹影掃階塵不動 月穿潭底水無痕)
>
> — 冶父道川, 「金剛經頌」

위의 선시와 오세영의 시 세계를 비교할 수는 없다. 그러나 오세영의 시가 깨달음의 서정적 변용을 시도하고 있다면 예로 든 선시는 비약과 상상을 초월하는 당돌함을 통해 깨달음을 말하고 있다. 오세영의 시가 설명적인 입장에 서 있다면 「금강경송」은 드러냄(提示)에서 끝나고 있다. 결국 깨달음의 서정적 변용과 깨달음의 불립문자적 불이문자인 선시와는 거리가 상존하고 있음을 말해준다.

현대시와 선시가 한 갈래 일 수 없는 이유를 여기서 목격하게 되지만, 깨달음을 변용시키고 있다는 점에서 오세영의 시와 「금강경송」은 출발을 같이한다. 이 점이 오세영의 시와 선시가 만나는 경계지점이라고 설정할 수 있을 것이다.

(2) 조정권의 시 — 방편(方便)으로서의 불이문자(不離文字)

'생각'이라는 말과 '사유(思惟)'라는 표현은 궁극적으로 같은 의미이다. 그러나 그 말들이 갖게 되는 분위기는 사뭇 다르다. 생각이 '마음 속으로 헤아리거나 판단하거나 인식하는 일 또는 그 작용'이라고 한다면 사유는 보다 관념적인 뉘앙스를 풍기면서 '깊은 생각'이라는 의미를 강하게 나타내고 있게 된다. 그래서 '어떠한 사상을 헤아리고 간추려서 일정한 개념 판단 추리로 파악하는 일'이라는 뜻으로 사유라는 말의 뜻을 정의 해 볼 수가 있을 것이다.

조정권의 시를 '명상시(瞑想詩)'라고 말한다면, 조정권은 '깊이 사물에 대해 생각'하는 사유의 한 극단을 언어로 건져내고 있다고 말할 수 있다. 이 경우 명상시는 생각의 끝자리에서 나온다는 의미에서 선시를 포함하는 영역이라고 할 수 있을 것이다.

어떤 시인이든 사물에 대해 깊이 생각하지 않고 언어에 자신의 정서를 담아낼 수는 없다. 그러나 유독 조정권의 시를 명상시라고 말할 수 있는 근거는 사물에 대해 생각의 한 극단, 사유의 편린을 언어 속에 모질게 담아내고 있기 때문이다. 조정권의 시 작업은 생각의 '한 극단' 혹은 그것을 '모질게' 담아 내는 일에 무엇보다 적극적이다.

따라서 언어에 모질게 생각의 한 극단을 담아낸다는 말은 시인의 치열한 사유의 깊이와 그것을 담는 언어 선택에 있어 조정권의 시는 독특한 모습을 보이고 있음을 말하는 것이다. 생각이라는 단순한 의미의 말보다 철학적 뉘앙스를 가진 사유라는 표현이 조정권의 시에 보다 합당하다는 것은 그래서 당연한 일이다.

70-80년대의 한국시는 사회적 현상에 보다 민감하게 반응하는 모습이 주류를 형성하려 했다. 닫혀 있어 답답하고, 미래을 예견할 수 없게 옥죄는 정치체제, 산업화에 접어들면서 노동과 인권에 대한 자각 등등으로 말할 수 있는 이 시기에 시인들은 시대상황에 결렬하게 언어의 칼날을 보다 날카롭게 벼리려 하고 있었다. 이 격렬한 맞섬의 또 다른 자리에는 후기 산업사회가 보여주는 물신(物神)과 소외, 그리고 파열과 자기 분열에 의해 해체 또는 도시정서에 젖어드는 모습을 보여 주는 모습이 자리하고 있었다.

조정권은 이 시기에 이러한 상황과는 무관하게 사물과 현상에 대한 사
유의 극단을 형상화하고 있었다. 이것은 시적 체질과도 무관할 수 없겠지
만 보다 근원적으로는 시인이 사물과 현상에 대해 외곬으로 자신의 사유을
천착하고 있었음을 뜻한다. 시인을 둘러싸고 있는 현상과 사물을 다만 시
인의 내면으로 끌어들여 끝없이 그 본질을 추구하려 했다.

> 새앙철 지붕 위로 쏟아지는 쇠못이여
> 쇠못 같은 빗줄기여
> 내 어린날 지새우던 한밤이 아니래도 놀다 가거라
>
> 잔디 위에 흐느끼는 쇠못같은 빗줄기여
> 니 맘 내 다 안다.
> 니 맘 내 다 안다
> 내 어린 날 첫사랑 몸껴눕던 담요짝 잔지밭에 가서
> 잠시 놀다 오너라
> ―「비를 바라보는 일곱 가지의 마음의 형태―하나」, 부분,
> 시집 『풀잎 속 푸른 힘』(1986.고려원)에서

대지에 쏟아져 내리는 빗줄기를 '쇠못'으로 파악하고 있다. 쇠못의 날카
로움과 그것이 박힐 때의 아픔과 고통을 생각하면 시인이 빗줄기를 쇠못으
로 보고 있는 내면의 상태를 엿볼 수 있다. 대지로 내려서 물방울을 튀기
고 있는 빗줄기라는 현상을 내면으로 끌고 와 쇠못이라는 차갑고 날카로우
면서 고통을 동반하고 있는 사물로 바꾸기까지에는 엄청난 외곬의 사색이
동반되었을 것이다. 이 엄청난 사색은 바로 사유의 한 극단이고 그 극단에
서 쇠못이라는 구체적인 사물과 만날 수 있었을 것이다. 이러한 외곬의 사
색은 시 「벼랑 끝」에서 더욱 확연하게 나타난다.

그대 보고 싶은 마음 죽이려고
산골로 찾아갔더니
단풍 같은 눈만 한없이 내려
마음속 캄캄한 자물쇠로
점점 더 한밤중을 느꼈습니다
벼랑끝만
바라보며 걸었습니다
가다가 꽃을 만나면
마음은
꽃망울 속으로 가라앉아
재와 함께 섞이고
벼랑끝만 바라보며 걸었습니다
　　　ー「벼랑 끝」, 전문, 시집『풀잎 속 푸른 힘』(1986, 고려원)에서

‘그대 보고 싶은 마음 죽이려고’라는 표현에서 보이듯이 ‘잊어버리려고’
를 ‘죽이려고’라고 표현한다. 여기서 조정권이 사유의 한 극단을 언어에 모
질게 담아내고 있는 독특한 모습을 확인하게 된다.

한편으로 그러한 모습은 「코스모스」라는 시에는 ‘코스모스’를 ‘고사모사
(高士慕師)’로 부르면서 ‘뜻이 높은 선비는/ 제 스승을 홀로 사모한다는 뜻
이오나’로 풀이해서 읊고 있는 데서 시인이 사유의 극단을 언어로 담아내
는 데 얼마나 치열하게 대응하는가를 알 수 있게 된다.

조정권은 내면에 갈무리하는 사유의 자락을 설명하려는 것이 아니라 언어
를 갈고 다듬어 촌철살인으로 전달하려 하고 있음을 가늠할 수 있게 해준다.

조정권은 현상과 사물의 그 궁극적 의미를 자신의 내면에서 사유의 극
한으로 언어와 만나게 하려 한다. 그 필연적인 결과는 그의 시를 형태면에
서 짧은 단시(短詩)가 되게 한다. 그런 시의 모습은 얼핏 선시와 형태면에

서 유사성을 가진다.

사실 조정권이 월하 김달진 시인의 시 세계와 그의 불교적 사유의 근간을 시적 대상으로 하고 있는 일련의 시편(시집 『虛無頌』, 영언문화사, 1985)에서는 분명 불교의 세계와 선시적 풍모를 보다 구체적으로 나타내려고 한다. 그래서 무엇보다 시의 형태는 짧아지고 말하고자 하는 시적 내용은 응축되면서 직설적이 된다. 거기에서 조정권의 시는 멈추지 않는다.

무엇보다 조정권 시의 진면목은 연작시 「산정묘지」(같은 제명으로 시집을 1991, 민음사에서 간행)에서 알 수 있게 된다. 유종호는 그 시집의 시들을 '견인주의적 상상력의 시'[20]라고 말했거니와 「산정묘지」의 연작시는 시인의 밖에 존재하는 현상과 사물을 시인의 내면에서 사유로 갈무리한 그 극단의 편린들을 도도한 언어의 물결에 실어 펼쳐놓은 파노라마다.

「산정묘지」의 연작시들이 주는 신선한 충격은 언어를 다루는 시인의 장인적인 모습에만 있는 것이 아니다. 사유의 자유로운 실체는 불립문자이다. 그러나 그것이 왜 불이문자로 방편을 삼을 수밖에 없는가를 시적 실체로서 보여주고 있다. 『산정묘지』의 시편들은 짧은 형식이 아니다. 그 시들은 길고 언어의 장관을 이루면서 사색의 본 모습을 드러내준다.

지금까지 이른바 명상시라고 분류할 수 있는 대부분의 한국시들이 사유의 결과를 총체적이라 말할 수 있는 연역법적 진술에 기대고 있는데 대해 귀납적인 분석적 틀로 제시하고 있다.

시인이 생각한 사유의 편린을 언어에 설명적으로 실어 놓는 것이 기왕의 명상시들이 보여준 시의 틀이었다. 그래서 그 틀은 좁은 시적 공간이 되고 말았고 고답적인 아포리즘의 경향으로 흐르고 말았다. 「산정묘지」의 연작에서 조정권은 이 설명적인 연역적 발상에서 벗어난다. 사유의 편린들을 하나씩 정리하여 그것을 낱낱이 이미지로 전달하려 한다. 그 결과 설명

---

20) 유종호, 견인주의적 상상력의 시, 조정권시집 『산정묘지』 해설, 민음사, 1991

에서 벗어나면서 시적 공간을 넓혀 놓게 된다.

치열하게 천착했던 현상과 사물에 대한 사유의 극한은 언어에 담기면서 시인이 세계에 대해, 인간존재에 대해 그리고 순간과 영원에 대해 갖고 있는 화두가 이미지로 이어지면서 끝없이 펼쳐진다. 그래서 『산정묘지』의 시편들은 인간과 세계, 신과 영혼, 유한한 삶과 영원한 것에 대한 시인의 사유가 도도한 언어의 물결에 실려 파노라마가 된다.

여기에서 문자로 설 수 없는 깨달음의 체득이 문자를 방편으로 전달될 수밖에 없는 모습을 본다. 조정권의 시가 선시의 경계와 만나는 지점이다.

(3) 최동호의 시－시를 통한 증득(證得)과 증득의 시적표현

최동호의 시 세계를 살펴보기 위한 통로로 다음과 같은 그의 산문 구절을 먼저 살펴본다.

> 북소리를 쫓아 밀림을 헤멜 것이 아니라 인간의 마음 속에 잠재한 소리의 근원을 찾으라는 것이 옛 「우파니샤드」의 가르침이리라. 웅장한 산들의 신비에 매혹되는 것도 인간이고, 또 자신의 삶에 수많은 의문을 갖는 것도 인간이다. 방황하고 길을 잃는 것도 인간이다. 삶에 대한 매혹을 갖지 않는다면 인간에 대한 매혹도 없을 것이요, 시에 대한 매혹도 없을 것이다. 매혹은 정열이요 또한 의문이다. 끝내 길을 잃은 자도 있지만, 잃었던 길을 찾는 자도 있을 것이다.[21]

'인간의 마음 속에 잠재한 소리의 근원'과 '매혹' 그리고 '의문'이라는 것에 대한 사색이 담겨 있는 여행기의 일절이다. 오래도록 최동호는 히말리야를 중심으로 고행하면서 득도의 과정을 걸었던 싣달타를 네팔 일대의 여

---

21) 최동호, 「시적 신성성과 매혹－히말리야와 정글의 빗소리」, 시집 『공놀이하는 달마』＞민음사, 2002)에 수록된 산문

정(旅情)에서 줄곧 생각에서 떨쳐버리지 못하고 있었음을 이 산문은 말해 주고 있다.

시집 『공놀이하는 달마』(민음사, 2002)의 시편들은 이와 같은 사색의 과정을 통해 얻어진 소산이다. 그러므로 '마음 속에 잠재한 소리의 근원'이 이 시집 속의 시편들에서 '매혹'과 '의문'이라는 화두를 던지면서 언어와 만나고 있다. 사색을 통해 얻은 사유의 깊고 넓은 뜨락에서 매혹이라는 의욕과 의문이라는 화두를 통해 소리의 근원에 대한 해답을 얻고 있는 것이 시집 『공놀이하는 달마』로 이해하는 것은 그러므로 크게 무리한 것은 아닐 것이다.

> 동쪽으로 온 달마를 화두 삼아 삶의 껍질을 벗어보겠다고 마음 먹은 지 10여년의 세월이 지났다…달마의 공은 달마가 아니요, 달마 아닌 것도 아니다. 동산 위의 달덩이를 걸어차고 뒤돌아보지 않고 걸어가는 자는 누구인가.[22]

시집 『공놀이하는 달마』의 서문(책머리에)은 최동호의 이전의 시집 『아침책상』, 『딱따구리는 어디에 숨었는가』의 세계보다 더 한층 불가(佛家) 쪽으로 시적 세계가 발을 깊에 담그고 있음을 확실하게 말해 준다. 시집 『공놀이하는 달마』의 시들은 「달마는 왜 동쪽으로 왔는가」라는 부제를 단 연작시들이다.

주지하다시피 달마는 보리달마(菩提達磨)를 말한다. 중국 선종의 창시자―초조(初祖)가 바로 달마다. 9년간의 면벽좌선(面壁坐禪)을 통한 그의 깨달음이 선종의 기틀을 세우게 된 것이다. 시집 제명에서부터 시작하여 모든 시편들이 '달마'에 귀결되는 것은 최동호가 자신의 시편들은 달마로 수

---

22) 최동호, 3)의 시집 『공놀이하는 달마』, 책머리에, 부분

렴할 수 있는 선가적(禪家的) 사유에서 비롯되었음을 보다 확실하게 내보여 주고 있다. 그래서 '달마를 화두 삼아 삶의 껍질을 벗어보겠다'고 말한다. 들어내 놓고 자신의 시편들은 선가적 사유에서 시작하여 선가적 사유로 귀착된다고 선언하고 있는 셈이다.

최동호의 이러한 시 작업에 대한 불교적 입장에서의 다음과 같은 말을 주목할 필요가 있을 것이다.

> 선(禪)의 요체는 현묘불가사의하여 전제불기(全提不起)라 한다. 그래서 선장(禪匠)들은 선을 어떤 논리로 설명하지 않는다. 그들에게는 불범봉망(不犯鋒鋩)의 기용(機用)이 있다. 필요에 따라 양구(良久)하고, 불권방할(拂捲棒喝)하고 때로는 가불매조(呵佛罵祖)도 주저치 않는다. 그러한 기용 속에 공겁기전(空劫己前)의 면목이, 소식이, 거양(擧揚)이, 화두가, 법어가, 송(頌)이 있다.
> 최동호 시인은 선장들과는 다른 방법으로 선의 세계를 잘 보여주고 있다. 그의 시는 전기독로(全機獨露)한 해탈의 모습을 나타내고 있다. 석가세존이 꽃 한송이를 들어보이는 것 같다.[23]

'설악산인 무산'이 쓴 것이라고 기명된 글이다. 이 글의 필자는 최동호의 시가 선가에서 선장들과는 다른 방법으로 선의 세계를 제시하고 있음을 말해주고 있다. 선장들과의 다른 모습이란 깨달음의 세계에서 비롯된 불이문자가 최동호의 시라기 보다는 시의 세계 속에서 깨달음으로 나아간다는 의미가 더 돋보이는 세계라는 의미가 아닐까. 말하자면 깨달음을 표백하는 시적 세계라기보다는 시적 세계를 통해 깨달음으로 나아가려 한다는 의미로 해석할 수 있는 대목이다.

---

23) 설악산인 무산, 3)의 시집 『공놀이하는 달마』의 책 뒷면

막다른 계곡에 부딪혀 용틀임하는 거친 바람이
큰나무 둥치를 스러트릴 듯이 휘감다가, 칠성판에서
튀어오른 뼈다귀들 붙티 가라앉히는 소리 들리면

지척에서 대들보 갈라지는 소리 혼불이 빠져나가듯
하얗게 옹이진 나뭇결을 발라낸다 돌아누우면
무처럼 냉한 바람든 육신의 뼈마디가 헐거웁게 서걱댄다

大寂의 달빛 저편 어둑한 개울가의 돌무더기는
솜눈옷 갈아입고 묵상하는 아기 눈부처가 되었는데
無심의 마당에는 뒤꿈치에서 꼬리 달린 소소리바람이

달빛은 놓아두고 귀신 붙은 나뭇잎만 쓸어간다
해묵은 육신에 생의 불꽃을 피우려는 선방에선
황금사자가 넘나드는 칸 너머 문풍지 바르르 몸을 떤다
          ―「달빛선원의 황금사자―달마는 왜 동쪽으로 왔는가」 전문,
                      시집 『공놀이하는 달마』(민음사, 2002)에서

이 시의 주(注)에서 최동호는 '…새벽녘에 깬 나는 문밖의 달빛이 나뭇
잎을 쓸어 가는 소리와 늦게 잠든 이 시인의 숨소리를 갓 지은 선방의 깊
은 정적처럼 느끼며 황금사자의 환영을 보았다'라고 적고 있다. 황금사자의
환영―그것은 '달마를 화두 삼아 삶의 껍질을 벗어보겠다고 마음 먹은 지
10여년의 세월이 지'난 후 시를 통해 바라본 시인 최동호 깨달음의 세계는
아니었을까.

　위의 시는 깨달음의 세계를 표백하고 있지는 않다. 다만 깨달음으로 나
아가는 시인 자신이 세계와 그 세계 속에 놓인 사물을 하나씩 검증하면서
'황금사자'로 말할 수 있은 깨달음을 각성하는 과정을 적고 있을 뿐이다.

'설악산인 무산'이 말한 '전기독로한 해탈의 모습'을 확보하는 과정을 말해
주고 있을 뿐이다. 황금사자의 환영을 보면서 드디어 '석가세존이 꽃 한송
이를 들어보이는' 참뜻을 알게 되는 가섭처럼 염화시중(拈華示衆)의 의미
심장함을 시로서 알게 되는 단계로 접어들게 되는 것이다. 요컨대 최동호
는 시를 통해 증득(證得)으로 나아간다. 그래서 증득을 불이문자하는 선시
와의 경계에 최동호의 시는 자리하게 되는 것이다. 최동호의 시편들이 선가
의 선장들과는 다른 방법으로 선의 세계를 말한다고 할 수 있는 자리이다

빈 숲의 딱따구리 소리여
움직일 곳 바이 없구나

오막살이 집
구부린

벌레 한 마리
—「벌레—달마는 왜 동쪽으로 왔는가」 전문, 시집 『공놀이하는 달마』(민
음사, 2002)에서

'오막살이 집/ 구부린// 벌레 한 마리'는 최동호가 '마음 속 소리의 근원'
을 찾아 헤매면서 목격한 인간존재의 참모습이 아닐까. '빈 숲의 딱따구기
소리'가 움직일 곳 조차 없다고 전제했으므로 이 시는 삶의 껍질을 벗은
시인의 모습이 아니겠는가.

달마가 동쪽으로 왔듯이 최동호 또한 동쪽으로 갔다. 달마가 인도에서 중
국으로 와 寒山을 낳고 멈춘 후 14세기 후에 오늘 그 寒山으로부터 바쇼
까지 최동호가 걸어간 길이며 그 길이 바로 선(禪)의 자취이다. 달마의 뜻

이 寒山을 거쳐 바쇼에 이르러 사리처럼 응결된 꽃으로 피어난 것, 그리
고 이 꽃을 향한 등정이 최동호의 시이다.[24]

이성선의 이 말은 최동호의 시적 탐구에 대한 도정을 잘 말해준다. 달마
가 왜 동쪽으로 왔는가의 화두에서 한산으로 가서 바쇼로까지 나아간 최동
호의 시적 편력은 결국 시를 통한 증득의 흔적을 내보여주게 된다.

마른 나뭇가지 위에
까마귀가 내려 앉았다
가을의 해질녘

바쇼의 너무 알려진 위의 시구와 최동호의 '오막살이 집/ 구부린// 벌레
한 마리'의 구절을 대비해 본다면 이성선의 최동호 시에 대한 인식은 많은
부분 수긍이 될 수 있을 것이다. 소박한 서술적 분위기와 관계 없는 두 현
상을 비교하고 대조하는 바쇼의 시적 방법과 최동호의 방법이 많은 공통점
을 가지고 있음을 확인할 수 있기 때문이다.

달마의 증득방법—이입사행(二入四行)의 선법은 불립문자지만 선가의 깨
우침을 전법(傳法)하는 방편은 불이문자할 수밖에 없음을 한산시에서 읽고
그 시적 방법론을 바쇼로부터 인지한 것이 최동호의 시가 선시와의 경계에
선 모습은 아닐까.

2) 불립문자(不立文字)와 불이문자(不離文字)의 배반과 연결

고려 중기 지눌(知訥)의 조계종 개창 이후 그의 선(禪) 사상에 정신적
모태를 둔 혜심(慧諶)의 선시(禪詩)에서 한국 선시가 그 자리와 체계를 잡

---

24) 이성선, 3)의 시집 『공놀이하는 달마』의 책 뒷면

있다는 것은 널리 알려진 사실이다. 『선문염송(禪門拈頌)』은 혜심이 엮은 역대 선사문학(禪家文學)을 모은 선시집총서(禪詩集叢書)이다.

이 책의 서(序)에서 혜심은 선가문학에 대한 자신의 관심과 선이 문자를 버리지 않는(不外文字＝不離文字) 이유를 다음과 같이 설명한다.

세존, 가섭 이래로 대대로 이어서 등불이 끊어지지 않으며, 서로 비밀히 당부한 것으로 바로 전한 바를 삼았다. 바로 전하고 비밀히 당부한 것은 말이나 뜻을 갖추지 않은 것은 아니지만, 말이나 뜻으로 표현할 수는 없다. 그러므로 비록 가리키는 바가 있어도 문자를 세우지 않고, 마음을 마음으로 전했을 뿐이다. 그런데 일을 좋아하는 사람들이 굳이 그 자취를 기록하여 책에 실어 지금까지 전하니, 그 거친 자취는 귀중하게 여길 것이 아니다. 그러나 흐름을 찾아 올라가 그 근원을 얻고, 끝머리에 의거하여 근본을 아는 것도 무방하다. 본원을 얻은 사람은 만 가지로 분별해서 말하더라도 맞지 않는 것이 없고, 본원을 얻지 못한 사람은 말을 끊고 침묵을 지키더라도 미혹 아닌 것이 없다. 그러므로 여러 조사들은 문자를 버리지 않고, 자비를 아끼지 않으면서, 묻기도 하고, 들어보기도 하고, 대신하기도 하고, 읊거나 노래를 부르기도 하여, 심오한 이치를 드러내 후인에게 주었다.
(詳夫子世尊迦葉已來 代代相乘 燈燈無盡 遞相密付以爲正傳 其正傳密付之遞 非不該議 議不足以及 故雖有指陳 不立文字 以心傳心而已 好事者 强記其迹 載在方冊傳之至今 則其麤迹固不足貴也 然不妨尋流而得源 據末而知本乎 本源者 雖萬別而言之 未始不中也 不得乎此者 雖絕言而守之 未始不惑也 是以諸方尊宿不外文字 不悋慈悲 惑徵 惑拈 惑代 惑別 惑頌 發揚奧旨 以貽後人)[25]

말로써 분별하고 문자를 세워 나타내는 언설(言說)은 귀하다고 할 수 없

---

[25] 慧諶, 『禪門念頌序』에서

다고 했다. 그러나 본원(本源)을 얻은 사람은 만(萬) 가지로 분별해서 말해도 맞지 않는 것이 없다고 했다. 따라서 여러 조사(祖師)들은 문자를 버리지 않고 심오한 뜻을 펼쳐 뒷사람들에게 물려주었다고 했다. 이것은 선가문학의 존재 이유와 그 존재 가치를 말한 것이다.

마지막에는 선가문학의 종류라 할 수 있는 것들을 말했다. 징(徵=선문답), 염(拈=일화를 통한 예시), 대(代=비유를 통한 해명), 별(別=시비를 가리는 논의), 송(頌)과 가(歌=시 창작) 등이 그것이다.26)

이와 같이 선가문학은 말(言語)에 대한 불신−불립문자에 근거하고 있지만 말로써 설명할 수 없는 선의 뜻을 말로 나타내 보이는, 언어를 방편으로 하는 역설적 논리에 입각해 있다. 그것은 말로써 설명할 수 없는 비논리성, 불가해성의 초극적 사실에 대한 한 방편이라고 말할 수 있다. 여기서 불외문자 즉 불이문자로서의 선시의 근거가 마련된다.

선시의 존립 근거가 이 같은 사정에 놓인다면 한국 현대시가 불교적 사유를 적셔내는데 있어 이들과 어떤 경계에서 만나고 있는가는 매우 관심 깊은 사항이다. 한국 현대시가 언어를 통해 불교의 세계 혹은 깊은 불교적 진실을 표출하는 모습은 시인에 따라 편차가 있을 수밖에 없고 그 모습을 달리 하고 있다고 할 것이다.

오세영의 경우 그것은 서정적 변용으로, 조정권의 경우에는 방편으로서의 불이문자에 근거하여 줄기찬 언어의 표현으로, 최동호는 증득(證得)이라는 시 세계의 도달을 목표로 해서 시적 표출 자체를 선적 대상으로 삼는 특성을 볼 수가 있게 된다.

어느 경우에 있어서나 이 각각의 태도들은 선시(禪詩)와의 경계에서 불립문자(不立文字)인 불교적 사유의 궁극적 자리와 불이문자(不離文字) 혹은 불외문자(不外文字)인 시의 존립 근거와 서로 배반하면서 연결된다. 서

---

26) 조동일, 『韓國文學思想史試論』, 지식산업사, 1978, 95쪽 참조

로 연결 되는 자리를 그 경계－현대시와 선시의 경계라고 했을 때, 이것에 대한 한국 현대시의 새로운 의욕적 성찰이 살펴본 세 사람의 시인에 의해 더욱 확장될 수 있기를 기대하게 된다.

7. 함형수[27] －빗돌도 없는 시인

1) 문학적 초상

詩人의 생애를 복원하는 일은 그 시인의 詩解讀과 有關할 때 가치를 가지게 된다. 시인의 생애가 파란만장하고 그 다난한 족적 속에서 시인이 언어와 만나 그의 삶을 그 속에 刻印할 때 詩가 탄생되었다는 기본적인 입지점은 시인의 詩解讀에 언제나 긍정적으로 작용할 것이다. 포괄적 연대기(Chronicle compendium), 문학적 초상화(Literary portrait), 유기적 전기(Organic biography)로 리온 이들(Lion Edel)이 문학적 전기를 대별하고 그 각각의 형태에 비판적 접근을 시도[28]하면서도 결국은 작품과 창작자의 관계를 보다 세밀하고 완벽하게 이해하고 접근하는 것은, 창작자의 생애복원이 무시될 수 없다는 결론을 얻고 있음도 이 까닭에서 연유할 것이다. 말하자면 포괄적 연대기가 문학적 초상화로, 그래서 유기적 전기인 '비평적 전기'에로 확산 심화되어, 시 자체보다 더 가치 있고 확실한 것은 詩理解에 없다는 사실을 망각하지 않는 시인의 문학적 초상화가 시해독에 능동적이며 긍정적으로 작용되어야 할 것으로 파악해야 할 것이다.

짧은 생애, 식민지 시대의 말기를 젊음의 혈기 속에 살아야 한 궁핍했고

---

27) 咸亨洙(1916.함북 경성－1946) 『시인부락』(1936) 창립동인으로 활동시작. 『해바라기의 비명』 (유고집.문학과비평사, 1989))

28) Lion Edel, 『*Literature and Biography in Relations of Literary study*』, ed., James Thorpe, NewYork, MLA, 1967.참조

불우했던 시인 咸亨洙의 詩世界를 고찰하기 위해 그의 문학적 초상을 먼저 직조해 보는 까닭도 여기에 있다. 우선 가능한 그에 대한 기존의 기록들을 검토해 보기로 한다.

(가) 1916-'45. 함북 鏡城 출생. 1936年 中央佛敎專門學校 문과 중퇴. 그해 11월 『詩人部落』 동인이 되고, 「해바라기의 碑銘」 등 작품을 남겼다. 가난으로 학교를 중퇴한 뒤 노동자 숙소 등을 전전, 그 후 만주에서 소학교 訓導가 되었으나 만주 순회의 한 여배우와 동거생활을 하다 그녀가 도망, 해방직후 정신이상으로 북한에서 죽었다. 시집은 없고 약간의 시편들이 흩어져 있다.[29]

(나) 1916-'46. 함북 鏡城 출생. 혜화전문 졸업. 1936년 徐廷柱, 吳章煥 등과 함께 『詩人部落』을 통하여 「해바라기의 碑銘」, 「紅桃」 등을 발표함으로써 등단.[30]

(다) 1914-'46. 함북 鏡城 출생. 『詩人部落』 동인. …생활고로 중앙불교전문학교를 중퇴하고, 1939년에는 동아일보 신춘문예에 「마음」이 당선되기도 했다.[31]

(라) 1914-'46. 함북 鏡城 출생. 『詩人部落』 동인. 그 이전 함흥고보재학시절 학생운동에 가담, 학교를 퇴학당했고 중앙불교전문학교 입학, 거기서 徐廷柱, 金東里 등을 알게 되어 본격적으로 문학에 투신할 것을 결심했다. …그러나 생활에 쪼들려 불교전문 중퇴, 만주로 건너가 소학교 훈도 시험에 합격하고 圖們公立白鳳優級學校 교원으로 근무. 광복 후 북한에

---

29) 『韓國文學大事典』 敎育出版公社, 1981.
30) 『國語國文學事典』 新丘文化社, 1979.
31) 『韓國文學事典』 大韓民國藝術院, 1985.

서 생존해 있었으나 심한 정신착란증으로 시달리다가 사망했다.[32]

(마) 咸亨洙는 1916년 함북 경성에서 태어났다. 중앙불교전문학교 문과에 입학했으나 36년에 가난 때문에 이곳을 그만두고 11월에『詩人部落』동인이 되어「해바라기의 碑銘」등의 작품을 발표했다. 학교를 중퇴한 뒤 노동자 숙박소 등을 전전하다가 만주를 건너가 소학교 훈장이 된다. 이 무렵 만주에 순회공연차 온 여배우와 동거생활을 하였으나 그녀가 도망쳐 버리자 해방직후 정신이상이 생겨 30세를 일기로 북한에서 죽었다.[33]

(바) 1916 - '46. 함북 鏡城 출생. 경성고보와 惠化專門에서 수학.1936년 徐廷柱와 함께…詩誌『詩人部落』을 발간.[34]

(가)(나)(다)(라)(마)(바)의 기록들에서 공통되는 부분을 뽑아보면 咸亨洙는 ①함북 경성 출생이란 점과 ②1936년『詩人部落』동인으로 徐廷柱 등과 함께 詩作活動을 했으며 ③경제적인 사정이 매우 어려웠다는 점 등이다. 그 외의 사항들은 대체로 일치하고는 있지만 生沒年代가 공통되고 있지 않으며 수학한 학교의 교명에 상이점이 나타나고 있는 점 등이 두드러져 보인다.

우선 출생년도가 1914년((다)(라))과 1916년((가)(나)(마)(바))의 두 갈래로 나타나고 있다.

故 咸亨洙에게 나는 아직도 진 負債를 갚지 못하고 있다. …그의 生前의 나와의 情義로 봐서, 그의 魂은 누구의 손에서보다도 내 손에서 이것이 엮어져 나오기를 바라고 있는 줄을 나는 잘 안다.[35]

---

32) 文德守,『世界文藝大辭典』成文閣, 1975.
33) 金光林, 韓國現代詩文學大系 23,『咸亨洙·李漢稷 外』知識産業社, p.177
34) 鄭漢模,『韓國現代詩要覽』博英社, p.463.

앞의 (가)~(바)의 인용들에서 공통된 『詩人部落』 동인이며 사실상 그 동인을 주도했던 徐廷柱와 咸亨洙의 관계를 잘 알 수 있는 서정주의 회고다. 이것을 통해 누구보다 함형수 생전의 사항들에 精通해 있는 사람으로서는 서정주를 들 수 있다는 점이다.36) 그렇다면 서정주의 기술을 좀더 살펴볼 필요가 있다.

> … 내가 그를 처음 만난 것은 1935년 4월 개학때 中央佛敎專門學校(現在의 東國大學校)에서였는데, 그때 벌써 그는 四角帽 아래 물결치는 이 좋은 머리차림과 그 구레나룻을 말쑥이 깎아낸 턱을 가지고 있었고, 검정 세루의 양복 맨 밑엔 가벼운 山羊神의 것 같은 短靴에 太陽의 오렌지빛 양말을 드러내 놓고 있었다. 나이는 나보다 한 살 아래, 그때 열 아홉.37)

여기서 알 수 있는 것은 1935년 4월에 만났을 때 함형수의 나이 열 아홉이었다면 1916년 생으로 보아야 옳을 것이다. 그러나 서정주는 또다른 글 속에서는 "나이는 나보다 한 살 아래인 스물 살짜리로, 그도 나처럼 少年時節에……"38)로 기술하고 있다. 어느 쪽의 기술을 신빙 할 것인지에 관해서 단정할 수는 없다. 그러나 인용 (다)(라)의 1914년생이란 것은 합당하지 않음을 알 수 있게 된다. 1935년 당시 스물 살 이었다고 하더라도 1915년생이므로 1914년은 맞지 않기 때문이다. 또한 (마)들을 인용한 책의 함형수 연보에는 1914년생으로 기술하고 있어 그 해설에 해당하는 (마)글과 상이되고 있어 독자를 매우 혼란하게 만들고 있다. 아무튼 함형수의 출생년은 1915년이 아니면 1916년으로 압축될 수밖에 없게 된다. 문제를 동

---

35) 徐廷柱, 「咸亨洙의 追憶」, ≪現代文學≫ 1963년 2월호, pp.279-280.
36) 徐廷柱 全集 3卷의 회고록 속에는 徐廷柱와 咸亨洙의 일화들이 보다 상세하게 기록되어 있다.
37) 8)의 책, pp.280-281.
38) 9)의 책, p.176.

일한 사람이 기술할 때의 기억 혼란으로 일단 단정하고, 서정주의 출생연도를 살펴보면 해답은 자명해진다. 1915년이 서정주의 출생년이다. 그러므로 함형수의 출생은 1916년으로 확인된다. 따라서 (다)(라)의 기록은 오류로 단정해야 할 것이다.

다음은 사망한 때가 문제가 된다. (가)를 제외한 모든 기록들은 1946년을 사망년으로 하고 있다. 그러나 이 인용부분의 압도적인 우세에도 불구하고 다음의 서정주 회고는 함형수가 분명 1945년에 사망한 것을 확인시켜 준다.

> 그 亨洙가, 1941년 봄 고향으로 돌아온 뒤 소식을 모르다가 1945년 해방
> 되던 해 월남한 그곳 친구들한테 들으니, 실성을 하여 해방된던 해 南으로
> 간다고 기차의 기관차를 올라타다 떨어져 不歸의 客이 되었다고 한다.[39]

해방되던 해 월남한 사람은 분명1945년 월남한 사람을 말한다. 1945년 월남한 사람이 함형수의 죽음을 알렸다면 그는 함형수 죽음을 확인하고 월남한 사람이다.

따라서 실성했다는 그의 행적을 정신이상 혹은 정신착란 등의 기술로 표현할 수는 있다고 하더라도 그가 1946년에 운명했다는 것은 분명 바로 잡아져야 할 것이다.

咸亨洙가 1935년 中央佛敎專門學校에 입학했다는 사실은 앞서 살펴본 서정주의 글에서 분명히 확인할 수 있는 부분이다. 따라서 (나)(바)의 惠化專門 修學이란 잘못된 것이 자명해진다. 혜화전문이란 중앙불교전문학교가 그 前身이긴 하지만 그것은 함형수가 중앙불교전문학교를 그만둔 이후[40]

---

39) 8)의 책, p.285.
40) 惠化專門學校로 改稱된 것은 1940.6.19.일이다. 『東大七十年史』 참조

의 일에 속하므로 오류라고밖에 단정할 수 없게 된다.

한편 다음의 서정주 회고는 (라)의 함흥고보 재학의 사실이란 기록이 잘 못임을 확실히 해준다.

> …그러다가 그 아버지가 마지막 찾아온 것은 亨洙가 咸北京城高等普通 學校의 상급반 때였었는데, 그때는 이미 형수는 또 학생들 속의 민족주의 운동 지도자로 咸興인가의 감옥 속에 있을 때였다고 했다.41)

이 같은 기술은 咸亨洙가 경성고보 재학시 학생독립운동의 일원으로 활 동한 사실을 확인시켜 주며 (가)~(바)의 기록들에서 보게 되는 감옥에 투옥 된 사실 또한 확인하게 해준다.

> (사) 그의 학비로 오는 것은 매월 십육 원뿐, 이것은 꼭 밥값이 되는 돈이 었다. 어머니가 國境의 鏡城에 누이 하나와 사내동생 하나를 데불고 살면 서 두만강 다리를 건너 滿洲 圖們 땅으로 行商을 해 보내는 것이니, 받 아 쓰기도 싫다고 했다.42)

> (아) 아닌게아니라, 그의 계획대로 그의 난생 처음 쓰는 舞踊評은 『조선 일보』의 특집이 되기도 했다. ……그는 또 그의 『조선일보』의 무용평 이 후 무용을 주제로 하는 詩篇들로 相當篇數 만들어서 당시 『三千里』評 의 社長이었던 同鄕의 詩壇 선배 金東煥氏에게 주어 발표도 했다.43)

> (자) 이듬해 1936년에…… 나도 이때에 와선 自然이 학교도 그만두게 돼 있었지만, 亨洙 역시 저절로 치워 버리고 있었다.44)

---

41) 8)의 책, p.281.
42) 8)의 책, p.282.
43) 8)의 책, pp.282－283.

(차) 亨洙는 서울서 나하고 같이 『詩人部落』誌를 내다가 중단하고 곧
만주국으로 들어와서 小學敎師 시험을 치러, 그 일을 이때는 圖們에서
하고 있던 때였다. ……亨洙는 역시 예상대로 마음 든든한 한 채의 제
오두막도 없이 으스스한 헛간 같은 데에 셋방을 하나 빌어들어 홀어머니
와 누이동생 하나 사내동생 하나 모두 네 식구가 두껍지도 않은 이불 하
나를 의지해 새우잠을 자고, 깨어 일하고 있었다.45)

(카) 亨洙는 겨울방학이 되자, 龍井으로 나를 찾아와서 내 하숙에서 같이
한동안을 뒹굴고 지냈는데, 그동안 지낸 이야기를 들으니, 어디서 순회극
단이 하나 굴러 들어와서 거기 있던 어떤 여배우 하나하고 눈이 맞아 한
동안 동거생활을 해오다가 헤어졌다고 했다. ……그 여자는 그가 밤에 잠
든 틈을 타서 빠져나가 없어져 버렸다는 것이다.46)

이상 (사)~(카)까지의 긴 인용을 요약하면 1935년 4월 중앙불교전문학교
입학 후 咸亨洙의 행적이 일목요연해진다. 1936년에 함형수는 중앙불전을
중퇴하게 된다. 그것은 서정주가 (자)에서 말한 '저절로'라는 표현보다는
(사)가 말해주는 경제적인 궁핍이 더 이상 학업 지속을 영위할 수 없도록
한 것으로 판단해야 할 것이다. 1935년부터 1936년까지의 약 2년 동안 함
형수는 조선일보에 무용평을 쓰기도 했으며, 『詩人部落』 동인으로 詩作을
본격적으로 발표하기도 했다. 또한 金東煥이 발행하던 『三千里』에도 詩를
발표했다.47)

학교를 그만둔 후 곧(아마 1936년말에서 1937년초로 추측할 수 있다)
만주로 간 咸亨洙는 圖們의 公立普通學校 訓導가 되고 이 직업은 아마

---

44) 8)의 책, p.283.
45) 9)의 책, p.200.
46) 9)의 책, p.202.
47) ≪三千里≫에 발표한 詩는 모두 3편이다. 이것은 1937년 1월호에 게재되어 있다. 당시 잡
   지 인쇄 사정으로 보아, 그러나 사실상 이 시를 쓴 것은 1936년 말경이라 파악된다.

해방까지, 그가 유명을 달리하기 직전까지 가졌던 것으로 파악된다. 그곳에서의 생활 역시 (차)가 보여주는 대로 궁핍의 극이었음을 충분히 알 수 있게 된다. 한편 (카)가 보여주는 대로 그의 그곳에서의 동거생활은 그 대상이 유랑극단의 배우라는 점과 그녀가 몰래 달아났다는 사실 등으로 미루어 한층 함형수를 절망하게 했으리라 파악된다. 현재 파악될 수 있는 많지 않은 작품 중 대부분이 1936년 전후[48]에서 1940년까지로 마감되는 점은 물론, 1940년 이후 해방까지 일제 식민지 정책에도 연유하겠지만 그의 詩에 대한 열정이 생활의 무게와 멍에를 벗어나 개화하지 못했다는 추론을 가능하게 한다.

(차)에서 알 수 있는 대로 함형수의 가족관계는 누이동생과 사내 동생을 형제로 해서 어머니, 아버지 등 원래 모두 다섯 식구였던 것으로 파악된다.

> …그의 아버지는 청년시절부터의 不平客이요 放浪者로 亨洙를 낳아만 놓고는 만주로 시베리아로 헤매고 다니느라고 亨洙가 고등보통학교에 다닐 때까지 여러해 만에 한 번씩 다녀갈 뿐이었다고 했다.……아버지는 집에 돌아오자 오래잖아 그 아내와 사이에 충돌을 일으켜, 도끼로 내리쳐서 큰 상처를 입히고 亨洙가 있는 감옥으로 오게 되었다. 그러니 물론, 이 감옥엔 그의 아들이 먼저 들어와 있다는 걸 들어 알고 온 것이다. 그래 아버지는 감옥에 오자 이내 그 아들이 있는 데를 찾기 시작한 모양인데, 공교롭게도 이 방랑자는 또 곧 세상을 감옥 속에서 하직하게 되어 遺書로 밖에는 그 아들에게 하고 싶은 말을 못 전한 것이라고 했다.[49]

위의 기술에서 알 수 있는 것은 咸亨洙가 中央佛專에 입학하기 전 그의 부친은 옥사했다는 사실과 그 부친이 정상적인 생활을 하지 못했으며,

---

48) 1936년 이전인 1935년에 『東亞日報』와 『朝鮮日報』의 독자투고로 보이는 작품이 다수 발견된다.
49) 8)의 책, 182쪽.

그의 아내인 함형수의 어머니에게 몹시 포악했다는 점 등이다. 방랑벽과 포악성 그리고 생활적이지 못한 점은 곧바로 함형수 一家를 곤궁하게 한 가장 직접적 원인이었다는 판단을 가능하게 한다.

함형수에 관한 한 가장 정통한 기억을 갖고 있으며 그의 生前에 정신적 부채까지를 졌다고 고백하는 서정주의 회고를 중심으로 다른 여러 기록들과 보완하여 함형수의 이력―시인 함형수의 초상은 다음과 같이 정리될 수 있을 것이다.

① 1916년 함경북도 경성에서 방랑벽이 있고 아내에게 도끼를 휘둘러 상처를 낼 정도의 포악성을 가진 아버지 및 어머니 그리고 2남 1녀의 장남이자 맏이로 태어났다. 몹시 곤궁한 가계였다.

② 경성고등보통학교 상급반 시절 민족독립운동에 가담, 투옥되었다. 공교롭게 이 감옥에서 아내에게 저지른 행동으로 투옥된 그의 아버지가 獄死한다. 그 유서는 함형수가 갖고 있었지만 아무에게도 공개되지 않았다.

③ 1935년부터 『東亞日報』, 『朝鮮日報』에 詩가 게재되기 시작한다. 1935년 중앙불교전문학교에 입학, 같이 입학한 徐廷柱와 알게 되고 서정주를 통해 金東里와 交流한다.

④ 1936年 徐廷柱, 金達鎭, 金東里, 李成範 등과 『詩人部落』을 創刊, 2호까지 계속된 『시인부락』에 詩作을 발표한다.

⑤ 1936년말이 아니면 1937년초경 궁핍한 가정사정으로 中央佛專을 그만두고 만주 圖們으로 가 소학교 訓導 시험에 합격하여 소학교 교사가 된다. 그러나 남자동생과 여자동생 및 어머니와 함께 사는 생활은 여전히 집 한 채 마련 못한 궁핍의 극이었다.

⑥ 만주 도문에서 잠깐 동안 유랑극단의 배우와 동거생활을 하지만 곧 헤어진다. 함형수 몰래 그녀가 도망을 쳐버렸기 때문이다.

⑦ 1940年 『東亞日報』 신춘문예에 詩 「마음」이 당선된다.50)

⑧ 해방직후인 1945년 월남하는 열차에서 추락 사망하게 된다. 그때 이미 정신착란 증세가 있었다.

그러니까 咸亨洙는 1916년에서 1945년까지 29년 동안을 일기로 그의 생애를 마감한다. 그리고 그가 詩作을 시작한 것은 1935년부터다. 그러므로 그가 시를 쓴 기간은 불과 10년에 불과하다. 또한 1938년 이후는 만주에서 지냈으므로 그의 詩가 왕성히 발표된 근거를 우리는 파악하지 못할 수밖에 없다. 따라서 그의 작품들의 가치들을 그 詩解讀을 통해 추출하는 데 그의 이와 같은 문학적 이력인 초상이 긍정적으로 작용할 수 있을 것이다.

2) 시작품 목록

지금 파악할 수 있는 咸亨洙의 시작품의 모두를 아직까지 정리한 적은 없었다. 그것은 앞에서 서술되었듯이 그의 생애가 갖는 특수성이 무엇보다 큰 작용을 했기 때문일 것이다. 다음과 같은 판단은 따라서 이 같은 함형수의 詩의 모두를 관찰한 결과에서 얻어졌다기보다는 『시인부락』 창간호에 발표되어 이목을 집중시킨 「해바라기의 碑銘」에 초점을 맞추어 내려진 것이라고 보아야 할 것이다.

> 물론 그 이전에도(『詩人部落』 창간호 이전=인용자) 그의 작품이 활자화
> 된 일은 더러 있었다. 그러나 아직 그 질들은 미숙한 것이어서 덤을 붙여
> 도 거기에 수준급이라는 이름을 달 수는 없을 것이었다.[51]

그러나 이 같은 판단은 咸亨洙의 발표된 시작품 목록을 작성하고 그 하

---

50) 1939년 『東亞日報』 新春文藝 당선은 잘못이다. 文德守 編, 『世界文藝大事典』 成文閣, 482쪽, 「東亞日報 新春文藝 入選作家 作品一覽」 참조

51) 7)의 책, 463쪽.

나하나의 詩를 검증하면 상당히 선험적인 편견이란 느낌을 지울 수 없게 된다. 어떤 시인이든 그 시인의 모든 작품이 다 동일한 수준인 경우는 매우 드물다. 얼마만큼씩 수준의 편차가 있기 마련이기 때문에 시인의 대표작이 유독 인구에 회자되는 법이다. 앞서 인용한 글은 1935년 『朝鮮日報』에 발표한 「마음의 초불」을 그것도 전 9연의 詩中 처음 3연만을 가지고 1936년 「해바라기의 碑銘」에 비교하여 수준차가 극심함을 말하고 있다. 물론 「해바라기의 碑銘」보다는 훨씬 성취도가 얕은 것으로 공감될 수 있을 것이다. 그러나 같은 해에 『朝鮮日報』에 발표된 「車中 快走 스켓치」는 상당한 수준을 유지함을 보게 된다. 그러므로 요컨대 일차적으로 그의 발표된 시작품의 목록을 정리해 보는 일이야말로 이처럼 덜 알려진 작품이 많은, 요절한 시인의 경우에는 무엇보다 선행되어야 할 것이다.(앞의 숫자는 일련번호로서 별다른 의미 부여를 위해 붙여진 것은 아니다.)[52]

1) 마음의 斷片(東亞日報, 1935.1.25)

2) 손구락(東亞日報, 1935.2.5)

3) 담뇨(東亞日報, 1935.3.5)

4) 寸鐵集(東亞日報, 1935.3.5)

5) 마음의 초불(朝鮮日報, 1935.3.9)

6) 塑像(朝鮮日報, 1935.4.12)

7) 차중 쾌주 스켓치(朝鮮日報, 1935.8.2)

8) 九月의 詩(朝鮮日報, 1935.9.1)

9) 해바라기의 碑銘(詩人部落 1호, 1936.11)

10) 螢火(詩人部落 1호, 1936.11)

---

52) 목록 작성에는 『韓國現代詩人研究』(金容稷, 一志社), 『咸亨洙・李漢稷 外』(韓國現代時文學大系・23, 知識産業社) 등을 참고하고 『詩人部落』, 『三千里』, 『東亞日報』, 『朝鮮日報』 영인본 등을 이용하였다.

11) 紅桃(詩人部落 1호, 1936.11)

12) 그애(詩人部落 1호, 1936.11)

이상 10) 11) 12)는 「少年行抄」라 하여 『詩人部落』 2호에서는 「少年
行」이란 主題目 아래 副題가 붙는 형식으로 나타난다. 『시인부락』 1호에
서 각각 독립된 詩篇으로 했기 때문에 2호의 「少年行」도 각각 독립된 시
편으로 분류하는 것이 타당하다고 판단된다.

13) 무서운 밤

14) 조개비

15) 骸骨의 追憶

16) 回想의 房

17) 幽閉行

18) 소 있는 그림

19) 父親 後日譚

이상, 13)~19)는 ≪詩人部落≫ 2호(1936.12)에 「少年行」이란 主題目
下의 副題 詩들이다.

20) 高麗磁器頌(三千里, 1937.1)

21) 黃氏의 아리나리 曲(三千里, 1937.1)

22) 白衣詞(三千里, 1937.1)

이상, 20)~22)까지는 모두 인용 (아)와 관계되는 詩篇들이다. 이들 詩의
끝에는 모두 '爲舞踊'이란 말이 붙어 있다.

23) 마음(東亞日報, 1940.1.1.)

24) 家族

25) 化石의 고개

26) 개아미와 같이

27) 蝴蝶夢

28) 星夜

29) 求花行

30) 蜃氣樓

31) 橋上의 少女

32) 自轉車上의 少年

이상 24)~32)까지는 『한국현대시문학대계』(1986)에 수록된 것 중 1)~23)까지에서 볼 수 없는 작품들이다. 그리고 28)~32)까지는 「少年行」이란 제목의 副題에 해당하는 詩들이다. 1942년 10월에 간행된 金朝奎의 『在滿朝鮮詩人集』과 朴八陽의 『在滿詩人集』 속에 咸亨洙의 詩들이 몇 편 더 있을 것으로 파악되지만 이 두 책을 구할 수 없는 것은 안타까움이다. 그러나 함형수 개인의 詞華集이 아닌 점으로 미루어 그곳에 실린 시편들은 소수일 것이며, 이상 파악한 32편의 작품 경향에서 크게 벗어난 곳에 자리한다고 볼 수는 없는 일이다.

40여 편을 밑도는 咸亨洙의 詩目錄은 일견 초라하고 보잘 것 없는 것이라 판단할 수 있다. 그러나 詩의 세계를 그의 문학적 초상과 결부하여 파악하여, 보다 타당하게 양적 초라함이 질적인 것과 비례하는지를 점검하는 일이 필요할 것이다.

3)

(1) 닫힌 세계의 자의식

咸亨洙의 생애 復元, 즉 그 문학적 초상화에서 읽을 수 있었던 것은 그가 가난으로 유폐된 속에서 끝없이 자신을 응시하고 있었던 점이다. 그것은 시대적으로 일제말기에 해당하는 30년대 후반에 고등학교 학생 정도의 나이로 일제에 어떤 형태로든 항거의 몸짓을 보이는 데서 비롯된다. 식민지 시대의 항일투쟁사를 점검하면 咸亨洙가 경성고보 상급반 학생으로 일제경찰에 의해 투옥될 무렵은 기미독립운동의 여세가 거의 완벽하게 허물어지고 이른바 훼절자들에 의해 일제 강점이 합리화되던 시기이다. 이러한 시점에 약관의 몸으로 항거의 주동 인물이 될 수 있었던 것은, 그가 자신을 응시하고 사회를 응시하고 역사의 흐름을 꿰뚫어보는 시각이 매우 의미로운 것임을 방증해 주는 것이다. 그러나 그 같은 그의 對社會·역사적 시각은 어머니를 도끼로 상처내고 투옥되는 아버지를 가진 가정적 상황 속에서 매우 불안정한 것으로 흔들리게 된다. 그 흔들림은 행상으로 생계를 유지하며 자신을 비롯한 남자와 여자동생을 키우는 어머니에 대한 한없는 자기 유폐의 형태를 나타냈을 것이다. 어머니가 부쳐주는 돈을 고맙고 눈물나게 감사하는 것이 아니라, '싫다'라고 단정하는 言表는 그것을 여실히 말해주는 부분일 것이다. 또한 자신이 투옥된 감옥에서 옥사한 아버지의 유언을 몸에 간직하고 다녔다 함은 무엇을 뜻하는 것일까. 어머니에게 포악했던 아버지의 부성적 자세에 그러나 늘상 공감의 자락을 적셔 두고 있었음을 뜻한다. 그러므로 咸亨洙는 더욱 자신의 내적 세계를 닫아걸 수밖에 없게 되고 닫혀진 자신의 세계 속에 오만한 자의식의 언어들을 직조하려 했을 것이다. 「마음의 초불」은 그것이 아직 성숙한 단계에까지 미치지는 않았지만 이 같은 그의 자세를 잘 표현해 주고 있다고 말할 수 있을 것이다.

밤이 되면 밤마다 나의 마음 속
에 켜지는 조그만 초불이
있습니다.

어둠 속에서 꺼질듯 꺼질듯
나의 외로운 영혼을 빗처주는 히미한 불빗.

그는 나에게 한업시 깁픈 黙想을
가져오고
한업시 먼－나그네 길을 가
라칩니다.

그리고 고요히 하날까 그 어데
성그런 곳에까지 나를 인도합니다.

아－ 밤이 되어야 눈뜨는
가련한 이내 몸이여.

드디어 밝은 새벽이 차져올 때
나는 이 초불을 끄고 두 눈을 감어야 합니다.

눈부신 아침 太陽을－
그리고 복잡한 아침 거리를 보지 안키 위하여－

아－ 여명을 무서움떠는
새까만 이내 눈동자여.53)

---

53) 「마음의 초불」 全文, 1935.3.9 『朝鮮日報』 표기는 그대로 사용하였음. 이하 출전은 ＜詩作

‘눈부신 아침 태양’과 ‘복잡한 아침 거리를 보지 안키 위하여’ 촛불을 끄고 두눈을 감는 것은 자신을 유폐시키는 일에 다름 아니다. 촛불이 자신의 영혼을 비추어 주는 불빛이라고 한 것은 그 같은 닫혀지고 밀폐된 자신의 영역 속에 꼿꼿이 서 있는 자의식이다. 어둠과 촛불 그리고 영혼을 지키려는 자의식은 ‘여명에 무서움떠는’ 모습으로 현실 속에서는 나타나게 된다. 그러나 그 무서움은 자의식의 보다 강한 비호를 받을 때 다음과 같은 관념적 표현과 만나게 된다.

개아미들이 몬지길을 기어가는 것처럼
뜨거운 거리의 아스팔트 우에 사람은 넘쳐났으나
白氏의 한울에 太陽은 한 개의 붉은 쇳덩이처럼 空然하다.
악착한 市場과
大學室의 試驗管에 어두운 밤은 찾어와
제 各各의 內部에서 理論과 苦痛이 달렸다.
개꼬리와 쥐꼬리의 差異만치
一定한 法律과 一定한 流行은
一定한 生活에 象徵되고,
사람은 사람이요 憂鬱은 憂鬱에 不過한 것이냐?54)

사람과 개미를 동격으로 놓은 것은 유폐된 속의 자의식이 표출되는 바로 그 순간이다. 內部에 고통과 이론이 달린다는 극히 관념적 표현은 그러므로 그 이후의 행들과 유기적으로 환치시킨다면 결국 닫힌 세계의 자의식이 언어로 표출된 것이다.

그러나 「마음의 초불」, 「개아미와 같이」가 詩的 표현을 성숙시키려면

品目錄>에 있으므로 생략함.
54) 「개아미와 같이」 부분.

우선 그 관념적인 이미지 言表들과 詩語를 조탁하여 압축시켜야 할 것이다. 그것만으로도 부족하다. 그것이 표상들로 환치되고 이미지로 떠오르는 作詩의 妙가 있어야 할 것이다. 이 일을 감당 못한다면 咸亨洙의 詩는 안중에서 결코 제자리를 확립할 수가 없을 것이다. 그런데 咸亨洙는 이 일을 수행하고 있음을 간과해서는 안 된다.

> 밤새도록 비에 젖는 어두운 空間이 있는 것이었습니다.
> 부질없이 슲은 밤은 얼마나 슲은 밤이겠습니까.
> 조용히 눈을 감으면 가슴속에선 피묻은 한 마리의 蝴蝶이 퍼덕이고 있는
> 것이었습니다.[55]

'비에 젖는 어두운 空間'은 공간이란 추상적 대상을 '비'라는 시각 그리고 '젖는'이란 촉각을 대동시켜 청각까지를 포용하는 구체적 이미지로 환치된다. 그래서 2행의 관념적 진술은 전혀 관념이란 느낌으로 오지 않는다. 그것은 그리하여 3행의 '피묻은 한 마리 蝴蝶'이란 이미지로 급변하여 닫혀져 있는 내면의 어둠 속에 상처받는 자의식을 잘 드러내 주고 있다. 그러나 이 짧은 詩에서 감동이 탕감되는 것은 지나친 자기류의 고백적 패턴 때문이다. 그것은 지나친 축약에 의한 급박한 호흡 때문에 한없이 열려지는 內在律의 말이 공간을 닫아 버리고 말기 때문이다. 이것을 극복하여 함형수의 진수의 하나를 보여주는 것이 「家族」이다.

> 고기와 꽃과 보리이삭과 그 외 여러 가지 보배를
> 어머니는 깨어진 머리에 이고 걸어오셨다.
> 인제 어머니는 눈을 가슴속에다 박으셨다.

---

55) 「蝴蝶夢」全文.

눈물이 기쁨에서 오는 눈물이 자꼬만 흐른다.
휘황한 電燈 밑에서 누이는 밤마다
붉은알 푸른알 흰알 노-란 알을 굴리느라고 눈길이 異常하여졌다.
오늘 누이는 大理石 돌층계에서
競走練習을 한다.
돌층계 밑에 떨어져 있는
찢어진 찬송가와 때묻은 항케치
風車와 연과 팽이와 그리고 노래와 춤을
동생은 자꼬 만든다.
동생의 사랑은 샤기-르와 그리고 나와
어머니와 누이와 이외에도 기수없다.
동생은 해를 쳐다보고
웃는다. 웃는다.

　구체적인 사물, 그것을 객관적 상관물이라 할 수 있다. 고기, 꽃, 보리이
삭 등을 시작으로 어머니와 누이 그리고 동생들의 정황을 매우 정밀하게
그려주고 있다. 어머니가 눈을 가슴 속에 박으시는 기쁨의 묘사나 누이나
동생의 행동들은 그러나 咸亨洙가 스스로의 닫힌 세계 속에 자의식의 그늘
로 키워두고 있는 혈육들이다. 왜 동생은 해를 쳐다보고 웃는가. 함형수의
닫힌 세계가 환한 태양과 만나 순간적으로 혼돈되는 과정으로 파악해야 할
것이다. 요컨대 「家族」은 닫힌 세계의 자의식을 대상을 통해 이미지화는데
매우 탁월한 詩的 표현을 얻고 있다고 말할 수 있게 된다. 그래서 함형수
시세계의 일차적 검증은 '닫힌 세계의 자의식의 詩化'라고 말하게 된다.

　(2) 유년시절의 동경 그리고 관념
　「少年行」이라는 제목 아래 있는 「螢火」, 「그애」는 咸亨洙의 詩的　고

향이 언제나 유년시절에 연결되어 있음을 잘 나타내주는 詩들이다. 「少年
行」이라는 말 자체가 유년에로의 돌아감을 내포한다고 볼 수 있음도 또한
이 같은 생각의 타당함을 입증시켜 준다.

> 논두렁에 잠뱅이를 적시고 개울물에 발을 적시고 어두운 잔디밭을 조오그
> 만 가닥손을 취여든 채 少年은 그저 하눌만 쳐다보고 달렸다.
> 파아란 반딧불 그것은 움직이는 또다른 별이였다.[56]

어린 시절에로 향한 한없는 그리움은 결국 '별'이라는 표현을 얻게 되어
그것이 끝없는 동경임을 파악할 수 있게 된다.

> 내만 집 안에 있으면 그애는 배재밖 電信스대에 기댄체 종시 들어오질
> 못하였다. 바삐 바삐 쌔하연 운동복을 갈아입고 내가 웃방문으로 도망치는
> 것을 보고야 그애는 우리집에 들어갔다.
> 인제는 그애 갔을쯤할 때 내가 가만히 집으로 들어가 얼굴을 붉히고 어머
> 니에게 물으면 그애는 어머니가 권하는 고기도 안넣은 시라기 장물에 조
> 밥을 말어 맛있게 먹고 갔다고 한다.
> 오랜만에 한번씩 저의 어머니의 심부름으로 우리집에 오든 그애는 우리집
> 에 오는 것이 좋았나? 나뻣나?
> 퉁퉁한 얼굴에 말이 없든 애―그애의 일흠은 무에라고 불렀더라?[57]

유년시절 만났던 이성애의 그리움을 이렇게 구체적 정황을 통해서 드러
내주는 것은 분명 咸亨洙의 독특한 詩的 자질일 것이다. 「螢火」에게서나
「그애」에서 지나친 담백성, 정황만을 이미지화하는 시어의 선택 등은 그

---

56) 「螢火」全文.
57) 「그애」全文.

속에 정작 詩人이 담아야 하는 메시지가 공허해질 우려를 갖게 된다. 「무서운 밤」, 「조개비」, 「소 있는 그림」, 「星夜」, 「求花行」, 「蜃氣樓」, 「橋上의 少女」, 「自轉車上의 少年」 등이 모두 유년에의 동경을 이미지화시킴에 성공한 듯하면서 감동의 진폭을 넓게 뻗쳐주지 못하고 있음은 직관적인 현상의 대상화에 주력하여 시정신이 자리할 공간을 마련 못하고 있기 때문인 것으로 파악된다. 그래서 「車中 快走 스켓치」에서 두드러지게 보이는 것처럼 단편적인 정황의 심상화에 머물고 말게 된다. 유년시절의 동경이 그의 또 다른 시들이 갖고 있는 닫혀진 자의식의 세계와 만날 때 함형수는 관념의 세계를 지향하게 되는 것이다.

그 같은 관념은 이미지화의 진술의 두 형태로 나타나게 되는데 우선 이미지화의 경우를 살펴보기로 한다.

조-그만房안에갇힌채시꺼먼눈섭밑으로눈시울을異常하게번뜩이시며아버지는每日몬테크리스트라는길다-란小說을읽으셨다면-放浪의路程에서받은것은무서운疲勞와깨여진神經과그리고어두운追憶갈곳도맞을사람도인제는없었다.58)

咸亨洙와 그의 아버지에 대해서 이미 언급한 대로 함형수는 아버지의 그 각박했던 방랑과 좌절을 팽팽한 긴장 속에서 관념으로 뭉쳐 전달하려 한다. 그것은 어느 방랑자의 피폐한 모습이고 또 다른 탈출을 시도하는 방랑자의 갇힌 모습이며, 좌절의 막다른 골목에 주저앉는 모습이기도 하다. 이같은 소묘를 띄어쓰기를 완전 배제함으로 얻게 되는 內在律의 긴박감으로 전달하려 한다. 그것은 관념을 시의 말결, 즉 운율 속에 실어 보려는 시도이기도 하거니와 관념의 형태를 대상의 정황으로 이미지화하려는 것으

---

58) 「父新後日譚」全文.

로 파악할 수 있다. 그러나 지나친 압축은 지나친 설명만큼 짜증스런 긴장을 讀詩에서 갖게 하므로 결코 바람직한 것으로 볼 수는 없다.

찢어진문풍지로쏘아들어오는차디찬바람에남포ㅅ불은몇번이고으스러졌다가는다시살어나고. 어두운불빛아래少年은몇번이고눈을감고는蒼白한過去를그리고暗擔한未來를낳고부스려애썼다. 어지러운四壁은괴롭디괴로운沈黙속에잠기고. 半이나열려진채힘없는숨을쉬는어머니의입술. 少年의얼골은苦痛으로가득찼었고. 少年의두눈은殺氣를띠고빛났다. 아아하로ㅅ동안의고달픈勞動疲勞는그래도어머니에게不自然한熟睡를가져왔으며가엾은어머니의간난이는지금은시들어버린어머니의젖꼭지도잊어버리고귀여운꿈가운데서天眞한그얼골에기뻤든슬펐든일두나절의光景을쫓고있었다.[59]

가난 속에서 고통을 받으며 미래의 꿈을 결코 좌절시키지 않으려는 의지와 궁핍 속에서 한숨으로 잦아드는 어머니의 모습을 선명하게 떠올려준다. 그러나 이 같은 대상과 대상의 연결로 정황을 이미지로 잘 환치시키면서도 이 詩가 관념의 틀 속에 꽉 매여 있는 것은 유년기의 상황을 되돌아보는 그래서 의도적으로 그 상황을 객관화하려는데서 비롯된다. "光景을쫓고있었다"라는 정감 부재의 스케치는 잘 조립된 이미지를 시인의 정감과 연결시키지 못하고 아무렇게나 던져 버리는 결과가 되고 말았다. 여기에서부터 전혀 다른 관념의 진술화에로 함형수는 옮아간 듯하다. 그러나 그것은 오히려 詩語의 긴축을 흩트러 놓아 더욱 詩의 수준을 하강시키는 결과를 가져오게 된다.

무용평을 쓸 정도로 咸亨洙의 무용에 대한 관심은 결국 세 편의 「爲舞踊」이란 꼬리를 달고 나타나는데 그것은 무용이란 행동표현 예술을 오히려 언어로서 관념의 질서로 느슨하게 진술하고 말게 된다. 『三千里』 1937년

---

59) 「回想의 房」全文.

11월호에 실린 세 편의 詩 중 그러나 「黃氏의 아리나리 曲」은 오히려 관념을 배제하다 효과적 이미지를 얻은 격이 되었다. 결론으로 말한다면 함형수가 그의 詩 속에 유년시절 동경과 그리고 관념을 형상화한 의도는 「少年行」과 또 다른 시편들에서 확인하는 하나의 커다란 영역이다. 그러나 결코 이러한 세계의 시적 천착은 함형수 시에서 그것은 성공적이 못되었음을 말하지 않을 수 없게 된다. 『三千里』에 실린 무용과 관계된 3편의 시를 제시하며 이 같은 관념의 진술이 詩的으로 미숙하고 성공하지 못하고 있음을 그래서 확인해 보고자 한다.

高麗磁器頌

無限한 時間과 無邊한 空間속에
하나 움지길수없는 崇古한 네 位置.
거기에는 무거운 藝術의 蓄積이 있고
빛나는 藝術의 啓示가 있다.

사납지도 않고 연약하지도 않고
우중충 푸른 네 神秘로운 曲線.
거기에는 幽玄한 抑揚이 구비치고
아름다운비치 어리었다.

어둡지도 않고 밝지도 않고
우중충 푸른 네 不可思議한 色彩.
거기에는 高貴한 思念이 서리었고
不死의 靈氣가 어리었다.

旣邊한 空間과 旣邊한 時間속에
하나 뚜렷한 아름다운 네 立體.
거기에는 嚴肅한 統一이 잠겨있고
거창한 解決이 누어있다.

-「爲舞踊」

黃氏의 아리나리曲

놀란듯 쫓긴듯 黃氏의 江畔에
옹송그리는 優雅한 무리.
오오 높다라히 울지도   하고
검은 땅만 파헤치며
구슬피 코우름 운다.

노을진 핏빛 하늘에
貴로운 쌀 고추드러 사슴아
저므는 아니나리 江畔에
눈 나리감고 焦燥를 눌러라.

아아 江畔에 해는 깜박 저무렀다.
연약한 네 다리
작고만 구르지말고 사슴아
아득한 歷史의 흐름에 귀기우려라.

-「爲舞踊」
<註: 아리나리-鴨綠江의 古稱>

白衣詞

온갖 빛 온갖 서름 온갖 기쁨이
純白한 네우에 어리우나
오직 너는 고요한 觀念속에서
沈着한 思慮를 도리킬뿐.

샘물에 찢기우고 다듬이에 오르고
네 묵은 때를 씨처버릴제
일로 너는 다시 旣垢한 白色.
네 깨끗한 反省에 떤다.

오 무서운 混亂과 어둠 속에서
호올로 빛나는 高貴한 精神이여.
거기에는 靜肅한 禮節이 숨어있고
차디찬 觀照가 잠겨있다.

―「爲舞踊」

(3) 生命의 몸부림과 좌절

달힌 세계의 자의식을 「家族」을 통해 시적 수준으로 한 단계 높인 咸
亨洙의 시세계는 유년시절의 동경, 그리고 관념세계의 천착에서는 오히려
감동의 진폭을 좁혀주고 있다. 이 말은 관념의 이미지화와 진술에서 함형
수의 詩는 성공하지 못하고 있음을 의미해 준다는 뜻이다. 그러나 이 관념
세계의 이미지화의 실패를 함형수는 닫힌 세계의 자의식과 어우르는 어떤
세계―그것은 생명의 몸부림과 좌절의 평원이라 말할 수 있는 세계인데,
그것에서 참다운 그의 詩의 정수를 보여준다. 「해바라기의 碑銘」이 바로
이 점을 웅변하는 대표적 작품이다.

나의 무덤 앞에는 그 차거운 碑ㅅ돌을 세우지 말라.
나의 무덤 주위에는 그 노오란 해바라기를 심어 달라.
그리고 해바라기의 긴 줄거리 사이로 끝없난 보리밭을 보여달라.
노오란 해바라기는 늘 太陽같이 하던 華麗한 나의 사랑이라고 생각하라.
푸른 보리밭 사이로 하눌을 쏘는 노고지리가 있거든 아직도 나리오르는
나의 꿈이라고 생각하라.

—「靑年畵家 L을 爲하여」[60]

이 5행의 詩가 강렬하게 와닿는 것을 우선 詩語의 措辭에서 찾아야 할 것이다. '말라', '달라', '생각하라'는 명령형 어미가 주는 느낌은 경악이고 당혹감이며 강렬함이다. 그 강렬함은 시 속의 화자, 즉 퍼스나가 직접 독자에게 시인의 메시지를 확실하게 전달해 주게 된다. 다음 생각해야 할 것은 이것이 시인의 강렬한 몸부림의 표현이라는 점에 있다. 그것은 1행 무덤과 碑ㅅ돌, 2행 무덤과 해바라기, 3행 해바라기와 보리밭, 4행 해바라기와 사랑, 5행 보리밭과 노고지리의 이미지가 모두 생명의 몸부림과 유관한 대상이라는 점이다. 그것은 무덤이 죽음을 나타낸다는 것에서 유추된다. 그리고 그 죽음을 퍼스나는 아직 맞이하지 않고 실제로는 살아 있다는 점에서 연유한다. 살아서 죽은 후의 일을 명령하는 투로 다짐하는 것은 삶과 생명에의 강한 집착을 나타내며 그것은 생명에의 몸부림에 관한 함형수의 시적 표현이다. 더욱 이 같은 삶에의 집착이 죽음을 당하게 된다는 것은 결국 좌절을 의미하게 될 것이며 그 좌절이야말로 더욱 강한 생명의 몸부림으로 파악될 것이다.

「해바라기의 碑銘」이 이같이 강렬한 느낌 속에, 그 구체적 이미지인 해바라기, 보리밭, 노고지리 등의 객관적 상관물로 이어지게 함으로 해서 더

---

60) 「해바라기의 碑銘」 全文.

욱 탄력적이고 깊은 감동의 공간을 마련하게 된다. 말하자면 함형수는 생명의 약동을 죽음을 통해 말하고자 하며 그 죽음은 좌절임으로 하여 더 강한 생명의지를 역설적으로 독자가 감득하게 장치하는 것이다. 이러한 함형수 詩의 세계는 따라서 보들레르적인 관능성이나 니체적인 허무에로부터의 벗어남을 의지로 설정하는 것과는 많이 다른 자리에 있다. 죽음을 전제함으로 삶의 고귀함과 그 죽음을 극복하려는 몸부림을 그려주고 있기 때문이다. 물론 함형수가 짙은 관능성 어쩌면 질퍽거리는 죽음의 空洞 같은 데카당적인 요소를 그의 詩에서 전혀 갖지 않은 것은 아니다. 「骸骨의 追憶」같은 것은 그 점을 잘 인정해 주는 작품이다. 그러나 그것을 詩語의 措辭에서 극복시키고 죽음을 통해 생명의 강렬한 몸부림과 좌절을 표현하고 있는 것은 독특한 그의 시세계라 말하지 않을 수 없다.

4) 문학사적 문맥

40여 편을 넘어서지 못하는 작품의 양이 질적인 수준에 결정적인 역할을 할 수 없다는 사실을 지금까지의 논의에서 확인할 수 있다. 함형수 詩의 질적 수준은 따라서 그의 30년을 넘기지 못한 일대의 파란 많은 족적과 더불어 우리에게 많은 시사를 던져준다. 그것은 그가 단지 『詩人部落』 동인의 일원으로 「해바라기의 碑銘」 등의 佳編을 갖고 있는 시인으로서만의 인식에 반성의 계기를 제공해 준다.

우선 그의 대부분 작품을 장황하게 인용하고 분석하면서 알 수 있는 것은 그가 탁월한 이미지스트였다는 점이다. 1930년대 한국시문학사에서 金光均의 소위 이미지즘 詩가 언어 절제와 압축에 매우 등한하고 있는데 비해 그는 지나칠 정도의 언어 절제와 압축을 실행하고 있는 점이 그것이다. 「少年行」의 일편의 시어공간의 긴박감은 그 긴박감 때문에 오히려 역효과를 가져오는 경우도 있을 정도였다. 김광균의 느슨하고 산문적인 詩語들과 전혀 다른 자리에 함형수의 詩語가 자리함을 확인해야 할 것이다. 또 함형수의 이미지스트로서 탁월한 점은, 그가 상응되는 대상물을 이미지로 동원하는 객관적 상관물의 詩的 활용에 대단히 능하다는 점이다. 「家族」과 「해바라기의 碑銘」은 그것을 매우 정확하게 말해주는 성공적인 예가 될 것이다. 따라서 우리는 詩史的 문맥 속에 30년대 후반의 우수한 이미지스트로서 함형수를 조망해야 할 것이고 이미지즘 詩로서 그의 수준작들을 거론해야 하리라는 결론을 얻게 된다.

다음으로 함형수의 詩의 세계를, 단지 생명파로 분류되는 未堂의 30년대 후반시들과의 연장 속에서 생각하는 일에서 벗어나야 한다는 점이다. 30년대 후반의 생명파의 시세계를 2大別하는 분류 방법, 즉 보들레르적 성향의 徐廷柱, 니체적 성향인 허무와 의지의 柳致環의 세계에 분명 그들과는 다른 자리에서 생명의 몸부림과 좌절을 노래한 함형수의 세계를 병렬시켜야 할 것이다. 「家族」과 「해바라기의 碑銘」이 보여주는 세계야말로 닫힌 세계의 자의식이 강렬한 생명의지의 몸부림과 좌절을 극명하게 제시하고 있다고 파악하기 때문이다. 이렇게 될 때 양적 미약함을 극복하고 질적 수준 달성을 이룩한 함형수의 詩的 업적은 文學史의 문맥 속에서 한국시 문학사를 보다 기름지게 할 것이라 판단된다. 그때 29세를 일기로 궁핍과 억울함을 언어로 각인한 식민지 시대의 한 시인은, 한국시의 보다 나은 변화의 변수로서 확실한 위상으로 비판적 수용이 가능할 것이다.

8. 한국 전후시—언어에 담은 동족상잔

1) 범위의 문제

戰後라는 말은 한국에 있어서는 두 가지의 起點을 동시에 포괄하는 의미로 볼 수 있다. 그것은 2차대전의 종전을 의미하며 1945년 이후를 뜻하는 말이기도 하고, 그 5년 후에 발발된 6·25 이후를 일컫는 말이 되기도 한다. 그러므로 '韓國 戰後詩'라는 표현의 기점을 확실히 규정하는 일은 논의를 위한 가장 기본적인 사항에 속한다. 2차 대전의 종전을 일반적으로 한국의 입장에서는 해방 혹은 광복이라고 표현한다. 말하자면 그것은 일제 35년의 식민지 굴레로부터의 벗어남을 의미하고 빼앗겼던 주권을 되찾은 곳에 강한 의미를 부여한 것이다. 그러나 연합군에 의해 일본이 패배함으로써 미증유의 비극을 몰고 왔던 세기의 대전이 막을 내렸음은 세계사에 있어 확실히 일대사건이 아닐 수 없으며 이후의 문학적 질서에 결정적 영향을 주었음은 사실이다. 또한 그 5년 후에 한국에서 발발한 6·25는 일반적으로 한국동란으로 명명되는 한국민족의 동족상잔이다. 이 동족상잔은 가까스로 일본제국주의로부터 되찾은 한반도를 분단시켜 놓는 결과를 초래하였으며 식민주의자들의 착취로 피폐해진 국토를 또한번 전화의 잿더미로 만든 비극적인 사건이었다.

"3년 1개월간 계속된 6·25전쟁은 쌍방에서 약 150만 명의 사망자와 360만 명의 부상자를 내었다. 그리고 안으로는 민족분단을 더욱 확실히 하고 남북의 두 정권이 독재체제로 나아가게 하는 큰 계기가 되었으며, 밖으로는 동서의 냉전을 격화시키는 하나의 고비가 되었다. 또한 미국과 일본의 강화조약 및 미·일의 안전보장 체제를 재촉하는 결정적인 기회가 되었고 일본에게 전쟁경기를 가져다주어 그 고도성장을 위한 기초를 이루게 했으며, 일본의 재군비를 재촉하는 계기의 하나가 되었다."61)

따라서 한국시문학에 있어 해방을 기점으로 6·25발발 전까지에 있어서의 기간은 세계문학사의 맥락에서 말해지는 종전과는 그 의미에 얼마간의 편차가 있게 된다. 즉 한국시문학 혹은 한국문학사에 있어서 해방이후는 2차대전이 끝나고 그 황폐한 초토에서 새롭게 삶과 역사, 인간 존재의 근원적인 물음을 되씹으며 고뇌에 찬 성찰이 시작되는 그 출발점이 아니었다. 오히려 '해방'이란 언표가 지시하는 그대로 압박과 착취에서 벗어나고, '광복'의 의미가 말해주듯이 나라를 되찾은 기쁨과 환호의 순간이었다. 그래서 해방 공간으로 말해지는 기간 동안의 한국 시문학은 희망과 감동의 아포리즘이 지배하게 되며 좌우익으로 말해지는 문학외적인 이념의 갈등으로 점철된다.62)

6·25의 발발은 그같은 생각에 뼈아픈 성찰을 요구하는 매듭이 되었으며 휴전이란 이름의 일단 종전은 전쟁의 의미가 무엇이며 그 실체가 무엇인가를 분명하게 생체험하게 했다. 적어도 한국 시문학을 전제할 때 '戰後'는 6·25와 6·25의 휴전을 벗어나는 맥락에서는 결코 참다운 의미를 건져내기가 어려울 것이다. '한국 전후시'의 시간적 범위는 따라서 6·25전쟁 즉 한국전쟁과 그 맥을 같이한다고 파악해야 할 것이다.

'한국 전후시'의 시간적 범위를 이상과 같이 설정할 때 그 시기 동안의 작품수는 대단히 많은 양이 될 것이다. 특히 1955년 휴전 후 어느 시점까지를 전후의 막음으로 설정하느냐가 또한 문제가 될 것이다. 이 두 가지 점에 대해 논의의 편의를 위해 한정하는 까닭에 결국 '한국 전후시의 일고찰'의 '일고찰'로 축소될 수밖에 없는 원인이 되어 버리고 말게 된다. 6·25후의 10년간을 일반적으로 자유당 독재시절이라 이름할 수 있다. 그래서 1960년의 4·19는 이 같은 독재정권에 대항한 민권의 승리로 말해질 수

---

61) 姜萬吉, 『韓國現代史』 創作과批評社, 1984. 181쪽.
62) 鄭漢模 等, 『韓國文學史』 제8장 현대문학 후기, 1.시가문학편 643－654쪽 참조, 大韓民國藝術院, 1984.

있으며 민주주의에 대한 참다운 인식이 개화하기 시작한 시점으로 볼 수 있을 것이다.[63] 그러므로 4·19는 6·25로 지칭되는 전쟁의 일차적 마무리로 파악할 수 있게 된다. '韓國 戰後詩'의 戰後는 일단 1960년 4·19 이전까지로 범위 설정을 하는 까닭이 여기에 있다.

6·25를 치르면서 그 전란의 와중 속에서 활약한 시인들의 분포와 그들의 시적 업적을 다음과 같은 글에서 여실히 알 수 있게 된다.

전란이 일어났을 때 시인들 가운데 조지훈·서정주·이한직·박목월·김윤성·구상·이정호·박화목·서정태 등은 '문총구국회'를 조직하여 전란에 직접 참여하였다. 6·25 직후 조지훈은 격시「맹세」를 발표하였고, 모윤숙·김윤성·공중인은 서울 중앙방송국 마이크를 쥐고 격시를 낭독하였다. 유치환은 종군시집 『보병과 더불어』를 1951년 9월 발간함으로써 전쟁을 노래한 최초의 시집을 내놓았다. 전쟁시집으로는 조영암의 『屍山을 넘고 血海를 건너』도 나왔으며, 조지훈·박목월도 종군시인으로 활약하였다. 9·28 수복 후 시인의 명단에는 큰 변동이 있었다. 김억·김동환이 납북되고 정지용·김기림도 사라지고 좌익계 시인들도 다 월북해 버리고 말았다. 김영랑은 9월 28일 너무 일찍 거리에 나와 총탄에 의해 비명으로 갔다. 1·4 후퇴시에는 박남수·함윤수·장수철·양명문·김영삼 등의 시인들이 남하해 왔다.

1·4후퇴 후 3군별로 종군작가단이 새로 조직되어 시인으로는 육군에 구상·조영암·이덕진·장만영·유치환·정운삼·성기원·박인환·양명문 등이 소속되고, 공군에는 조지훈·박목월·이한직·김윤성·이상로가 참가하였다. 육군 종군작가단에서는 『戰線文學』을 발행하여 전쟁문학 작품의 발표기관이 되었고, 공군에서는 작가단의 기관지로 『코메트』를 발행하였다. 해군의 기관지 『해군』과 더불어 당시에는 이러한 기관지들도 시인들의 발표기관의 하나였다.

---

63) 1)의 책, 208−213쪽 참조

대구와 부산을 중심으로 생활의 근거가 없거나 불안정한 피난생활 속에서 그
래도 시인들은 시를 썼고 제한된 발표기관을 통해서 꾸준한 활약을 하였다.[64]

1950년에서부터 3년간 치렀던 전쟁의 와중은 詩人들로 하여금 조국과
민족에 대한 많은 생각들을 새롭게 인식시켜 주기도 했을 것이다. 그러나
그것이 전쟁의 와중 속에서 형상화된다는 것을 기대하기는 힘들다. 시가
언어를 통해 의식화된 내면을 드러낸다고 했을 때 그것의 의식화는 戰後
인 50년대 중반을 넘어서면서부터일 것이다. 이와 같은 판단은 '전후시'의
범위를 전란의 와중을 넘어서서 그것을 객관화하여 의식 속에 끌어들여 언
어로 직조해낸 대표적인 詩人群과의 만남에서 이뤄져야 할 것으로 판단하
게 한다. '대표적인 詩人群'이라고 했을 때 그 詩人과 詩의 선별은 엄밀히
말해서 주관성을 배제하기는 힘들다. 그러나 가능하면 그 같은 주관성을
극소화시킬 수 있는 선별의 잣대 혹은 그 같은 선별의 잣대로 편집된 사화
집을 만날 수 있다면 다행일 것이다. 1961년 10월에 간행된 『韓國戰後問
題詩集』[65]은 이 같은 요구에 어느 정도 충족감을 부여해 주고 있다고 파
악된다.

첫째, 이 시집은 당시 두 사람의 시인(柳致環·趙芝薰)과 두 사람의 평
론가(白鐵·李御寧)를 편집위원으로 하여 시인과 작품을 선발했다. 靑馬와
芝薰의 시세계와 그들의 시적 안목은 그들의 시적 업적과 특히 지훈의 『詩
의 原理』를 통해 충분히 설명될 수 있을 것이다. 또 白鐵의 감식안과 이
어령의 그것은 구세대와 신세대의 조화를 꾀할 수 있는 부분으로 파악할
수 있게 된다. 말하자면 보수적인 감수성과 첨예한 당대적 감수성이 상호
보완될 수 있는 여건을 가질 수 있었다는 말이 된다. 이 같은 유추는 그들

---

64) 2)의 책, 654-655쪽.
65) 『世界戰後文學全集』의 8卷으로 출간된 이 詩集은 4·6倍版의 크기로 白鐵·柳致環·趙
芝薰·李御寧을 편집위원으로 하여 新丘文化社에서 나왔다.

편집위원들의 다음과 같은 말에서 더욱 확인할 수 있게 된다.

> "…그러나 지금 우리는 戰後의 韓國詩를 통틀어 決算하고 그 업적을 추려낼 整理期에 들어서고 있는 것이다. 잡다한 수 많은 詩篇 가운데 그 목소리의 높고 낮은 音調를 가르고 그 언어의 어둡고 밝은 빛깔을 나누는 分別과 識別이 요구되고 있다. …그러므로 이 책을 엮는 데 있어서는 우선 그 人選에 최대한 신중성을 기하지 않으면 아니되었다. 數百의 시인들 가운데 한 世代의 흐름을 대표할 수 있는 史家의 曲筆처럼 위태로운 것이 될 것이다.
> 그러므로 이 책에 수록될 시인의 범위를 1945년부터 1960년 12월까지 15년 동안 詩壇에 데뷔하여 詩作活動을 해온 사람으로 정하였고 그 백여 시인을 다시 대상으로 편집위원들의 충분한 토의가 있었다. 만장일치로 결정을 못하고 상호 의견이 고르지 못하였을 때는 투표에 의해서 그를 결정하였다.[66]

둘째, 한 시집이 담을 수 있는 최대량의 시와 최대다수의 시인이 수록된 점에서도 그렇다. 33명의 시인의 총 469편의 시를 수록했다. 이것은 단권 시집으로 해방 후 최대의 것으로 파악된다.

끝으로 이 시집은 앞의 인용에 보이는 대로 '전후 한국시를 결산'하고 '정리'하려는 의도가 편집태도에 확연히 서 있다는 점이다. 그러므로 '한국 전후시'를 살피려는 의도와 적중되고 있다. 따라서 논의의 대상을 『韓國戰後問題詩集』의 詩篇에 국한하여 전개하고자 한다. 이 점이 가진 논의로서의 한계를 한계로서 인정할 때 '일고찰'의 의미가 드러날 것이다. 비록 '일고찰'일지라도 전후 한국시 흐름의 일단은 파악되리라고 믿는 까닭은 논의의 전개 속에서 설명이 될 것이다.

---

66) 5)의 책, 2−3쪽, 「이 책을 읽는 분에게」 부분.

수록 시인들의 시세계를 파악하는 일은 6·25에 詩的으로 어떻게 대응했느냐를 수렴할 수 있는 기초 작업이 된다. 또한 詩가 가진 속성의 하나인 永遠과의 交感－말을 바꾸면 원래부터 詩가 인간 영혼의 불변하는 부분과 관계한다는 전통적 시관에 많이 치우치고 있는 戰前의 시들이 어떻게 자리하고 있느냐를 살피는 일이기도 할 것이다.[67]

(1) 朴寅煥

그의 詩語는 치열성이 결여되어 있다. 이 말은 그가 전쟁을 경험하면서도 그것의 핵심을 꿰뚫어낼 만한 시정신과의 만남에 실패하고 있음을 드러내주는 것이 될 것이며 전쟁의 소용돌이를 극복하기에는 심약했었음을 말해주는 것이기도 하다.

> 그것은 분명히 어제의 것이다.
> 나와는 關聯이 없는 것이다.
> 우리들이 헤어질 때에
> 그것은 너무도 무정하였다.[68]

'壁'을 정의한 이 부분에서 그의 심약성을 확연히 읽을 수 있고 '壁'을 그가 경험했던 전쟁으로 환치해 놓는다면 전쟁에 대응했던 시정신의 일단을 읽을 수 있게 된다. 관련이 없다는 것은 회피며, 무정했다고 느끼는 것은 정감의 과다한 노출을 의미한다고 파악된다. 그의 詩語가 치열성을 결여하고 있다는 점을 「센치멘탈·쨔니」나 「木馬와 淑女」에서 충분히 감지할 수 있다.

---

67) 이러한 경향의 詩를 '純粹詩'라 하여 순수와 참여 논쟁을 불러오는 빌미가 되었다.
68) 「壁」 부분.

(가) 한잔의 술을 마시고
우리는 버지니아 울프의 生涯와
木馬를 타고 떠난 淑女의 옷자락을 이야기한다.

(나) 카푸리 섬의 園丁
파이프의 향기를 날려보내라
이브는 내 마음에 살고
나는 그림자를 잡는다.

　(가)는 「木馬와 淑女」, (나)는 「센치멘탈・쨔니」의 일절이다. 버지니아 울프, 카푸리 섬, 파이프, 이브라는 詩語들은 1930년대 이후의 한국적 모더니즘의 얼굴을 하면서 exoticism(이국정취)의 탈을 쓰고 있을 뿐이다. 전쟁에 대응하는 詩語의 본향을 생각해 보는 부분이다. 그것은 바로 치열성의 결여이며 애써 허무주의적 모습을 띠려는 시정신이다. 박인환은 그래서 6・25를 절망의 전형으로 파악하여 단지 그 속에 함몰될 따름이다. 그것을 그의 「어린 딸에게」는 극명하게 보여주고 있다.

　(2) 高 遠
　언어의 절약과 직제를 통해 전후의 사회적 대상에 적극적으로 대응하려는 의지를 보인다. 그러나 「템즈 江邊」, 「안개」 등에서 보이는 외국문물의 자기화한 이미지는 결국 시인의 관심이 나라 밖의 어느 곳을 떠돌고 있음을 나타낸다. 이 점은 전쟁의 상처를 인각한 「面會」에서도 그 모습을 내비치고 있다.

장군도 훈장도 초상화 함께 집어던지고
말썽많은 고집쟁이는

이렇게 초라한 품안에서
순하디순한 바보이고저 했더랍니다.

「面會」의 일절이다. '집어던지고'의 부분은 결국 「地中海를 건너며」의
다음 부분을 예비하기 위한 무엇으로 파악된다. 그것은 바로 전쟁의 현장
에서의 벗어남으로 해독되는 부분이다.

이윽고 교교한 달빛에
비눌치는 물결이 더욱 곱거든
바다야 우쭐우쭐
또하나 止揚을 청해오리.

(3) 高 銀 · 具滋雲 · 朴在森 · 李東柱 · 李元燮 · 李炯基

이들을 한 묶음으로 할 수 있는 것은 그들의 詩에서는 공통되게 6·25
의 그늘이 전혀 배제되어 있음이다. 물론 전쟁의 그늘이 배제되어 있는 시
편들이 또 있지만 그들과 다른 점은 이들이 언어의 장인으로서 그 진가를
충분히 시적으로 성취하고 있음이다.

하늘 아래, 손사래로
내 지은 옛을 가린다 해도,
다 아쉬운 바람귀 두려워 오니
어디만큼이뇨 노을을 사고,
그리하여 시름을 마치
비 긋는 숨으로 쉬듯
눈 감은 다음, 보아라,

이내 어릴적 저녁
무지개의 허리여.

—高 銀,「鄕愁」, 전문

꽃은
멀리서 바라는 것이리니,
섭섭함이 다하기 전에
너 雪梅 한 다발
늙은 가지에 피어도 좋으리.

—具滋雲,「梅」, 부분

고은과 구자운의 措辭法이 매우 일치하고 있음을 알 수 있다. 또한 그
들의 詩 속에서 전쟁의 상처는 전혀 배어 있지를 않다. 그들의 시속 세계
는 하염없는 그리움의 세계요 안존하는 관조의 영역이다. 그것은 전통적인
한국시의 영원한 것에의 바램이 그대로 표출된 것이라 할 수 있을 것이다.
박재삼·이동주·이원섭·이형기의 세계 역시 조금도 이에서 벗어나고 있
지 않다.

나의 길은
저승보다 머언 눈물.

나의 기다림은 또,
어리석은 永遠!?

서리먹은 하늘에
달이 영글어

시인이 생각하는 자리 207

泰山이 풀리는
외기러기 실울음.

어둠에서 다져지는
나의 신명은

바다가 아니면
차라리 비워둔 들녁.

—李東柱, 「恨」, 전문

맑게 사리라. 목마른 뜰악에
스스로 充滿하는 샘물 하나를
木蓮꽃.
창마다 불밝힌 먼 마을 어구에
너는 누워서 기다렸는 盡終日……

—李炯基, 「木蓮」 부분

  언어를 절제하여 가다듬고 대상에 대한 동양적 직관으로 영원 혹은 心底의 깊은 그리움의 성감대를 울리는 이들 세계는 6·25의 처참한 동족상잔과는 전혀 무관하다. 전후시에서의 이들 경향은 결국 『詩人部落』을 중심으로 한 生命派와 靑鹿派들의 세계를 충실히 계승하는 자리에 놓을 수 있을 것이다.

  ⑷ 具 常
  현실에 대응하는 치열한 시정신은 그의 詩가 동족상잔의 비극과 맞서서 그것을 극복하려는 민족애로 나타난다. 그 민족애는 '詩人이 너의 이름을

부를양이면/ 목이 멘다'의 탁월한 어법으로 조국을 사랑하는 시인 자신의
뜨거운 열기로 점증된다. 그의 連作인 「焦土의 詩」는 팽팽한 긴장감으로
시종 전장의 현장을 긴박있게 노래한다.

눈덩이가 구을듯이 커져만 가던
허접스런 因業들이랑
봄 여울에 씻은 듯 녹아나 흘러라.

榮辱의 해골마저 타버린
펴혜 위에다
이 봄에도, 우리 모다
목숨의 씨를 뿌리자.

하루 아침에
하늘 땅이야 꺼진다손
제사, 나를 어짤 것이냐……

내일의 열매야 기약지도
않으련만
運命과는 저울할 수도 없는
목숨의 큰 바램

우리의 復活을 증거하여
무덤 위에 필
알알의 목숨의 꽃씨를
즐거이 정성드려 뿌리자.

「焦土의 詩」(9)의 전문이다. 전후의 현실에 대응하는 시인의 자세는 당당하다 못해 건방지기조차 하다. 그러나 그 같은 의지의 시정신이 결국 '우리의 復活의 증거'하는 것이 아니겠는가고 파악하여진다. 말하자면 구상의 시편들에서 전후 현실과 대응하는 시정신의 치열함에 대한 한 극을 보게 된다. 그리고 그것은 좌절하지 않고 전쟁의 폐허 위에 부활하리라는 의지의 표상으로 전달되어지고 있다.

(5) 金冠植·朴喜璡

영원을 갈구하는 시인의 또 다른 모습을 김관식과 박희진에서 보게 된다. 김관식은 많은 부분 동양의 老莊思想과 관계하고 있다는 파악이 가능하다. 그러나 그는 결코 그곳에만 머물러 있지는 않는 것 같다. 때로는 불교의 세계를 넘보기도 하고 고대 신라의 세계에도 발을 들여놓으려고 한다.

우리나라에도 해와 같이 恍惚히 光明하던 時節이 있었다면 그것은 新羅.

아하 빛이여 눈이 시리다.
눈이 멀을까 눈을 뜨지 못하것네.

-「新羅素描」, 부분

신라에 관한 이 같은 맹목의 경사는 노장사상이나 불교사상에서의 기울어짐에 있어서도 별로 예외는 아니다. 말하자면 김관식은 그의 시세계를 동양적인 사상에 빗대어 그곳에 매달아보는 데서 그치고 있다. 그것은 그가 전후의 사회적 현실에 맹목하고 있는 것과 詩語의 압축과 가다듬음 즉 언어의 조탁에 무신경함과 통하고 있다. 박희진은 김관식보다는 불교사상에 푹 발을 담금다. 그리고 비교적 언어의 절제와 조탁에 신경을 쓰는 듯하지만 결과적으로는 대단히 무잡하고 난삽한 줄글의 이음에서 벗어나지

못하고 만다. 그러나 박희진은 전쟁의 현실을 자기화하려 한다. 다음의 「彌
阿里 墓地」의 일절은 그의 전쟁인식이 그의 시정신의 着地點인 불교사상
으로 흡입되어져 있음을 잘 보여준다.

한때, 戰爭이
이 墓地 옆을 스쳐간 적이 있다.
무지무지한 砲聲과 함께
불비를 뿜는
죽음의 使者처럼
달리는 戰車들이
阿鼻叫喚이
남기고 가는 것은
到處에 끔직한
地獄의 烙印이라,
눈뜨곤 못 볼
龜裂진 땅 위엔
鮮血이 흐르고,
무너진 地平線엔
不吉한 黑薔薇가
하늘을 덮어
세상은 영
다시 해를
못볼 듯싶더니만……

요컨대 김관식과 박희진의 공통점은 동양사상에 시정신의 뿌리를 둔다는
점에서 일치한다. 또한 그들이 詩語의 조탁을 등한히 하고 있어 줄글의 토
막진 행태로 시 형식을 감당할 수밖에 없도록 하고 있다.

(6) 金光林・金南祚・金潤成・朴成龍・朴暘均・朴泰鎭・鄭漢模・黃錦燦・柳呈

한국시의 전통적 세계를 알 수 있는 경향을 공통적인 바탕으로 하고 있다. 전통적인 한국시의 세계란 대상의 서정화에 있다. 대상을 서정화한다는 말은 대상에 대한 치열한 시인의 大現實的 의식을 들어내 버린다는 뜻이므로 그곳에 뼈아픈 전쟁의 상흔이 언어로 결집될 수는 없다. 그 같은 세계에는 시인 자아류의 고독과 구원과 정신의 고양된 상태만 앙금으로 가라앉아 있게 된다.

김남조, 정한모의 시세계가 더욱 고양되어 보이는 것은 그들이 대상삼고 있는 것이 자신으로부터 초월된 무엇이기 때문이다. 따라서 그들의 리리시즘이 참신한 것으로 파악되는 것은 영혼 혹은 영원에로 향한 자기구원의 자세를 견실하게 보여주기 때문이다. 물론 김광림에서 황금찬에 이르는 모든 사람들의 공통된 면은 바로 이 점으로 파악된다. 그것은 황폐화된 전화 속에서 그 폐허에 몸담고 있는 시인들의 또 다른 무엇에로의 갈구에서 비롯된 경향이라 보아진다. 따라서 이것은 전후시에서 두드러지게 많이 보이는 경향이라 할 수 있을 것이다.

(7) 金洙暎・申瞳集

김수영의 전후시는 언어의 남용과 역설을 통한 효과의 획득에 있었던 것으로 파악할 수 있다. 4·19를 넘어서서 그의 詩가 전쟁에 대한 객관의 눈을 지니면서 그것의 의미반추에 몰두하는 것과 비교해 보면 흥미로운 점을 발견할 수 있다. 이 같은 언어남용, 역설을 통한 효과획득을 모더니즘과 결부시킬 수 있을 것이다. 그러나 그는 모더니즘의 기법보다는 시 속에 그의 고뇌와 사유의 격렬함을 담으려고 한다.

瀑布는 곧은 絶壁을 무서운 기색도 없이 떨어진다.

規定할 수 없는 물결이
무엇을 向하여 떨어진다는 意味도 없이
季節과 晝夜를 가리지 않고
高邁한 精神처럼 쉴사이 없이 떨어진다.

金盞花도 人家도 보이지 않는 밤이 되면
瀑布는 곧은 소리를 내며 떨어진다.

곧은 소리는 곧은 소리이다
곧은 소리는 곧은
소리를 부른다.

‘곧은 소리’라는 반복은 그것이 운율과는 별 관계없이 반복되어 있다. 그
것은 분명 남용이라 할 만하다. 그러나 그 남용은 바로 역설을 통한 시인
자신의 메시지에 결부되어 있다. 요컨대 김수영의 전후시는 전쟁현실의 의
식적인 외면처럼 보이는 상태에서 언어를 쉼없이 자기와 대결시켜가는 모
습을 보여준다.

　신동집은 이와 정반대의 모습을 보여준다. 그의 시는 분명 가열된 시인
의 현실인식과 결부되어 있다. 그러나 그는 그 같은 언어를 그가 현실을
꿰뚫고 맞부딪치면서 대응하는 그 끝에서 얻게 된다.

목숨은 때문었나
절반은 흙이 된 빛깔
荒廢한 얼굴엔 表情이 없다.

나는 무한히 살고 싶더라

너랑 살아보고 싶더라
살아서 죽음보다 그리운 것이 되고 싶더라.

億萬 光年의 호흡을 거쳐
나의 목숨 안에 와 닿는
한 개의 별빛.
우리는 아직도 砲煙의 追憶 속에서

없어진 이름들을 부르고 있다.
따뜻이 體溫에 젖어든 이름들

─申瞳集, 「목숨」, 부분

'砲煙의 追憶 속에서/ 없어진 이름을 부르고 있다'의 가열성은 신동집의 확고한 현실인식에서 비롯된 시어와의 만남일 것이다.

(8) 金宗文 · 金宗三 · 成贊慶 · 趙鄕

한꺼번에 이들 시의 특질을 모더니즘으로 묶기에는 무리가 있다. 그러나 김종문 · 김종삼이 보여주는 이미지를 소박한 한국어에서 구축하려는 시도, 긴 호흡과 형이상학적 언어의 조립으로 그것을 획득하려는 성찬경의 노력, 후반기 동인의 기수로 도착된 다다이즘적 발상과 외래어의 현학적 취미에서 이미지를 획득하려고 하는 조향의 안간힘은 그것이 기왕의 한국시에서 시도된 언어의 절망에서 비롯되었다고 파악할 때 넓게는 함께 묶을 수 있을 것이다. 이같은 모더니즘의 경향은 폐허의 전장에서 언어에 절망한 시인들의 눈뜸에서 비롯된 것으로 생각할 수 있다. 그러나 6 · 25를 매개로 쏟아져 들어온 박래품적 이국정취와 1차대전 이후의 다다이즘과 쉬르레알리슴의 한국적 포즈잡기라고 타매할 수도 있다는 점에서 벗어날 수 없을

것이다. 그것은 특히 조향의 詩語가 외국어 범벅으로 되어 있음에서 확인
되는 부분이다.

(9) 金春洙 · 趙炳華

쉬운 시로서 감동을 줄 수 있다는 것은 김춘수와 조병화가 전후시의 경
향에 새롭게 한 갈래를 만든 업적이라 할 수 있다. 그들은 자연을 노래한
청록파들과는 전혀 다른 대상을 선택하면서 그들의 시보다 훨씬 직접적으
로 전달되는 시어를 선택하는 탁월함을 보인다.

(가) 나는 시방 危險한 짐승이다
나의 손이 닿으면 너는
未知의 까마득한 어둠이 된다.

存在의 흔들리는 가지 끝에서
너는 이름도 없이
피었다 진다.

눈시울에 젖어드는 이 無名의 어둠에
追憶의 한 접시 불을 밝히고
나는 한밤내 운다.

나의 울음은 차츰 아닌밤 돌개바람이 되어
塔을 흔들다가
돌에까지 스미면 金이 될 것이다.

얼굴을 가리운 나의 新婦여.

(나) 바다엔
소라
저만이 외롭답니다.

허무한 희망에
몹시도 쓸쓸해지면
소라는 슬며시
물 속이 그립답니다.

해와 달이 지나갈수록
소라의 꿈도
바닷물에 굳어간답니다.

큰 바다기슭엔
온종일
소라
저만이 외롭답니다.

　(가)는 김춘수의 「꽃을 위한 序詩」 전문이고 (나)는 조병화의 「소라」 전문이다. (가)는 존재의 신비와 사물의 실존까지를 드러내 보여주는 시다. 그러나 그것이 평이하고, 쉽고, 이해될 수밖에 없는 언어들과 만나고 있으므로 난해할 리가 없다. (나)도 마찬가지다. 인간의 근원적인 고독과 헤맴에의 그리움을 평이한 시어 속에 영글어 놓고 있다. 그러나 그들이 전장의 현장을 치열하게 대면하여 그것을 이토록 평이하며 감동적으로 전할 수 없었음에 전후의 시대상황에 아무래도 철저히 대응했다고 할 수는 없을 것이다.

(10) 全榮慶

　그의 경우 시는 완전히 풍자를 위한 도구로 되어 있다. 형태상으로도 그의 詩는 연의 구별이 없는 非聯詩며 호흡이 길다. 그렇다고 산문시의 행태를 취하고 있는 것은 아니다. 그의 詩 詩行의 音步는 3·4 아니면 3·5조의 음수율을 가지면서 평균 4 내지 5음보다. 그것은 마치 판소리계 고대소설이 갖고 있는 음율과 흡사하다. 그러므로 행이 긴 長詩에 가깝지만 결코 지루하게 읽히지 않는다.

　　춘풍 추우 모진 계절 앞에서
　　인제 남은 것이 있다며는
　　인끼없는 생활과
　　축축히 이끼 낀 마음과
　　우리 모두의 설움과 아름다움에 대신하여

　아무렇게나 뽑아본 구절이다. 4~5音步를 한 행으로 입심 좋게 끌고 나간다. 그의 풍자가 어떤 종류인가는 詩題를 보면 곧 알게 된다.

　　봄騷動·優美館 近處·李木堂에게 보내는 覺書·인생이란 무엇인가 묻는 주책없는 靑年·四十年間·戲畵素描·姦淫·소녀는 배가 불룩했습니다·火田民

　요컨대 전영경은 6·25이후의 사회상을 시로서 떠올리려 했다. 전영경의 관심은 그러므로 전쟁 이후 사회상에 대한 통렬한 풍자일 수밖에 없었다. 따라서 그의 시는 풍자사설조에 머물 수 있게 된 것이다.

(11) 朴鳳宇·辛東門·閔在植·全鳳建

　박봉우는 자신의 현실인식을 전후 휴전상태에 고정시킨다. 신동문은 자신의 경험을 군대라는 상황 속에 포박시켜 그것을 정감화 하려한다. 민재식은 6·25의 발발, 조국의 분단을 속죄양 의식으로 증언하려 한다. 가장 치열하고 엄정한 모습을 보여주는 이들 세 사람의 시세계는 6·25라는 사건이 없었다면 건져낼 수 없는 부분이 되었을 것이다. 이 말은 그만큼 그들의 전쟁 대응이 시적으로 강렬하게 표출된다는 말의 또 다른 표현이다. 그러나 그들의 언어가 시어로서의 변용에 있어 색다름을 지니지 못하고 전통적인 데 비해 전봉건의 시어들은 투명하고 탄력적이다. 그러므로 그는 전쟁의 아픔을 아픔으로 설명하려 않고 그것을 아픔의 이미지로 제시하려 한다.

　　1955年. 그리고
　　나는 믿었다.
　　지금 戰爭의 <베트나므>의 불붙는
　　다릿목에서 부러진 人間의 핏방울을
　　떨치며 일어서는 한 잎
　　반짝인 풀잎사귀의
　　綠色을.

—全鳳建, 「장미의 의미」, 부분

　이 같은 전봉건의 시적 기교는 모더니즘의 수법에 근접하고 있다. 그러나 그는 그 같은 수법을 원용했을 뿐 모더니즘 그 자체에 탐닉하지는 않는다. 그러기에 그의 상처는 너무 컸고 너무 아팠으며 너무 억울했다.

　　薔薇는 나에게도
　　피었느냐고 당신의

편지가 왔을 때

五月에……나는 보았다. 彈痕에

이슬이 아롱지었다.

－全鳳建, 「장미의 의미」, 부분

장미와 탄흔 그리고 이슬－전봉건의 전쟁에 대응하는 시정신은 그러므로 시인의 심미의식 속에 용해되어 언어로 가다듬어짐으로 전쟁은 더욱 찬란하게 빛을 내며 뇌리에 아픔으로 퍼붓게 된다. 박봉우·신동문·민재식·전봉건은 그 시형태와 기법면에서는 편차를 보이지만 결국 6·25란 동족상잔의 비극을 격렬한 의식으로 언어로써 확인·증언하려는 점에서 일치하고 있다.

3) 마무리－전후 현실의 시적 대응

미증유의 민족비극인 6·25는 해방공간의 감격이 가시기 전에 덮쳐왔다. 이것에 대응한 시의 경향을 제한된 시집 속의 시인들에 국한하여 파악하는 일은 그 자체로서 한계점을 갖는다. 그러나 선별하고 분류하는 일이란 엄격한 의미에서 주관성을 벗어나지 못한다. 그렇기 때문에 언제나 불완전하다. 당시(1961년) 시단을 대표할 수 있는 원로 시인과 신구세대의 평론가들에 의해 비교적 객관성을 띤 『韓國戰後問題詩集』은 그러므로 전체를 조망할 수 있는 가능한 근거가 될 수 있을 것이다. 그들의 시세계를 上記한 시집에 국한하여 살펴본 것을 토대로 갈래매김을 한다면 그것은 바로 전후 한국 현실에 대한 시적 대응의 인자가 될 수 있을 것이다.

첫째, 패배의식에 젖어 허무주의의 모습을 띠고 있는 朴寅煥의 경향을 들 수 있을 것이다.

둘째, 전쟁의 현장에서 벗어나고자 하는 창백한 인텔리류의 근성을 보여주는 高 遠의 경향을 꼽을 수 있을 것이다.

셋째, 영원에로 손짓하는 전통적 한국시의 가치관에 귀속되면서 언어의 장인적 기능의 극대화—시어의 조탁에 성공하고 있는 高 銀·具滋雲·朴在森·李東柱·李元燮·李炯基를 모아 볼 수 있을 것이다.

넷째, 동양정신—노장, 불교 등의 사상에 침윤된 채 언어의 조잡한 무절제의 경향에 金冠植·朴喜璡을 떠올릴 수 있을 것이다.

다섯째, 치열한 전후의 현실대응 의미가 민족애로 확산되어 나타나는 具常의 경우.

여섯째, 金光林·金南祚·金潤成·朴成龍·朴暘均·朴泰鎭·鄭漢模·黃錦燦·柳 呈 들로 모아볼 수 있는 영혼으로 향한 자기 구원의 자세.

일곱째, 언어의 남용이 현실인식을 낳게 되고, 현실인식이 치열한 시어와 만나게 되는 양극의 순환구조 경향에 金洙暎과 申瞳集을 각각 들 수 있을 것이다.

여덟째, 전쟁에서 겪은 언어의 절망이 박래사조인 이국정취와 어울려 모더니즘의 탈을 쓰고 나타난 경향에 趙鄕·金宗文·金宗三·成贊慶을 거론할 수 있을 것이다.

아홉째, 쉬운 시로 황폐한 전후의 한국인에게 감동을 줄 수 있었던 경향에 金春洙·趙炳華를 들 수 있을 것이다.

열째, 전후 사회상을 풍자한 풍자시의 경향으로 全榮慶을 들 수 있고,

끝으로 동족상잔의 비극을 형태와 기법의 편차는 보이지만 언어로서 확인·증언하는 경향으로 朴鳳宇·辛東門·閔在植·全鳳建을 꼽을 수 있을 것이다.

이 같은 전후의 경향은 다른 각도에서는 ① 장시 또는 연작시가 많이 나타나게 되었으며, ② 모더니즘에 대한 진지한 비판과 반성이 있었고, ③ 시단의 신세대층의 형성으로[69] 보는 입장도 있다. 그러나 그것은 시작품에

의한 그것의 시적 대응의 입장이 아닌 것으로 판단된다.

열한 가지 정도의 경향에서 가열되고 치열한 시적인 전후현실에의 인식이 매우 희박한 것은 아직도 해방공간의 문학적 평가를 평가로서 극복 못한 때문으로 파악된다. 따라서 소위 인생파 혹은 생명파를 거쳐『靑鹿集』을 매개로 이월된 전통적인 한국시의 경향이 전후인 60년까지 지속되고 있었음을 알 수 있게 된다. 또한 60년대에 들어와 순수·참여에 대한 논쟁은 전후의 부족했던 현실인식에 대한 시정신의 갈망이란 측면에서 본다면 필연적 귀결이라 아니할 수 없게 된다.

문학사에서의 단절이란 있을 수도 없고 있어서도 안 된다. 암흑기(1940~1945)를 거쳐 해방공간의 문학(1945~1950)에 대한 정리, 전후문학에 대한 정리는 40년을 바라보는 6·25발발 후의 시점에서 매우 긴요하다고 파악된다. 공시적인 단계의 파악이 필연적으로는 통시적 정리의 단계 속에서 문학사의 줄기로 흡수·용해되어야 할 것이다. 그때 현재의 문학현상의 果에 대한 因의 정리, 즉 현재 문학현상의 인과관계는 일목요연하게 파악될 것이다. 그 같은 작업정리의 내일에 지금까지의 논의가 얼마나 긍정적으로 작용할지는 계속 '남는 문제'라 말하지 않을 수 없게 된다.

9. 김종길[70] - 엄숙함과 경건함과 품격 그리고 어조

1)

미당 서정주의 잘 알려진 시에 「국화 옆에서」가 있다. 미당은 시적 대상인 국화의 앞이나 뒤가 아닌 '옆'에 서서 대상을 관조한다. 옆이라는 위치

---

69) 2)의 책, 665 – 667쪽 참조
70) 金宗吉(1926.경북 안동 -) 본명 김치규. 경향신문 신춘문예로 등단(1947). 『성탄제』(삼애사, 1969) 『달맞이꽃』(민음사, 1997) 등 시집

는 대상을 바라보는 사람이 가장 마음 편한 자세로 그 대상을 관찰 할 수 있는 자리이기도 하다.

대상의 뒤에 서면 대상의 앞부분을 바라볼 수 없다. 삼라만상 대부분의 본질은 그 앞부분을 통해서 우리에게 구현된다. 대상의 앞면은 그 본질을 헤아리는 데 있어 반드시 바라보아야 할 부분이다. 특별한 경우가 아니라면 대상의 뒤에 서서 대상을 관찰하는 일은 대상의 본질을 헤아리는 데 있 대상의 앞에 서면 사람들은 엄숙해지게 마련이다. 우리가 불상을 향해 손을 모아 경건함을 표한다든가, 성호를 그으면서 기도하는 자리는 십자가의 정면이다. 대상의 옆이라는 위치는 대상의 앞부분은 물론 뒷모습도 바라보기에 가능한 자리다. 엄숙함이나 경건함을 갖지 않고 편안한 마음으로 대상을 하나하나 살펴볼 수 있는 자리이기도 하다.

미당은 국화의 옆에 서서 국화를 관찰한다. 그래서 사실은 국화의 모습만을 바라보는 것이 아니라 불교에서 말하는 緣起의 세계를 바라본다. 모든 것이 인연으로 만나고, 인연에 의해 생성된다는 사실을 통해 생명 탄생 그 본원의 자리를 불교적 통찰로 바라보고자 한다. 하나의 생명이 탄생하는 것은 인연에 의해 어렵고 고통스런 신산의 시간을 거친 연후에 가능함을 「국화 옆에서」는 말하고자 한다.

김종길의 작품에 「菊花 앞에서」가 있다. 김종길은 시적 대상인 국화를 옆과 뒤가 아닌 '앞'에 서서 바라보려 한다. 대상의 앞이라는 위치는 대상에 대한 경건함과 엄숙함이 수반되는 자리다. 김종길은 그 자리를 선택하여 시적 공간으로 삼는다. 대상을 마주하여 시인이 앞자리에 서는 것에서 김종길의 시적 태도를 촌탁할 수 있게 된다.

김종길의 시들은 언제나 시에서 말하고자 하는 모든 것들, 그가 시적 대상으로 하는 모든 것들에 대해 엄숙하고 경건한 자세를 취한다. 그것은 「菊花 앞에서」에서 '앞'이라는 대상에 대한 시인의 위치 선정이 적절한 시사

를 해주고 있다. 「菊花 옆에서」는 국화의 오상고절을 통해 지조와 절개를
말하면서 그것에 고개를 숙여 찬탄하는 내용이다.

한 떨기 菊花꽃이여.
너 앞에 지금 나는 할 말이 없다.

불붙던 쌀비아는
어느새 잿더미로 식어가고
플라타나스도 반 넘어 잎이 졌는데,

서릿발 싸늘한 이 아침을
홀로 늠름히 피어난 꽃이여,
너 앞에 지금 나는 목이 메인다.

한 떨기 국화꽃이여.
너를 아끼고 노래한 陶潛과 杜甫,
秋史와 滄江과 그리고 아 우리의 芝薰 ―

그들의 超俗과 憂愁와 靈感과 氣槪
그들이 사랑한 詩酒의 의미를 의젓이 묵시하는 꽃이여.

내 또한 詩와 술을 사랑하고
不義와 庸劣을 미워하건만,
내게는 돌아갈 田園도 流謫과 漂泊과 絕叫의 땅도 없어

다만 저 재로 사위어 가는 쌀비아 꽃밭과
잎지는 플라타나스의 빈 校庭을

온 아침 넋없이 바라보며

이 서릿발 속에서도 홀로 오히려 오만한,
한 떨기 菊花꽃 앞에
잠시 말을 잃고 목이 메일 뿐.

「菊花 앞에서」의 전문을 자세히 읽으면 시인이 대상인 국화의 앞에 서서 옷깃을 가다듬으며 경건하고 엄숙하게 고개 숙이는 자세를 쉽게 헤아릴 수 있게 된다. 도잠과 두보, 추사와 창강 그리고 지훈의 초속과 우수와 영감과 기개를 찾는 것은 대상인 국화에 대한 엄숙함과 경건함에서 비롯되는 소도구일 뿐이다. 그러나 이 소도구들은 읽는 사람을 긴장하게 만드는 動因이 된다.

이 긴장감은 대상을 중심으로 시인이 만든 시적 공간이 팽팽한 긴장감을 갖고 있는 것에 연유한다. 그것은 '잠시 말을 잃고 목이 메일 뿐'이라고 시인이 고백하는 것에서 보다 구체성을 띠게 된다. 요컨대 김종길의 시들은 「菊花 앞에서」가 보여주는 것처럼 시적 대상과 직면하여 그것에 대한 경건함과 엄숙성을 가지는 긴장감의 공간을 형성한다. 대상의 '옆'자리에 서서 대상을 보다 편안하고 자유스럽게 관찰하는 것이 아니다. 대상을 정면으로 응시하며 대상이 가진 본질과 핵심에 대해 시인 스스로 엄숙하고 경건함을 가지면서 극도의 긴장감을 견지한다.

「솔개—안동에서」에서는 이 점이 보다 더 뚜렷하게 나타난다. 이 작품의 전문은 다음과 같다.

병 없이 앓는,
안동댐 민속촌의 헛 제삿밥 같은,

그런 것들을 시랍시고 쓰지는 말자.

강 건너 臨淸閣 기왓골에는
아직도 북만주의 삭풍이 불고,
한낮에도 무시로 서리가 내린다.

진실은 따뜻한 아랫목이 아니라
성에 낀 창가에나 얼비치는 것.
선열한 陸史의 겨울 무지개!

유유히 날던 학 같은 건 없다.
얼음 박힌 山川에 불을 지피며
오늘도 타는 저녁 노을 속.

깃털을 곤두세우고
찬 바람 거스르는
솔개 한 마리.

'솔개'라는 대상과 마주하여 시인이 얼마나 긴장감을 가지고 있는가를
첫째 연의 마지막 구절은 여실히 보여준다. 얼음 박힌 산천에 불을 지필
수 있게 솔개의 맵고 세찬 기세와 그 공격성을, 그 강력한 힘을 가진 시를
이 시대는 요구하고 있음을 스스로에게 다짐한다. 시적 대상에 대한 엄숙
성과 경건함 그리고 이것들이 아우르면서 만드는 긴장된 시적 공간은 김종
길 시의 특성이다. 이 특성은 어디에서부터 온 것인가.
　동은 시인 김종길의 고향이다. 칠순을 넘은 노시인(김종길은 1926년 생
이다)의 고향은 한국 선비정신의 가장 구체적인 숨결을 상기도 지니고 있

는 고장이다. 유년기와 고향을 노래한 그의 시들에 보이는 바로 漢學에 대한 그의 소양과 漢詩에 대한 조예는 이러한 김종길의 고향과 무관하지 않은 것으로 보인다.

선비정신의 정통적인 덕목은 엄격함과 엄숙함 그리고 경건함과 품격이다. 그것은 한학과 한시 등과 함께 어울리면서 자연과 인간에 대한 한없는 외경감으로 말할 수 있게 된다.

김종길의 시에 보이는 엄격함과 엄숙함, 경건함과 품격은 이러한 선비정신 또는 한학과 한시에 발을 깊이 담그고 있는 그의 정신세계에서 비롯된 것은 아닐까. 1997년 연말에 펴낸 『달맞이꽃』(민음사) 「自序」에서 이 시집의 시들을 쓰는 데 있어 '무엇보다도 힘들었던 것은 다루는 대상과 적절한 거리를 두는 일이었다'고 김종길은 말하고 있다.

시적 대상과 일정한 거리를 두는 일은 무엇보다 시인이 대상에 대해 엄숙하고 객관적인 관점을 유지하고자 하는 데서 비롯된 것이다. 이 객관적인 거리는 달리 말한다면 대상을 '앞'에서 정면으로 파악하고자 함이라고 할 수도 있을 것이다. 대상의 본질을 꿰뚫어보고자 하는 그의 일관된 모습을 볼 수 있는 대목이기도 하다. 대상에 대해 일정간 거리를 유지함으로써 시인 자신의 편견과 지나친 자아류의 해석이 자리하지 못하게 스스로 긴장하는 모습을 볼 수 있게도 되는 부분이다.

시적 대상의 앞 자리는 대상의 본질을 파악하는 데 있어 보다 바람직한 위치일 수는 있지만 대상을 마음 편한 자세로 유유자적하게 관찰할 수 있는 자리는 아니다. 김종길 시의 엄숙함과 경건함 그리고 긴장감은 바로 시적 대상의 본질을 꿰뚫어 응시하려는 대상의 '앞'이라는 위치 선정에 있는 것으로 보인다. 그리고 그는 시적 대상에 대한 그러한 자신의 위치 선정으로 인해 긴장하고 시 속에 긴장감의 공간을 형성한다. 그것은 그의 정통적인 선비정신과 한학 그리고 한시에 경도한 정신세계와 무관하지 않는 것으로도 파악된다.

2)

　김종길의 시가 갖고 있는 특성의 또 하나는 선명한 이미지의 구축이다. 그것은 초기작품에서부터 최근의 작품에 이르기까지 일관된 흐름으로 지속되고 있다. 1927년 『경향신문』 신춘문예에 정지용의 심사로 입선된 「門」은 우리 민족의 역사적 상황을 상징하면서 매우 절절하고 치열하게 대상인 문을 정면에서 형상화한 작품이다.

　　흰 壁에는－
　　어렴히 해들 적마다 나뭇가지가 그림자 되어 떠오를 뿐이었다
　　그러한 靜謐이 千年이나 머물었다 한다.

　　丹靑은 年年이 빛을 잃어 두리기둥에는 틈이 생기고, 별과 바람이 쓰라리게 스며들었다. 그러나 험상궂어 가는 것이 서럽지 않았다.

　　기왓장마다 푸른 이끼가 앉고 歲月은 소리 없이 쌓였으나 門은 상기 닫혀진 채 멀리 지나가는 바람소리에 귀를 기울이는 밤이 있었다.

　　주춧돌 놓인 자리에 가을 풀은 우거졌어도 봄이면 돋아나는 푸른 싹이 살고, 그리고 한 그루 진분홍 꽃이 피는 나무가 자랐다.

　　유달리도 푸른 높은 하늘은 눈물과 함께 아득히 흘러간 별들이 총총히 돌아오고 사납던 비바람이 걷힌 낡은 처마 끝에 燦爛히 빛이 쏟아지는 새벽, 오래 닫혀진 門은 山川을 울리며 열리었다.
　　　　－그립던 旗ㅅ발이 눈뿌리에 사무치는 푸른 하늘이었다.

「門」의 전문이다. 흰 색, 단청의 울긋불긋한 색깔, 푸른 색, 진분홍 색등의 색깔이 주는 이미지가 연마다 이어지면서 시적 수사가 그것을 에워싼다. 오래되어 낡고 퇴색한 문에 대한 이러한 색깔의 배분은 대상인 '문'에 대한 확실한 위상을 시적 공간에 형성한다.

「孤高」라는 題名의 시가 있다. '孤高'라는 말은 얼마나 추상적인 단어인가. 이러한 시제의 시를 김종길은 北漢山의 백운대와 인수봉, 신록과 단풍, 장밋빛 등의 객관적 상관물로 구체화시키는 이미지를 만들어낸다.

호두나무 잎사귀만한 뜰과
호두나무 잎사귀만한 툇마루에
무수한 호두나무 잎사귀가 퍼어렇게 잠겨오는 酒店

－「酒店序章」에서

최대한 언어를 아끼면서 이만한 이미지를 구사하는 김종길의 시적 능력은 그가 만만찮은 시 이론의 소유자임을 문득 생각하게 해준다. 그가 직접 漢詩를 作詩하여 발표했음은 물론 영미시의 이론가임은 『詩論』, 『진실과 언어』, 『시에 대하여』, 『詩와 詩人들』 등의 시론집들을 통해 알 수 있다. 그가 영문학 교수였다는 사실, 에즈라 파운드나 T.S.엘리엇의 이미지즘 이론을 누구보다 소상히 체득하고 있다는 사실은 그의 시가 이미지에 보다 밀착하고 있음을 해명할 수 있는 열쇠가 될 수도 있을 것이다.

김종길의 시가 다만 이미지 그것에만 매달린다고 생각하는 것은 편견일 수 있다. 그의 시는 이미지뿐만 아니라 한국어가 갖고 있는 음악성에도 관심을 기울이고 있음을 「오칠조」, 「칠오조」 등의 작품에서 알 수 있게 된다. 김종길은 『현대시학』(1998.3)의 대담에서 이렇게 말하고 있다.

"저는 시의 요소를 네 가지로 설정한 바 있습니다.(……) 먼저, 시도 언어이므로 가장 기본적인 요소는 말뜻(言義)이라 할 수 있겠지요.(……) 둘째는 운율(리듬)이지요. 사실 우리말의 운율은 영어에서의 리듬만이 아니고, 멜로디 즉 말소리의 효과도 포함하고 있습니다. 셋째는 이미지, 넷째는 어조입니다. 크게 나누면 말을 말뜻과 말소리로 나눌 수 있을 텐데, 앞에서 말한 네 가지 요소 가운데 어의와 이미지는 말뜻에 기초를 두고 있습니다(이미지를 이루는 언어가 지시하는 개념에 대한 지식이 없으면 시는 이해가 안 됩니다. 무슨 뜻인지 모르는 말로 된 이미지는 이미지로 받아들여질 수가 없지요.) 한편 리듬은 말소리에 기초를 두고 있어요. 물론 리듬은 말뜻과도 관련이 있지만, 기본적으로는 말소리에 기초한 것입니다. 네 번째 요소로 든 어조도 중요한 것인데, 영미 시 이론에서도 깊이 다루어지진 않고 있습니다.(……) 어조는 한편으로는 말소리에 관계되면서, 한편으로는 말뜻에도 관계됩니다. 어조는 결국 말소리와 말뜻이라는 언어의 양 국면에 걸쳐 있습니다."

김종길의 시가 가진 엄숙성과 경건함 등은 그의 말을 빌리면 말뜻과 긴밀히 관계하고 있다고 할 것이다. 한국어의 음악성에 관한 그의 천착은 말소리와 관계한다고 할 수 있을 것이다. 그런 그가 영미 시 이론에서도 깊이 다루어지지 않았다고 파악하는 어조가 말소리와 말뜻의 양국면에 걸쳐서 관계하고 있다고 파악한 것에 주목할 필요가 있다.

그의 시가 지향하고자 하는 바를 그는 말뜻과 말소리 두 가지를 아우르는 곳에 설정한 것이라고 이해할 수 있는 부분이다. 「칠오조」와 「오칠조」 등의 작품이 보여주는 음악성에 「북어」, 「솔개」 등의 작품이 보여주는 의미를 융합하고자 한 것은 아닐까.

예성강 너머

연백들 마른 흙을
이른 봄 햇살 오늘도 덥히는가.

배천 온천장
가는 하얀 연기
시름겨웁게 오늘도 오르는가.

물 빠진 도랑
청회색 진흙 바닥
소금 실어온 작은 돛배 하나.

주인도 없이
때 묻은 황포 돛이
호박꽃처럼 시들어 누웠는가.

벼 한 사발과
바꾸던 굴 한 사발,
헛간 잿더미 그대로 뒷간이던.

송씨네 집의
두둑한 초가 지붕.
이른 봄 햇살 오늘도 덥히는가.

　5음절, 7음절, 5음절+7음절의 3행이 한 연을 이루고 그러한 여섯 개의
연이 모여 한 편의 시가 되고 있는 「오칠조」의 이 전문을 두고 이남호는
'분단 현실의 서글픔을 서정적으로 노래한 작품'으로 보고 있다. 안동이 고
향이면서 분단 현실 때문에 가지 못하는 황해도의 고향을 가상적으로 노래

하는 것은 바로 이 때문이라고 설명한다. 설득력을 가진 해석이라 판단된다.

그러나 무엇보다 이 思鄕詩는 한국어의 음악성을 추구하면서 거기에 시의 중요한 요소라고 김종길이 말하는 말뜻을 아우르고자 한 점이 보다 주목되어야 될 것이란 생각이다. 말소리와 말뜻을 아우르는, 말소리와 말뜻의 두 양상에 걸쳐 있는 어떤 자리 즉 그러한 어조를 지향하는 시인 김종길의 행보가 아닐까. 시집 『달맞이꽃』의 대부분 작품들이 단아한 격조의 형식미를 가지면서 시인의 메시지가 무엇보다 강하게 전달되는 이유가 여기에 있는 것은 아니겠는가.

3)

김종길의 시에는 이미 타계한 사람들, 친구와 지기에 관한 작품이 많다. 보다 정확하게는 그의 시 작품 전체에 차지하는 비중이 많다는 의미다. 「멀리서 온 瑞西醫師 메용 씨에게」, 「靑馬先生 追悼」, 「龜溪 할아버지」 등의 작품과 시집 『달맞이꽃』의 '明暗' 부분의 시편들은 사람에 대한 애틋함과 절절한 그리움을 오롯이 토로하고 있다. 김종길 시의 이러한 특성은 그의 시가 가진 엄숙함과 경건함 그리고 품격이라는 정신적 경향의 또 다른 한 켠이라고 파악할 수 있는 대목이다. 엄숙함과 경건함 그리고 품격이 선비정신의 고고함에서 비롯된 것이라면 그것은 분명 유교적 덕목과 관계한다. 유교적 덕목의 또 다른 한 모습은 愛人精神이다. 이른바 敬天愛人의 정신이 그것이다. 인간이 인간을 한없이 존경하고 사랑하는 일이란 우러러 하늘을 받드는, 우주를 받들어 모시는 사람의 참된 도리라고 유교적 덕목은 제시하고 있다.

김종길의 선비정신 속에는 인간에 대한 한없는 애정이 도사리고 있다. 그 애정은 얼핏 보기에 엄숙함과 경건함에 가리워져 있다. 품격을 가지면서 올곧은 자세로 우뚝 서 있을 때 차가움을 느끼게 되는 엄숙함과 경건함

그 휘장을 걷고 들여다보면 한없이 다사로운 인간에 대한 사랑으로 가득
차 있음을 그의 이러한 시편들은 단순할 정도로 직핍하고 있다.

생전에
땅 한평 가져보았는지
문패 한번 달고 살아보았는지?

광릉 식물원,
널찍한 마당가에
흰 화강암 두 덩이 포개놓고

굵직하게
이름 석 자,
詩 두 편 새겨넣고.

쑥스러워 한 번 히죽 웃고는,
차가운 겨울 햇살 속을
어디론가 사라져버린 그.

우리끼리 그 앞에서
사진 몇 장 찍고 왔다.

―「김종삼 詩碑를 제막하고」, 전문

작고한 김종삼에 대한 천진스러울 정도의 정감 표현은 끝 연에서 그 절
정을 이룬다. 우리끼리 사진 몇 장 찍었다는 그 간단한 말 속에는 고인에
대한 한없는 애정과 삶의 유한성과 허무감에 대한 농도 짙은 시인의 전언
이 숨어 있다. 시인의 헤아리기 힘든 깊이의 인간에 대한 사랑이 도사리고

있다. 김종길 시의 엄숙성과 경건성의 뒤켠에는 다정다감함과 사람에 대한 그리움과 사랑이 봄 여울 녹아흐르는 물처럼 쉼 없이 흐르고 있음을 그래서 확인할 수 있게 된다.

4)

김종길은 항상 시적 대상의 '앞'에 서 있다. 대상의 본질을 엄숙함과 경건함으로 파악하는 데 그 같은 위치는 적절하고 타당하다. 그러나 그 같은 위치는 대상을 보다 자유롭게 파악하는 데 있어서는 너무 긴장되고 힘든 자리다. 또한 유연함으로 대상의 모든 것을 조망하면서 여유 있게 대상으로 나아가기에는 너무 경직된 자리이기도 하다.

시 속에서 대상에 대한 이러한 긴장감과 엄숙함은 김종길의 시가 품격을 지니게 하는 데 적극적일 수가 있었다. 그 품격은 선비정신에서 비롯되는 것이면서 동시에 동양적이고 유교적인 덕목과 관계하고 있음을 간과할 수는 없다. 또한 그것은 그가 전공한 영미시의 이론 위에서 한국시의 자리를 새롭게 구축하려는 노력에서도 찾아볼 수가 있다.

그러나 그 긴장감은 오히려 시인으로 하여금 많은 시를 생산하는 데 걸림돌로 작용할 수도 있다. 긴장감이 없고 엄숙함과 경건함으로 품격을 지니지 아니한 '그런 것들을 시랍시고 쓰지는 말자'(「솔개」에서)라는 말 속에 한 편을 써도 시 같은 시를 써야 한다는 엄격성과 완벽성이 도사리고 있음을 우리는 알 수가 있다.

50년이 넘는 시력에 비해 김종길은 너무 과작의 시인이었다. 그가 과작의 시인일 수밖에 없는 연유가 이러한 사정에 있는 것은 아닌가. 그러나 과작의 시인이 좋은 시인이 아니라는 말은 아니다. 좋은 시인은 다작이든 과작이든 좋은 시를 쓰는 시인을 일컫는 말이다.

김종길의 시에는 긴장감이 있고 그의 시가 제공하는 공간에는 엄숙함과 경건함과 품격이 언제나 함께 자리하고 있다. 그런 의미에서 김종길의 시는 좋은 시다. 그러나 그의 시에서 좋은 시의 범주를 벗어나는 훌륭한 시에 대한 갈증을 느끼는 것은 무엇 때문인가.

대상을 정면에서만 바라보고자 하는 것에서 벗어나 대상을 옆과 뒤, 위와 아래 어느 곳에서든 자유분방하게 바라보면서 그가 가진 엄숙함과 경건함과 품격을 세계와 인간 그리고 우주와 삶을 성찰하는 하나의 방법, 체질이 아닌 하나의 방법으로 채택할 수는 없는가.

10. 안장현[71] — 전쟁 체험 세대의 실존

1) 절망을 극복하는 자리

영면(永眠)한 시인의 시는 영원히 살아남는다. 생명으로 살아 있는 시가 형성하는 세계는 시인의 생애를 더듬어 보면 더욱 명료하게 우리에게로 다가선다.

안장현 시인의 약전(略傳)을 그의 시전집 『빛의 소리』(시와시학사, 1997.5)에서 다시 발췌한다.

> 1928년 3월6일 경남 김해군 진영읍 하계리에서 아버지 안교영과 어머니 김상련의 3남으로 태어남. 어릴 때 두 형을 여의고 장남의 자리에 오르다. 네 살 무렵 마산으로 이사함. 마산 월영 유치원, 마산 완월공립심상소학교, 마산공립중학교를 거쳐 부산으로 이사함. 주경야독으로 낮에는 부산 동삼공립국민학교, 부산 봉래공립국민학교, 대동중학교에서 교원, 밤에는 동아대학 전분부, 동아대학 문리학부 문학과에서 국문학을 전공하여 1954

---

71) 安章鉉(1928.3.6.경남 진영 — 2003.서울) 시집 『어안도』(인간사, 1957)상재하면서 등단. 전집 『빛의 소리』(시와시학사, 1997)

년 졸업. 이후 일본 도쿄대학 철학과 이와사끼 다께오 교수로부터 20년
간 통신으로 철학을 지도 받다.

안장현 시인 자신이 작성한 것으로 보이는 이 약전에 의하면 그는 결코
유복한 환경에서 성장한 것이 아닌듯하다. 주경야독으로 낮에는 주로 초등
학교 강단에 서면서 야간대학에서 한국문학을 공부하였다고 한 것이 그것을
말해준다. 감수성이 예민했을 20대의 초반에 그는 스스로의 힘으로 대학에
서 공부한 것 같다. 20대 말에 첫 시집 『어안도』가 출간 된 것은 이 같은
그의 가난한 듯한 성장 환경과 연결할 때 많은 것을 생각하게 해준다.

더욱 그는 국권을 강탈 당했던 일제시대에 유소년기를 보내고 20대 초
반에 남북전쟁인 6.25를 맞았다. 그의 20대는 전쟁의 와중이었다. 가난했던
유소년기를 보내고 전쟁의 소용돌이 속에서 청년기를 보내게 된다. 국권상
실의 시대에 태어나 유소년기를 보내고 청년기에 전쟁을 맞이한 이 불우한
시대에 안장현 시인의 시는 싹을 틔우게 된다.

그러나 안장현의 시는 자신의 가난했던 생활의 음영을 시 속에 드리우
지 않는다. 유소년 시절 겪었던 국권상실에 대한 분노와 그 아픔도 드러내
지 않는다.

그가 언어로 싹을 틔운 첫 시집 『어안도』(인간사, 1957년)의 시편들은
비극적인 동존상잔의 전쟁에 갇혀버린 현실과 그 현실을 아프게 인식하는
몸부림으로 일관하고 있다. 전쟁은 비극이고 그 비극은 현실에서 살고 있
는 존재에 대한 치열한 실존적 인식이 되어 언어로 재현된다.

겨누는 것은
분명히 적이라는데
적이 아니라

그것은 나다

포탄은
터져 날라 갔는데
적의 심장을 뚫었다는데

죽은 놈도
자빠진 놈도
그것은 나다

―「전쟁」, 1시집 『어안도』, 전문

적과 아군의 구별이 없다는 6·25에 대한 시인의 인식은 이 전쟁이 동
존상잔이라는 것을 역설적인 시적수사로 강하게 나타낸다. 전쟁 자체에 대
한 혐오를 바탕으로 전쟁에 대한 투철한 성찰이 없이는 언표(言表)할 수
없는 사항이라는 사실을 알게 한다. 총을 겨누어 쓰러뜨린 적이 바로 나라
는 것은 전쟁의 소용돌이 속에 휘말려 있는 상황에서 현실적인 자아를 인
식하는 아픈 성찰이 동반되지 않고는 불가능하다.

안장현의 첫 시집 『어안도』는 이처럼 유소년기의 식민지 현실이나 경제적
인 어려움의 그 끝자리에서 출발한다. 그 끝자리에서 전쟁의 상황과 마주친
것이다. 시인은 전쟁의 상황에서 전쟁이 무엇인가를 생각하고, 전쟁의 상황
에서 인간이 무엇이고 자신은 무엇인가의 실존적 물음을 화두로 삼는다.

아편에 취한 전쟁이 나자빠진 골목마다 거리의 수인(囚人)들은 저마다의
걸음을 비뚤거리며 절정의 언덕 위를 올라가고 있었다. <골고다>의 영
(嶺)을 넘는 사형수의 노래는 만종(晚鐘)의 음향보다 더욱 울적하고 울분
에 젖어 마을을 넘어 바다로 내려 파도의 노염이 되곤 했다. 가난한 이웃

보다 무서운 세월과 더불어 주어진 상황을 깨물어 봐도 꼼짝도 하질 않는
壁壁壁壁 무거운 뉘우침과 원죄(原罪) 거기 나비의 밀화(密話)가 내일을
밀고 간다 층층을 오르나리면 아침보다 더 환한 약속이 있어 모두들 하늘
을 잊고 발을 씻는다. 진주 알알보다 더욱 간절한 비상(飛翔)—끝내 날
수 없는 비상이라면 한숨보다는 먼저 저렇게 터져나오는 분수를 닮아 고
갤 치켜 하늘을 보자

—「어안도(魚眼圖)」, 1시집 『어안도』, 앞부분

'진주 알알보다 더욱 간절한 비상'을 꿈꾸는 것은 전쟁의 현실에 시인이
그냥 주저앉지는 않겠다는 의지를 말하고 있다. '분수를 닮아 고갤 치켜 하
늘을 보자'라는 구절이 그것을 구체적으로 말하고 있다. 전쟁의 현실에 간
혀버린 수인(囚人)일지라도 결코 벽을 넘어 그것을 극복하겠다는 실존적
자아의 강한 대응의지를 시인의 시정신은 지향하고 있다.

현실을 인식하고 비극적 현실에 주저앉지 않겠다는 시정신은 시인이 화
두로 삼은 실존적 세계 인식이 패배주의를 뛰어 넘는 곳에 있음을 말해 준
다. 50년대 한국시의 주된 경향은 전쟁의 늪에 빠져 있었다. 이런 경향과
는 다른 곳에 안장현의 시가 자리하고 있음을 알게 하는 것이 「어안도」다.
전쟁의 늪에 빠져서 허우적거리고만 있지 않겠다는 의지가 안장현의 시정
신이다.

50년대의 한국시에서 참여시라고 말하는 것도 여러 갈래로 나누어서 정
리할 수 있다. 현실의 상황에 깊이 언어로 관여하면서 그것을 드러내 보여
주기만 하는 갈래와 그 상황을 비판, 풍자하면서 현실의 개조에 적극적으로
개입하려는 갈래, 그것을 극복하여 새로운 비전으로 끌고 가려는 갈래 등으
로 요약해 볼 수는 있을 것이다. 안장현의 시는 현실에 관여하면서 그것을
극복하여 새로운 비전으로 자아를 갱신하려는 쪽에 서 있다. 물론 그의 첫
시집 「어안도」에서 보여주는 그의 시는 분명 참여시의 의장을 하고 있다.

2) 사무치는 정한(情恨)의 샘물

둘째 시집 『내 가슴에 흐르는 샘』(정신사, 1960년)에 오면 안장현의 시는 첫 시집 『어안도』에서와는 다른 일면을 보여준다. 그것은 자아에 대한 실존적 인식이 전쟁의 상황을 벗어나면서 시인의 안쪽─대자적(對自的)인 곳에서 즉자적(卽自的)인 것으로 변모하는 모습을 보여준다. 첫 시집 「어안도」에서 3, 4편 정도로 미미하게 (「창변의 만가」, 「칠석에」 등) 보여주었던 정서적인 정감의 세계가 보다 심화되면서 사무치는 정한의 샘물이 내면으로 흐르는 세계를 구성한다.

　　슬픈 얘길랑 하지 마세요
　　인생에
　　전쟁에
　　그리고 시간에 지친 몸이랍니다

　　당신은 당신의 있는 것으로만
　　내 마음을 자리에 앉게 하세요
　　아무 것도 필요 없어요 나에겐

　　그러나 단 한가지만은 잊지 마세요
　　그것은 가슴 깊숙이 흐르는
　　사랑의 샘이랍니다
　　　　─「나에게 필요한 것은」, 2시집 『내 가슴에 흐르는 샘』, 뒷부분

시인 스스로 인생에 전쟁에 시간에 지친 몸이라고 고백하고 있다. 지친 몸이지만 '가슴 깊숙이 흐르는 사랑의 샘'을 결코 잊지 않는다고 한다.

그러나 시인의 치열한 현실에의 대응 촉각이 무디어진 것은 아니다. 오

히려 정감으로 그것을 감싸면서 내면으로 치열하게 사랑과 정한을 담아두려고 한다. 시집의 표제를 「내 마음에 흐는 샘」이라고 했듯이 그 샘은 사무치는 사랑에 대한 정한을 한 줄기로, 애끓는 그리움에로 향한 것이 또한 줄기를 이루면서 흐른다.

그리우면
풀밭에 누워
푸른 하늘의 흐름을 따라

머언 지펑이
노을에 타는 심정을
언제까지나
언제까지나

아예 잊어버리자고
마지막 사연을 적던 밤은
어느 싸늘한 해변의 그리움

물새가 날고
파도가 절벽을 핥곤 되돌아 서는
언저리에서
情아―
나는 그날의 차가운 너의 손목을
더듬어 본다

　―송도 해변에서
　　　　　　―「연정」, 2시집 「내 가슴에 흐르는 샘」, 전문

　전쟁의 와중에서 그 처절한 상황과 언어로 맞서 자아의 실존을 깊이 탐구하던 시인의 사랑 노래―애끓는 그리움에 대한 절절한 표백이다. 시인은, 그러나 뜨거운 정감의 강물에 몸을 담구어 놓지만은 않는다.

　'오늘은/ 모두들 고달픈 걸음/ 그러나 쉬어 넘고 갈 수 없는 언덕 위에/ 너는 세기의 증인처럼 거기 있으라'(「깃발」에서)라고 하면서, '죽음이 있다/ 주검이 운명을 비웃는다// 죽음이 없다/ 주검이 주검을 뜯고 있다// 살과 가죽과 뼈와 피를/ 빼앗긴 주검// 무거운 주검이 떠나간 공간에/ 무거운 침묵이 흐른다// 빈 쇠갈고리에 매달린/ 허(虛)―'(「정육점」, 전문)를 말한다. '가난한 시인이/ 빚쟁이에 쫓겨 돌아와 앉는 자리/ 또 한 장을 찢어/ 슬픈 3월을 기다려야지/ 원망 어린 눈망울로 너를 지키는/ 인간 죄수'(「달력」에서)라고 냉엄하고 정확하게 자아를 응시한다.

　그래서 '흐르는 것은 흐르고/ 남을 것은 남으려니/ 여기는 아직도 어두운 골목/ 나는 노래하리라 우리들/ 슬픈 사람의/ 가슴을'(「내 가슴에 흐르는 샘」에서)이라고 시인 자신의 시적 행로를 예비하기도 한다.

　3) 상징과 비유의 시적(詩的) 대응

　모래밭에 썼다
　두 줄의 시를

　태풍의 눈을 가진 바다
　조개껍질은 하늘이 부럽지 않다

　물결이 와서
　나와 나의 시를 빼앗아 갔지만

날개 잃은 갈매기는
생각다 지칠 것이다 잠들기 전에

바다는 살아 있건만
나는.

세 번째 시집 『모래 위의 시』(정신사, 1966년) 표제 작품의 전문이다.

모래밭에 시인이 쓴 두 줄의 시는 '태풍의 눈을 가진 바다/ 조개껍질은 하늘이 부럽지 않다'이다. 그런데 물결이 와서 지워버리고 간다. 날개 잃은 갈매기는 시인 자신이다. 그래서 바다는 출렁거리며 살아 있는데 시인 자신은 무엇인가라고 성찰하는 것이 이 시의 구조다.

60년대에 쓴 시를 모은 이 시집의 표제작은 안장현 시인의 60년대 시의 모습을 해독하는 하나의 열쇠다.

60년대에 접어들면서 시인은 전쟁이 지나간 자리에 군사정권이 들어서는 것을 목격한다. 4·19 학생의거에 의한 민주화의 혁명이 승리한 자리를 군화가 짓밟아 버린 이 암담한 역사적 아이러니를 시인은 결코 지나칠 수가 없다.

애당초 치열한 현실에의 대응의지를 가졌던 시정신은 마치 모래밭에 쓴 시와 다름없다고 인식한다. 태풍의 눈을 군사정권으로 본다면 조개껍질은 민중이고 결코 하늘을 부러워하지 않는 어떤 힘의 실체라고 시인은 생각한다.

그 바다는 시인의 시를 뭉개어 버리는 힘인데 시인의 힘인 시는 무엇이란 말인가라는 자조(自嘲)를 시인은 '모래 위의 시'라고 언표하고 있다. 그래서 살아 있는 바다의 힘=군사정권의 힘에 시인 자신은 과연 무엇인가라고 묻고 있다. 그러나 이 시는 강한 힘에 대해 시가 응전하는, 군사정권에 대한 시정신의 역설적 대응이다.

숨구멍

구멍

멍

숨구멍이 막힌 코리아

의 캄캄한 1964년에

이젠 아무것도

바랄 것도

믿을 것도

없는 세상에

될 대로 되라는 세상을

두 손을 담을 포킷도 없는 옷을 입고

무턱대고 걷다가 지치면

찬 밤하늘

밤하늘을 본다

별은

총총한데 말일세

우리의 별

코리아의 별은 없다네

웃음도

울음도

사라져 버린 황무지

—「1964년」, 3시집 『모래 위의 시』, 앞부분

한국의 별이 보이지 않는 '황무지'로 생각하는 시인의 현실인식에는 민주주의가 궤멸되고 군사정권이 연장되는 것에 대응하는 응전의식이 도사리고 있다. 「지금은」이라는 다음 시에서 시인은 모든 것이 잃고 있다고 절규하게 된다.

모든 것은 앓는다
지금은

그래서 사람들은 가고
그래서 사람들은 오고

앓지 않고는 벗길 수 없는
앓지 않고는 찾을 수 없는
앓지 않고는 터질 수 없는

그래서 사람들은 가고
그래서 사람들은 오고

모든 것은 앓는다
지금은

─「지금은」, 3시집 『모래 위에 쓴 시』, 전문

앓는다는 것은 무엇인가. 회복을 전제한 아픔이 아니던가. 아픔이라고 하지 않고 시인이 '앓는다'라고 말할 때 그것은 앓는 현실을 강하게 부각시키면서 회복이 반드시 온다는 확신을 표현하려 한 것이 아닐까.

안장현은 세 번째 시집에서 군사정권에 의해 말살되는 민주주의가 반드시 회생될 것이란 확신을 비유적으로 말하고자 한다. 서슬이 퍼런 억압의 현실에 대응하는 것은 비유적이거나 상징적 레토릭 이외의 방법이 가능하지 않다. 그 검열의 시대에─오히려 상징과 비유적인 시적표현을 통해 시인은 더욱 가열찬 현실에의 대응의지를 굳게 다진 것이다.

안장현은 이러한 비유적이고 상징적 방법으로 현실에 시적으로 응전하는 외에 관념적인 실존의 세계를 이미지로 직조한다. 「풍경 A」가 그 대표적인 작품이다.

연을 날리는 아들을
먼 기억처럼 지키고 섰는
아버지의 눈은
연줄을 따라간다
바람을 탄 연은
하나의 점으로 바뀐다
그것은 線이
비롯됨인가
끄트머린가
연이 아니라 아버지다
아버지가 아니라 아들이다
아들이 아니라 영원이다
다른 연이 하나 가까이 온다
드디어 X자로 관계를 맺곤 멀어진다
얼레의 실은 얼마 남지 않았다
얼굴은 始點을 보고
뒤로 달리는 연은 연이 아니라
神을 죽인 사람이다
줄은 끊어지고
연은 보이질 않는다
(모든 존재가 불타는 순간)
아버지도 아들도 없다
잔디풀 하나 솟아날 수 없는
허허한 땅과 하늘 만이다

—「풍경 A」, 3시집 『모래 위에 쓴 시』, 전문

비유적이며 상징적인 시적 표현으로 현실에 응전하면서 관념적 세계를 조성하는 시인은 이러한 암울한 60년대를 하나의 흐름으로 파악하려고 한다. 그래서,

가슴마다에
흐르는 노래가 있어
잃어버린 웃음이지만
잃어버린 사랑이지만
잃어버린 손목을 찾는 시간에
흐름은 또 얼마나 흘러갈 것인가

나의 슬픔이
너의 슬픔이
함께 할 수 없는 슬픔이
문을 밀치면
고달픈 영혼들의
멍든 가슴에
피는 굽이치건만
흐름은 또 얼마나 흘러갈 것인가
　　　　　　　－「흐름은 또 얼마나」, 3시집 『모래 위에 쓴 시』, 부분

안장현의 시세계는 60년대 3시집을 통해 비유와 상징 그리고 관념적 인식으로 암울한 현실에 응전하는 모습을 보여주고 있다. 그러나 그것을 '흐름'으로 파악하는 한 그의 시정신은 확신에 차 있다. 흘러가는 '흐름'은 반드시 가 버리고 말 것이라는 비전을 시인은 갖고 있다.

4) 지속(持續)·관조(觀照)·관념(觀念)

네 번째 안장현의 시집 「우리에게 한 줄기 빛이 있다면」(명지사, 1979
년)은 70년대에 쓴 시의 묶음이다. 50대에 접어든 시인의 시세계는 이전의
시집에서 보여준 시의 세계를 통합하고 있다.

이 말은 치열한 현실에의 시적 응전을 곰삭이면서 현실을 관조하고 자
신을 응시하는 성찰의 세계를 보여주고 있다는 것의 또 다른 표현이다. 응
전의 의지와 관념적인 사항을 아우르면서 세계를 한 발 물러서서 바라보려
는 관조의 모습을 보여 준다. 그러나 그 관조에는 언제나 무디어지지 않은
치열하고 날카로운 시정신의 날이 곤두 서 있다. 현실에 대한 치열한 응전
의 지속선상에 그것들은 있다.

*

우리에게 한 줄기 빛이 있다면
내 마음과 네 마음을 바꾸는 일이다

우리에게 한 줄기 빛이 있다면
내 눈과 네 눈을 바꾸는 일이다

우리에게 한 줄기 빛이 있다면
내 귀와 네 귀를 바꾸는 일이다.

−「우리에게 한 줄기 빛이 있다면」, 4시집

『우리에게 한 줄기 빛이 있다면』, 전문

**

숲 속의 아이들은
숲이 된다

새가 머문 자리
바람이 머문 자리
구름이 머문 자리

새도
바람도
구름도 떠났지만

아이들은
숲 속에서
새가 되고
바람이 되고
그늘이 된다
　　―「숲 속의 아이들」, 4시집 『우리에게 한 줄기 빛이 있다면』, 전문

***
잎을 흔들어 놓고 가버린 바람처럼
너는 갔다
그렇게 잠시 나를 흔들어 놓고

잊어버리자고 불러본 노래
사랑의 노래
아직은 익지 않은 열매처럼
마음 가장자리에
매달린 너
낙엽이 가지에서 버림을 받듯

가는 날엔
나도 가리라
나도 가리라 그렇게 가버린
바람처럼
　　　－「사랑의 노래」, 4시집 「우리에게 한 줄기 빛이 있다면」, 전문

　*의 작품이 관념적인 세계를, **의 작품은 세계를 관조하는 모습을, ***의 작품 세계는 조용히 자신의 내면을 응시하는 정감의 언저리를 읊고 있다. 「낚싯꾼」, 「난로 곁에서」, 「봄의 서곡」, 「사랑하는 고향 땅으로」, 「가을의 기도」, 「이 후회의 계절에」 등의 시들은 무엇보다 이 세 갈래의 세계를 아우르는 자리에 있다.

　네 번째 시집 『우리에게 한 줄기 빛이 있다면』의 시세계가 보다 연장되면서 심화되는 자리에 다섯 번째 시집 『보다 낮은 목소리로』의 시세계가 있다. 이순(耳順)에 접어든 시인 만년(晩年)의 시세계가 놓여 있다.

　시인은 병마와 싸우고 생활의 어려움과 맞서면서도 차분히 갈앉아 있다. 그러나 그 차분하게 가라앉아 있는 내면에는 용광로 같은 뜨거운 현실에의 응전의지가 조금도 사그라들지 않고 있음을 간과해서는 안 될 것이다.

보다 낮게
낮은 목소리로 말할 일을
어깨에 힘만 주고 말해 왔구나
나의 시는

하늘이 저렇게 가없이
높고 넓고 깊은 줄 모르고
세상을 살아왔구나

나의 시는

한 시어를 찾아
헤맨 지난날
지상의 나무만 읽곤
뿌리는 읽지 못했다
나의 시는

이제는
돌아와 등불을 켜자
옷깃 여미고

낮게, 보다 낮은 목소리로
겸허히
더듬거리자
나의 시는

보이질 않는 것은
언제나 아름답다
그 미지의 신비
기항지 없는 항해다
나의 시는

들녘엔 벌써 땅거미 지는
영혼의 속삭임
　　　　　－「보다 낮은 목소리로」, 5시집 「보다 낮은 목소리로」, 전문

낮은 목소리로 시를 '영혼의 속삭임'으로 쓰야겠다는 시인의 말은 세계를 관조하면서 세계의 진면목을 시적으로 성찰하자는 또 다른 표현이다. 그러나 '직장암 수술 받고/ 병상에 눕게 되었을 때/ 비로소 나를 볼 때는// 밟아도/ 밟아도/ 잔디풀처럼 죽지 않았으니// 오늘은 마음을 비우고/ 하얀 눈길을 따라/ 가뭇없이 사라진 구름처럼'(「나를 볼 때는」에서)에서 보듯이 잔디풀처럼 끈질기게 현실에의 응전 의지를 무디게 하지 않고 있음을 알 수 있게 된다.

5) 맺음말 - 시(詩)의 영생(永生)

안장현은 다섯권의 시집을 남겼다.

그 시집들은 대개 10년을 단위로 출간되었다. 시집은 50년대에서 시작하여 90년대 - 시인이 만년에 이르기면서까지 자신의 시세계를 연장시키면서 심화시키는 일관성을 보여준다. 그 핵심의 세계는 현실에 대한 강하고 치열한 언어적 응전이다. 그 응전은 때로 실존적 성찰을 데불고 관념적 모습을 띄기도 하고, 사무치는 정한의 세계를 내보이기도 하면서 연장되고 심화된다. 폭압의 군사정권 시대에는 상징과 비유를 동원하기도 하고 만년에는 삶의 지혜와 성찰에 의한 관조의 세계를 보여주기도 한다.

다섯 권의 시집을 통해 볼 수 있는 안장현의 시세계를 초기와 중기 그리고 후기로 나누어 볼 수도 있다. 첫 시집과 둘째 시집을 초기로, 세 번째 시집을 중기, 네 번째 시집과 다섯 번째 시집을 후기의 세계로 갈래지을 수 있을 것이다.

위에서 살펴본 바로 초기 안장현의 시세계는 비극의 6·25 - 동존상잔의 남북전쟁이란 현실에 시인이 치열하게 언어로 대응하면서 한편으로는 사무치는 정한을 담아내어 형상화한 그런 세계라고 할 수 있다.

중기의 시세계는 4·19의 실패와 군사정권의 등장과 관계하고 있다. 민주주의 말살과 폭압의 현실에 대해 상징과 비유의 수법으로 시적인 응전을 시도한 세계다. 한편으로는 실존주의에 바탕을 둔 자아와 세계 인식으로 관념의 색깔을 시에 채색하기도 하였다.

안장현의 후기 시세계는 강열한 현실에의 대응의지를 내면으로 감싸면서 관조의 자리에서 세계의 진면목을 시적으로 성찰하는 모습을 보여준다.

참여시와 순수시의 구분은 한 시절 한국시를 보는 주요한 관점의 하나였다. 사실 이 같은 분류는 언어가 인간과 현실을 떠나서 존재할 수 없다는 것을 확인하면 불필요한 것이라고도 할 수 있다. 사정이 어떠하든 기왕의 참여시와 순수시의 분류에 의하면 안정현의 시는 참여시의 갈래에 속한다.

참여시도 다양한 갈래로 분류할 수 있다. 부조리한 현실을 드러내어 폭로 풍자하고 비틀어 야유하는 것과 현실을 개조하려는 프로파간다적 포즈 그리고 현실의 상황을 인식하고 시정신으로 이를 언어로 극복하려는 치열한 대응의 모습 등이다.

안장현은 치열한 시정신으로 현실에 맞서서 그것을 극복하려는 세 번째의 갈래에 속한다고 할 수 있다. 안장현이 보여주는 시의 세계는 극단적이면서 극단적이 아니고, 절망적이면서 희망을 확신하는 비전을 보여준다. 또한 정감적인 사항을 아우르면서 철학적인 관념의 요소를 시적으로 승화시키기도 한다. 이것은 한국시사에서 매우 특이하고 값진 것이라 하지 않을 수 없다. 그의 시문학사적 위상이 확실하고 굳건하게 자리매김 되어야 할 당위성을 여기서 찾을 수 있다.

시인의 생명은 유한(有限)하다. 그러나 그가 생산한 시는 결코 죽지 않는다. 시는 영생(永生)한다.

시가 영생하므로 그 속에 각인된 시인의 영혼과 시정신도 결코 사멸하지 않는다.

안장현(1928－2003)은 일흔 다섯의 나이로 영면(永眠)하였다. 그의 시와 시정신과 영혼은 한국문학과 더불어 영원히 지속될 것이다. 결코 죽지 않을 것이다.

11. 김종해[72] ─ 영혼의 불꽃과 별빛(김종해의 시집 『풀』)

싸르트르만큼 심하지는 않았지만 시라는 장르에 대해 결코 우호적이 아니었던 루카치는 『소설의 이론』 첫머리에서 다음과 같이 말한다.

'별이 빛나는 창공을 보고, 갈 수가 있고 또 가야만 하는 길의 지도를 읽을 수 있던 시대는 얼마나 행복했던가. 그리고 별빛이 그 길을 훤히 밝혀주던 시대는 얼마나 행복했던가. 이런 시대에 있어서 모든 것은 새로우면서도 친숙하며, 또 모험으로 가득 차 있으면서도 결국은 자신의 소유로 되는 것이다. 그리고 세계는 광대하지만 마치 자기 집에 있는 것처럼 아늑한데, 왜냐하면 영혼 속에서 타오르는 불꽃은 별들이 발하고 있는 빛과 본질적으로 동일하기 때문이다. 다시 말해서 세계와 자아, 천공(天空)의 불빛과 내면의 불꽃은 서로 뚜렷이 구분되지만 서로에 대해 결코 낯설어지는 법이 없다. 그 까닭은 불이 모든 빛의 영혼이며, 또 모든 불은 빛 속에 감싸여져 있기 때문이다.'(반성완 옮김, 심설당, 1985, p.29)

김종해의 시집 『풀』의 시들을 읽으면 시인이 세계에 대해 매우 낙관적인 자세를 취하고 있음을 알게 된다. 살아가는 일이 무엇이며, 세계 속에 놓인 사람의 존재란 도대체 어떤 것이며, 사람과 사람과의 관계는 어떠한가를 언어로 사유하는 시인에게 이 세계는 최소한 비극적인 현장은 아닌 것이라고 생각하고 있음을 알게 된다.

---

72) 金鍾海(1941.부산─) 『자유문학』으로 등단(1963). 『항해일지』(문학세계사, 1986), 『무인도를 위하여』(미래사, 1992), 『풀』(문학세계사, 2001) 등 시집

　그렇다고 세계가 행복한 곳이라고 말하지는 않지만, 이 세계가 '창공의 별'을 보고 목적지를 가던 시대처럼 비교적 살만한 곳으로 생각하고 있음을 시집의 첫 머리 「시인의 말」 '시로써 사람을 느끼며, 그래서 사람으로 태어난 것을 자랑하고 싶'다는 언표(言表) 속에서 읽을 수 있게 된다.

　『풀』은 5부로 구성되어져 있고 50편을 넘기지 못한 작품으로 구성된 시집이다. 「저녁은 짧아서 아름답다」, 「짐(朕)의 배갯머리에」, 「봄날, 화염병을 던졌다」, 「햇살 한 접시, 바람 한 접시」, 「그녀의 우편번호」가 각 부에 붙여진 이름이다.

　아주 쉬운 직설적 표현으로 된 이 각 부의 명칭은 매우 친숙하면서도 낯설다. 친숙한 것은 시적 수사의 골목길을 어렵사리 빠져나와야 의미가 해독되는 어법으로 씌어지지 아니한 것에서 연유한다. 낯섬을 느끼게 되는 것은 의미의 단순성이 그 직핍하는 말 속의 전부가 아니고, 너무 직설적으로 시인의 내면을 표출해 내고 있음으로 해서 오히려 위화감 같은 것—의미의 심해(深海)가 그 표현 속에 도사려 있는 듯함을 갖게 하기 때문이다.

　'저녁은 짧아서 아름답다'는 의미는 일상적인 사유가 가 닿는 곳과는 다소 다른 뜻을 함축하고 있다. 짧아서 아름다운 것은 영속적인 것을 미덕으로 생각하는 평상심(平常心)의 일상적 자리 반대편에 있다.

　'저녁'이란 어둠을 말한다. 그렇다면 어둠이란 밝음을 지향하는 사람에게 있어서는 짧을수록 아름다운 것이다. 시인의 깊은 시정신이 이 친숙한 표현을 낯섬으로 이해할 수밖에 없는 이유가 되게 한다. 또한 시인의 서 있는 자리가 세계의 밝은 곳이고, 밝음이 표상하는 긍정적인 인식에 자리하고 있음을 알게 해준다. 이 제목을 달고 있는 1부의 시 전문은 다음과 같다.

　사라져가는 것보다 아름다운 것은 없다.
　안녕히라고 인사하고 떠나는

저녁은 짧아서 아름답다
그가 돌아가는 하늘이
회중전등처럼 내 발밑을 비춘다
내가 밟고 있는 세상은
작아서 아름답다

'그가 돌아가는 하늘이/ 회중전등처럼 내 발밑을 비춘다'는 구절에 주목할 필요가 있다. 시인은 어두워 오는 하늘도 밝음으로 인식하고자 함을 확인시켜주기 때문이다.

'짐(朕)의 배갯머리에'의 '짐'은 임금을 말한다. '배갯머리'는 잠자리의 배개라는 뜻. 임금이 잠자리에 들어서 배개를 배고 생각하는 일들을 이 표현은 의미한다. 낯설 것이 없고 친숙하다. 그러나 '짐'이 무엇을 알레고리하고 있는가에 생각이 미치면 이 표현은 낯설어 진다.

1부에서 시인은 '풀'로서 시인 자신을, '별'로서 자신이 사는 세계를 상징하고 있다. '이 별을 떠나기 전에/ 내가 할 일은 오직 사랑밖에 없다'(「고별」 부분)고 했을 때 '별'은 바로 시인이 살고 있는 이 세계를 상징하고 있다. '사람들이 하는 일을 하지 않으려고/ 풀이 되어 엎드렸다'(「풀」 부분)의 경우 '풀'은 시인 자신을 알레고리 하고 있음을 알 수 있게 된다.

인사동에 눈이 올 것 같아서
궐(闕) 밖을 빠져나오는데
누군가 퍼다 버린 그리움 같은 눈발
외로움이 잠시 어깨 위에 얹힌다.
눈발을 털지 않은 채
저녁등이 내걸리고
우모(羽毛)보다 부드럽게

하늘이 잠시 그 위에 걸터 앉는다.
누군가 댕그랑거리는 풍경소리를
눈 속에 파묻는다.
궐(闕)안에 켜켜이 쌓여 있는
내 생(生)의 그리움
오늘은 인사동에 퍼다 버린다.

―「인사동으로 가며」, 전문

이 한 편의 뛰어난 시 속에서의 '짐'은 '내 생(生)의 그리움을/ 오늘은 인사동에 퍼다 버'리는 시인 자신이다. 그러므로 '짐(朕)의 배게머리에'의 '짐'은 바로 시인 자신을 알레고리하고 있다. '짐'을 임금으로 바로 이해하는 것이 친숙함을 가져다준다면, 그것을 시인 자신으로 알레고리한 것은 친숙하면서도 새롭다. 일찍이 플라톤이 공화국에서 추방한 시인을 수천년의 시간을 상거(相距)한 시대의 시인 김종해는 시 속에서 임금으로 인식하려 한다.

그러나 이것은 결코 시인의 오만함이라고 할 수 없다. 난초잎에 이슬이 실려 잠을 깨우는 것에 무심하지 않고(「불면(不眠)에 대하여」), 손금 사이로 흐르는 일생을 퍼담아 슬픔이 있을 것 같은 날을 가려 가을에는 떠나리라고 다짐하고(「가을에는 떠나리라」), 옷의 실밥을 뜯으며 눈물짓는 그런 짐(朕)이 시인인 이상 그 시인의 정신적 오만함을 거론할 수는 없다.

요컨대 시인이 자신으로 말하는 짐(朕)은 미세한 바람에도 파르르 떠는 난초같은 정결성과 섬세함과 서정성을 가진 임금이다. 시인은 이렇게 설정한 임금을 통해 자신이 몸 담고 있는 세계에 대해 긍정적이면서 세계에 대한 애정을 버리지 않는다. 「남기는 말씀」에서 그것은 아주 분명한 어조로 표현되고 있다.

바람이 부는 것을 허락하였고
꽃이 피는 것을 막지 않았다
봄이 오는 것을 허락하였고
봄이 가는 것 또한 막지 않았으니
다툴 일이 하나 없다
사는 일 이 같으니
짐의 마음 가뿐하다
잠시 머무는 땅
사랑할 일 너무 많다
천년 뒤 바람이 불고
꽃이 피거든
짐의 궁성에 사는 모든 이들
이같이 하라

―「남기는 말씀」, 전문

자연스러움의 순리를 추구하는 시인의 가치관은 '다툴 일 하나 없다'에서 얼마간 교훈적 시어들과 만나게 한다. 그래서 이 세계에서 '사랑할 일 너무 많다'고 한다. 결국 시인의 세계에 대한 긍정적 인식의 자락들과 확실하게 만나게 되는 부분이다.

산에 들에 번지는 불꽃
사월이 오면
누군가가 만들어 던지는 화염병 시위
누가 저 불길 좀 잡아다오
뒷짐지고 서 있기가
괴로운 봄날

―「봄날, 화염병을 던졌다」, 전문

칠월, 아침밥상에 열무김치가 올랐다.
텃밭에서 내가 가꾼 나의 언어들,
하늘이여, 땅이여, 정말 고맙다
―「칠월, 아침밥상에 열무김치가 올랐다」, 부분

어머니가 이고 오신 섬 하나
슬픔 때문에
안개가 잦은 내 뱃길 위에
어머니가 부려놓은 섬 하나
오늘은 벼랑 끝에
노란 원추리꽃으로 매달려 있다
우리집 눈썹 밑에 매달려 있다
서투른 물질 속에 날은 저무는데
어머니가 빌려주신 남빛 바다
이젠 저 섬으로 내가 가야 할 때다
―「섬 하나」, 전문

순서대로 3부, 4부, 5부에서 각각 뽑아 본 구절들이다. 「봄날, 화염병을 던졌다」에서 시위를 바라보면서 '뒷짐지고 서 있기가/ 괴로운 봄날'이라고 행동에 동참하지 못하는 약한 시인의 모습을 숨김없이 표백하고 있다. 이 솔직함이 바로 친숙하면서도 새로움을 가져다준다. 솔직하게 세계 속의 자신을 내보이는 쉬울 것 같지만 결코 쉬울 수 없는 시적 표현을 시인은 획득하고 있다. '괴로운 봄날'이라는 말 속에는 갈등하는 시인의 역사와 상황 그리고 현실에 대한 인식의 양태가 고스란이 담겨 있다. 현실과 상황에 치열하게 대응하는 시정신만이 훌륭한 것은 아니다. 시인의 모습을 가식이 없는 진솔한 표현으로 형상화 하는 것 역시 귀한 것이다. 이것을 시인은

시인이 생각하는 자리 257

감당하고 있다.

'하늘이여, 땅이여, 정말 고맙다'라고 말하는 「칠월, 아침밥상에 열무김치가 올랐다」는 여러 차례 보았던 시인의 세계에 대한 긍정적인 인식이 빚어낸 시어들이다. 진실로 세계는 살만한 곳이며 이 곳에 사랑으로 산다는 것이 얼마나 값진 것인가를 시집 「풀」 속의 시편들은 일관되게 표상하고 있다. 시인의 세계인식에 대한 공통인수—긍정적이며 낙천적인 사항을 알 수 있게 된다.

어머니, 섬, 원추리꽃, 눈썹, 바다 등의 객관적 상관물이 어우러져 이루는 이미지로 구성된 「섬 하나」는 시인의 시적 조사(措辭) 능력이 한 경지를 이루고 있음을 알 수 있게 한다. '어머니가 빌려주신 남빛 바다/ 이젠 저 섬으로 내가 가야 할 때다'라는 표현은 어머니→바다→섬으로 이어지는 이미지 속에 시인의 모습을 개입시킴으로 섬이 어머니가 가 계시는, 그리고 머지않아 시인이 가야할 피안의 세계임을 절묘하게 형상화시키고 있다. 사실 「섬 하나」는 여조(麗朝) 속요 「사모곡(思母曲)」의 정조(情調)를 이어받은 뛰어난 한국현대시 사모곡의 절창이라고 평가할 수 있게 한다.

모두(冒頭)의 인용문에서 루카치는 하늘의 불빛인 별과 내면의 불꽃인 영혼은 구별되지만 서로에 대해 결코 낯설지 않다고 말한다. 김종해가 언어로 빚어놓은 시 속의 긍정적 세계인식이란 영혼의 불꽃은 밤하늘 빛나는 별빛과 그렇게 다르지 않는 의미망 속에 있다. 이 말은 김종해가 건져올린 시의 언어들이 그만큼 가치 있는 실체로 시 속에 용해되어 영혼의 불빛을 찬연하게 빛내주고 있다는 말이기도 하다. 시집 「풀」 속의 시편들은 이것을 구체적으로 보여주는 가편(佳篇)들의 행렬이기도 하다.

김종해의 시어들은 사용빈도가 높은 일상어에 바탕하고 있다. 「풀」에 수록된 시들은 누구나 읽고 바로 이해할 수 있다. 난해하다고 말할 수가 없다. 그래서 친숙하다. 그의 시어들이 이루는 의미의 공간은 살펴본 바대로 넓이와 깊이가 만만치 않다. 의미의 공간이 자못 심대하다. 그래서 낯설게도 된다. 그것은 쉬운 일상어로 도저한 깊이의 영혼의 모습을 건져 올려 그 불꽃을 보게 하는 마력을 가지게 한다. 새로움을 가지게 되는 것은 그런 연유에서다. 친숙한 일상어로 의미가 심장한 시정신을 담아내는 모험을 시집『풀』에서 시인은 성공시키고 있다는 판단을 하는 까닭이다.

시인은 시집『풀』로서 한국서정시의 변경을 개척하는 일에 하나의 푯말을 박을 수 있을 만큼 성공적으로 자신의 시작업을 정리하고 있다. 시인의 연륜이 올해 갑년(甲年)임을 새삼 되돌아보게 된다.

'별이 빛나는 창공을 보고, 갈 수도 있고 또 가야만 하는 길의 지도를 읽을 수 있던 시대는 얼마나 행복했던가'라는 그 '시대'는 그리스시대였다. 산업화, 물신(物神)화, 정보 만능과 정치권력이 인간을 지배하는 오늘의 시대가 아니었다. 지금은 그런 지도를 잃어버린 혼돈의 시대고, 방향감각을 상실한 시대고, 천박하고 속악한 자본주의와 팍스아메리카니즘이 세계를 지배하는 결코 행복한 시대가 아니다.

이러한 시대에 서정시의 모습이 어떠해야 할 것이란 당위론적 입장에서 보면 시집『풀』의 시편들이 보여주는 긍정적이며 낙관적인 세계인식은 몰시대적이란 비판에서 자유로울 수가 없을 것이다. 변신이 가능하다면, 김종해가 시집『풀』이후의 시에서 몰시대적인 사유를 넘어서는 그런 모습을 보여줄 수는 없을까.

12. 박종해[73] － 우주의 티눈 미루나무의 옷자락

1)

독일 표현주의 작가에 안톤 슈낙(Anton Schinack 1892～1973)이 있다. 서정적이고 낭만적인 글을 쓰는 것으로 평가 받는다. 사물에 대한 섬세한 시선과 감각이 돋보이는 그의 문체는 대상을 환상적으로 묘사하는 특장을 갖고 있다. 소설 보다 수필에서 그의 작품이 더 많은 사람들의 호응을 받고 있는 이유를 여기에서 찾는다.

聽川 金晉燮은 만연체의 사색적 내용으로 한국 수필의 변경을 개척했다. 명성을 획득한 두 번째 수필집이 『生活人의 哲學』(1948)이다. 안톤 슈낙의 수필 「우리를 슬프게 하는 것들」을 번역하여 김진섭은 이 책의 첫머리에 실었다. 이 번역은 번역문학의 명편으로 평가 되고 있다. 안톤 슈낙은 김진섭에 의해 한국인에게 구체적으로 알려졌다. 우리를 슬프게 하는 것들을 열거한 안톤 슈낙의 글에 이런 구절이 있다.

> '옛 친구를 만났을 때. 학창 시절의 친구 집을 방문했을 때. 그것도 이제는 그가 존경받을 만한 고관대작, 혹은 부유한 기업주의 몸이 되어, 몽롱하고 우울한 언어를 조정하는 한낱 시인 밖에 될 수 없었던 우리를 보고 손을 내밀기는 하되, 이미 알아보려 하지 않는 듯한 태도를 취할 때.'

대부분의 평범한 사람들이 생각할 때 시인은 '몽롱하고 우울한 언어를 조종'하는 사람이다. 시는 몽롱하고 우울한 언어의 행렬이란 함의가 '몽롱하고 우울한 언어를 조종'한다는 말 속에는 숨어 있다. 몽롱하고 우울한 언어－그것은 시가 가진 특성이고 그것을 조정하는 것이 시인이란 말은 사실

---

73) 朴宗海(1942.울산－) 『세계의 문학』으로 등단(1980). 『하늘의 다리』(동학사, 2002), 『개불』(도서출판신생, 2004) 등 시집

에 매우 근접해 있다. 근접해 있다는 것은 시가 몽롱하고 우울한 언어를 조종해 놓은 것만이 전부가 아니라는 의미이기도 하다.

시가 몽롱하고 우울한 언어를 조종하는 것이 전부가 아니라는 것을 박종해의 시를 읽으면 이해하게 된다. 박종해의 시는 전혀 몽롱하고 우울한 언어의 행렬이 아니다. 시인 박종해는 몽롱하고 우울한 언어를 조종하는 그런 유형의 시인이 아니다. 몽롱하고 우울한 언어를 措辭(poetic diction)하지 않기 때문에 박종해의 시는 명백하고 확실한 메시지를 읽는 사람에게 전한다.

> 슬픔을 딛고 가는 사람은
> 기쁨의 나라에 닿는다
> 고통을 딛고 가는 사람은
> 즐거움의 나라에 닿는다
> 나무는 눈보라치는 겨울을 밟고
> 무성한 잎과 꽃을 거느린
> 봄나라에 이른다.

―「겨울나무·2」, 전문

그의 시는 처음부터 '意를 세우는 것이 어렵고 말을 짓는 것은 그 다음에 간다(設意最難 綴辭次之. 李奎報―『白雲小說』)'는 동양적 시적 가치관의 범주에 발을 딛고 있다. 이 경우 '意'는 '시의 내용'이다.

인용한 시의 전언은 어려움을 극복한 후에 기쁨이 온다는 얼마간 교훈적인 것과 연관되어 있다. 슬픔―기쁨, 고통―즐거움, 나목―무성한 잎을 대응 시키면서 다만 시인의 생각한 바(意)를 꾸밈없이 진술하고 있을 뿐이다. 얼마간 교훈적인 요소를 이 시가 머금고 있음에도 불구하고 이 시는 읽는 사람에게 예사롭지 않은 감동으로 다가온다.

'意를 앞세우는 것이 어렵고 말을 짓는 것은 그 다음에 간다'고 한 이규 보는 이어서 매우 주목할 만한 생각을 『백운소설』에서 기술하고 있다.

'意도 또한 氣가 위주가 된다. 氣의 우열에 따라 意의 깊고 얕음이 생기 는 것이다. 그러나 氣란 천성에 딸린 것이어서 배워서 이룰 수는 없다. 그러나 氣가 떨어지는 사람은 글 다듬는 것을 능사로 여기고 意를 앞세 우지 않는다. 대체로 글을 깎고 다듬어 句를 아롱지게 하면 아름다움에는 틀림없다. 그러나 거기에 깊고 두터운 意가 함축되어 있지 않으면 처음에 는 볼만하나 다시 씹어보면 맛이 없어져 보인다.
(意亦以氣爲主 由氣之優劣 乃有深淺耳 然氣本乎天 不可學得 故氣之 劣者 以雕文爲工 未嘗以意爲先也 盖雕鏤其文 丹靑其句 信麗矣 然中 無含蓄深厚之意 則初若可翫 至再嚼則味己窮矣)'

이규보의 견해를 주의 깊게 읽어 보면 위에 인용한 박종해의 시가 예사 롭지 않게 감동으로 다가오는 것을 '깊고 두터운 意'가 시 속에 함축되어 있기 때문이라고 해석할 수 있게 된다.
박종해의 시는 무엇보다 그 의미를 중요하게 생각하고 시적 표현은 의 미의 설정 다음에 생각하는 M.H.Abrams를 원용하면 표현론적 관점에 서 있다.

2)

시적 수사 보다는 시적 의미를 보다 천착하는 박종해의 시는 초기에 현 실에 대한 강한 관심과 폭압적 현실에 대한 개인의 한계와 슬픔을 직정적 으로 표현한다.

너희를 위하여 무엇을 할 수 있겠느냐.
어떻게 너희들을 위해 돌아갈 수 있겠느냐.
아는 것도 힘도 없이 참으로 막막하구나.
호주머니 속엔 몇 개의
동전만 딸랑거릴 뿐.
굴뚝마다 연기는 피어 오르고
고달픈 허리띠처럼 기차가 산모롱이를 돌아간다.
평화와 자유 그를 위해 한 방울의 피도 흘린 바 없이
내 너희를 위해 무엇을 할 수 있겠느냐.
어떻게 너희들 속으로 돌아갈 수 있겠느냐.

―「山頂에서」, 전문

'아는 것도 힘도 없이 참으로 막막하구나'라고 말하는 시적 자아는 폭압적이고 비민주적 사회 상황에 대해 한계를 느끼고 슬프하고 좌절한다. 卽自的 존재가 對自的 존재로 전환되면서 시련과 절망과 좌절을 갖게 되는 경우다. 그러나 '내 너희를 위해 무엇을 할 수 있겠느냐/ 어떻게 너희들 속으로 돌아갈 수 있겠느냐'는 인식은 시인의 투철한 對社會的, 달리 말하면 역사관이 없이는 있을 수 없는 對自的 성찰이다.

박종해의 초기 시들은, 그러므로 '평화와 자유 그를 위해 한 방울 피도 흘린 바 없'는 것에 대한 회한을 통해 폭압적 비민주적 상황에 투쟁할 수 없었던 개인적 한계를 울분으로 토로한다. 이러한 박종해의 시들은 후기로 오면서 점차 삶에 대한 성찰과 자아에 대한 인식 등으로 모습을 바꾸고 있다.

산에 들면 내가 산이요
강에 들면 내가 강이다.
도둑 소굴에 들면 내가 도둑이요

禪僧의 방에 들면 내가 善人이다.
나비는 꽃에 앉고
새는 나뭇가지에 앉는다.

나는 지금
어디에 앉아있나.

―「자리」, 전문

禪詩的 요소가 다분히 배어 있는 작품이다. 직관과 직정이 언어와 만나는 것이 선시의 특성이라면 이 작품은 그 울타리 안에 있다. 선시가 그렇듯이 끝없는 자아 탐구가 이 시의 바탕을 이룬다. '나는 지금 / 어디에 앉아 있나'가 화두에 속한다. 그 화두를 시의 말미에 둔 것을 간과해서는 안 된다. 그것이 이 시를 선시로 규정할 수 없게 하는 사항에 속한다. 선시의 경우 화두는 어떤 형태로든 시의 冒頭에 오게 마련이다.

시적 자아가 어디에 있는지 사실은 별 문제가 없다는 것이 시인의 모습이다. 어디에 있든지 그 상황을 자유자재로 자기화 시킬 수 있다고 말하고 있기 때문이다. 상황과 대상을 자기화 시킬 수 있다는 시인은 자신이 어디에 있느냐는 그렇게 문제 삼고 싶지 않다는 것을 마지막 구절은 나타내고 있다.

산과 강 그리고 도둑과 스님 그 어느 것도 자신의 것으로 만든다는 이 엄청난 상황과의 동화―박종해 시가 현실상황에 대한 좌절과 회한에서부터 시작하여 이순을 넘어 도착한 현실인식―對自的 성찰이고 자기 인식―卽自的 탐구의 오솔길이다.

무엇이든 먹으면 물이 되어 나오니
배속을 한 번 뒤집어 보고 싶다

더러운 것들 훌훌 털어내고
햇볕에 말렸다가
다시 뒤집어 놓을 수는 없을까

어시장 목판
다랑이 안에 담긴 개불을 본다
창자도 뼈도 없는
이 세상에서 제일 단순한 놈을 본다.

나도 개불처럼
단순화 되어 가고 있는지도 모른다.

그렇지. 간단하게 살자
복잡한 것은 싫다

—「좌우명」, 전문

박종해 시가 즉자적인 자아인식으로 가는 오솔길에서 터득하는 것은 '나도 개불처럼/ 단순화 되어 가고 있는지도 모른다'는 사항이다. 그래서 '그렇지, 간단하게 살자/ 복잡한 것은 싫다'라는 결론을 얻게 된다. 이 결론은 그러나 매우 역설적인 것이다.

'간단하게 살자'라는 희망은 지금 간단하게 살지 못하는 것을 의미하고, 복잡한 것이 싫다는 것은 지금 복잡한 상황에 시적 자아가 놓여 있음을 표백하는 것이기 때문이다.

개불처럼 단순화 되지 못하는, 더러운 것을 결코 훌훌 털어내지 못하고 살아가는 것이 시적 자아이고 여기서 떨쳐나오고 싶은 것을 역설적으로 「좌우명」에서 박종해는 드러내고 있다.

박종해의 시가 이 역설적 상황의 시적 형상화에서 벗어나면서 만나게
되는 것이 다음과 같은 작품이다.

갈대는 갈대의 이름으로
흰 머리칼 날리며 온 몸을 흔들다가
시들어 썩고

늪은 늪의 이름으로
썩은 갈대를 품에 녹인다

말없이
해지고 달뜨고
가시연꽃은 가시연꽃의 이름으로
다시 피고

손바닥만한 연잎 위에
우주의 티눈 같은 청개구리 한 마리
아무도 들어주지 않지만
두 눈알이 톡 튀어나오도록
가시연꽃을 응시하며
시를 읊고 있다.

—「산다는 것이」, 전문

생명의 유한성과 순환성을 말하는 것이 3연까지다. 마지막 연의 청개구
리는 감정이입된 시적 자아의 다른 모습이다. 그 청개구리는 '우주의 티눈
같은' 청개구리다. 우주의 티눈―시인은 시에 투영된 시적 자아를 통해 자
신을 우주의 티눈으로 파악하고 있다. 작지만 결코 만만하게 생각할 수 없

는 옹골찬 존재로 우주 속의 자신을 상징－감정이입하고 있다. 박종해 시가 자아인식의 오솔길에서 스스로를 규정하는 부분이다.

‘두 눈알이 툭 튀어나오도록’ 응시하는 것은 형형한 눈빛으로 세계와 우주를 정확하게 파악하려는 자세. 그런 자세로 ‘시를 읊고 있다’고 박종해는 말한다. 결코 만만한 존재로서 우주에서 생명을 영위하는 것이 아니라 단단한 티눈처럼 옹골찬 존재로 우주와 세계를 응시하면서 시를 쓰겠다는 의지가 이 작품에는 담겨 있다.

아무리 간단하게 살려고 해도 그것이 안되는 현실적인 상황－세계와 우주 속에서 성찰과 응시로 인식의 옹골찬 언어를 시에 건져 올리겠다는 바램과 소망, 그렇게 하고 있다는 현존재로서의 시인의 모습을 이 작품은 나타내고자 한다.

현실상황에 대한 성냄과 그것을 행동으로 옮기지 못한 좌절과 회한의 초기시를 거쳐 어떠한 상황과도 동화한다는 깨우침을 세계와 우주에로 확산시키려고 하는 것이 박종해의 시적 세계의 이정표다. 그 이정표의 바탕에는 ‘設意最難 綴辭次之’라는 표현론적 관점의 색깔이 언제나 칠해져 있음을 간과해서는 안 될 것이다.

3)

어떠한 논리도 시의 바탕이 순정한 마음을 풀어 놓은 호수에 뿌리를 내리는 한송이 수선화와 같다는 말을 부인할 수는 없을 것이다. 요컨대 시의 근원은 서정성이다. 서정시가 시의 세계를 거의 지배하고 있으며 서사시가 소설로 몸바꿈을 하면서 지리멸렬해 버린 것을 부인할 수 있는 사람은 없다. 박종해의 시가 ‘무엇’이라는 시적 의미를 전언하는데 함몰해 있으면서도 버리지 않는 것은 바로 이것에 대한 확인이다.

그대의 눈속에 아득히 걸어 들어가서
내가 하나의 점으로 사라질 때까지
그대는 가을 길에 코스모스처럼
안쓰럽게 서 있었다.
호수엔 우리들이 던져놓은 밀어들이
고운 물무늬에 짜여
물안개로 피어오르고
서로 손을 꼭 잡고 물을 건너가는
미루나무들의 옷자락이 바람에 흔들린다.
다시 돌아오고 싶은 이 자리
그러나 그곳엔
갈대들의 목쉰 노래만 남아 있을 뿐.
파아란 꿈을 엮던 꽃과 나비는
보이지 않는다.

어느새 이처럼 호수가 깊어진 것일까
가을은 슬픈 눈을 가지고 있다

-「가을의 말-口에게」 전문

　이별을 이렇게 언어로 직조할 수 있는 시인을 만나는 것은 결코 흔한 일이 아니다.

　'호수엔 우리들이 던져놓은 밀어들이/ 고운 물무늬에 짜여'라든가 '서로 손을 꼭 잡고 물을 건너가는/ 미루나무들의 옷자락이 바람에 흔들린다'는 이미지의 직조를 통해 박종해는 시의 원래 뿌리는 서정성에 발을 담그고 있고, 시는 마음의 가녀린 줄을 흔들어 감동의 늪으로 우리를 인도한다는 것을 확인시켜 주고 있다. 이런 세계를 가진 시가 박종해의 시에 많지 않다는 것은 얼마간 아쉽고 안타까운 노릇이다.

박종해의 시가 추구하는 '무엇=의미'에 대한 천착은 필연적으로 시적 수사와 언어적 의장에 대한 사항을 소홀하게 만드는 결과를 가져온다. 시를 아포리즘적인 경구로 경직하게 만들어 버리거나 의미를 직정하는 건조한 언어들의 행렬로 묶어 버린다. 대부분의 박종해 시가 길지 않은 단시에 속하거나 수식어를 극도로 배제하고 있는 것이 이것을 밝히 설명해 준다.

현실에 대한 강한 관심과 상황에 대한 투철한 인식이 거대한 폭력에 좌절하고 절망하는 모습을 보여주는 것이 초기 박종해 시의 세계다. 이순을 넘기면서 그의 시는 자아에 대한 깊은 성찰을 통해 세계와 우주를 합일화 혹은 그것과의 동화를 통해 세계와 우주 속에 자아의 존재를 확인하는 모습으로 바뀌어 간다.

그의 시세계가 이후 어떻게 변화할 지를 예단할 수는 없다. 분명한 것은 그의 시가 '무엇=의미'에 더 중점을 두는 표현론적 관점에서 벗어나지 않으리라는 것이다. 그것은 바로 시인 박종해의 시학과 결부되어 있다고 생각되기 때문이다.

원컨대 얼마간의 시적 수사와 언어적 의장을 그의 시가 수용하여 건조한 언어들의 행렬이 되어버리는 경구적 표현을 극복할 수 있다면 금상첨화일 것이다. 물론 그러한 사항의 수용 혹은 거부는 최종적으로 시인이 판단하고 결정할 문제라는 점에는 어떤 이견도 있을 수 없을 것임은 명약관화한 사실이다.

13. 서영수[74] – 시선 밖의 빈 벌판 그리고 경주

서영수는 경주에 살고 있다. 그의 시는 대부분 경주를 대상으로 하고 있다. 경주는 지도의 한 지명에 불과하지만은 않다. 신라가 천여년 나라의 서울로 삼았던 곳이며, 불교문화가 찬란히 꽃 핀 곳이고, 고대 한국인의 문화적 능력이 가장 확실하게 입증되는 곳이 경주라는 식의 이야기는 너무 알려져 진부한 느낌마저 준다. 적어도 한국인에게 경주는 지도에 표시된 지명 이상의 무엇이다. 그래서 한국인이라면 경주가 마음의 고향처럼 느껴진다. 이것을 결코 과장된 것이라고 할 수만은 없다. 경주는 한국인의 문화적 자존심이고 언제나 달려가 안기고 싶은 고향의 어머니 같은 품속이다.

서영수는 경주를 떠나지 않고 20년 넘게 시를 써 왔다. 72년 『現代詩學』을 통해 등단한 이후 서영수는 경주에 살면서 경주를 생각하고 시를 생각하고 삶을 생각한 것이다. 한국인의 고향처럼 인식되는 지역에 발을 딛고 사는 시인은 그래서 한국인 정서의 본바닥에 시선을 모을 수밖에 없었을 것이다.

고향을 생각하는 마음의 흐름을 이성적 항목으로 이해할 수는 없다. 그것은 정서적이고 정감적인 사항과 관계한다. 한국인이 생각하는 근원적인 마음의 고향을 경주라고 할 때 경주는 합리적이고 이성적으로 다가오지 않는다. 그리움으로 다가온다. 끝없이 펼쳐지는 마음의 평원에 깔려오는 안개 같은 아스라함으로 다가올 것이다.

서영수는 경주를 정서적이며 정감적인 대상으로 인식한다. 그의 시는 정서적으로 인식한 경주의 하늘과 산과 강물 그 자연의 모습을 시로 담아낸다. 연작으로 쓴 「仙挑山日記」 16편은 이것을 확실하게 말해준다. 불국사, 석굴암, 다보탑, 석가탑이나 그 많은 왕능들에 관심을 보이지 않는다. 경주

---

74) 徐英洙(1937.경북 경주) 『현대시학』으로 등단(1972). 『낮달』(문예원, 1979), 『동전시초』(도서출판글밭, 1985) 등 시집

에 지천으로 깔려 있는 유물과 유적에 주목하지 않고, 경주의 자연인 산천
에 더욱 시적 관심을 보이고 있는 것은 서영수 시를 이해하는 하나의 열쇠
가 된다.

> 별들이 점을 치던
> 산마을을 등에 업고
> 연방 살아 온 선도산을
> 흔들가가 흔들다가 지쳐버린
> 신라적 우리 바람이
> 나뭇가지에 걸려 잠들고 있네.
>
> 묻힌 사연 한 가슴
> 안고만 졸다가
> 스러져 뚫인 검은 터널에
> 토함산을 넘어 온 아침 햇살이
> 戰痕처럼 꽂혔는데
> 20세기 화물열차가
> 오늘을 싣고 달려가네.

「仙挑山 日記」(2)'山影'의 전문이다. 선도산의 산그림자를 통해 아득한
옛날의 신라를 생각하고 터널을 지나는 화물열차에서 오늘의 선도산 모습
을 담아내려 한다.

바람이 나뭇가지에 잠들어 있고, 햇살이 戰痕처럼 선도산 자락에 꽂혀
있다는 것을 범상하게 보아서는 안 된다. 시인은 옛날과 오늘의 변화된 모
습을 전쟁의 흔적 속에서 읽고 있기 때문이다. 전쟁이란 사람과 사람의 갈
등이 빚어내는 엄청난 비극이다. 이 비극의 흔적을 경주의 선도산 그림자

속에서 읽어내는 것은 시인이 경주를 시적 대상으로 삼으면서 자연 속에서
사람의 일을 말하려는 것을 알 수 있게 한다. 전쟁의 흔적을 햇살에서 확
인하는 것과 '별들이 점을 치던/ 산마을을 등에 업고/ 연방 살아 온 선도
산'이란 구절과 나란히 놓아 보면, 한가롭고 평화로운 자연 속에 인간 갈등
이 빚은 전쟁의 흔적이 공존한다는 것을 시인이 말하려 함을 알게 된다.
자연이란 대상을 통해 정서적으로 말하려 함을 확인하게 된다.

유적과 유물을 통해 이런 것을 발견하기는 어렵다. 유적과 유물에는 다만
빛나던 당대의 찬란했던 흔적만이 도사리고 있기 마련이다. 서영수는 인간
의 갈등 그리고 비극적인 모습의 흔적을 언어로 찾으려 한다. 경주의 유적
유물이 아닌 자연을 시적 대상으로 삼고 있는 까닭을 여기서 알게 된다.

경주의 자연 속에 놓여 있는 아득했던 신라시대에서 오늘까지 사람들의
갈등 혹은 그 사람들의 자취를 정서적이며 정감적인 언어로 찾으려던 서영
수는 문득 이 속에 있는 자신의 모습과 만나게 된다.

　　나는 술을 마신다.
　　장날이면,
　　경주장 술맛에 목청이 트여
　　幼年의 나를 불러 장터로 가면
　　내 그림자는
　　이미, 돌아가신 아버지의 얼굴이 된다.
　　반가워 손을 잡고
　　인사하는 나의 장터
　　살덩이 같은 人情을
　　끓이는
　　국가마를 옆에 놓고
　　삐걱거리는 납작 의자에 앉아

나는 곧잘 술을 마신다.

「仙挑山日記」(7) '술'의 전반부다. 시인은 경주의 자연 속에서 자신의 모습과 확실하게 조우한다. 그것은 산이나 바람이나 강이나 하늘이 아니다. 사람이 들끓는 장터의 공간에서 시인은 술을 통해 자신과 만난다. 유년의 시인 자신을 불러 와 지금의 시인 그림자에서 '돌아가신 아버지의 얼굴'을 확인한다. 아버지가 바로 시인 자신임을 말한다. 「仙挑山日記」(2)에서 아득했던 과거를 통해 현재의 모습을 보는 것과는 반대로, 현재에서 유년시절의 자신과 아버지를 본다.

시인이 자신과의 만남을 통해 과거를 확인하려는 것은 정서적인 자연인식과 맥이 닿아 있다. 정서적인 인식이 아니라면 술과 매개시킬 수가 없을 것이다. 예시한 시의 후반부 '초장보다 파장에 술이 더 익는/ 나의 장날, 장타령은/ 머리칼을 적시는 단풍잎이다'라고 말하는 것은 술을 매개로 해서 장터의 공간에서 더욱 자신과 대상인 자연을 정서적으로 인식하는 한 절정이다. 머리칼까지 단풍잎처럼 빨갛게 물든다고 말한 것은 시인 정감의 한 극점이라 할 수 있다.

과거에서 현재의 자연을 관찰하는 모습은 「仙挑山日記」 16편의 전반부에서 보여주는 서영수의 시적 자세다. 후반부에서는 현재에서 과거를 바라보는 자세로 그 방향이 전반부와는 반대가 된다. 「仙挑山 낮달」에서 박종우를, 「家門頌」에서 시인의 족보를, 「戶主의 門牌」에서 시인의 집을 말하는 것이나 경주에 사는 윤경렬을 말하는 것들이 대표적인 예다.

「仙挑山日記」의 전·후반부의 이런 변화는 서영수가 경주의 자연을 정서적으로 인식하는 두 갈래 상반된 모습의 표출이다. 시인의 세계인식이 역사를 통해서 정서적인 것과 용해되는 것이 그 한 갈래다. 또 다른 갈래는 시인 자신의 현재 모습을 세계 속에 투영시키면서 자아를 정감적으로 자학하는 태도다. 일종의 자기비하에 속하다. 이런 갈래는 시인은 구제 받을 수 없는 저주스런 존재고, 시는 지극히 즉자적인 주관적 배설물이라고 말한 싸르트르의 정의에 닿아 있다.

서영수의 이렇게 변모된 「仙挑山日記」 후반부의 자세는 「靑山別曲」, 「山中新曲」 등에서 보다 두드러지게 나타난다.

(가) 하늘을 보자니 문둥이처럼 서러워
눈과 귀가 묻힐 땅
경작이라도 할려니
바람이 옷깃잡고 흔들어 대네.
겨우 찾아 든 오십 고개
뭐가 있다고
그늘진 산굽이 바위밖에 없는데.

(나) 오래 살기를 바라는 것도
죄가 된다면
먼저 죽기를 원함도 죄가 될지니
죽고 사는 일을
아무렇게나 던져 버린
나는, 나는야
풀밭에 누워, 뒤켠에 누워,
잠이나 청하며 살아야지.

(가)는 「山中新曲」의 마지막 연이고, (나)는 「靑山別曲」의 첫 연이다.

자연을 통해 시인 자신을 내던져 방기하는 자세를 확연히 볼 수 있게 된다. 윤선도의 「산중신곡」은 자연 속에 시인 자신을 흡수 시켜 이른바 자연과 시인이 합일되는 경지를 노래한 것이다. 고려속요의 「청산별곡」은 내우외환에 시달리대로 시달린 고려 민중들의 끈질기면서 애달픈 삶의 역정을 보여준다. 서영수의 「산중신곡」과 「청산별곡」은 이들과는 다른 자리에 있다. 서영수의 작품은 자연 속에 자신을 방기하면서 자포자기하는 듯한 모습을 보여준다.

　서영수가 시에서 보여주는 자포자기의 모습은 그러나 절망으로 나아가지는 않는다. 자기비하적인 이 메져키스틱한 정서를 그는 맑고 투명한 언어의 純情한 감각으로 승화시킨다.

　　남들은 땅을 수백평씩 산다기에
　　나는 하늘이나 한 만평 사야겠소.

　　開發지역 언덕 밑을 흐르는 물소리에
　　귀를 씻다 귀가 먹어

　　눈에 담긴 하늘 자락
　　번지도 모르고 사야겠소

　　빵보다 높은 하늘을 사서
　　못 다 큰 키나 묻어 봐야겠소

　　흐르는 구름 지나는 바람에
　　흥정한 문서나 땅 아래 전하고
　　神仙처럼 살아 갈 하늘을 사야겠소

　　파란 하늘이 좋아

파란 하늘이 좋아 죽도록 살아 앓아 갈
당신의 젖통 깊숙히
붉게 익은 달이 뜨면
낙엽이 紙錢으로 소복히 쌓일 땅

개발지역 능선에 걸려
차마 눈조차 멀기 전
나는 푸른 하늘 한 만평쯤
도려내어 사야겠소

　너무 순정하고 투명하고, 어쩌면 소박하기 때문에 현실비판적인 요소도 결코 날이 선 것으로 느껴지지 않는다. 「하늘을 사야겠소」라고 제목한 위의 시 전문을 읽으면 시인은 말할 것도 없고, 경제적으로 무력한 대부분 서민들 애환을 읽게 된다.
　서영수의 시는 자연을 대상으로 하고 있다. 경주의 자연 속에서 인간갈등의 戰痕을 확인하고, 그 자연 속에 자신을 방기하기도 한다. 그러나 절망하지 않는 시인은 맑고 투명한 純情의 언어로 무력한 자신과 세계에 대한 애환을 잔잔하게 읊는다. 그것은 시인 서영수가 경주라는 한국인 마음의 고향을 정서적이고 정감적으로 대응하는 데서 비롯된 것으로 보인다.
　「나의 번지」라는 작품에서 서영수는 이렇게 말한다.

오십여년 닦아 온
금니빨을 벌룽거리며
거느려 온 흠悲의 곡마단.
줄 타는 視線 밖은 빈 들판뿐이다.

시인이 살아 온 생애, 그것을 희비의 곡마단으로 대칭시키면서 눈 안 가득 안겨오는 경주의 자연을 바라본다. 유적과 유물이 아닌, 불국사도 석굴 암도 아닌, 다보탑도 석가탑도, 동해 바닷가 웅장하게 우뚝 선 감은사 탑도 아닌 경주의 빈 들판을 바라본다.

서영수는 경주에 살면서 역사를 돌이켜 보고, 자신의 삶을 생각하고, 인간갈등의 자취를 언어로 건져 올리면서, 자연에 자신을 내맡겨 20년이 넘게 시를 써 왔다. 서영수의 시가 가진 정감의 순정성과 언어의 투명성은 언어를 비틀어 놓고 산업사회의 뒤틀린 모습을 담아내거나 쟁투와 이념에 젖어 있는 오늘의 한국시 대부분의 모습과는 전혀 다른 리리시즘의 한 전범이다. 이러한 시적 언어와 정감적인 세계가 시에서 얼마나 소중한 덕목인가를 다시 확인하게 되는 것은 서영수의 시를 읽는 보람이다.

14. 기형도[75] ─ 말할 수 없는 것의 시적 복원

왜 기형도의 시를 주목하는가. 그 이유의 처음은 이렇다.

시만큼 그 생산자인 시인 자신의 내면을 송두리째 드러내주는 장르는 없다. 그래서 시를 가장 주관적인 문학이라고 부르게 된다. 가장 개인적이고, 주관적인 시라고 하는 언어의 집적물을 기형도는 개인적이고 주관적이 아닌 <무엇>으로 조립한다. 시를 자기로부터 <벗어나기>에 해당하는 언어의 숲으로 생각하는 기형도의 발상은 시 속에 자신의 내면 표출이 아닌, 그의 감성이 가 닿고, 그의 세련된 학습을 통한 지성이 파악하는 대상들이 이루는 또 하나의 세계를 만들게 된다. 대상들이 만들어 놓는 세계는 그러므로, 시인의 내면적이며 주관적인 세계와는 일정한 거리를 유지한다. 그

---

75) 奇亨度(1962.경기도 연평─1989.서울). 『동아일보』신춘문예로 등단(1985). 유고시집 『입속의 검은 입』(문학과지성사, 1989) 등

거리 속에는 안개가 자욱하게 깔릴 때도 있고, 가난이란 생활의 궁상스러움
이 덕지덕지 엉겨 붙을 때도 있다. 그러나 그것을 기형도는 하나의 세계로
언어를 통해 떠올려 준다. 그 세계의 모습을 그는 이렇게 말하고도 있다.

> ─비트겐쉬타인은 이렇게 말했다. 「내 책은 두 부분으로 이러어졌다. 이
> 책에 씌어진 부분과 씌어지지 않은 부분이 그것이다. 그리고 정말 중요한
> 부분은 바로 이 두 번째 부분이다……우리는 말할 수 없는 것에 대해서
> 는 침묵해야 한다.」 그러나 우리가 「말할 수 없는 것」에 관해 말할 수밖
> 에 없는 것은 필연적 욕망이며 이러한 불행한 쾌락들이 끊임없이 시를 괴
> 롭힌다.─

<말할 수 없는 것>에 대해 말하고자 하는 기형도의 시적 의도는 바로
시 속에 그가 대상을 통해 만드는 하나의 세계로 형성되어진다고 파악된다.

한국시를 통시적 관점에서 살필 때 개인적이며 주관적인 세계를 시 속
에 정감으로 투영시킨 것이 그 지배적 흐름이었음을 알게 되는 것은 어렵
지 않다. 그래서 대부분의 시적 양상은 시인이 감응하는 대항에 이입된 스
스로의 정감 표출이었고, 그것이 과잉될 때 시는 시인의 독백으로 주저앉
게 되는 것을 무수히 보아왔다. 이른반 서정시라는 말의 의미에 끈질기게
밀착하여 한과 그리움이나, 떠가는 구름, 나래짓하는 백로의 모습을 보여주
려 했다.

그리고 근년에 와서 그것은 또 다른 영역에서 일종의 한풀이의 구조로
되어가는 경향이 첨가되었다. 시 속에 이야기(說話)의 틀을 만들어 삶의 어
두운 질곡 속에 마모되어 가는 인간의 모습을 확인하려 한다. 그래서 공평
한 부의 배분, 정치권력의 횡포에서 비롯되는 속박에서 벗어나는 자유와
민주의 문제까지를 진술하려 들게 되었다. 그것은 시가 존재확인과 그 성

찰이라는 점에 애써 맹목하고 다만 주장하고 변혁하는 도구로만 생각하는 쪽에 다가서 있게 되는 결과를 야기시키게 되었다.

　기형도의 시가 이러한 것들과는 다른 가닥을 개척하여, 시 속에 대상들로 조립하는 한 세계를 설정하고 있는 점은 참신한 모습이라 아니할 수 없다.

　　날이 어두워지면 안개는 샛江 위에
　　한겹씩 그의 빠른 옷을 벗어놓는다. 순식간에 空氣는
　　희고 딱딱한 액체로 가득찬다. 그 속으로
　　植物들, 工場들이 빨려 들어가고
　　서너걸음 앞선 한 사내의 반쪽이 안개에 잘린다.

　　몇가지 사소한 사건도 있었다.
　　한밤중에 여직공 하나가 겁탈당했다.
　　寄宿舍와 가까운 곳이었으나 그녀의 입이 막히자
　　그것으로 끝이었다. 지난 겨울엔
　　방죽 위에서 醉客 하나가 얼어 죽었다.
　　바로 곁을 지난 三輪車는 그것이
　　쓰레기더미인 줄 알았다고 했다. 그러나 그것은
　　개인적인 不幸일 뿐, 안개의 탓은 아니다.
　　―(중략)―
　　아침 저녁으로 샛江에 자욱이 안개가 낀다.
　　안개는 그 邑의 名物이다.
　　누구나 조금씩은 안개의 株式을 갖고 있다.
　　女工들의 얼굴은 희고 아름다우며
　　아이들은 무럭무럭 자라 모두들 工場으로 간다.

　데뷔작인 「안개」의 부분이다. 공장이 있고, 샛강이 있으며 자욱하게 아침저녁으로 안개에 잠기는 한 마을을 시 속에서 드러내 주고 있다. 그러한 세계는 시인이 감응한 대상에 의하여 더욱 구체화된다. 겁탈당한 여공, 방 죽 위에 죽어 있는 취객, 그 곁을 지나는 삼륜차들의 대상이 구성하는 세계는 그대로 기형도가 <말할 수 없는 것>에 대한 <말하기>로 동원된 것들이다. 객관적 상관물이라고도 말할 수 있는 대상들로 조립하는 기형도의 이 같은 시적 구성은 확실히 기왕의 한국시와는 또 다른 영역에서 논의될 수 있는 항목이다. 요컨대 그는 신인들이 가져야 하는 이른바 새로운 면모를 분명 보여주고 있다고 파악하지 않을 수 없게 한다.

　이러한 세계의 드러냄을 통해서 그러나, 기형도는 가시적이지 아니한 모든 것들의 모습을 확연하게 보여주려 하고 있음을 지나쳐서는 안 된다. 80년대적 감수성이 포착할 수 있는 산업 공해, 제도적 모순, 마비된 공동체의 윤리 등을 언어로써 복원하려 하는 의지를 확실하게 해준다. 「전문가」라는 시는 이 점을 매우 치밀한 알레고리의 구조로 보여주지만 그것 역시 시인의 주관에 의한 진술에 의지하지 않고 대상들로 구성된 세계의 드러냄으로처리하고 있다.

이사온 그는 이상한 사람이었다/ 그의 집 담장들은 모두 빛나는 유리들로
세워졌다

골목에서 놀고 있는 부주의한 아이들이/ 잠깐의 실수 때문에/ 풍성한 햇빛
을 복사해내는/ 그 유리담장을 박살내곤 했다

－(중략)－

유리담장은 매일같이 깨어졌다/ 필요한 시일이 지난 후, 동네의 모든 아이
들이/ 충실한 그의 부하가 되었다

어느날 그가 유리담장을 떼어냈을 때, 그 골목은/ 가장 햇빛이 안드는 곳
임이/ 판명되었다. 一列로 선 아이들은/ 묵묵히 벽돌을 날랐다

가장 평범하고 일상적인 생활의 한 컷을 포착하고 대상을 동원하여 결
국 획일화와 제도적 모순에 순치되어가는 당대적 정황 속의 인간 모습을
냉혹할 정도로 확연하게 떠올려 주고 있다. 그래서 문득 세계와 현실에 대
해 되돌아볼 수 있게 해주는 역할을 기형도의 시는 감당하고 있게 된다.

1) 독특한 조사법과 우수의 시적 형상화

기형도의 시를 주목하는 두 번째 이유는 독특한 措辭法에 있다. 그의
시어들은 얼핏 보아 산문적인 구조를 취하고 있다고 할 수 있다. 그러나
그 얼개를 좀더 세밀히 살펴보면 그것은 언어와 언어들이 맞물리면서 하나
의 세계를 드러내고 그 안쪽으로 독특한 말의 결인 운율을 획득하고 있다
는 점을 확인할 수 있게 된다.

내재율이란 결국 개성율을 의미하고 그것은 언어가 가진 음악성을 극대
화시킨 시인 자신의 창조적 운율일 것이다. 이것을 기형도는 누구보다 확
실하게 인지하고 있는 것 같다.

지나간 날들을 생각해보면 무엇하겠느냐. 묵은 밭에서 작년에 캐다 만 감
자 몇 알 줍는 격이지. 그것도 대개는 썩어 있단다. 아버지는 삽질을 멈추
고 채마밭 속에 발목을 묻은 채 짧은 담배를 태셨다. 올해는 무얼 심으시
겠어요? 뿌리가 질기고 열매를 먹을 수 있는 것이면 무엇이든 심을 작정
이다. 하늘에는 벌써 티밥 같은 별들이 떴다. 어머니가 그만 씻으시래요.
다음날 무엇을 보여주려고 나팔꽃들은 저렇게 오므라들어 잠을 잘까. 아버
지는 흙 속에서 천천히 걸어나오셨다. 봐라. 나는 이렇게 쉽게 뽑혀지는

구나. 그러나, 아버지. 더 좋은 땅에 당신을 옮겨 심으시려고.

「위험한 家系, 1969」의 부분이다. 산문시의 형태를 취하고 있는 작품으로 말할 수 있다. 그러나 그것은 오히려 산문시가 가진 유장하며 심도 있는 운율의 깊이를 그것대로 포섭하면서 대화체로 처리함으로하여 지리함을 탕감시키고 있다. 그래서 채마밭에 선 부자간의 모습을 통해 아버지의 삶과 아들의 삶의 인식을 대비시키면서 하나의 세계를 떠올려준다. 말하자면 산문시의 패턴을 취하고 있으면서도 대부분의 기형도 시들은 「위험한 가계, 1969」가 보여주는 바와 같이 그 자신의 독특한 개성율 획득에 언제나 능동적이다. 그 결과는 비교적 성공적이라는 것을 놓칠 수가 없게 된다.

우수의 정체는 무엇인가. 이러한 물음을 되풀이할 수밖에 없도록 기형도의 시에는 현실의 정황에 대한 회의적 시각이 늘상 깔려 있는 것으로 파악된다. 그가 자신의 개인적인 사항을 극도로 제어하면서 대상으로 조립하는 세계의 떠올림을 통한 시적 장치를 하면서도 울울한 분위기를 시에서 언제나 감지토록 하고 있기 때문이다. 그것은 학습을 통한 그의 지성적 면모가 현실을 언제나 회의적으로 파악하는 곳에 있기 때문이라고 보아진다. 그가 현실을 회의적으로 파악하는 것은 80년대적인 정황에 매우 민감한 대응을 하고 있기 때문일 것이다.

「조치원」이나 「집시의 시집」 그리고 「포도밭 묘지·1」과 「포도밭 묘지·2」 등은 특히 이 같은 생각을 뒷받침 해주는 시들이다. 그러므로 기형도가 추구하는, 그리고 그의 시에 끈끈하게 달라붙어 있는 우수의 본질은 산업화에 의해 인구가 도시로 집중되고, 그 집중 속에서 비롯되는 비인간화의 문제에 대한 안타까움이고, 분배의 불평등에 대한 속 깊은 울분이며, 획일화되고 전체적인 모습을 띤 정치상황에 대한 응전에서 오는 시인의 분노라고 파악할 수 있게 된다.

그러나 서울은 좋은 곳입니다. 사람들에게

분노를 가르쳐 주니까요. 덕분에 저는

도둑질 말고는 다 해보았답니다.

조치원까지 사내는 말이 없다. 그곳에서

그를 기다리고 있는 것은 무엇일까. 그의 마지막 귀향은

이것이 몇 번째일까. 나는 고개를 흔든다.

나의 잠은 질 나쁜 성냥처럼 금방 꺼져 버린다.

설령 사내를 며칠 후 서울 어느 거리에서

우연히 마주친다한들 어떠랴. 누구에게나 겨울을 위하여

한 개쯤의 외투는 갖고 있는 것.

전 5연으로 된 「조치원」의 4연이다. 결국 기형도가 시에서 형상화하는 우수의 본질은 <누구에게나 겨울을 위하여 한 개쯤의 외투를 갖고 있지 않음에서 비롯하고 있음도 추찰해볼 수 있다. 사실 <한 개쯤의 외투를 갖고 있는 것>이라는 표현은 결핍을 강조하기 위한 반어법으로 보아야 할 것이다. 서민이 살고 있는 당대적 상황 혹은 정황의 불만족에 대해 그것을 우수로 시적 형상화하는 일은 한으로 처리했던 한국시의 전통적인 방법과는 또 다른 감수성이다. 그것은 80년대 한국시 하나의 경향으로 길을 튼 곳에 기형도를 주목하는 세 번째 이유가 자리한다.

새로운 모습으로 얼굴을 나타내는 가능성의 시인에서 확실하게 그 가능성을 보장한다는 것은 모험이다. 그리고 그러한 것을 주장하는 평문에 대해 언제나 회의적이다. 그럼에도 불구하고 기형도의 시들에 대해 주목하는 것은 앞에 든 사항들 외에도 그가 풍부한 언어적 소양을 구유하고 있는 시인으로 파악되기 때문에 설사 그의 시가 지금까지 논의한 덕목에서 많이 벗어난다고 하더라도 그러한 언어적인 능력이 오히려 긍정적이고 새로운 덕목을 만들 개연성을 갖지 않을까 하고 보아지기 때문이다. 그러나 간과

하지 말아야 할 점은 <말할 수 없는 것>의 언어적 복원이라 할 수 있는 대상을 통한 세계의 드러냄과 그 이미지는 자칫 정서의 고갈을 야기시킬 수 있는 함정이 있다는 것의 파악이다. 그리고 산문적 패턴에 치우치는 경향은 압축적 언어로 말해질 수 있는 시어가 가진 응축성을 파괴할 수 있는 개연성을 갖고 있으며, 정황에 대한 시적대응에서의 우수는 소극적이 될 때 현실에 대한 시정신의 왜소화 혹은 자기합리화가 될 수도 있음을 잊지 말아야 할 것이다.

이 같은 사항이 성찰의 항목으로 인각될 때 필경 기형도의 시와 그 세계는 보다 넓고 깊이 있는 영역을 개척함에 능동적일 수 있으리라 파악된다.

15. 문인수[76] – 떠돌고 헤맴과 하염없음(시집 『늪이 늪에 젖듯이』)

꿈의 정체를 설명하는 말을 解夢이라 한다. 그러나 어떤 해몽도 꿈의 실체를 온존하게 드러내 줄 수 없다는 데 꿈은 꿈으로서의 자리를 언제나 확보하게 된다. 해몽이 꿈의 정체와 실체를 다 드러내 줄 수 없는 한 꿈도 해몽도 언제나 공존할 수 있다는 것은 많은 것을 생각하게 해준다. 詩人은 언어라는 날줄을 갖고 정신이라는 씨줄을 이으면서 詩라는 꿈을 직조하는 사람이다. 이 소박한 정의를 정직하게 받아들일 때 詩를 설명하고 해석하는 일이 얼마나 가당찮은 일인가에 절망하게 된다. 그러므로 그것은 늘상 詩의 언저리에서 머물고 말게 되며, 그것은 詩의 실체를 완전히 드러내 줄 수 없으므로 詩의 자리 확보에 언제나 거리를 가지면서 절망하게 된다. 그러나 詩의 설명이 결코 詩 전부를 드러내 줄 수 없듯이 詩도 詩만으로서 자신의 영역을 풍요롭게 가꿀 수만은 없다. 언어와 정신이 어우러지는 텃

---

76) 文寅洙(1945.경북 성주-). 『심상』으로 등단(1984). 『늪이 늪에 젖듯이』(심상출판사, 1986), 『쉬!』(문학동네, 2006) 등 시집

밭에 거름일수도 있고, 한 줄기 촉촉한 빗방울의 흩뿌림일 수도 있는 역할
을 詩와 더불어 자리하면서 행할 수 있을 때 詩의 해설이란 발붙임을 할
수 있게 될 것이다.

　文寅洙의 詩들은 떠돌고 헤매는 자의 하염없음이 짙게 배어나고 있는
언어들을 직조하고 있다. 그의 詩를 통독하면서 만나게 되는 것은 격정이
라든가 가슴을 죄어오는 아픔이 아닌 끝없이 가라앉고 잦아지는 앙금의 흔
적 같은 것이다. 그것은 많은 부분 고향과 유년에로의 회귀성을 지닌 모성
적 바탕에 근거하고 있다고 파악되지만 스스로가 떠돌면서 헤맸던 과정에
서 늘상 염원한 서정성과의 만남이라 보아진다. 그 서정성은 천부적으로
지니고 있던 언어감각과 조우하여 보다 넓은 영역으로 관심을 넓혀가지만
떠돌고 헤매는 스스로의 모습을 결코 숨길 수는 없게 된다.

　　새 한 마리
　　길러 봅니다.
　　눈뜨지 못한 새는
　　투명한 바람 되어 날아가 버리고

　　바람 한 가닥
　　따라가 봅니다.
　　허공에 맴돌던 바람은
　　시꺼먼 밤바다 되어 돌아누워 버리고

　　다 퍼낸 밤바다
　　빈 표주박에
　　새벽별 하나의
　　흰 재.

흰 재 같은 눈이 내립니다.
백지 위엔 몇 점 얼룩만 남아

나의 시는
말의 얼룩입니다.

―「나의 시는」, 전문

5연으로 된 이 詩는 文寅洙 지금까지의 관심과 입장 그리고 그가 지금 머물고 있는 시적 좌표를 매우 밝게 설명해 주고 있다. '새'와 '바람'과 '별'과 '재'로서 연결되는 대상들은 무엇을 의미하는가. 더욱 '새'는 눈뜨지 못하는 새고, 바람은 허공에 맴도는 바람이며 새벽별은 바로 재가 되어 있지 않은가. 떠도는 것은 그것을 행하는 주체의 의지적 작용에 연구되어진다. 그러나 그 같은 주체적 의지가 바래지고 옅어질 때 그것은 헤맴이 되고 하염없음을 동반하게 된다. 그것을 운명이라든가 팔자라든가 하는 삶의 명에 따위로 생각한 것이 전통적인 한국적 발상 방법이 아니었던가.

文寅洙는 새를 통하여 자신의 떠돎을 주체적으로 말하려 한다. 그러나 그것이 눈뜨지 못하는 새가 되어 주체적 의지가 상실될 때 바람이 되어 헤매게 되며, '시꺼먼 밤바다 되어 돌아누워 버린'하염없음으로 이어지고 해벽별의 재만 가슴의 표주박에 퍼담게 되는 것이다. 그러나 재를 가지고 그가 가진 서정적 마음 밭 위에 언어를 붙잡아 매어 얼룩으로 스스로의 시를 정의한 것은 말의 詩 속에 무엇을 담고자 하는가를 알 수 있게 해준다. 스스로의 떠돎과 헤맴의 막막한 지평에서 서정적 바탕 위에 언어를 놓아가겠다는 의지의 일단으로 파악하게 된다. 그러므로 팔자라든가 운명 따위의 그물 속에 삶을 포박시키지 않는다. 떠돎과 헤맴을 언어 속에 하염없음의 흔적으로 잦아들게 하는 곳에 문인수의 독자성이 자리한다는 것을 그래서 파악할 수 있게 된다.

이 같은 대응이 삶에 있어 바람직한 것인가의 논의는 사실상 불필요하다. 그것은 문인수 나름의 삶에 대한 詩的 방법이며 그 방법의 향방에 우리의 관심은 놓여져야 하기 때문이다. 언어 속에 하염없음을 새기면서 흔적을 남기려는 의도는 흔적의 짙고 옅음에 대한 생각으로 문인수를 치닫게 하고 있음을 알게 된다. 그의 흔적에 대한 짙고 옅음의 관심은 사회적 영역으로 비집고 들어오게 된다.

빈 집
반은 빈
산마을.

산비탈 묵정밭엔
그대 어금니,
삭은 호밋날 하나 꽂혀 있다.

어느 도시
가건물 낮은 지붕 밑에서 누가
마시는 횟술.

억새풀 무더기가 바람에
느닷없이 쓰러지고
벌건 수꿩 한 마리 솟구쳐오른다.
엎딘
산마을.

—「산마을」, 전문

산마을 빈집의 그 공허함과 집을 버리고 도시로 떠난 이가 팽개친 호밋날을 결코 놓치지 않는다. 도시로 나간 이가 마시는 '횟술'을 삭은 호밋날과 대등하게 객관적 상관물(objective correlative)로 놓을 수 있는 것은 탁월한 시적 역량으로 평가할 수 있다. 고향땅의 赤貧을 버리고 가건물 낯선 지붕 밑에 앉아 있는 헤매는 사람―그것은 바로 文寅洙가 떠돔과 헤맴을 거쳐 하염없음으로 잦아졌던 모습일 수도 있을 것이다. 그러나 결코 문인수의 사회적 관심은 또 다른 흔적 속에 그것을 각인해 두려 한다. 그의 시적 공간은 다시 산마을로 이동되면서 억새풀과 솟구쳐오르는 수꿩 한 마리에 고착되어 버린다. 솟구쳐 오르는 수꿩과 느닷없이 쓰러진 억새풀의 이미지에 그러나 우리는 주목해야 한다. 그것은 흔적의 자취를 보다 짙고 강하게 해두려는 문인수 갈등의 중요한 표징이기 때문이다. 그 갈등은 그로 하여금 또 다른 관심의 뜰로 성큼 들어서게 한다. 그것을 우리는 종교적인 것과의 유착이라 할 수 있다.

우리는 낯설지 않고 우연치 않구나. 나는 너를 본다 풀꽃이여. 거대한 산
간 바람 한 가닥 찾아올 리 없는 후미진 곳 돌틈에서 천지간 어느 한 자
락 거들어 펼칠 이름도 없이 그러나 너 또한 보느냐 나는 피어 있느냐 긴
문장 속의 ᄒᆞ나 점 피어리드여. 너 있었고 나 있었음의 하늘과 땅이여.
―「마태오 6장 30절의 풀꽃」

'너 있었고 나 있었음의 하늘과 땅'에 관한 사항은 절대자를 인정하는 신앙적 자세의 언어적 표현이다. 하늘과 땅에 존재하는 것들은 '낯설지 않고 우연치 않'은 섭리에 의해 정렬되기 때문이다. 그러나 이 곳에서도 바람에 대한 문인수의 끈덕진 집념은 결코 가시지 않고 있다. 말하자면 떠돔과 헤맴과 하염없음의 그 끝자리에서 그는 종교적 사항과 관계하고 있음을 알

게 된다.

　요컨대 문인수 詩들은 서정적 바닥을 처음부터 가지면서 출발되어졌다고 파악 된다. 그것은 떠돎과 헤맴 그리고 하염없음의 자리에서 그의 詩心은 나래 펴기 때문이다. 그래서 對社會的 관심으로 하나의 영역을 형성하고, 종교적 사항과의 관계맺음으로 또 하나의 자리를 형성하게 된다. 그의 떠돎과 헤맴은 그러나 하염없음의 自己放棄的 가락을 지녔음에 또한 주목해야 할 일이다. 그 자기방기적인 것은 고향 회귀적인 모성 지향에 뿌리박고 있게 된다. 그래서 오히려 우리의 가슴에 앙금처럼 홍건하게 고이는 흔적을 남긴다. 「겨울비」, 「감」, 「빈자리」, 「고향점묘」의 詩篇들은 이 점을 분명하게 보여주고 있다. 설사 「능수버들」, 「저녁노을」, 「폐차장 풍경」 등이 보여주는 對社會的 관심도 결국은 그만그만한 흔적의 궤적에서 크게 벗어나고 있지는 않다. 오히려 「새」가 보여주는 강렬함도 마침내 '자유여 자유여 그 새의 날개는 어디쯤 닿았는지 알 길 없습니다'로 주저앉게 되고 만다. 이 점은 문인수 詩의 성격이 다시 말하거니와 떠돎, 헤맴 그리고 하염없음의 지평 속에 강하게 매어져 있음을 뜻하는 것이기도 하다.

　낮은 목소리가 높고 큰 목소리보다 덜 효과적이라는 것은 목소리의 효용성을 염두에 두지 않을 때 아무런 설득력도 가질 수 없다. 맑고 잔잔한 흔적으로 마음에 앙금이 되어 잦아드는 문인수의 詩에 보다 강하고 힘찬 메시지가 없다고 돌을 던진다면 그것은 넌센스다. 그가 선택하는 언어의 서정적이며 식물적인 특성이 높은 목소리와 강한 메시지에 지친 우리의 눈에 오히려 청량감을 주기도 한다. 이 또한 정확한 가치 기준은 될 수 없다. 문학은 그 톤에 관계없이 영원히 개성적인 것이고 오래도록 넓고 깊은 감동의 여울을 가슴에 형성시켜 줄 때 자기의 영역을 확보하게 될 것이기 때문이다. 말하자면 문인수의 詩篇들이 보다 깊은 감동의 여울을 형성하도록 아직 더 많은 것을 우리는 바라고 싶다. 그러나 그것들이 홍건하게 흔적의 앙금으로 잦아들고 있음에 다음의 보다 확실한 기약을 걸어 보고자 한다. 또한 그 작업을 문인수는 반드시 해낼 것을 확신하고 싶은 것이다. 원컨대 85년게야 매우 늦게 시단에 얼굴을 내민 그의 약여한 모습을 일차적으로 검증하면서 우리는 감동의 폭과 깊이를 위해 그의 시정신과 언어들이 더욱 치열하고 아픈 몸부림으로 다시 한 번 고통 받기를 바라고 싶다.

16. 윤기일[77] ─ 벌 받듯 끝내 서정의 그림자를 지키는 자리
    (시집 『마음 속 호리병 하나』)

1) 언어로 시 속에 홀로 있기

윤기일의 시를 관통하고 있는 일관된 성격은 서정성이다. 이 서정적인 특성이 갖는 주관적이고 개인적인 성향은 문득 프리드리히가 『현대시의 구조』에서 유럽 현대 서정시를 설명하고 그 총괄적 결론에서 진술하고 있는 다음과 같은 말을 생각하게 한다.

> 시인들은 불협화음에 의해서 진술한다. 한정적인 말들로써 불확실성을, 간단한 문장들로써 복잡한 것을, 하나의 근거로써 근거없는 것을(혹은 역으로), 하나의 연관으로써 연관없는 것을, 시간의 표시로써 공간과 무시간성을 마술적 언어의 힘으로써 추상적인 것을, 엄격한 형식들에 의해 내용적으로 자의적인 것을, 감각적인 형상의 부분들로써 불가시적인 형상을 기술한다. 이것들은 시어의 현대적 불협화음들이다. 이것들은 이해시키기 위한 언어와는 극단적으로 상이한 것이긴 하지만 그래도 언어임은 분명하다. 왜냐하면 언어란 마치 어떤 음향과 의미를 생성할지 예견할 수 없는 피아노

---

77) 尹淇一(1947.경북 경주─) 『현대문학』으로 등단(1990). 『가슴 속 호리병 하나』(문학수첩, 2001) 등 시집

의 건반과 같이 다루어지기 때문이다. 시인들은 언어와 함께 홀로 있을 뿐이며, 또한 언어만이 그들을 구제한다. (276쪽, 장희창 옮김. 한길사. 1996)

윤기일 시의 서정적 성향에서 읽고 느끼게 되는 것은, 프리드리히가 말한 것과는 그 성격이 얼마간 차이가 있지만, 불협화음을 화음으로 환치시키는 언어의 연금술이다. 그는 언어의 마술적 힘을 활용하는 연금술로 '한정적인 말들로써 불확실성을, 간단한 문장들로써 복잡한 것을' 말하고자 한다. 그래서 나름대로의 엄격한 형식에 의해 눈으로 확인이 불가능한 불가시적인 모습들을 제시하려고 한다.

윤기일은 시어(詩語)로써 읽는 사람을 이해시키려고 하지 않는다. 다만 시인 자신의 자아와 더불어 언어로써 시 속에 홀로 있기를 원한다. 그가 20여 년을 훨씬 넘게 시작(詩作)을 해 오면서 작품발표에 연연하지 않았고, 시집 한 권 묶지 않았던 이유와 이것은 상관관계에 놓이는 것으로 이해할 수 있는 부분이다. 시집 속의 대부분 시가 장형이 아니라 단형을 취하고 있는 것은 프리드리히의 '(시인은) 한정적인 말들로써 불확실성을, 간단한 문장들로써 복잡한 것을' 말하고자 한다는 담론과 매우 지척지간에 있음을 알 수 있게 해 준다.

윤기일의 시와 만난 것은 행복한 조우다. 그것은 기왕의 한국서정시가 개척하지 못한 또 다른 언어의 연금술과 그 연금술의 현란함을 애써 감추면서 그 속에 숨어 언어와 함께 홀로 있는 시인 모습을 바라보면서 깊이를 헤아릴 수 없는 우수(憂愁)를 가질 수 있었기 때문이다. 이 시적 우수는 삶에 대한 성찰을 촉발시키기도 하고, 너무 진부하여 이제는 떨쳐 버리고 싶은 한국인의 전통적인 정한(情恨)을 되새김 하게 하고, 니이체의 수사을 원용하면 죽을 수밖에 없는 유한한 인간존재의 실존적 자아를 감득하게 해 주기 때문이다.

2) 애써 감추는 언어의 연금술

시에 있어 언어는 처음이자 마지막이다. 어느 문학장르에 있어서나 언어가 작품의 중심에 자리하고 있음을 부인할 수는 없다. 그러나 서사적 양식인 소설 등이 언어의 의사전달 기능에 기대면서 대상을 설명 혹은 진술하고 있다면, 시는 언어에서 출발하여 언어로 회귀하면서 언어가 가진 일차적인 기능의 변방을 개척하려고 한다. 리챠즈의 표현을 빌리면 이것은 '언어의 정서적 사용법'에 해당한다.

따라서 시인이 언어를 다루는 것(poetic diction)은 언어가 가지고 있는 기존의 표상의미에 대한 한계를 넘어 서려는 의도와 맞물려 있다. 사전적인 의미의 그 너머에 있는 무한한 새로운 의미공간을 향해 시인은 부단히 나아가려고 한다.

윤기일의 시어에서 시인의 언어 연금술을 새롭게 인식하게 되는 것은 그의 시어들이 부단히 언어의 기존 의미 질서를 넘어 서려고 하는 의지가 매우 강하게 표출되고, 그 의지가 대부분 성공하고 있다고 판단되기 때문이다.

> 한 발 물러서서,/ 나비 한 마리 날아올라/ 흰구름이 될 때까지/ 높푸른 하늘을 쳐다보다가,/ 꽃은, 저쯤에서/ 잠시만 보고 가자./ 그러나 급하게 뛰지 말고/ 먼 지평을 향하여/ 천천히 걸어가자./ 꿈으로 수 놓은 옷을 벗어/ 골목길 전선주에 입혀놓고/ 한 올 기쁨도 바람에 걸어두고/ 새털처럼 가볍게 가자./ 내 발자국이 지우는 햇빛이/ 천지간을 환하게/ 일시에 비운다./ 꽃은 한 발 멀리서/ 잠시만 보고 가자.
>
> ―「꽃 보기」, 전문

나비와 흰구름, 꿈과 옷, 기쁨과 바람 그리고 새털은 이 시가 이루고 있는 중심축이다. 이 중심에 놓여 있는 언어들의 의미는 결코 표상적 의미일 수만은 없다. 나비와 구름이 동격이 되고, 꿈이 옷에 놓인 수(繡)로, 기쁨이 한 가닥 올이 되어 바람에 걸리는, 시인이 새롭게 개척한 정서적 사용법의 언어가 된다.

평범한 듯한 이 시의 언어들이 사실은 꽃으로 상징되는 그리움의 실체와 그것을 내면에 갈무리 해두고자 하는 시인의 소망과 함께 어우러진다. 그래서 그리움에 대한 시인의 새로운 해석과 그리움에 대응하는 시인의 의지로 읽히게 된다. 그것은 윤기일이 가진 연금술사적 조사(措辭)의 능력에 기인한다.

> 한 그루 키 큰 나무로 서고 싶어요, 나는/ 그대의 집 높디높은 담장보다/ 매일 한 뼘씩 더 올라 가지를 뻗고 싶어요.// 그대, 눈부시게 화장을 하는 푸른 방의/ 손거울을 반쯤이나 들여다볼 수 있는/ 창문 밖에서, 잎 넓은 나무로 서서 가려주고 싶어요.// 내 큰 손으로 가장 밝은 햇살만 따담아 말렸다가,/ 비가 오는 날은 잘게잘게 갈아서/ 그대의 이마 위에 뿌려드리고 싶어요.// 목이 타는 한여름 가뭄이 들 때,/ 내 가슴 그늘로 자리 펴고 바람으로 짠 홑이불 덮어/ 그대 고운 잠 자장가 불러 재우고 싶어요.
>
> —「먼사랑(3)」, 전문

언어를 다루는 윤기일의 연금술사적 능력이 불협화음을 화음으로 환치시키고 있음을 이 시는 극명하게 드러내 주고 있다. 헤어져 있는, 도무지 볼 수 없는 그리움의 실체는 언제나 불협화음이다. 이 불협화음을 화음으로 바꾸어 놓는 것은 이 시의 경우 결코 흥분하지 않는 어조인 '내 큰 손으로 가장 밝은 햇살만 따담아 말렸다가' 또는 '고운 잠 자장가 불러' 등의 시어들을 사용함으로서 가능한 일이 되었다. 연작인 이 시의 다른 편들도 모두 이 같은 시적 발상의 문맥에서 언어의 마술적 힘을 활용하는 연금술로 변화시켜 놓고 있다.

마음은 나무가 되어 매일 한 뼘씩 자라 담장을 훌쩍 뛰어넘기를, 나뭇잎을 잘게 갈아서 이마에 뿌려주고 싶은 그리움의 실체는 송강의 「사미인곡(思美人曲)」과 홍랑의 시조를 생각하게 해주는 구절이다. 그러나 그것들이 가진 처연함과는 다른 갈아앉음과 편안함은 불협화음을 화음으로 환치시켜 놓은 시인의 또 다른 시적 능력과 관계할 것이다. 뿐만 아니라 시인이 언어의 현란한 연금술을 애써 감추려는 의도에서 비롯된 것이라 할 수 있다.

> 내 속가슴에/ 호리병 하나 묻어두고/ 너의 여린 숨소리/ 새벽 별빛에 말려/ 넘치잖게 가득 채워/ 석달 열흘 익혔다가/ 밤마다 한잔씩만 마시고/ 한 십 년/ 깨지 못할 네 잠 속의/ 어지로운 꿈으로 살다가/ 내 죽음의 그림자/ 세상에서 가장 낮은 곳에/ 숨기리라.
>
> —「새벽 꿈」, 전문

'애써 감춤'의 의도는 윤기일 시 거의 전편을 휘감고 있는 정서의 질(質)이지만 「새벽 꿈」과 같은 소품에서는 더욱 두드러지게 나타나고 있다. '세상에서 가장 낮은 곳에/ 숨기리라'고 말하는 것은 이것을 분명하게 짚어볼 수 있게 한다. 죽음의 그림자를 어지러운 꿈으로 사는 것과 상관하게 하고, 새벽 별빛에 그리움의 실체를 말리면서 속가슴에 호리병 하나 묻어 그곳에 담아두고자 하는 그리운 마음.

이같은 시적 정황은 정서의 질감을 말하기 전에 이 시인의 감춤의 미학에 대한 시적 추구라고 할 수 있을 것이다. 그래서 시인의 언어 연금술에 대한 태도와 함께 읽는 사람으로 하여금 감각적인 형상의 부분들로써 불가시적인 형상을 가늠하게 하는 힘을 가지도록 한다.

3) 인간 존재에 대한 성찰

'애써 감춤'은 필연적으로 시인 자신이 홀로 있고자 하는 곳으로 나아가
게 된다. 감춘다는 것은 자신을 드러내지 않음이고, 이 드러내지 않음은 세
상에 홀로 있음의 극단까지 자신을 밀어 붙이는 자세가 전제되지 않고는
불가능하다. 윤기일은 그의 시 속의 언어들 사이에 자신을 은폐시키면서
홀로 서 있게 된다.

> 내가 듣고자 하는 말은 남들이사 벌써 다 듣고서 알고 있는 말이지만 나
> 는 들어도 정말 알 수가 없는 말이라 내가 듣고 있는 말은 같은 말을 듣
> 고 외워도 금방 잊어버려 없는 소리이고 내가 말하고자 하는 말은 남들이
> 이미 다 말해 버려 하둥에 쓸데없는 소리라 내가 하는 말은 이제 누가 들
> 어도 아무런 뜻도 없는 한낱 목쉰 소리일뿐이고 내가 쓰고자 하는 詩는
> 남들은 그따위 말이야 詩란 제목에 가당치도 않다고 읽는 척도 아니 할
> 하품소리라서 내가 쓴 詩는 바람과 구름에나 띄워 보이지 않는 하늘 한
> 끝 찢어 그 구멍에 내던져 버리는 글씨연습이다.
>
> —「모르는 말」, 전문

자신을 감춤으로부터 스스로가 홀로 있음에 대한 뼈저린 고독과 소외감,
가슴을 쥐어뜯으며 오열하고 싶은 심사를 윤기일은 가라앉히면서 풀어낸다.
가라앉히면서 풀어냄으로 그것은 언뜻 자학적인 메조키즘과 상관함을 알
수 있게 된다. 그러나 이 자학증이 시로서 형상화되면서 읽는 사람을 우수
(憂愁)에 잠기도록 하는 마력을 윤기일의 시는 가진다. 그 우수는 홀로 있
음으로 얻게 되는 성찰에서 비롯하고, 읽는 사람이 삶에 대해 다시 생각하
게 하는 계기가 되게도 한다.

들을 수 있으리,/ 물총새 울음으로 먼 하늘 가깝게 해가 질 때/ 西山 그
늘 맞잡고 가는 비구름 구십리 길,/ 물소리 되풀어 감는 바람 속에서/ 산
지사방 헤매이다가 엉겨 괴는 안개를/ 목 트인 소리로 씻어내고 있음을.//
볼 수 있을거라,/ 자갈은 자갈대로 한 생애로 구르고 굴리다가/ 모래 되어
묻혀졌다/ 다시 일어나고, 사라진 이 살아나와/ 물 속에 섰고, 산 이 죽은
이름으로/ 물거품되어 떠내려가다 바위에 깨어져 흔적도 없음을.// 물살은
깊고 빙빙 소용돌이쳐 오가도 못해/ 머물 곳 찾다가, 西川 갈밭에 서서/
귀 막고 눈 감으면,/ 가로등 켜고 잠든 세상 어둠 저쪽에서도/ 다 살아서
숨 쉬고 흐르는 것임을/ 나도 알 수 있겠네.

－「西川 갈밭에 서서」, 전문

첫 연이 홀로 있음으로 가지게 되는 우수라면, 둘째와 셋째 연은 그 우
수로부터 삶을 성찰하면서 얻게 되는 깨달음 같은 것. '구르고 굴리다가 모
래되어 묻혀졌다'와 '산 이 죽은 이름으로 물거품 되어 떠내려가다 바위에
깨어져 흔적도 없음을'을 나란히 놓고 살펴보면 유한한 인간존재의 삶과
이 세상에서의 인간존재의 어쩔 수 없는 운명적 모습과 만나게 된다.

「바람의 노래」, 「안개에 갇혀」, 「구절초 지기 전에」, 「서산 낙엽을 위하
여」, 「갈대로 서서」, 「풀을 위하여」 등의 시는 이러한 맥락에서 이해될 수
있는 가편(佳篇)이라고 말 하지 않을 수 없을 것이다.

4) 한국적 정한(情恨)의 되새김

윤기일의 시에서 전통적인 정한(情恨)을 되새김 하게 되는 것은 그가 색
다른 방법으로 설정하는 토속적 이미지에서 비롯한다. 일반적으로 토속적
이미지는 토속어 즉 토박이말의 조사(措辭)나 전통적인 운율에 기대어 이
루어지기 마련이다. 소월과 목월, 영랑이나 미당 그리고 백석 등이 한국적

정한을 표상한 방법이 대개 그러한 것이었다.

윤기일이 한국적 정한을 구사하는 방식은 토속적인 이미지의 제시를 통해 그것을 읽는 사람이 스스로 생각하게 하는 방법이다. 한국의 토속적 이미지는 필연적으로 우수를 갖게 하고, 우수에 바탕하여 저 아픔과 눈물과 오열을 참아 내면서 속으로 응어리 진 한국인의 정한을 느끼게 하는 그런 방식이다.

흙담마저 허물어진 초가집/ 대들보에 걸린 왕거미줄에 끄으름이 쌓이고 있다./ 주춧돌 내려앉은 기둥에 개미가 제 집으로 기어 다니고,/ 돌쩌귀가 한 짝 빠지고 없는/ 벽창문 묵은 창호지에 얼룩진 빗물은.

―「來歷」, 부분

엘리어트의 표현을 원용하면 객관적 정황의 이미지를 통해 가장 한국적인 것에로 읽는 사람의 생각을 끌어가는 윤기일의 시적 방법을 「來歷」은 잘 보여주고 있다. 이러한 윤기일의 시적 방법이 무엇보다 잘 나타나고 있는 것은 「흰옷 說話」다.

「흰옷 說話」에서 보게 되는 토속적이며 샤마니즘에 적셔낸 이미지를 제시하여 한국적 정한에로 이끄는 것은 그의 언어에 대한 연금술사적인 능력과 합해져 하나의 절창이 된다. 모두 여섯 연으로 구성된 「흰옷 說話」의 그 첫 연만을 적어 본다.

향불 피워 강림하신 五代祖님 큰 그림자
긴 수염 쓰다듬고 첨잔술 드실 때, 서까래 끝에 달린 紙燈이
　　온 밤을 밝히는 초가집 용마루에
生時의 초생달빛은 이슬 맺는 박꽃이네.

5) 속가슴 호리병에 담는 그리움

　윤기일의 시에 대한 어떠한 설명도 그의 시를 관통하고 있는 것이 서정성이라는 전제를 무시하고는 이루어질 수 없을 것이다. 윤기일 시의 모태는 서정성이고, 그 모태에서 애써 감추고자 하는 언어의 연금술을 통해 시적 우수에 바탕하는 삶에의 성찰로 나아간다. 그래서 한국적 정한의 세계를 읽는 사람이 되새김 하게 하고, 인간존재의 유한성을 새삼 생각하도록 한다.

　또 하나, 윤기일의 시를 떠받치고 있는 것은 그리움과 사랑이다. 어쩌면 그리움과 사랑이 다른 어떤 요소 보다 더욱 많고, 진하게 그의 시를 지배하고 있는 정황이라고 해도 지나치지 않을지 모른다.

　윤기일 시 속의 그리움은 '어쩔거나, 다가서고 싶은 만큼 뒤물러서서/ 단 한번의 사랑가를 부르지 못하고/ 충혈한 내 두 눈은 다래끼가 나/ 별 받듯 끝내 그대 그림자만 지켜섰는' 그래서 '그대 안고 갈 내 마음'(「장미꽃을 위하여」에서) 속의 '호리병'에 담아 놓는 그런 그리움이다. 끝내 그 그리움은 「먼 사랑」이 되고 만다.

　　눈 감고도/ 너를 찾고 싶어,// 하늘 한 가운데로/ 손거울 비춰본다.// 멀리 있기에/ 돋움발 다시 세워도// 너의 얼굴 지워지고/ 그림자 마저 더욱 어두워져// 해 저문 강물에/ 끓는 마음 띄우는데,// 실안개 속살 벗기는/ 꽃바람을 다시 그린다.

─「손거울 보면서」, 전문

　'하늘 한 가운데로' 그리움의 실체를 찾고 싶어 '손거울 비춰' 보는, 그리고 그 그리움을 가슴에 간직한 호리병에 깊이 담아두고 이렇게 도저한 사랑을 노래한 시인이 흔할까. 윤기일 시의 그리움과 사랑의 세계가 한 경지를 이루고 있는 모습을 여기서 만난다.

'하마 다 와 갈거라, 눈 감고 기다리는'(「풍란 꽃 지기 전에」에서) 시인은 햇빛과 바람을 한 두름으로 엮어 그의 가슴에 달아두기도 한다. 그것은 먼 사랑에 대한 절절한 시인의 염원이기도 할 것이다.

6) 끝내 지키는 서정(抒情)의 자리에 대해

서정성이 주관적이고 개인적인 성향이란 말에 반론을 제시할 수는 없다. 원래 서정시(lyric poem)란 개인적이고 주관적인 데서 출발했음으로 그 말에 시비를 걸 수는 없는 법. 그러나 사르뜨르는 시란, 아니 이 지극히 주관적이고 개인적인 성향의 서정시란 저주받은 자들의 푸념이란 투로 돌팔매를 하기도 했다.

윤기일의 시를 뒤덮고 있는 서정성은 그의 시를 시인의 주관적이고 개인적인 공간에 붙들어 두고 있다. 붙들어 두고 있다는 말을 부연한다면 그의 시는 극단적인 시인의 정서적 정황을 언어로 표출하는 데 그치고 있다. 주관적이고 개인적인 성향이 읽는 사람의 또 다른 주관적, 개인적 영역과 행복하게 만나는 지점에 윤기일의 시가 자리를 한다고 해도 이 외곬의 성향은 다이나믹하다고 할 수는 없다. 다이나믹이란 말을 다양성의 또 다른 표현이라고 했을 때 윤기일의 시에는 시적 대상에 대한 다양성이 결여되어 있다. 이 시집의 시들이 성취도에서 균형을 이루지 못하고 있는 것도 이런 점에서 연유한 것이라고 할 수 있을 것이다.

윤기일의 시에서는 '어떤 음향과 의미를 생성할지 예견할 수 없는 피아노의 건반'과 같은 언어가 표상하는 그런 현대성의 결여를 만나게 된다. '이해시키기 위한 언어와는 극단적으로 상이한 것이긴 하지만 그래도 언어'임은 분명한 일탈과 파괴의 정서를 읽을 수는 결코 없다. 요컨대 그의 시는 물신화, 몰개성화, 비인간화 그리고 환전성(換錢性)에 의한 인간의 순전

성(純正性)이 짓밟히는 삶의 현장에 대한 서정적 대응이 결여되어 있다. 윤기일의 시에 대한 불만이 자리하는 것은 바로 이러한 지점에서다.

시인이 자신의 시세계를 심화 확장시키는 것에 딴죽을 걸 수는 없는 일이고, 그러한 작업이 우리의 시대를 위해서는 바람직하지 않다는 말은 더욱 가당치 않다. 하지만 윤기일의 시가 갖고 있는 탁월성이 현대성에 대한 시적 사유에 발을 담근다면 금상첨화가 아니겠는가, 라는 말은 조심스럽게 피력할 수 있는 충고일 수도 있다.

'시인들은 언어와 함께 홀로 있을 뿐이며, 또한 언어만이 그들을 구제한다'는 프리드리히의 말을 다시 적으며, 윤기일의 시적 정진과 행로에 관심을 가지고자 하는 까닭이 여기에 있다.

시적 변용된 불교사상

1. 김어수[1] – 「虛의 章」-텅 빈 마음의 갈피

추수가 끝난 빈 들녘에 홀로 벼 포기의 그루터기를 밟고 서 보라. 눈 안에 가득 파란 하늘을 담고 옷깃에 스치는 늦가을의 바람을 손으로 움켜쥐어 보라. 눈 속에는 어떤 하늘도, 손아귀에는 어떤 바람도 들어오지 않고 잡히지도 않을 것이다. 하늘이 어디 있고 바람이 어디 있는가. 나는 어디 있고 내 이웃은 어디에 있는가. 아무 곳에도 없고 어느 곳에도 있지 않는가. 아니다. 있고 없는 것은 실체가 아니고 다만 그렇게 생각하는 인식 그것에 불과한 것이 아닌가. 요컨대, 텅 비어 있는 것을 (虛)라고 말할 때 그것을 어떻게 실체로서 내보여 줄 수 있겠는가. 내보여 줄 수 없는 것을 내보여 줄 수 있도록 깨닫게 하는 곳에 불교의 깨우침은 자리한다.

첩첩 連峰 밖에
놀이 타는 江 기슭이

능선이 이어지고 이어진 그 위에 노을이 타고 있다. 시인은 다만 그렇게

---

1) 金魚水(1907.강원도 영월 – 1985.서울) 조선일보에 시조 「조사」를 발표(1932) 문단활동. 『달안개 피는 언덕길』(한진문화사, 1975), 『이 짙은 향기를 어이하리』(보림사, 1983) 등 시집

인식한다. 시인이 「虛의 章」이라 시 제목을 택한 이유와 이것은 바로 연결되어 진다고 파악해야 할 대목이다. <산>과 <노을>과 <강>은 그러니까 텅 비어 있는 그 아득한 속에 다만 깨달음으로 와 닿는 이승의 현상이다.

輪廻는 雲濤 앞에
피곤을 안았어도

윤회란 무엇인가. <사람이 죽었다가 나고 났다가 죽어 몇 번이고 이렇게 반복함>을 말한다고 불교에서는 가르친다. 말하자면 식욕과 음욕과 수면욕의 세계인 욕계와 미묘한 형체가 있는 색계와 정신적인 것만 오로지 지배하는 無色界인 삼계의 迷界를 쉴새없이 流轉하는 것이 윤회가 아닌가. 시인의 파악은 이 같은 윤회가 뒤엉켜 굽이치는 저 광막한 구름의 도도한 물결 앞에 지쳐 있는 것으로 확인된다. 그렇다. 굽이치는 구름의 무리란 또 어떤 것인가. 그것은 진리의 세계를 휩싸고 있는 미망의 드리워진 자락이고 애써 걷어내려 해도 걷혀지지 않는 業의 짙은 칸막이다. 그 칸막이의 이쪽에서 시인은 다만 피곤해진 스스로의 눈 속에 윤회의 모습을 받아들이는가. 그래서 윤회가 지쳐 있다고 시인은 인식하게 된다. 그렇지만 어찌 윤회가 피곤을 안아 지쳐 있겠는가. 다만 지쳐 있는 시인이 그것을 그렇게 인식할 따름이 아니겠는가.

해맑안 가는 執念이
回歸線 을 또 돈다

지쳐 있는 시인은, 그러나 아직도 <산>과 <강>과 <노을>이 떠 있는 이승에 대한 집념이 언제나 미련을 버리지는 못한다. 그 버리지 못하는 미련이란 결국 미망 속에서 허우적거리는 중생의 모습에 다름 아니지만 그것을 떨칠 수 없는 것이 또한 어쩔 수 없는 범부의 모습이다.

그래서 시인은 그 집념, 해맑고 가는 스스로의 貪着을 어쩌지 못한다. <첩첩 連峰>과 <놀이 타는 江기슭>과 넘실거리는 <雲濤>를 축으로 하여 시인의 탐착은 회귀선처럼 계속 돌고 도는 것이다. 텅 빈 시인의 마음속에 소용돌이치는 집념의 정체는 그래서 다음 연에서 그 구체적인 모습을 드러내고 있다.

> 明滅하는 戀慕에사
> 章마다 쏟는 입김

사랑하고 그리워하는 것. 그것은 지울래야 지울 수 없고 떼려야 떼어버리기 어려운 범부의 고통이고 한숨이 아닌가. 마음을 비우고 또 비워도 항아리에 빗물이 고이듯 텅 빈 가슴에 고이는 것은 한숨이고 고통이고 고뇌가 아닌가. 시인은 그래서 <明滅하는 戀慕>를 결코 내동댕이치지 못한다. 꺼졌다간 나타나고, 나타났다가는 꺼지는 그리운 사람의 모습을 시인은 텅 빈 스스로의 마음 갈피 즉 「虛의 章」 속에 아픔의 <입김>으로 포개어 놓을 수밖에 없다.

> 情 번진 옷 자락에
> 굳이 걷는 그 무늬로

옷자락에 왜 情이 번지겠는가. 그것은 마음의 갈피에 다소곳이 포개어 놓았던 그리운 사연에 시인 스스로가 함몰하고 마는 경우이다. 그래서 피곤하고 지친 이승의 삶 속에서 시인은 밀물처럼 밀려오는 그리움의 파문을 하나씩 챙겨보며 발걸음을 옮긴다. 그런데 왜 시인은 <굳이 걷는 그 무늬로>라고 <굳이>를 강조했는가. 그것이 바로 텅빈 마음의 지향할 바 없는 번뇌 혹은 고뇌를 곰삭이지 못하는 스스로의 한계에 대한 하염없음의 나타냄으로 보아야 할 것이다. 그러므로 <굳이>라는 시인의 언표는 속세의 그리움을 求道의 結晶으로 승화시키지 못하는 자기 앙탈이라고 파악하여도 좋을 것이다.

일찍이 月明師라는 시인이 있었음을 기억할 일이다. 불문에 귀의한 그는 장삼자락을 휘날리며 지금의 경주—서라벌의 곳곳을 떠돌며 부처님의 말씀과 그 깨달음을 중생들에게 설법하고 이승의 하염없음과 서방정토의 영원함을 절규하였다. 그러나 그 역시 사바세계의 俗緣을 결코 떨치지 못했던 것. 그는 사랑하는 누이가 이승의 언덕에서 저승의 피안으로 갔음에 가슴을 찢는 슬픔을 가지지 않을 수 없었다. 그래서 그는 누이의 영전(靈前)에서 이렇게 노래했다.

生死路는
예 있음에 젛이여서
나는 간다 말도
못다 이르고 가느닛고
어느 가을 이른 바람에
이에 저에 떨어질 잎같이
한가지에 나고
가는 곳 모르온저!
아으 미타찰에 만날 나는
道닦아 기다리련다

삶과 죽음, 이승과 저승의 갈림길은 바로 여기에 있다는 것이 두렵다(젛이여서)고 그는 고백한다. 그래서 떨어지는 나뭇잎처럼 이승의 삶은 끝이 나서 형제간에도 저승의 어디로 가는지를 알 수 없다고 파악한다. 그러나 월명사는 두 손을 모다 합장하면서 먼저 피안으로 간 누이를 <道> 닦으면서 기다리겠다고 다짐한다. 「祭亡媒歌」의 도 닦으면서 기다리겠다는 이 부분이야말로 월명사가 속세의 고뇌와 속연의 질긴 끈을 불교신앙의 차원으로 승화시키면서 정신적인 구도의 한 극점을 이루는 데 성공하고 있다고 말할 수 있는 부분이다. 그래서 월명사는 도 닦아 기다리겠다고 스스로에게 거리낌 없이 다짐하고 있게 된다. 이 점은 바로 김어수 시인이 <精 번진 옷 자락에/ 굳이 걷는 그 무늬로>라고 <굳이>를 앞세우는 고뇌의 나타냄과는 확연히 다른 자리에 있게 된다. 월명사의 속연을 승화시키는 점이 훨씬 더 신앙적으로는 바람직할 지 모른다. 그러나 김어수 시인의 그리움에 대한 인간적인 너무나 인간적인 갈등과 고뇌에서 비롯되는 스스로의 앙탈은 그것대로 훨씬 범부의 세계 속에서는 퍼덕거리는 생동감을 갖는 것이 아니겠는가. 그래서 시인은 그 극히 인간적인, 구도의 결정으로 영글어 승화시키지 못하는 뒤끓는 고뇌를 가지고 이렇게 방황하게 된다.

달무리 젖은 산길을
채어 넘는 그림자

<노을>은 이미 어둠으로 짙어져 버렸다. 노을이 타던 강기슭에도 이제는 어둠이 내려덮였다. 그 어둠을 밀어내는 달무리가 홍건하게 산길을 적시는 곳으로 뒤뚱거리며 시인은 넘어간다. 아니 넘어간다고 인식한다. <채어 넘는 그림자>는 그래서 시인 자신이 된다. 꼭 그런 것만도 아니다. 시인 자신의 그림자에 불과하다. 그렇게 시인이 그 산길을 뒤뚱거리며 넘어가고 있다고 생각할 따름이다. 그리움을 <텅 빈 마음의 갈피>(虛의 章)에

차곡차곡 포개면서

　　因緣이 하 멀다고
　　星河도 돌아 앉아

　시인은 그래서 그리움의 대상과 자신과의 인연은 너무 멀다고 생각한다.
만날 수 없는 그리운 사람임을 확인하는 일은 얼마나 뼈를 깎는 아픔인가.
그 아픔은 그러나 세속적인 번뇌에 다름 아님을 시인도 알기는 안다. 그래
서 하늘의 별들도 자신의 고뇌에 등 돌리고 있음을 깨닫지 않는가.

　　圓따라 이는 그늘
　　저리다 아픈 숨이

　圓이란 무엇인가. 그것은 시작도 끝도 명확하지 않는 모든 것이 시작이
고 모든 것이 끝이 되는, 요컨대 시작도 아니고 끝도 아닌 그 무엇이 아닌
가. 그래서 시인은 그리움으로부터 시작된 스스로의 고뇌가 이제 형체는
확연하지만 어디서부터 시작되었고 어디서부터 끝이 나는지를 도무지 확인
할 길이 없다. 그러므로 시인에게 그것은 다만 아픔으로 확인된다. 이 아픔
은 결국 번뇌의 사슬에 다름이 아니겠지만 그래도 인연과의 연결 속에서
생각한다면 시인의 <아픈 숨>은 결국 佛法에의 깨달음으로 한 걸음 다가
서는 계기가 되는 것이라 볼 수도 있을 것이다.

　　交叉點 흐린 언덕에
　　路程 찾는 넋이여

시인의 영혼은 그래서 길을 찾게 된다. 교차점이란 바로 이승의 그리움과 그로부터 비롯되는 번뇌의 자리와 타는 노을과 굽이치는 구름 물결인 雲濤와 첩첩한 연봉의 그 너머에 자리한 부처님 앞으로 나아가는 길의 갈리는 점이 아닌가. 그 지점에서 시인은 길을 찾는다. 그 길은 무엇이겠는가. 그 길은 사람이 번뇌에서 벗어나 참답게 깨우치신 부처님의 말씀에 귀의하는 길은 아니겠는가. 모든 것이 텅 비고 허무하다면 결국 시인은 다음과 같은 부처님의 말씀에 귀 기울이며 번뇌에서 벗어나는 길로 가게 될 것임을 암시하고 있는 것은 아니겠는가. 『법구비유경 무상품』의 한 구절은 그래서 많은 시사를 던져 준다.

부처님이 사밧티의 기원정사에 계시면서 많은 대중들을 위해 설법하셨다. 그때 파세나디왕의 어머니는 나이 아흔이 되었는데, 어느날 갑자기 중병을 얻어 어떤 약으로도 고치지 못하고 마침내 목숨을 마쳤다. 왕과 신하들은 몹시 슬퍼하면서 경건하게 장례를 치렀다. 장례를 마치고 돌아가던 길에 왕은 기원정사로 부처님을 찾아가 뵈었다. 부처님은 전에 없이 비탄에 잠긴 왕의 모습을 보고 그에게 물었다.
「왕은 어디서 오기에 그처럼 옷이 구겨지고 슬퍼하십니까. 무슨 일이 있었습니까?」
왕이 머리를 숙이고 말했다.
「저의 어머님께서 중병을 얻어 갑자기 돌아가셨습니다. 방금 장례를 치르고 돌아오는 길에 들렀습니다.」
부처님은 왕을 위로하면서 다음과 같이 말씀하셨습니다.
「예나 지금이나 두려운 일 네 가지가 있습니다. 즉, 태어나면 늙고, 늙으면 병들고, 병들면 죽고, 죽으면 가까운 사람들과 이별하지 않을 수 없는 일입니다. 사람의 목숨은 언제 어디서 어떻게 될지 기약할 수 없고, 만물은 덧없어 오래 보전하기 어려운 것입니다. 하루 하루가 지나가듯이 사람

의 목숨도 그와 같습니다. 마치 강물이 밤낮으로 쉬지 않고 흐르듯이 사
람 목숨의 빠르기도 그와 같습니다.」
부처님은 偈頌으로 읊으셨다.

강물은 흘러흘러

다시 돌아오지 않듯이

사람의 목숨 또한

한번 가면 돌아오지 않네.

부처님은 게송을 읊고 나서 왕에게 말씀하셨다.
「우리가 살고 있는 세상은 그런 것입니다. 영원토록 사는 것은 아무 것도
없습니다. 모두 죽음으로 돌아가는 길에서 벗어날 수 없습니다. 아득한 옛
날부터 왕도 부처도 아라한(聖者)도, 혹은 신통력을 가진 신선들도 모두
과거로 돌아가 지금 살아 있는 이는 아무도 없습니다. 그러니 왕이여, 부
질없이 슬퍼하면서 몸과 마음을 상하게 하지 마십시오.」
슬픔에 잠겼던 왕과 신하들은 부처님의 말씀을 듣고 근심과 슬픔에서 벗
어나게 되었다.

　김어수 시인의 「虛의 章」의 형식적 특성에 우리는 주목할 필요가 있다.
그것은 한국시의 영역에서 외재율을 가진 정형시의 유일한 형태로 말해지
는 시조의 형식을 취하고 있음이 그것이다. 시조는 일반적으로 초장과 중
장 그리고 종장, 즉 세 장이 한 편을 형성할 때 단시조라고 한다. 그리고
초, 중, 종장이 둘 이상 연을 형성하고 있을 때 연시조라고 일컫는다. 「虛
의 章」은 초, 중, 종장이 세편으로 된 연시조에 해당한다. 그러나 시인은
한 장을 각각 2행씩으로 하여 일반시에 있어서 한 연을 구성하도록 배열
하였다. 따라서 초장과 중장 및 종앙이 각각 2행을 한 연으로 하여 모두

9연으로 되어 있는 형식의 특성을 지닌다. 뿐만 아니라 3·4, 3·4의 正格인 시조 자수율에서 많이 일탈하려 하고 있다. 이것은 현대시조가 보다 넓은 한국어의 정형율 영역을 확대하려는 의도로 해석되어야 할 성질의 것이다.

시조는 말결의 획득을 위해 극도로 응축된 시어를 선택하게 된다.「虛의 章」에서도 이 점은 매우 두드러진다고 할 수 있을 것이다. 그러나 오히려 그 점이 세속적 번뇌, 있음과 없음의 드러냄, 또 그것을 인식하는 시인의 마음상태를 보여주는 데 매우 긍정적으로 작용하고 있음을 놓쳐서는 안 될 것이다. <텅 빈 마음의 갈피>에 포개진 번뇌를 인간적인 고뇌로 하여 새로운 불법 구도의 길을 모색하도록 하는 마음의 상태를 보여주는 결구 처리는 결국「虛의 章」이 매우 짙게 불교세계에 발을 들여놓고 있는 시로 보아야 할 당위성을 제공해준다. 아무튼 번뇌는 사바세계 범부들의 끊기 힘든 사슬임을 또 한번「虛의 章」을 통해 우리는 확인하게 된다.

2. 박희진[2] －「佛像」-마음의 空洞을 밝히는 등불

비가 오는 가을날 창가에 혼자 서 보아라. 흐린 하늘은 창가에 다가와 있고 뿌옇게 쏟아지는 비 사이로 행인들은 분주히 우산을 쓴 채 오고갈 것이다. 그리고 색깔이 바랜 나뭇잎들은 포도에 떨어져 이리저리 뒹굴고 있을 것이다.

비는 왜 오고, 나뭇잎은 어찌하여 떨어져 뒹굴고, 사람들은 무엇 때문에 분주히 오고가는가, 마음속에 떠오는 이 같은 물음에 아무래도 정답을 찾지 못할 때가 있다. 아니 누구도 그 같은 물음에 정답을 작성하지 못한다.

---

2) 朴喜璡(1931.경기도 연천) 『문학예술』지로 등단(1955). 『실내악』(사상계사, 1960』, 『하늘 땅 사람』(수문출판사, 2000) 등 시집

설사 대답을 작성했다고 해도 그것이 얼마나 맞아 떨어지는 것인지를 누가 헤아릴 수 있단 말인가. 우리가 사는 삶이란 결국 어떠한 정답도 마련할 수 없는 그런 나날의 이어짐이 아닌가. 동이 터 아침이 오면 한낮은 쉬 이어지고 한낮이 지나면 어스름은 깔려온다. 밤이 지나고 또 새벽이 오고……. 일찍이 호머는 이러한 삶의 순환성을 다음과 같이 노래했었다.

가을이 오면 낡은 잎은 떨어지고
봄이 오면 새로운 잎이 다시 숲을 덮는 것을.

나뭇잎이 떨어져 흙이 되면 이듬해 봄엔 새로운 잎이 돋아나 숲은 또 녹음으로 짙어진다. 우산을 쓰고 저 골목길을 빗 속에서 돌아가는 사람이 없어진 그 자리로 또 다른 사람이 우산을 쓴 채 지나간다. 비는 계속 내리고, 창가에 나는 계속 서 있다보면 끝없이 텅 비어지는 가슴의 空洞을 가지게 될 것이다. 우리가 사는 삶의 의미는 종잡을 수 없게 되고, 그때 몸서리치는 고독, 그 홀로 있음에 진저리를 쳐본 기억을 누구든지 가지고 있을 것이다.

고독은 비와 같다.
저녁때에 바다에서 올라와
먼 평야에서
언제나 고독한 하늘로 올라간다.
그리하여 비로소 도시 위에 떨어진다.

박명(薄明)의 시각에 비는 내린다.
모든 거리가 아침으로 향할 때,
아무 것도 찾지 못한 육체와 육체가

실망하고 슬프게 헤어져 갈 때,

그리고 시새우는 사람이 함께

하나의 침상에서 잠자야 할 때,

그때 강물과 함께 고독은 흐른다……

라이너 마리아 릴케는 우리가 느꼈던 그 홀로 있음의 절절함을 이렇게 노래했다. <언제나 고독한 하늘>로 올라가는 우리의 쓸쓸함은 <아무 것도 찾지 못한 육체> 그것 때문에 <실망하고 슬프게 헤어져>감을 릴케는 꿰뚫어 형상화하려 한다. 그대 있음에 늘상 내가 그대를 그리워하듯 우리가 살고 있음에, 우리가 살아가고 있음에, 우리는 언제나 홀로 있다는 공허 속에 묻혀있는 것은 아닌가.

홀로 있음의 참뜻은 우리를 에워싸고 있는 모든 것이 모두 제 각각 홀로 있다는 끊임없는 단절감의 인식에서 비롯하는 것은 아닌가. 릴케에서처럼 <강물과 함께 고독은 흐른다>고 파악하는 일은 이 모든 홀로있음이 流轉한다는 확실한 인식은 아닌지.

생각해보자. 우리가 눈을 감고, 우리의 육신 위에 흙이 덮이고, 우리가 누운 그 자리의 봉분 위에 파릇하게 잔디가 깔려오는 일을. 이승을 마감한 우리에게 저승은 또 얼마나 캄캄한 어둠의 세상인가를. 이 캄캄한 저승의 어둠을 걷어낼 수는 없을까. 그래서 나는(生) 늙고(老) 병들고(病) 죽는(死) 일을 넘어서서 우리 생각의 그 번잡함을 우리가 홀로 있다는 사실과 아울러 깊이 가라앉게 하여 흐르도록 할 수는 없는가. 릴케의 말대로 <아무것도 찾지 못한 육체와 육체가/ 실망하고 슬프게 헤어져 갈 때>, 이 가라앉아 흐르는 우리 생각의 깊은 여울이 포근하게 그것을 감싸줄 수 있게 할 수는 없겠는가.

홀로 있을 때 늘상 생각하는, 그래서 느끼고 새롭게 깨닫는 일들은 우리가 언제나 모든 것에 눈 떠 있음을 확인하는 일이다. 에워싸고 있는 모든 대상에 눈 떠 있음은 우리의 마음속에 깨달을 수 있는 알맹이 즉 불성이 있다는 것을 의미한다. 그 불성을 끄집어내어 더욱 더 갈고 닦을 때 깨우침의 경지는 늘상 우리 주변임을 확실히 하는 일은 중요하다. 석가모니는 <샤아카무니>의 음역이다. 샤아카족에서 이 같은 깨우침을 실현했던 최초의 성자(聖者)라는 의미가 석가모니의 명명 속에서는 포함되어 있다. 싯다르타가 본명인 석가모니의 이 깨우침은 홀로 있을 때, 한없이 비어오는 가슴의 空洞을 주체하지 못할 때, 언제나 우리를 가까이서 손짓하고 부른다. 좀 더 불교적인 표현으로 이 점을 부연 설명할 수도 있을 것이다.

탐욕과 분노와 어리석음으로 끝없이 헤매는 모든 사람, 그 중생들에게 바른 길을 가르쳐 깨달음의 경지에 들어가게 하는 큰 스승이 석가모니의 참뜻이다. 그리고 그것은 부처님이란 뜻이며 동시에 여래라는 말이기도 하다. 부처님은 한평생을 두고 길을 잃고 헤매는 수많은 길손에게 길을 가르쳐 주셨다. 어린이에게는 어린이가 가야할 길을 어른들에게는 어른들이 가야할 길을 가르쳐 주셨고, 노인에게는 늙음에서 놓여나는 길을 병든 이에게는 병에서 낫는 길을, 그리고 죽음에 이른 사람들에게는 영원히 사는 길을 가르쳐 주셨다. 한마디로 하여 부처님은 온갖 괴로움에서 벗어나는 공허함에서 벗어나는 길을 가르쳐 주신 것이다.

그러나 부처님은, 석가모니는, 여래는 깨달은 사람이지 결코 전능한 신은 아니었다. 그는 근엄하고 오로지 자신만이 모든 길이고 진리라고 강요하는 그런 엄하고 무표정한 신이 아니라 깨달은 사람이었다. 그는 우리처럼 체온을 지닌 인간이었다. 모든 번뇌에서 벗어난 깨달은 인간이었다. 그는 인간의 홀로 있음을 확인했고 인간의 생명 요구에 따라 오로지 인간적인 사명을 다하였을 뿐이다.

일찍이 우리가 살고 있는 이승을 거쳐 간 사람들은 부처님의 이와 같은 점에 수업이 경배하였을 것이다. 그들은 마음속으로 그의 말을 뇌이면서 손 모아 합장하기도 하고, 그의 모습을 눈앞에 무던히도 떠올리려고 했을 것이다. 부처님의 모습인 佛像은, 그래서 깨달은 여래의 모습은 그를 알게 된 모든 사람들 마음의 통로를 거쳐 우뚝 눈앞에 정성으로 빚어놓게 되었을 것이다. 불상을 바라보는 일을 한편으로 생각하면 스스로의 깨우침을 다잡아 확인하는 일이 되기도 할 것이며, 끝 모르는 마음의 비어오는 공동(空洞)에 부처님의 그림자를 드리우는 일이 되기도 할 것이다.

10행으로 짧게 노래한 이 시는 시인이 간단하게 부처님의 모습을 처리한 것으로만 해석해서는 안 될 것이다. 부처님 모습을 떠올려 형상화한 불상을 바라보며 부처님의 1)둘레 2)음성 3)눈짓 4)가슴 5)침묵 6)피부 7)혈액 8)손(手) 9)미소 등 아홉 가지 생각할 수 있는 모든 것을 정직하게 바라보며 자신의 깨달음을 언어로 확인하려고 한다.

불상의 둘레는 부처님이 계시는 그 주변을 말한다고 보아야 할 것이다. 그 곳엔 <항시 원시의 바닷내가 풍기>며 <미지의 바닷내가 풍긴다>고 했다.

바다의 이미지는 언지네 우리에게 크고 넓은 것을 안겨준다. 뿐만 아니라 그것은 끝없이 트여 가는 깨달음의 지평을 떠올려주기도 한다. 바다에 심는다는 <海印>의 말 뜻은 그래서 부처님의 깨달음을 스스로가 가져다 안는, 즉 證得하는 일을 이름하는 것이 아니던가. 따라서 부처님의 곁에는 언제나 물소리 출렁거리며 흰 포말이 모래사장에 잦아지는 바다가 있음을 확인하는 것은 얼마나 슬기롭고 지혜로운 눈가짐인가.

<바닷내>는 바다에서 풍기는 냄새가 아닌가. 그것은 혼탁에 찌들은 우리의 후각을 시원하게 뚫어주는 해초들의 냄새라고 할 수 있다. <원시>라는 말과 <미지>라는 말은 이 같은 냄새를 관형해 주는 데는 대단히 의미

심장하다. 우리가 미처 깨닫지 못한 그 번뇌의 실상을, 공허함의 바닥을 부처님은 일찍이 바라보시고 깨닫지 않았던가. 따라서 그것은 우리에게는 원시의 것이고 미지의 것이 아닌가. <원시의 바닷내>와 <미지의 바닷내>는 바다라는 시각적 이미지와 냄새라는 후각적 이미지를 포개 놓은 이른바 공감각적 이미지지만, 바다로 표상되는 저 끝없는 깨달음의 지평과 냄새로 언표되는 혼탁함과 번뇌의 씻어냄을 말해 주는 것으로 파악할 성질이다. 이만큼 부처님 주변을 형상화 할 수 있는 시인은 흔하지 않다. 그것은 시인 자신이 벌써 그만큼한 깨달음의 자리에 가까이 가 있음을 의미한다. 시인과 부처님이 함께 하는 깨달음의 그 다음 자리에 부처님의 음성과 눈짓을 시인은 확인하려 한다.

<바위를 뚫고 솟는 물소리>로 부처님의 음성을 비유하고 있다. 바위를 뚫고 솟는다는 것은 얼마나 우람하고 힘차다는 의미인가. 문득 부처님의 가르침에 매진하는 모든 중생의 용맹스럽고 정진하는 기상을 상기하게 된다. 또 그 힘찬 소리는 깨달음을 증득한 기쁨과 환호의 소리일 수도 있을 것이다. 물소리는 이어지고 이어진다. 끊임없이 이어지는 그 소리를 海印寺의 홍류동 계곡에서 들은 일이 있는가. 요컨대 우리는 시인 자신과 우리가 하나가 되고 그래서 부처님과 하나가 되어 우리들 어둡고 캄캄한 저 번뇌의 바위 속을 꿰뚫고 환한 깨달음의 대지를 향해 끊임없이 흘러넘치는 감로수가 바로 부처님의 음성은 아닌가라고 되묻게 된다.

<즈믄 해의 고요가 서리어 있다>고 부처님의 눈짓을 시인은 말한다. <즈믄>이란 단지 <천(千)>을 의미하지는 않는다. 그것은 수많은, 헤아릴 수 없는 끝없는 수를 이름하는 것이다. 그 끝없는 태양이 떠오르는, 그리고 그 태양이 서쪽으로 져가는 고요의 세계가 부처님의 눈길 속에 있음을 우리는 알아야 한다고 차라리 시인은 강변한다. 그러므로 <부처님의 가슴은 그 고요 속으로 트여오는, 만상이 비치는 맑은 거울이다>라는 말에 차라

리 두 손을 합장할 따름이다. 그 합장의 앞쪽에 고요하며 은은한 눈짓으로 부처님은 앉아계실 따름이다.

부처님의 말없음, 그 침묵은 그래서 모든 것을 용해하고 잡다한 속세의 번뇌를 녹여버린다. <그의 침묵엔 뭇소음도 그 안에 녹아든다>는 이 점을 보다 확실히 해준다.

<소금의 빛>과 <달 내>를 생각해 보자. 모든 것을 썩지 않게 갈무리하는 소금의 희고 옹골찬 결정과 별들을 대동하고 어둠을 몰아내며 하늘에 둥실 걸려 있는 달이 풍겨주는 냄새는 우리에게 오로지 변하지 않고 우아하며 깊게 가라앉아 있는 모습을 확인시켜주는 것이 아닌가. 부처님의 피부를 바라보는 우리의 시야 속에 그 때 연꽃이 활짝 피어오를 수도 있지 않겠는가.

그것을 시인은 부처님의 혈액으로 보았다. 진흙탕에 뿌리를 내리면서 곱고 확연하게 피어오르는 연꽃! 그것은 부처님의 끓는 피가 속세의 혼탁을 다 뒤덮고 깨달음과 구원의 정토를 만들었음을 확인하는 것이 아닌가. 그때 부처님의 한 손은 움직이지 않은 채 허공을 가리킨다. 그 허공은 비어있는 공간이 아니다. 모든 깨달음의 그 뒤에 오는 있음과 없음의 합일, 그것을 통한 영원한 진리의 지향을 나타냄이다. 우리 다 함께 그 곳에 시선을 모으면 부처님은 웃으시며 새로운 탄생ー너와 나의 깨달음을 말씀하신다. 아니 그것을 다만 미소할 따름이다. <새로운 탄생을 알리는 별빛>은 다만 부처님의 미소 속에 각인되면서 반짝이는 지혜의 조각들이다. 다시 깨달음으로 탄생하는 것. 그것을 시인은 부처님의 모습, 불상에서 확인한다.

비는 계속 창 밖에서 내릴 것이다. 바닥 모를 고독을, 그 홀로 있음의 확인 속에 부처님의 모습, 풍경소리 딸랑대던 기억 속의 도량(道場)에서 만났던 불상을 떠올려라. 그러면 그 때 깨달음은 마음의 공동에 환한 등불을 달 것이다. 등불 속에서 뒹굴던 낙엽은 연꽃으로 활짝 피고 번뇌는 바닷내음 속으로 잠겨갈 수도 있으리라. 그때 이 시를 조용히 읊조리면 부처님은 미소를 지으시며 다가오리라.

3. 김지하[3] - 「초파일 밤」-타는 목마름으로 높이 다는 등불

가물거리는 등잔불에 비친 어머님 얼굴은 근엄했다. 어둠을 밀어내는 등잔불의 심지를 이불깃 사이로 몰래 눈 떠 훔쳐보면 방 안은 적막. 그 내려앉은 고요 속으로 어머님의 목소리로 때로 물기를 머금은 것 같기도 했다. 조용하고 낭랑한 목소리로 뇌이시는 말의 의미를 통 알 수가 없었다. 두 손을 합장하시고 뭘 그렇게 오래도록 뇌이셨던가. 초파일 전날 밤. 들을 수도 없어 잠결인 듯 꿈결인 듯 아득히 멀어져가던 어머님의 목소리를 생각하면 아직도 가슴이 뭉클한다. 천수경이었던가, 아니면 반야심경이었던가. 어머님의 뇌이셨던 그 알 수 없는 말의 정체는. 커 가면서 왜 그렇게 이웃집 친구가 아버지라고 부르던 말이 부러웁기만 했던가. 머뭇거리다가 용기를 내어 「아버지 극락에 가셨단다」고만 간단히 말하시던 어머님. 그 어머님은 그날 초파일 전날 밤 서방정토 먼 곳에 계실 아버님의 명복을 비셨던가. 서른을 중간도 넘기지 않으셨던 그때의 어머님은 아아, 지아비 없는 과수댁이었다.

커서 「歸蜀道」란 서정주의 시를 읽고 어머님 그 절절했음을 젊음의 뒤안길과 뼈저렸을 아픔과 그리움을 헤아리며 퍽 많이 하숙집 베갯모를 적시곤 했다.

눈물 아롱아롱

---

3) 金芝河(1941.전남 목포一). 본명 김영일. 『시인』지에 <황톳길> 등 발표 등단. 『황토』(한얼문고.1970) 『타는 목마름으로』(창작과비평사.1982) 등 시집

피리 불고 가신 님의 밟으신 길은
진달래 꽃비 오는 西域 三萬里
흰 옷깃 여며 여며 가옵신 님의
다시 오진 못하는 巴蜀 三萬里.

신이나 삼아 줄걸, 슬픈 사연의
올올이 아로새긴 육날메투리.
은장도 푸른 날로 이냥 베어서
부질없은 이 머리털 엮어 드릴걸.

초롱에 불빛 지친 밤하늘
굽이굽이 은핫물 목이 젖은 새
차마 아니 솟는 가락 눈이 감겨서
제 피에 취한 새가 귀촉도 운다.
그대 하늘 끝 호올로 가신 님아.

<흰 옷깃 여며 여며>란 무엇인가. 임종 후 입관 직전 저승으로 가는 망인에게 수의를 입혀 염하는 모습이 아니던가. 영원히 오지 못할 길을 가는 임을 위해 머리카락 잘라서 메투리로 신겨 주지 못한 아픈 사연을 「귀촉도」는 쓰라리고 강하게 전해 준다. <그대 하늘 끝 호올로 가신 님>을 생각했던 어머님의 초파일 전날 밤 모습이 떠오르면 눈 앞에 또 다른 것들이 겹쳐진다.

산길은 좁은 오솔길이었다. 굽이굽이 이어진 그 길을 따라갔던 귓전에 저 너머 산에서는 뻐꾸기가 왜 이렇게 울고 있었던지. 등을 다는 어머님의 손끝은 가늘게 떨리셨다. 아버님 이름을 쓰고 그 옆에 내 이름을 쓴 그 쪽지가 유달리 밝은 햇볕 아래 크게 보였던 그 초파일 산 속의 절간, 초파일

은 그렇다. 어릴 때의 고향과 그 고향에 지금은 묻히신 어머님과 그리고 연등의 모습이 무슨 파노라마처럼 앞을 스친다.

釋迦는 샤카 종족의 한자음 표기다. 牟尼란 聖者, 즉 깨우친 분을 뜻하는 말. 석가모니는 그래서 왕자로 태어난 싯다르타가 득도 후에 얻은 명명이라 할 수 있을 것이다. 그 싯다르타 왕자가 탄생한 날—부처님께서 오신 날이 초파일이다. 어둡고 깜깜한 무명의 세계를 밝혔다고 해서 그날 도량(道場)인 사찰마다 등을 달고 봉축하는 것은 불교의식의 주요한 것 중 하나였다. 그 뿐만 아니다. 자신의 마음, 저 三毒에 찌들리고 오욕칠정에 빠져 깊이 모를 미망에서 허우적이는 칠흑의 마음에 불법을 밝히는 등을 다는 일은 그러므로 스스로 부처님 앞에 자신을 구원받는 일이기도 한 것이다. 그래서 초파일 다는 등을 法燈이라고 하지 않던가. 그 등의 빛은 길게 길게 온 누리를 뒤덮는다고 하여 長明燈이라고도 했던가.

석가모니 부처님께서 오신 경위를 불교의 성전은 이렇게 적고 있다.

석가모니 부처님이 이 세상에 살았던 생애는 팔십 년에 불과하지만 그가 끼친 영향은 세월이 지날수록 빛을 더하고 있다. 그는 불교라는 한 종교의 창시자이기에 앞서 인간의 무한한 가능성을 몸소 체험하고 그 자각을 선언한 최초의 인간이다. 생명과 존재의 실상을 깨닫고 지혜와 자비의 길을 열어보인 구도자였다. 그는 신비의 장막에 가린 신이 아니고 인류의 역사 안에 살았던 인간이었다. 그가 일찍이 이 지상에 우리와 같은 인간으로 살았다는 사실은 우리들 모든 인간의 보람이 아닐 수 없다.

히말라야 남쪽 기슭에 샤카족이 살고 있었다. 그들은 지금의 네팔 타라이 지방에 카필라라는 조그마한 왕국을 이루고 있었는데, 카필라는 쌀을 주식으로 하는 농업국이었다. 숫도다나왕(淨飯王)은 어진 정치를 베풀어 백성들이 태평한 세월을 즐길 수 있었지만, 이웃에 코살라와 같은 큰 나라가 있어 침해를 받지 않을까 두려웠고, 왕권을 이을 왕자가 없는 것이 걱정이었다. 그런데 어느날 마야왕비는 기이한 꿈을 꾸었다. 여섯 개의 이를 가진 눈이 부시도록 흰 코끼리가 왕비의 오른쪽 옆구리로 들어오는 꿈이었다. 이때부터 왕비에게는 태기가 있었다. 그 태몽은 아들을 낳게 될 꿈이라고 하여 사람들은 훌륭한 왕자가 태어날 것을 기대하였다. 산월이 가까워지자 마야왕비는 그 나라의 풍습을 따라 해산을 하기 위해 친정인 콜리성으로 길을 떠났다. 늦은 봄 화창한 날씨였다.

왕비 일행은 카필라와 콜리의 경계에 이르렀다. 저 멀리 히말라야의 봉우리들이 흰눈을 이고 우뚝우뚝 장엄하게 솟아 있는 모습이 보였고 가까이에는 평화로운 룸비니 동산이 있었다. 동산에는 이름모를 꽃들이 다투어 피고 뭇새들은 왕비 일행을 축복하는 듯 지저귀며 날았다. 룸비니 동산의 아름다움에 도취된 일행은 그곳에서 잠시 쉬어 가기로 했다. 마침 가까운 곳에 無憂樹 꽃이 활짝 피어 아름다운 향기를 뿜고 있었다. 왕비는 아름다운 꽃가지를 만지려고 오른손을 뻗쳤다. 그 순간 갑자기 산기를 느꼈다. 일행은 곧 나무 아래에 휘장을 쳐 산실을 마련했다. 이때 태어난 왕자가 뒷날 임금의 자리를 버리고 출가 수행하여 부처가 된 후 무수한 중생을 교화한 석가모니 부처님이시다. 지금으로부터 이천 오백여 년 전의 일이다.

한국 신문학 전개 이후 치열한 시정신을 갖고 자신의 당대적 상황에 응전한 시인들은 많다. 만해나 육사나 윤동주 그리고 이상화는 그 대표적인 시인들이었다. 그들은 이민족이 주권을 강탈하고 있던 식민지시대의 상황에 맞서 언어로써 칼을 갈아 식민주의자의 심장을 겨누었던 저항의 시인들이다.

그들 못지않게 자유를 억압하고, 인권을 침해하며, 인간이 천부적으로 가진 권리를 빼앗아 스스로의 정치적 목적달성에 이용하는 독재자들과 맞서 인간의 참다운 권리회복을 언어로써 갈무리한 대표적인 당대 시인에 김지하가 있다. 그는 언어의 칼로 비인간적인 권력 집단과 맞서 과감하게 투쟁하다 囹圄의 신세가 된다. 그와 같이 붙잡혀도 결국 꺼지지 않는 자유와 민주 그리고 불의와의 투쟁 고삐는 조금도 늦춤이 없다. 「타는 목마름으로」라는 그의 시를 아는가.

　　　신새벽 뒷골목에
　　　네 이름을 쓴다 민주주의여
　　　내 머리는 너를 잊은 지 오래
　　　내 발길은 너를 잊은 지 너무도 너무도 오래
　　　오직 한 가닥 있어
　　　타는 가슴 속 목마름의 기억이
　　　네 이름을 남 몰래 쓴다 민주주의여

　　　아직 동 트지 않은 뒷골목의 어딘가
　　　발자욱소리 호르락소리 문 두드리는 소리
　　　외마디 길고 긴 누군가의 비명소리
　　　신음소리 통곡소리 탄식소리 그 속에 내 가슴팍 속에
　　　깊이깊이 새겨지는 네 이름 위에
　　　네 이름의 외로운 눈부심 위에
　　　살아오는 삶의 아픔
　　　살아오는 저 푸르른 자유의 추억
　　　되살아오는 끌려가던 벗들의 피묻은 얼굴

　　　떨리는 손 떨리는 가슴
　　　떨리는 치떨리는 노여움으로 나무판자에
　　　백묵으로 서툰 솜씨로
　　　쓴다

숨죽여 흐느끼며
네 이름을 남 몰래 쓴다
타는 목마름으로
타는 목마름으로
민주주의여 만세

「타는 목마름으로」는 70년대와 80년대 중반 이전의 한국적 정치 상황을 언어로써 떠올릴 수 있는 가장 치열한 시정신의 표상으로 보아도 좋을 것이다. 이 시 속에는 민주주의에 대한 갈구가 있고 좌절이 있고 투쟁이 있고 어쩔 수 없는 젊음의 피끓음이 있고 분노가 있다. 그러나 그것이 너무 간절하기 때문에 이 같은 경향의 시들이 일반적으로 갖게 되는 선전삐라 같은 구호성에서도 이 시는 확실하게 벗어나고 있다. 목이 메이고 가슴이 막히는 상황에서 그래도 죽지 않는 시정신이, 그것을 가진 시인이 문득 초파일 밤 교도소 너머 인왕산에 꽃밭같이 휘황하세 불 밝힌 연등을 바라본다. 김지하의 「초파일 밤」은 그래서 치열한 시정신이 사지를 결박당한 그 극한의 상황에서 불교의 참된 행동이 무엇이며 중생구제에 불교가 자리해야 할 입지점을 생각하게 해주는 시다.

꽃 같네요
꽃밭 같네요
물기어린 눈에는 이승 같질 않네요

<물기어린> 시인의 <눈>에 비친 꽃 같고 꽃밭 같은 등의 의미는 무엇인가. 그것은 이승 같지가 않다는 것이다. 이승이 아니면 저승이란 말인가. 시인에게 있어 교도소의 감방에 갇힌 시인에게 있어 오히려 억압의 이승은 자유로운 저승만큼 못하다는 말일 수도 있다. 왜 시인의 눈시울엔 물

기가 어리는가. 그것은 연등을 바라보며 참회하는 눈물은 결코 아니다. 연등을 통해 자신도 못하고 부처님마저 못하고 있는 민주주의와 자유회복을 생각하는 회한과 억울함과 분노의 눈물이다.

갈 수 있을까요
언젠가는 저기 저 꽃밭
살아 못 간다면 살아 못 간다면
황천길에만은 꽃구경 할 수 있을까요
삼도천을 건너면 저기에 이를까요

시인의 마음 속 독백은 얼마나 우울하고 황량하며 처절한가. 죽어 첫 7일에 진광왕의 廳으로 이르는 길에 있는 빠르고 느린 세 여울ー三途川을 업에 의해 건너면 꽃 같고 꽃밭 같은 연등의 축제에 도달 할 수 있을까를 시인은 오히려 묻고 있다. 그러면서 육신이 죽어 저승인 황천에 들 때 저 <꽃구경>을 하고 싶다는 것을 말하려 한다. 그것은 부처님으로 비롯되는 자유의 누리에 자신이 가지 못함을 절규하는 것이라고 볼 수는 없는가. 시인의 목소리는 더욱 격앙된다.

벽돌담 너머는 사월 초파일
인왕산 밤 연등, 연등, 연등
오색영롱한 꽃밭을 두고
돌아섭니다.
쇠창살 등에 지고
침침한 감방 향해 돌아섭니다.
굳은 시멘트벽 속에
저벅거리는 교도관의 발자욱 울림 속에

캄캄한 내 가슴의 옥죄임 속에도

　격앙된 시인의 목소리는 그가 처한 극한의 상황 속에서 오히려 부처님의 도래를 애타게 갈구하게 된다.

　　부처님은 오실까요
　　연등은 켜질까요
　　고개 가로저어
　　더 깊숙이 감방 속으로 발을 옮기며
　　두 눈 질끈 감으면
　　더욱더 영롱히 떠오르는 사월 초파일

　부처님이 오지 않는다는 시인 자신의 진단은 얼마나 부처님의 오심을 갈구하는가의 반증이라고 볼 수는 없겠는가. 중생의 고통을 자비로 풀어주시고 억매인 중생의 부자유를 밝은 등불로 자유롭게 해결해 주실 부처님의 참모습을 시인은 더욱 애타게, 더욱 애절하게 갈망하는 것은 아닌가. <두 눈 질끈 감으면/ 더욱 더 영롱하게> 부처님의 강림과 초파일이 떠오르는 이유를 그쯤에서 우리는 해독할 수 있을 것이다.

　요컨대 시인은 이 모든 억압받는 중생의 유일하고 가장 위력 있는 등불이 부처님임을 무엇보다 확신한다. 그 확신을 그래서, 한국불교의 大現實的인 자세가 어떻게 되어야 할 것인가를 암시하고 있다고 보아야 할 것이다. 현실에 뿌리를 내리고, 현실의 불의와 부자유를 척결하고 광정할 수 있는 참불교의 모습을 시인은 더욱 강하게 스스로에게 그리고 부처님에게 호소하려 한다. 그래서 그의 다음 말은 우리에게는 처절한 절규로, 부처님에게는 보다 나은 민주주의를 실현시켜야 할 당위로도 들릴 것이다.

인왕산 밤 연등, 연등, 연등
아아 참말 꽃 같네요
참말 꽃밭 같네요

　불국토의 완성은 그것이 이상만은 아니다. 용맹정진이란 행동적 불교의
지침을 망각하지 않고 부처님의 말씀을 실천하며 무명의 이 어둠 속에 높
이높이 등을 다는 일이 실천되어야 함을 시인은 말하고 있다. 그는 교도소
의 담너머로 <초파일 밤>을 응시한다. 애타게 부처님을 부르고 있다.
　나에게 있어 초파일은 어머님의 모습과 김지하 시인이 치열한 시정신이
갈구하는 민주회복의 두 모습이 언제나 큰 두 갈래 강물의 흐름이 되어 가
슴을 흐른다.

4. 송혁[4] – 「붇다」-사람 속에 부처님 있게 하시는

　어머니를 따라가는 산길은 고요하고 너무 적막하였다. 모퉁이를 돌아서
면 저만큼 또 길이 이어져서 지겹기까지 하였다. 좀 쉬었다 갔으면 좋겠다
는 어린 마음을 전혀 헤아리지 못하시는지 어머니의 발걸음은 조금도 쉴
틈을 주지 않았다.
　마침내 도착한 절간이 너무 큰 집인데 놀라고 입구에 서 있는 사천왕의
부릅 뜬 눈에 혼비백산하였다. 어머니의 치맛자락을 붙잡고 간신히 훔쳐
본 스님의 깎은 머리 위로 봄날 햇살이 반사되고 있었다.
　큰 법당 안쪽 한가운데 부처님이 앉아 계셨다. 합장하고 절하시는 어머
니의 흉내를 내면서 좀 무섭기도 하고 얼떨떨하기도 했다. 돌아오는 길에
어머니의 손을 꼭잡고 얼마간 흐느끼는 듯한 목소리로 물었다.

---

4) 宋赫(1935.전북 고창 – 1985.서울) 『자유문학』으로 등단(1958). 『해토』(지인사, 1978) 등 시집

「세상에서 누가 제일 좋지?」

금방 대답할 수야 있었지만 어머니의 물으시는 의도를 나름대로 생각하다 대답이 늦어졌다. 어머니가 대답을 채근하는 소리에 흠찔 놀라면서,

「엄마가 제일 좋지 뭐」

좀 시큰둥하게 말했다. 한참 동안 말없이 걸으시던 어머니는 단호하게 말했다.

「넌 크면 엄마 곁을 떠난단다. 그리고 엄마도 늙어서 아빠처럼 죽을 거야. 그러면 좋아하고 싶어도 엄마를 좋아할 수 없는 때가 오고 마는 거야. 그러면……그러면 말이다.」어머니의 목소리는 잦아드는 것 같기도 했고 심하게 울음을 깨무는 것 같기도 했다.「이 세상에서 제일 좋은 분은 부처님이시란다. 부처님은 언제나 우리를, 우리의 슬픔과 괴로움을 다 감싸 주신단다. 너도 이제부터는 이 엄마보다도 부처님을 더욱 좋아해야 한다. 그래야만 이 엄마도 더욱 좋아할 수 있게 될 것이고……」

아직도 귀에 쟁쟁한 이 말의 뜻을 제대로 헤아릴 수 있기까지 많은 세월이 흘렀다. 어머니의 품을 떠나 도회지에서 학교를 다니는 동안에도 좌절과 괴로움과 허탈과 그 깊이를 알 수 없는 절망 속에서도 미처 어머니 말씀의 참뜻을 헤아릴 수 없었다. 어머니가 저 세상으로 떠나시던 날은 뜰에 활짝 목련이 움을 터뜨렸을 때였다.

앙상했던 어머니 손목을 잡고 오랜 병으로 여윌대로 여윈 가슴팍에 얼굴을 묻은 채, 그 임종의 날에 한없이 오열했다. 울고 울고 또 울면서 문득 나는 알 수 있었다. 어머니께서 부처님을 제일 좋아하라고, 당신보다 더 좋아 해야만 한다고 하신 뜻을 헤아릴 수 있었다.

부처님을 생각하면 내게는 늘상 어머니에 대한 사랑과 함께 그 자비를 떠올리게 된다. 유년시절의 추억이란 언제나 사람 마음에 가장 깊이 파이는 웅덩이이며 그곳에 비치는 그늘이란 점을 새삼스레 확인하게도 된다.

사람의 목숨이 유한한 것을 일컬어 불교에서는 무상이라고 한다. 영원하지 않은 이승과의 인연에서 어머니가 부처님을 제일 좋아하라고 한 말은 영원히 지속되는 사랑, 그 자비의 참뜻을 내게 심어주려 했던 점도 있었으리라.

그리고 한편으로는 젊은 나이에 아버지를 여의고 삶의 유한함에 끝없이 절망하고, 그 절망의 깊고 넓은 공동(空洞)에서 부처님의 말씀과 그 품이 결국은 한 젊은 지아비 없는 여인이 번뇌를 녹일 수 있었음을 그 아들에게 확인 시키려 했는지도 모른다.

> 은은한 당신의 慈悲앞에 엎드려
> 無時로 녹아 내리는 나의
> 이 검은 肉身과 마음은 무엇인가.

송혁 시인이 붇다인 부처님을 이렇게 노래할 때 <자비>와 <검은 肉身과 마음>을 유년시절의 어머니 모습 속에서 되찾게 되는 것은 차라리 아픔이다. 나는 이 아픔을 좀 더 확인해가며 시인이 부처님에게로 나아가는, 부처님을 찾게 되는 그 마음의 바닥을 헤아리고 싶다. <無時로 녹아 내리는 나의/ 이 검은 肉身과 마음은 무엇인가>라고 했을 때 <검은 肉身과 마음>에 주목해야 될 것이다. <검은 肉身과 마음>은 깨달음과 진리의 세계인 부처님의 가르침을 모르는 무명의 세계임이 분명하다. 그 무명의 세계 속에서 번뇌에 찌들고 오욕과 칠정 그리고 삼독인 탐·진·치에 사로잡힌 중생의 육신이라고 보아야 할 것이다. 그러나 그것이 부처님의 자비 앞에 엎드리면 언제나 녹아내린다는 것은 부처님의 자비로운 손길과 품이 그것을 어루만져 녹여준다는 뜻이 아니고 무엇이겠는가. 그러므로 중생은 부처님의 자비 앞으로 다가가 부처님의 넓고 그윽한 품속에 자신을 던져야 함을 시인은 말하려 한다. 그래서 시인은 그 던져진 자신을 가다듬으며 이어서 이렇게 노래하게 된다.

> 당신이 더할 수 없이 깊숙한
> 沈黙을 바라고
> 오늘은 홀로 눈을 감는다.

　부처님은 많은 말로써 중생을 어루만지고, 사랑하고, 구제하려 하지 않는다. 不入文字란 禪으로 중생이 깨닫는 것을 이르지만 부처님은 문자로는 자신의 사랑인 자비를 펼치려고도 않는다. 오로지 부처님은 <더할 수 없이 깊숙한 沈黙> 속에서, 그 침묵의 한없는 넓이와 깊이 속에서 중생의 미망과 어리석음과 욕망을 녹여 버리려고 한다. 그것을 시인은 누구보다 잘 알고 있기 때문에 그것을 깨닫고 있기 때문에 <홀로 눈을 감>고 고요하게 합장하며 부처님 앞에 무릎을 꿇게 된다.

　그렇게 되면 시인은 부처님을 알 수 있게 된다는 것을, 부처님이 중생의 괴로움과 번뇌의 욕망을 끊어 줄 수 있음을 스스로 체득하게 된다. 염화시중의 미소와 이심전심이란 이를 두고 말함이다. 그러나 맑고 깨끗한 스스로의 마음을 갖기 위하여 시인은, 그리고 우리들 중생은 얼마나 많은 낮과 밤을 정진해야 될 것인가.

> 나의 그 속속에서 환히 넓혀져 가는
> 이 새벽 하늘같은 노을은 무엇인가
> 영원한 당신 속에
> 이끌려 들어가게 하는
> 이 거대한 힘은 무엇인가.

　<새벽 하늘같은 노을>과 <거대한 힘>은 부처님이 가진, 부처님만이

깨우쳐서 證得한 지혜의 알맹이가 아닌가. 시인은 그것을 구비쳐 흐르는 가슴 속 감동의 물결로 해서 다만 <무엇인가>라고 되묻고 있을 뿐이다. 이 되물음의 구조를 시적 용어로는 설의법이라고 하지만 그만큼 부처님의 자비와 지혜 앞에 보잘것없는 한 중생인 시인의 걷잡을 수 없는 감동과 기쁨을 말해 준다고 보아도 좋을 것이다. 일찍이 『法句譬喩經多聞品』의 <대낮에 햇불을 들고 다니는 바라문>의 이야기는 자비와 아울러 부처님 지혜가 얼마나 높고 거룩한가를 말해 주는 좋은 예가 될 수도 있다. 그 이야기는 다음과 같다.

부처님이 코오삼비의 美音精舍에 계실 때였다. 한 바라문 수행자가 있었는데, 그는 지혜가 밝고 온갖 경전(베다)에 두루 통달하여 무슨 일에나 거리낌이 없었다. 그래서 그는 스스로 뽐내고 자랑하면서 상대를 찾아다녔지만 감히 맞서는 사람이 없었다. 그는 대낮에 햇불을 들고 거리를 다니기도 했었다. 사람들이 그에게 어째서 밝은 대낮에 햇불을 들고 다니느냐고 물으면,
「세상 사람들이 모두 어리석고 어두워 눈을 뜨고도 보지 못한다. 그래서 햇불을 켜서 비춰주는 것이다.」
라고 대답했다. 이런 그에게 감히 대꾸하려는 사람이 아무도 없었다.
부처님은 그 바라문 수행자가 일찍이 복을 심었기 때문에 제도할 수 있음을 살펴 아셨다. 그렇지만 그는 자만심을 가지고 명예를 구하고 목숨이 덧없음을 알지 못했다. 부처님은 한 사람의 현자로 변신하고 어떤 가게 앞에 서서 바라문을 불러 물어 보았다.
「당신은 어째서 대낮에 햇불을 켜고 다니시오?」
바라문은 의기양양하게 대답했다.
「사람들이 하도 우매해서 밝음을 보지 못하고 있소. 그래서 햇불을 들어 그들의 앞을 비춰주는 것이오.」

현자가 다시 물었다.

「경전에 네 가지 밝은 법이 있는데 그것을 아시오?」

바라문은 얼굴을 붉히면서, 무엇을 네 가지 밝은 법이라 하는가 라고 반문했다. 현자는 말했다.

「첫째는 천문 지리에 밝아 사계절의 조화를 아는 것이요, 둘째는 하늘의 별에 밝아 五行을 가릴 줄 아는 것이며, 셋째는 나라를 다스리는 일에 밝아 교화하는 것이요, 넷째는 군사 거느리는 일에 밝아 국경을 튼튼히 하여 실수가 없는 것이오. 당신은 바라문으로서 이 네 가지 밝은 법을 갖추었습니까?」

바라문 수행자는 부끄러워하면서 들었던 횃불을 떨어뜨리고 고개를 수그렸다. 부처님은 곧 본래의 모습으로 돌아와 그 바라문을 위해 게송을 읊으셨다.

조금 아는 것이 있다하여
스스로 뽐내 남을 깔본다면
장님이 촛불을 든 것과 같아
남은 비추지만 자신은 밝히지 못하네

바라문은 이 게송을 듣고 더욱 부끄러워하면서 부처님께 귀의하였다. 그는 자신의 허물을 깨달았기 때문에 오래지 않아 아라한이 되었다.

사람이 전지전능할 수가 있다는 것은 거짓이다. 남이 모르는 것을 먼저 알았다고 교만을 부린다는 것 역시 얼마나 어리석은 짓인가. 부처님의 지혜는 바로 이 점을 꿰뚫어 보는 지혜이며 그렇기 때문에 그것은 <거대한 힘>이 아니고 무엇이겠는가.

오직 나 하나 있는

　　세상의 안과 밖으로
　　끝없이 밀려가는 이 맑음,
　　이 환희의 물결

　　사람은 근원적으로 홀로 있는 존재다. 이 홀로 있음으로 하여 사람은 세상을 자기 속으로 가져올 수도 있고 세상 속에 자리를 내던질 수도 있는 것이 아니겠는가.
　　시인은 <세상의 안과 밖으로/ 끝없이 밀려가는 이 맑음/ 이 환희의 물결>이란 표현으로 홀로 있음의 그 빈 공동 속에 부처님의 자비와 지혜 그리고 그 한없이 넓고 깊고 큰 모습을 가득 채워버린다. 번뇌도 욕망도 다 끊어버리고 부처님의 맑은 모습을 담아버림으로 환희의 물결은 자신을 흘러넘쳐 온누리로 나아간다.

　　높고도 아주 낮은 곳에
　　그윽히 자리를 한 당신은
　　모든 사람 속에
　　당신 스스로를 있게 하지 않았는가.

　　부처님 가르침의 특색이랄까 혹은 핵심이 되는 것은 모든 중생이 깨우침의 핵, 불성을 가졌다는 말로 압축할 수 있다. 그 불성을 욕망과 번뇌라고 말할 수 있는 업의 구름이 잔뜩 가리고 있기 때문에 그것을 걷어내는 일이 무엇보다 앞서야 됨을 부처님은 늘상 가르치신다. 업의 구름을 걷어내는 일을 구도라고 보아도 좋고, 고행이라고 말해도 좋을 것이다. 그 구도와 고행을 통해 업의 구름이 걷혀지면 불성은 깨달음의 지혜로 진주처럼 빛나게 된다. 그때 중생은 부처가 되고, 번뇌와 욕망은 말끔히 가셔져 시방 세계를 두루 꿰뚫어보는 覺者, 깨달은 여래가 되는 것이다.

불교를 수평종교라고 말하는 까닭이 여기에 있다. 처음 깨달은 싯다르타, 즉 석가모니 부처님과 그후 사람 속에 있는 불성을 현현시킨 부처님이 얼마나 많은가. 그것을 시인은 <모든 사람 속에 당신 스스로를 있게 하지 않았는가>라고 표현한다.

그렇다. 모든 사람 속에 부처님은 계시고 모든 사람은 다 부처님이 될 수 있음이 아니던가. <높고도 아주 낮은 곳에>그래서 부처님은 언제나 그윽히 자비와 지혜와 깨달음으로 자리한다.

어머니께서 부처님을 더 좋아하라고 하신 말씀은, 지아비를 여의고, 여린 여자 몸으로 어려움 속에서 가업을 지탱시키며, 그 수많은 독수공방의 절절한 외로움과 그리움의 번뇌와 자식을 키우면서 시름 달래던 그 슬픔이란 업의 구름을 다 걷어낸 어머니 속의 부처를 더 좋아하시란 말뜻은 아니었을까. 어머니는 결코 그것을 걷어내지 못함으로 그렇게 치밀어 오르는 설움을 이빨로 깨물며 「보아라, 아들아. 저 부처님. 부처님의 지혜와 자비를 자비를!」하고 사실은 고함치신 것은 아닐까. 어리고 어린 나에게. 아, 어머니의 불성과 그 업의 구름과 부처님의 미소와…….

송혁 시인의 시 「붇다」는 내게 자꾸 그렇게 말하고 있는 것 같다. 그렇게 시로서 「붇다」를 말하던 송혁 시인도 벌써 이승을 떠난 지 3년. 이 가을이 다하기 전에 그가 잠들고 있는 곳을 찾아봐야지.

5. 송석래[5] -「오고 있었네」-솔바람 허허로운 깨달음의 뜨락

사람이 살아가는 삶의 현장을 고통스러운 것으로 파악한 것은 동서양을 막론하고 공통되었던 것 같다. 苦海라는 말 속에는 이같은 삶의 질곡을 헤

---

5) 宋晳來(1925.전남 나주). 『자유문학』에 「청량리점묘」(1957)발표 등단.

쳐나가야 한다는 사람의 의지가 스며들어 있다. 茫茫大海, 끝없이 펼쳐진 바다는 잔잔하기만 한 것이 아니다. 성난 포효, 집채만한 파도가 무섭게 몰아치는 현장일 수도 있고, 송두리째 모든 살아 있는 것을 집어삼키는 무지막지한 죽음의 실체일 수도 있다. 그것을 헤쳐나가야 하는 힘과 실천의 의지 쪽에 고해라는 말의 정당한 의미는 연결되어 있다고 보아야 할 것이다.

삶의 현장을 고해로 파악한 것은 많은 부분 불교의 발상법에 근거한다. 따라서 불교의 삶에 대한 인식은 삶 자체의 영위 과정을 고통스러운 것으로 파악하되 그 고통을 극복해야 한다는 의지 쪽에 많은 강점을 두어둠을 간과할 수는 없다. 얼핏 보기에 불교는 현실의 사안들에 한걸음 비켜서서 그것을 관망 혹은 관조하려는 듯한 도피적 자세가 농후한 것으로 생각할 수도 있다. 그러나 사실에 있어 불교는 관망 혹은 관조를 통해 삶의 진면목을 꿰뚫어 보고, 고통스런 삶을 지혜로 극복하여 참다운 인간 존재의 가치와 모습을 확인하자는 곳에 있음을 알 필요는 있다.

모든 종교적인 사항들의 발단이 그렇지만 불교의 시발점은 삶의 고통스런 매듭들에 대한 끊임없는 사유에서 비롯된다. 샤카족의 왕자였던 총명하고 슬기에 넘친 싯다르타라는 한 인간의 삶과 인간에 대한 깊이 모를 생각의 그 끝에서 건져올려진 지혜의 편린들을 축적하여 불교라는 종교의 터전이 되었음을 알아야 할 일이다. 나서, 늙고, 병들어 죽는다는 일이 삶을 한 묶음의 대상으로 바라볼 때 가장 중요한 매듭들임은 자명하다. 이 매듭들을 어떻게 풀 것인가를 싯다르타는 행동으로 나타내려 하지 않았다. 끊임없이 생각하고, 생각한 그 사실들을 다시 검증하고 그것이 삶의 현장인 고통의 실체를 어떻게 치유하며 극복시킬 것인가에 집중시킨다.

그리하여 싯다르타는 깨우친 사람인 붓다가 된다. 그러나 또 한번 간과하지 말아야 할 것은 如來라고도 말해지는 깨우친 사람 즉 붓다는 싯다르타에게만 국한되는 것이 아니라는 점이다. 이러한 사정을 불교를 설명하는 많은 글들 속에서 찾아낼 수 있게 된다.

요컨대 삶의 현장에 대한 정확한 관찰과 진실된 이해를 통해 진리 체득
의 실천적 체험을 획득하여 자율적이고 자주적인 인격을 완성한 모든 사람
을 붇다라는 말은 의미하고 있게 된다.

송석래의 「오고 있었네」는 불교에 대한, 불교라는 종교의 시초에 대한
사항들을 바탕에 깔고 읽을 때 그 의미를 보다 확실하게 판독할 수 있게
될 것이다.

일반적으로 인도라고 말해지는 지역이 붇다가 탄생한 곳이며 그의 생각
과 사상이 배태된 곳이다. 구체적으로 살핀다면 그곳은 히말라야의 남쪽
산기슭, 갠지스 강의 한 지류인 라프티 강의 동북 유역 로히니 냇가 주변
이다. 그곳에는 아리아인의 석가[sakya]족이 몇 개의 왕국을 이루고 있었다.
이 석가족은 감자왕[okdkaka]의 후예들이며, 카필라국[kapilavatthu]도 그 가
운데의 한 나라다. 이곳에서부터 인류 역사상 가장 크게 깨우친 붇다가 우
리를 향해 <오고 있>음을 시인은 감동적으로 노래하려고 한다. 그러나 좀
자세히 살펴보면 다만 붇다의 오고 있음만을 말하려 하지 않는다. 그것은

붇다가 있음으로 하여 언제나 마음의 텃밭에 뿌리를 내리고 있는 많은 사람들과 사물들, 그리고 그로부터 비롯되는 감동을 몇 개의 다른 공간을 오버랩 시키면서 전개한다.

> 노랑 포의를 입은 소몰이꾼들이
> 마가다로부터 오고 있었네
> 베나레스로부터 오고 있었네
> 아릿다운 스자아다아도 젖죽을 가지고 오고 있었네
> 아슈보앗다의 나뭇가지 들고
> 마아야의 자장가 베개삼아
> 墨胡子의 손을 잡고
> 서라벌 새벽을 쫓아오고 있었네

첫 연은 모두 8행으로 되어 있지만 이 속에는 공간적으로 현격한 거리를 두고 있는 두 상황이 나란히 서 있음을 알게 된다.

인도와 신라, 싯다르타가 태어나서 그의 사상적인 폭과 깊이를 불교라는 종교로 확립시킨 공간과 그 깨우침의 골간을 이념의 축으로 삼아 솔밭처럼 나란히 정립했던 삼국을 통일하고 찬란한 문화의 꽃을 피우게 한 공간이 그것이다. 시인은 분명 이 두 공간을 동시에 제시하면서 그러한 공간이야말로 삶의 참 모습을 깨우치기 위해 사람들 앞에 모습을 들어낸 싯다르타가 있음으로 참다운 의미를 가진다는 것을 나타내려 한다. 그래서 진리를 깨우친, 깨우쳐서 우리에게 베풀어준 그 붇다가 총체적인 삶의 슬기로움을 갖고 오고 있음을 반복해서 감격화 시키고 있다.

마가다, 베나레스, 마아야, 룸비니 꽃밭, 스자아다아, 아슈보앗다, 묵호자 등등의 고유명사들에 저항감을 느낄 필요는 전혀 없다. <마가다>는 지명으로 보면 된다. <베나레스> 역시 마찬가지다. 그러나 이 베나레스는 깨

우침 즉 成道한 싯다르타-붇다가 처음 깨달음을 설파(初轉法輪)한 곳이
다. 구체적으로 말한다면 이 베나레스에 있는 녹야원(鹿野苑)이다. 싯다르
타 왕자를 잉태한 붇다의 어머님이 마야부인이시고 그를 낳으신 곳이 <룸
비니 꽃밭>이다.

붇다 이전 인도를 지배하고 있던 사상적 흐름에 고행주의가 있다. 싯다
르타가 이 고행주의를 버림으로써 그는 새로운 깨우침의 지평을 획득한다.
고행주의와 결별하는 구체적 계기와 맞물리는 곳에 <스자아다아>의 이름
을 가진 여인이 있다. 오랜 고행으로 지치고 더러워진 몸을 깨끗이 씻고
기진한 싯다르타에게 그 여인은 젖죽을 가져다 주었다. <아슈우보앗다>는
보리수 나무를, <묵호자>는 신라에 불교를 전한 최초의 사람이다.

이 모든 이름과 지명은 부처님이신 붇다가 있음으로 빛이 나는 것들이
다. 만약 붇다가 없었다면 다만 그곳에 그대로 있어 시인의 감동적 세계
안에 시어로 잡히지 않았을 것이다. 시인은 붇다가 있음으로 의미를 새롭
게 가지게 된 대상들이 그의 끝없이 펼쳐진 시정신 속으로 몰려오고 있음
을 첫 연에서 보다 구체화시킨다. 그러면서 인도와 신라의 공간을 나란히
놓아 그것이 불교라는 깨우침의 공통 항목임을 시사하려 한다.

끝없는 들녘
해는 낙엽진 나무에 걸렸는데
지층을 뚫고 빛은 하늘에 닿아오고 있었네
고행과 고행으로 이어지는 험한 산길에
메밀꽃 피었던 五臺山 눈사태의 길에
싯달타 이름 버리고 고오다마가 되어
간지수 강을 건너
나이란자 강물에 목욕을 하고
조용히 새벽을 쫓아오고 있었네.

지층을 뚫은 빛과 오대산 눈사태 길을 하나로 묶을 수 있는 것은 시인의 상상력이다. 앞에 것이 깨우침을 의미화한 표현이라면 뒤의 것은 시인의 상상력이 붇다의 깨우침을 자신의 안 쪽으로 끌고 와 자기화 시키고 있음을 놓쳐서는 안 될 것이다. 그래서 붇다의 고행이 오대산을 넘어 눈사태 길을 극복하는 자신의 고행으로 이입되면서 시인의 깨달음을 향하는 구도와 붇다의 그것을 일체화시킨다고 파악할 수가 있게 된다.

깨우침이란 무엇인가. 그것은 영원한 자신과의 싸움이란 점을 시인은 일깨워 주려고 한다. 자신과의 싸움에서 이기는 일을 극기라고 했다. 그것 없이 삶의 실체를 어떻게 꿰뚫어 볼 수 있단 말인가. 그래서 시인은 자신에게로 깨우침을 먼저 이룩한 고오타마 싯다르타 즉 붇다가 오고 있다고 확신한다.

지리산 기슭으로 가야산 기슭으로 속리산 기슭으로 오고 있었네
빛을 그리는 온누리의 눈망울 속으로 오고 있었네
산기슭 누비다 누비다 숨을 내리쉬고 지쳐버린 내게로 내게로 오고 있었네
내 옆으로 오고 있었네

<숨을 내리쉬고 지쳐버린> 시인에게로 붇다가 오고 있다는 것은 정작 삶에 대한 깨달음이 스스로의 내부로부터 서서히 의미의 그물을 덮어가고 있다는 말의 또다른 표현일 것이다. 일찍이 붇다가 깨우친 사실의 가르침을 받들겠다는 네 가지 誓願은 시인의 이같은 내면을 읽어 내는데 퍽 많은 도움을 줄 것이다.

고통 세계의 모든 사람들의 수가 한없이 많을지라도 다 제도하겠다는 소원(衆生無邊誓願度)이 그 첫째다. 번뇌가 많다고 할지라도 다 끊으려는 소원(煩惱無盡誓願斷)이 그 둘째며, 참다운 불교의 진리가 한량없이 많겠

지만 다 배우려는 소원(法門無量誓願學)이 그 셋째다. 마지막으로 소원하는 바는 가장 드높은 부처님의 진리를 자신도 이루게 되기를 바라는(佛道無上誓願成) 것이다.

지리산과 가야산, 속리산은 단지 우리나라의 높은 산이란 뜻에 머무는 것은 아니다. 그것은 무한히 높고 거룩한 부처님의 실체일 수도 있고, 시인 자신이 반드시 극복하여야 할 번뇌와 법문과 불도일 수도 있다. 그것을 시인은 <빛을 그리는 온누리의 눈망울>이라고 표현하여 고통세계에서 번뇌와 미망 속에 있는 중생들로 상징하게 된다.

    백제의 빛으로 현해탄을 건너
    신라의 빛으로 현해탄을 건너
    바다와 바다의
    수없는 뱃길을 거느리며
    야마도 아스까의 들녘으로
    파도 일렁이는 솔바람 허허로운 곳으로 오고 있었네

자신을 극복할 때 깨달음의 실체가 몰려 오고 있음을 확인한 시인은 그것이 자신의 밖으로 확산되어 가고 있었다는 것을 역사적 사항에서 찾고 있다. 백제와 신라 그리고 일본을 이어주는 시적 표현은 바로 이러한 시인의 생각을 확실하게 해주는 부분이다.

<백제의 빛>과 <신라의 빛>이 <야마도 아스까의 들녘>에서 어떻게 되었다는 것인가를 좀 더 사려깊게 생각해 보면 역사적 맥락 속에서 부침해간 많은 사항들이 떠오른다. 그러나 무엇보다 간과할 수 없는 것은 그러한 역사적 뒤안길보다는 그 역사를 있게 한 영원한 진리의 빛이다. 그 진리의 빛은 시인이 자리한 현실과 그 현실이 연장되어진 정황—시 속에서는

<솔바람 허허로운 곳>으로 몰려오면서 우리를 새삼 삶의 실체를 꿰뚫어 그 자리에서 깨닫게 하는 저 부처님의 가르침과 만나게 한다.

지혜가 있으면 탐착이 없어질 것이니 항상 자세히 살피어 그것을 잃지 않도록 하여라. 이것은 우리 법 가운데서 능히 해탈을 얻게 하는 것이다. 그러나 그렇지 못한 사람은 수행자도 아니요 세속 사람도 아니므로 무엇이라 이름할 것이 없는 것이다. 참 지혜는 생노병사의 바다를 건너는 튼튼한 배이고, 무명 속의 밝은 등불이며, 모든 병든 자의 좋은 약이고, 번뇌의 나무를 찍는 날이 선 도끼이다. 그러므로 비구들은 잘 듣고 생각하고, 지혜로써 더욱 자신을 길러야 한다. 만약 어떤 사람이 지혜의 빛을 가졌다면, 그는 세상의 무엇이든지 육안으로도 밝게 볼 수 있다. 이것을 가리켜 지혜라 한다.[遺敎經]

송석래가 「오고 있었네」라고 시 속에서 강조하는 것도 바로 시인 스스로의 극기(克己)를 통한 지혜와의 만남 속에서 나오는 말이 아니겠는가. 그 지혜와의 만남은 일찍이 싯다르타에서 이루어졌고, 그렇기 때문에 범상한 일상의 것들에게 의미가 주어지며 시인에게로 우우 몰려온 것은 아닐까. <파도 일렁이는 솔바람 허허로운 곳>에서 우리는 이 시의 참뜻을 되새기며 자신과의 싸움을 통해 깨달음으로 나아가는 한 사람의 중생을 문득 목격하게 된다.

6. 김정휴[6] -「烏銅香爐」-香煙은 꽃잎으로 피고

소리 없이 고요한 상태를 정적이라고 한다. 한없이 갈아앉고 끝없이 침몰해가는 상태 혹은 너무 소리 없음으로 하여 괴괴하고 적막하여 섬찍함마

---

6) 金正休(1944 경남 남해) 조선일보신춘문예로 등단(1971) 『승려시집』(승려시인회, 1976) 등 시집

저 느끼는 그런 상태를 이름한다고 보아도 좋을 것이다. 이 지극한 고요 속에서도 꿰뚫어 삶의 실체를 통해 진리를 찾아내는 시구(詩句)가 있음을 우리는 알고 있다.

바람도 없는 공중에 수직의 파문을 내이며 고요히 떨어지는 오동잎은 누구의 발자취입니까.

만해 한용운은 그 고요 속에서 있음의 모습을 획득해낸다. 바람마저 일렁이지 않는 적막 속으로 떨어지는 나뭇잎의 움직임, 그것을 만해는 빠뜨리지 않고 포착해낸다. 그러나 인용된 시의 제목에서 우리는 불교의 사상으로 착색된 한 禪師의 詩精神을 건져 볼 수 있다. 「알 수 없어요」가 그 시의 제목이다. 무엇을 알 수 없다는 말인가. 필경 시인 만해는 이 경우 한 사람 불교의 구도자 모습을 띄게 된다.

우리가 三毒에 찌들고, 오욕과 칠정에 얽매여 어두운 미망 속에서 허우적거리면서도 문득 검은 구름 속에 언뜻언뜻 보이는 푸른 하늘을 만나듯이 부처님이 깨달은 삶의 진리와 가끔 조우할 때도 있게 된다. 그 조우를 새로운 깨달음과의 날카로운 만남으로 확인할 때 인간 존재의 참 모습은 그 넓고 깊은 진리의 품 안에서 판독하기 어려운, 알 수 없는 무엇으로 붙잡아진다. 분명 고요의 깊디깊은, 켜켜이 축적되어 있는 적막함의 그 깊음 속에서 왜 나뭇잎의 움직임이 있는가. 있는 것은 없는 것과 같고, 없는 것은 있는 것과 같으며 있음과 없음은 다르지 않다(色卽是空 空卽是色 色不異空 空不異色)는 저 지혜의 속내를 만해는 분명 일상 속에서 붙들고 있는 것이 아닌가. 그래서 그것을 언어의 그물로 온전하게 건져 올린 것으로 파악할 수 있을 것이다.

왜 정적과 만해의 시적 구도를 결부시켰는가. 金正休의 時調詩 「烏銅

香爐」를 말함에 <고요함>이란 한 면과 <깨달음>이란 또다른 측면을 함께 이해하지 않고는 이해의 어지러운 거리를 헤매기 십상이라고 생각했기 때문이다. 「오동향로」는 검붉은 구리 빛을 내는 향로, 그것은 구리로 만들어져 오랜 세월의 광음이 그 구리 위에 흑청색의 이끼를 앉게 한 그런 고색창연한 향로다. 그러므로 그 향로는 보는 사람으로 하여금 세월의 무상함과 때로는 그렇게 흘러가버린 세월에 대한 까마득한 향수를 일으키게 할 만한 대상이라고 생각할 수도 있을 것이다.

향로의 기능은 향을 피우는 데 있다. 사람들이 향로에다 향을 피우는 것은 무엇 때문인가를 한번쯤 돌아볼 필요는 있을 것이다. 그것은 기원에서 비롯한다고 보는 것이 일반적인 견해일 수 있을 것이다. 가장 미천했던 民草들의 人口에 膾炙했던 민요에 이런 것이 있다. <석탄 백탄 타는 데는 연기나 퐁퐁 나지만/ 이내야 가슴 타는 데는 연기조차 없구나> 기원은 바램이고 바램은 일종 그리움이고 그리움은 입술을 바짝 말리고 가슴을 옥죄며, 마음속이 활활 타오르는 안타까움이다.

사람들은 그런 스스로의 기원과 願望의 마음속 상태를 향로에다 香煙으로 구체화, 가시화시킨 것은 아니겠는가. 저승의 피안으로 건너 가버린 이에 대한 그리움의 구체화를 그의 영전에 향으로 피워올리고, 다함이 없는 깨달음과 기원을 부처님 앞에 합장하며 향으로 피워 마음 속 타오르는 열렬한 구도심을 가시화하는 것은 아니겠는가. 그것은 저 비천했던 민초들이 가다듬음 없이 내뱉어 불러제낀 연기 有無의 원망조 민요와 깊은 상관관계를 가짐에 유념한다면 쉽게 이해될 수 있는 부분일 것이다.

온갖 願
앉힌 자리
꿈을 태운 火中三昧

　「烏銅香爐」초장의 이 3행은 말하자면 사람들이 왜 향을 지피는가를 압축적으로 제시한 것으로 파악할 수 있게 된다.

　그렇다. 사람들이 가진 모든 소원, 모든 기원, 모든 그리움은 사람들 마음속에서 활활 불타오르고 있다. 간절하고 열렬하고 자신을 옥죄는 이 표현할 수 없는 願과 望은 향을 질펴 구체화하고 보이도록 가시화한다. 그래서 그것은 <꿈을 태운>것이라 표현되지 않을 수 없다.

　<火中三昧>란 향이 타오르는 향연 속에 자신이 한없이 빨려들어가 아무런 邪念을 하지 않는 그런 몰아지경을 말함이다. 향이 타면서 오동향로를 감도는 그 香煙은 단지 연기에 불과하지 않다. 그것은 스스로의 그리움과 소망과 기원이 불꽃으로 타올라 저 끝없고 가없는 무변광대한 곳으로 떠 흘러가는 것이다.

　이 같은 사항들은, 그러나 오동향로를 중심으로 고요하게 갈앉아 있는 정적 속에서 이루어진다. 세월의 이끼가 켜켜이 쌓인 흑청색 오동향로는 언제나 정적인 構圖를 우리들 마음에 심어준다. 샤갈이나 김환기의 그림 속에 있는 동적 구도의 움직임이 있는 그런 이미지가 아니다. 오동향로는 스스로의 무게를 온존하게 유지하며 그렇게 다만 자리하고 있을 뿐이라는 장면을 늘상 안겨준다. 더구나 <온갖 願/ 앉힌 자리>라고 언표한 곳에서 <앉힌 자리>에 주목할 일이다. 그것은 오동향로를 중심으로 형성되는 정적의 시적 표현이다. 더욱,

　　살포시
　　流星을 앉혀
　　저 宮殿 紙燈밝히면

이라고 표현한 둘째 수 초장과 상관하고 있음도 헤아릴 때 확연해진다.

<流星>이란 동적 이미지를 <앉혀>라는 정적 이미지로 바꾸어 놓고 있음에서 그것은 고요함의 드러냄이라고 보아야 할 것이다.

金正休는 이 정적인 고요함을 오동향로에 피어오르는 꿈인 향연과 그것에 빨려들어가는 <火中三昧>라는 표현을 통해 깨달음의 한켠을 열려고 한다.

이제는
燃指로도
갈 수 없는 西域萬里.

香煙은
빈 城에 남아서
꽃잎으로 피고 있다.

<燃指>란 손가락을 불에 태운다는 뜻으로 해독할 수 있는 단어다. 왜 손가락을 불에 태우는가. 그것은 위 없는 부처님의 가르침을 삼가 이루겠다는(佛道無上誓願成)는 굳건한 구도자세의 가다듬음을 실중시키는 일종 소신공양에 다름 아닐 것이다. 또한 덧없이 일어나는 모든 번뇌를 깡그리 잘라버리겠다(煩惱無盡誓願斷)는 옹골찬 신념의 표시가 아니겠는가.

그 燃指로도 <갈 수 없는 西域萬里>란, 가도가도 끝을 알 수 없는 부처님 깨달은 지혜와 슬기의 그 넓고 큰 세계에 대한 외경심이라고 생각해 볼 수 있을 것이다. 서역만리란 먼 곳에 있는 땅이름이 아니라 이 때 그것은 부처님의 깨달은 말씀이 보다 올곧게 메아리 쳐 흐르는 聖地로 상징된 것이라 파악해야 할 일이다. 아니면 안타깝게 그리운 대상, 그것은 굳이 신앙심에서 비롯된 것 여부를 가려볼 필요없이, 몸부림쳐 붙잡으려 해도 잡히지 않는 먼 곳에 있는 희망의 모든 것을 이름한다고 보아도 좋을 것이다. 불교의 가람(江) 속에서 헹구어진 언어들로 직조된 詩에서 <서역만

리>란 말은 실제로 이같은 의미에서 많이 사용되어지고 있다.

(가) 木魚를 두드리다
졸음에 겨워

고운 상좌 아이도
잠이 들었다

부처님은 말이없이
웃으시는데

西域萬里 길

눈부신 노을아래
모란이 진다.

(나) 눈물 아롱아롱
피리 불고 가신님의 밟으신 길은
진달래 꽃비 오는 西域三萬里
흰옷깃 염여 염여 가옵신 님의
다시오진 못하는 巴蜀三萬里

신이나 삼아줄ㅅ걸   은 사연의
올올이 아로색인 육날 메투리.
은장도 푸른날로 이냥 베혀서
부즐없는 이머리털 엮어 드릴ㅅ걸.

초롱에 불빛, 지친 밤 하늘
굽이굽이 은하ㅅ물 목이 젖은 새,
참아 아니 솟는 가락 눈이 감겨서
제피에 취한 새가 귀촉도 운다.
그대 하늘 끝 호올로 가신 님아.

(가)는 조지훈, (나)는 서정주의 시다. 조지훈의 「古寺 1」의 전문 속에서 보이는 <서역만리>는 金正休가 사용한 것과 동일 선상에서 풀 수 있는 의미가 될 것이다. 그 서역만리는 부처님의 참다운 진리의 말씀이 누리에 가득찬 聖地로 의미화되었음을 손쉽게 알 수 있게 된다. 서정주의 「歸蜀道」 전문에서 보이는 <서역삼만리>는 영원히 오지 못할 곳으로 가버린 님에 대한 사무친 그리움을 내포하고 있는 땅이름으로 된다. <눈물 아롱 아롱/ 피리불고 가신 님>은 이승의 언덕을 넘어 저승의 피안으로 꽃가마 타고 가신 님의 모습이다. 그 피안을 서정주는 <서역삼만리> 혹은 <파촉 삼만리>로 말하고 있다. 그러나 그곳은 역시 그리운 마음이 언제나 가 닿는 희망의 총체적 귀착지인 것만은 확실하다.

金正休는 그곳에 대한 외경심의 극단을 <갈 수 없는>이라고 말한다. 갈 수 없다는 말 속에는 아직도 스스로의 정진이 부족함을 깨닫는 뜻이 있음을 놓쳐서는 안된다. 그래서 그는 그 고요함의 심장부인 오동향로 놓인 정적의 뜨락을 <빈 城>으로 파악하게 된다. 비어 있음은 공(空)이 아닌가. 그 막막한 없음 속에서 시인의 온갖 소원은 <꽃잎으로 피고 있>게 된다. 없음 속에 피어나는 꽃, 일찍이 서정주는 「꽃밭의 독백」이란 시 속에서 <꽃>을 불교사상의 총체로 의미했던 적이 있다. 그래서 <문열어라 꽃 아>라고 시인 자신의 용맹정진하려는 구도를 힘있게 시화했다. 「오동향로」 에서의 꽃도 이러한 문맥에서 같은 의미로 헤아릴 수 있을 것이다. 꽃잎이 피어서 활짝 한 송이 꽃이 되는 것이다. 金正休는 오동향로를 맴돌아 흐르는 향연을 <꽃잎으로 피고 있다>고, 그래서 깨달음의 눈으로 포착하는 것이다.

후반부의 초장은 전반부 초장과의 관계에서 살펴본 바 있다. 그러나 중요한 것은 <紙燈을 밝히면>이라는 구절이다. 등을 밝힌다는 언표에 주목한다면 시인은 스스로의 내면에 부처님 말씀의 높고 높은 뜻을 확실하게 새긴다는 동적사실과 향을 피운다는 것을 한 묶음으로 하고 있다는 것을 확실히 알 수 있게 된다.

쉬었던
구름도 이젠
龍이 되어 飛天하고
먹물 빛
차가운 가슴도
빛을 안아 숨퀴런가.

후반부의 이 중장과 종장은 시인의 궁극적인 구도의 종착점을 암시 한다는 점에서 <고요함>속에서 <깨달음>의 자락을 붙잡는 시인의 모습이 확실함을 알게 된다. 우선 <쉬었던>과 <먹물 빛>, 그리고 <구름도 이젠>과 <차가운 가슴도>, <龍이 되어 飛天하고>와 <빛을 안아 숨퀴런가>를 대응시켜 보기로 하자.

구도를 쉰다고 하는 것은 어둠이다. 따라서 쉬는 것과 먹물 빛은 매우 밀접히 상관하게 될 것이다. <구름>을 업장으로 본다면 <차가운 가슴> 역시 업장에 휩싸인 무명 속의 인간 존재가 아니겠는가, <龍이 되어 飛天>하는 것을 구도에 있어 새로운 용맹 정진으로 본다면 <빛을 안아 숨

췌>로 시인이 자신의 구도적 종착지를 설정하고 있음을 헤아릴 수 있게
될 것이다.

　시인 金正休의 이 같은 역동성은 정적의 고요 속에서 깨달음의 힘찬 지
혜와 슬기를 도모하는 시적 묘를 얻고 있다 할 것이다. 「烏銅香爐」의 시
조시는 결국 구도의 치열함이 되고, 그것이 깨달음의 꽃잎으로 피어오르는
과정을 압축하고 있음을 또한 확인하게 되는 것이다.

제4장

서정이 사상으로 가는 길

1. 김수영[1] ―「푸른 하늘을」

푸른 하늘을 제압(制壓)하는
노고지리가 자유(自由)로왔다고
부러워하던
어느 시인(詩人)의 말은 수정(修正)되어야 한다

자유(自由)를 위해서
비상(飛翔)하여본 일이 있는
사람이면 알지
노고지리가
무엇을 보고 노래하는가를
어째서 자유(自由)에는
피의 냄새가 섞여있는가를
혁명(革命)은
왜 고독한 것인가를

---

1) 金洙暎(1921.서울―1968.서울) 『예술부락』에 「묘정의 노래」 발표(1945)하면서 작품 활동. 『달
  나라의 장난』(춘조사, 1959) 등 시집. 『김수영전집』(민음사, 1981)

혁명(革命)은
왜 고독해야 하는 것인가를

'세상'의 또 다른 말은 '세계'다. 같은 의미의 이 두 말은 그 느낌과 분위기가 사뭇 다르다. '세상'이란 보다 평범하고 소박하게 우리가 발을 딛고 살아가는 곳을 말할 때 주로 사용된다. 그러나 '세계'라는 말 속에는 '세상'이라는 말에서 느끼기 힘든 얼마간의 철학적 사유의 흔적이 도사리고 있다. 그래서 무엇인가 깊이 생각하는 모습과 분위기를 '세계'라는 말 속에서 감득하게 된다. 구체적으로 말해본다면 '세상'이란 말은 생활하면서 눈으로 확인하게 되는 어떤 물질적인 사항에 치우쳐져 있는 표현이고, '세계'란 눈에 보이지 않는 어떤 정신적이고 형이상학적인 사연이 잠겨 있는 듯한 말이다.

'시'란 눈으로 보고 확인할 수 있는 사물에 대해 말하기 보다는 눈으로 확인되지 않는 정신적인 것을 언어로 표현하는 경우가 훨씬 많다. 눈으로 보고 확인한 사항을 마음속으로 옮겨서 시인이 오랫동안 그것에 대해 거듭 생각한 것을 표현하기 때문이다. 따라서 '시와 세상'이라고 했을 때, 세상에서 일어나는 사항을 시가 담고 있는 경우보다는 세상에서 일어난 사항을 시인이 마음속에 갈무리했다가 다시 세상에 드러내 놓는 경우가 일반적이다.

우리는 앞으로 '세상'에서 보게 되는 일을 시인이 마음의 '세계'에 오랫동안 저장해 두었다가 '세상'으로 드러내 놓은 '세계'의 모습을 추적해 보기로 한다. '세상'이 '세계'로 형이상학적 변화를 했다가 언어로써 다시 '세상'에 나타난 것을 두고 그 과정의 가닥들을 헤아려 보기로 한다.

1960년 4월은 잔인한 달로 한국의 역사에 기록되어져 있다. 청년 학생들이 독재정권에 맞서 꽃다운 나이로 민주주의의 제단에 제물이 되었기 때문이다. 하늘로부터 부여받은 사람의 권리를 되찾은 이 사건을 두고 '4.19

혁명'이라고 한다. 이 혁명을 겪은 시인이 그해 6월에 발표한 시가 「푸른 하늘을」이다. 시인 김수영(金洙暎)은 1921년 서울에서 태어나 1966년 교통사고로 유명을 달리했다. 그는 불혹의 나이를 앞둔 해에 4·19혁명을 목격했다. '세상'에서 목격한 4·19를 그는 마음의 '세계'로 옮겨와 오래 간직하다가 하늘을 나르는 노고지리가 자유롭다고 그냥 부러워하던 시인의 말은 바뀌어야 한다고 말한다.

노고지리는 종달새가 아닌가. 새 봄, 파랗게 돋아나는 평원의 풀 위에 날아올라 푸른 봄 하늘을 아름다운 노래로 가득 채우는 새. 그것이 노고지리다. 시인뿐만 아니라 세상의 모든 사람들은 푸른 하늘에서 거침없이 날면서 청아하게 노래하는 노고지리의 모습에서 자유와 그 기쁨을 느끼게 된다. 노고지리의 이런 모습을 두고 시인은 '푸른 하늘을 제압'한다고 말한다. '제압'이란 무엇인가. 꼼짝 못하게 누르는 것을 말한다. 끝간 데를 알 수 없는 우주의 공간인 하늘을 꼼짝달싹 못하게 누르는 힘을 노고지리가 가졌다고 보는 시인의 마음에는 광대무변한 우주 속에서 어떤 속박에도 벗어나 자유롭게 되고 싶은 비원(悲願)이 숨어 있다. 그 형언할 수 없는 자유에 대한 소망이 노고지리의 모습을 통해 더욱 깊은 울림으로 마음을 뒤흔들어 놓는 것은 '제압'이라는 말이 주는 의미다. 의미의 극단에서는 '제압'과 '자유'라는 말을 대비시켜 놓음으로써 시인은 사람들의 자유에 대한 갈망을 더욱 돋보이게 한다. 그러나 시인은 그러한 노고지리가 자유로웠다고 부러워한 것이 잘못이라고 말한다. 그래서 그 말은 수정되어야 한다고 읊고 있다.

혁명이란 지난 시기의 모든 것을 바꾸어 놓는 것을 의미한다. 순서와 절차를 뛰어넘어 과거의 것을 완전히 바꾸어 놓는 일련의 행위가 혁명이다. '혁명'이 '개혁'과 구별되는 것은 순서와 절차를 따르는 여부에도 있지만 무엇보다 '혁명'은 급진적이면서 과격하다는 데에 있다. '혁명'의 급진적이고 과격함은 그것을 허용하지 않으려는 수구 세력과 충돌하지 않을 수 없게 한다. 그 충돌은 '피'를 부르는 것이 일반적. 혁명을 통해 자유가 획득되어졌던 4·19는 그래서 젊은이들의 피를 요구했던 것이다. 시인은 그것을 '자유에는 피의 냄새가 섞여' 있다고 말한다. 피를 요구하는 죽음을 각오하지 않고 혁명은 꿈꿀 수 없는 것. '자유의 나무는 피로써 자란다'고 이태리의 혁명가 마치니는 말하지 않았던가. 시인은 그래서 혁명은 고독한 것이라고 말한다. 그 고독은 대의(大義)를 위해 자신을 내던지는 결단의 어려움에서 갖게 되는 엄청난 외로움이다.

시인은 피의 냄새가 섞여 있는 혁명을 통해 자유가 획득됨으로 다만 푸른 하늘에서 자유롭게 노래하는 노고지리를 부러워할 것만은 아니라고 본다. 그 자유 속에는 혁명이란 대의를 위한 고독할 수밖에 없는 결단과 그 결단을 위한 뼈저린 외로움과 수구 반동 세력과의 투쟁이 있었음을 먼저 알아야 할 것이라고 꿰뚫어 본다. 그래서 그냥 노고지리를 부러워한다는 말은 수정해야 한다고 외친다. 자유를 위해 온 몸을 내던져 본 사람은, 노고지리가 혁명의 이 같은 아픔을 우주를 제압하면서 노래로 말하고 있음을 알 것이라고 시인은 거듭 외치게 된다. 4·19혁명이 민권을 되찾고 천부의 자유를 획득했던 것이 얼마나 역사의 아픔이었던가를 김수영은 이 시에서 절규하고 있는 것이다.

4·19 이후 한국의 역사는 군사독재라는 또 다른 반동 세력과 맞서 수없이 많은 피를 흘렸다. 그래서 문민의 시대를 거쳐 국민정부의 시대까지 왔다. 그렇게 오기까지 40여년이 걸렸다. 이제는 혁명보다 순서와 절차를 따르면서 수구 세력들의 기득권을 광정(匡正)해야 할 것이 아닌가.

지금 우리는 민주주의의 버팀목인 선거의 계절 한가운데 서 있다. 이 선거에서 우리는 피의 냄새가 섞여 있는 혁명을 선택하기보다 순서와 절차를 따르면서 수구세력들을 거세해야 하는 개혁을 완성해야 한다. 그것을 이루지 못한다면 또 다시 혁명을 통해 피의 냄새를 맡아야 할 날이 당도하지 않을 것이란 보장은 어디에도 없다.

　정직하고 청렴하며 진실로 민족과 민주주의, 자유와 민권을 수호하고 대변할 선량을 뽑아야 한다. 김수영의 시 「푸른 하늘을」은 이 같은 역사적 소명을 자유롭게 봄 하늘을 나르며 청아한 노래로 우주의 공간을 제압하는 노고지리를 통해 피같은 언어로 말해 주고 있다.

2. 조지훈[2] – 「落花」

꽃이 지기로소니
바람을 탓하랴.

주렴밖에 성긴 별이
하나 둘 스러지고

귀촉도 울음 뒤에
머언 산이 닥아서다.

촛불을 꺼야하리
꽃이 지는데

꽃 지는 그림자
뜰에 어리어

---

[2]　趙芝薰(1920.경북영양 – 1968.서울) 본명 동탁. 『문장』지로 등단(1939). 『청록집』(3인공동시집. 을유문화사, 1946) 등 시집. 『조지훈전집』(나남출판사, 2007)

하이얀 미닫이가
우련 붉어라.

묻혀서 사는 이의
고운 마음을

아는 이 있을까
저허하노니

꽃이 지는 아침은
울고 싶어라.

사방에 꽃이 다투어 피었다. 세상은 온통 꽃마을이다. 겨우내내 숨 죽여
살던 마른 가지에 물이 오르고 움이 트고 망울이 맺히더니 활짝 아름다운
모습으로 꽃이 피었다. 세상이 언제나 꽃으로 가득해 있으면 얼마나 좋으
랴. 하지만 그렇지 않은 것이 또한 세상 아닌가. 둘러보면 추하고 아름답지
못한 것들이 꽃보다 더 많이 널려 있고, 그것을 바라보는 마음속에는 번뇌
가 가득하지 않은가. 세상을 바다로 보고, 살아가는 일은 격랑(激浪)의 파
도가 몰아치는 바다 속을 항해하는 것이라고 하여, 살고 있는 이 세상을
고해(苦海)라고 하지 않았던가. 그러나 지금, 둘러보면 사방에는 꽃이 만발
해 있다.

피어 있는 꽃은 반드시 떨어진다. 그것은 섭리(攝理)다. 섭리라는 말이
주는 섬뜩한 느낌은 그 말 속에 세계를 창조한 절대자의 의지가 머금어져
있기 때문이다. 거역할 수 없는 우주의 질서가 섭리하는 말 속에는 도사려
있기 때문이다. 아름다운 꽃은 언젠가 떨어지고 만다는 '화무십일홍(花無十
日紅)'은 이러한 자연의 섭리에서 터득한 지혜에서 얻어진 말이다. '달도

차면 기운다'라는 것 또한 이 말의 연장선에서 이해할 성질의 것이다.

꽃이 지는 것이 '낙화(落花)'다. 본명이 조동탁(1920-68)인 지훈은 꽃이 지는 것은 바람의 탓이 아님을 시의 맨 처음에서 말하고 있다. 어찌 부는 바람이 꽃을 지게 했다고 하는가. 꽃이 지는 그것은 자연의 섭리가 아닌가 라는 깨달음이 거기에는 베어 있다.

세속의 혼탁함에서 벗어나 있는 어느 먼 곳. 산이 병풍처럼 마을을 둘러 싸고 있는 시골 어디쯤으로 생각하는 것이 좋을 것이다. 그 마을에 활짝 피었다가 하나 둘 떨어지는 낙화를 생각해 보는 것이 좋을 것이다. 시인은 '묻혀서 사는 이의/ 고운 마음을// 아는 이 있을까/ 저허하노니'라고 말한다. 세속의 갈등과 길항에서 벗어나 있는 사람의 마음은 세속에서 벗어나 있기 에 고운 것일 테고, 그 내밀한 마음의 속사정을 아는 사람이 혹 있을까 두 렵다고 한다. 이 말에서 언뜻 당(唐)의 이백이 '산골 마을에 묻혀 사는 일 이 어떠한가(問余何事棲碧山)'라고 물으면 '대답하지 않고 그저 빙그레 웃 기만 한다(笑而不答)'는 「산중문답(山中問答)」의 첫 구절을 생각하게 된다. 대답하지 않는 것은 숨어 사는 이유를 말하고 싶지 않는, 그 마음을 드러 내 보이고 싶지 않은 것과 통하는 것이 아니겠는가. 그것을 아는 사람이 있을까 두렵다고 지훈은 말한다. '속세를 피해서 숨는 것을 아름답게 여기 는 뜻을 아는 사람이 드물게 된지도 오래다'라고 주역(周易)에서는 말하고 있다. 숨어서 사는 은자(隱者)를 높이 평가하는 현실도피적 생각을 비판할 수도 있겠지만 속세를 벗어나는 일이 어떤 경우에는 아름다운 것일 수 있 다는 의미가 이 말에는 함축되어 있을 것이다.

밤새 잠 못이루다가 벌써 동이 트기 시작한다. 주렴 너머 하늘에는 어둠 이 걷히고 별들도 하나 둘 사라져 간다. 뒷산 어디선가 피울음 우는 두견 새(귀촉도) 소리에 갑자기 멀리 있는 산이 가깝게 다가온 듯함을 느낀다. 촛불을 끈다. 꽃이 지는 그림자가 뜰에 어리어 미닫이 창호지에 보일 듯

말 듯 희미하게 어룽지고 있다. 이 고요하고 아름다운 공간! 그것이 시 「낙화(落花)」에서 시인이 만들어 우리에게 보여주는 세상이다. 띠끌과 먼지와 공해로 찌들고 불신과 증오로 영일이 없는 세속이 아닌 청정(淸淨)한 자연 속의 한 세상이다.

이 청정한 세상에서도 사람은 어쩔 수 없이 그리움을 가진다. 그리움, 그것은 깊이를 알 수 없는 심연이고 운명처럼 태어날 때 가지고 와서 죽을 때까지 함께 지고 가야 하는 멍에일지도 모른다. 시인은 꽃이 지는 이 소멸의 시각에 문득 살아 있는 것의 유한(有限)함에 생각이 미치고 가슴 속 심연에 소용돌이치는 그리움을 숨죽이면서 고요하게 가라앉힌다. 그때, 그렇다 그때, 시인은 '꽃이 지는 아침은/ 울고 싶어라'라고 울먹이듯이 뇌이고 만다.

시 「낙화(落花)」가 보여주는 세상은 일상의 현실이라고 말하기는 어렵다. 그러나 그 세상은 아직도 어딘가에 존재하고 있는 우리들 마음의 고향이고, 한국인이면 누구나 생각해 볼 수 있는 시골 마을의 어느 곳이다. 산업화에 의해 대부분 망가졌지만 아직도 어딘가에는 남아 있는, 남아 있어야 한다고 생각하는 마음의 고향이다. 현실도피라는 말로 시 「낙화(落花)」가 보여주는 세계를 폄하할 수만은 없다. 때로 우리는 전쟁터와 같은 이 일상의 현실에서 벗어나 고요 속에 아름다움과 꽃과, 그 꽃이 지는 황홀함과 그리움의 의미도 생각해 보는 얼마간의 여유를 가져야 하는 것은 아닌가.

어디선가 또 꽃이 지고 있을 것이다.

3. 노천명3) ― 「푸른 오월」

청자빛 하늘이

육모정 탑 위에 그린 듯이 곱고

연못 창포잎에

여인네 맵씨 위에

감미로운 첫여름이 흐른다

라일락 숲에

내 젊은 꿈이 나비처럼 앉는 정오

계절의 여왕 오월의 푸른 여신(女神) 앞에

내가 왠 일로 무색하고 외롭구나

밀물처럼 가슴 속으로 몰려드는 향수를

어찌 하는 수 없어

눈은 먼 데 하늘을 본다

기인 담을 끼고 외따른 길을 걸으며 걸으며

생각이 무지개처럼 핀다

풀 냄새 물큰

향수보다 좋게 내 코를 스치고

청머루순이 뻗어 나오던 길 섶

어디메선가 한나절 꿩이 울고

나는

---

3) 盧天命(1912.황해도 장연―1957.서울) 『시원』지로 등단(1935). 『산호림』(자가본, 1938). 『창변』
(매일신보출판사, 1945)

활나물 혼잎나물 적갈나물 참나물을 찾던―
잃어버린 날이 그립지 아니한가 나의 사람아

아름다운 노래라도 부르자
서러운 노래를 부르자

보리밭 푸른 물결을 헤치며
종달새 모양 내 마음은
하늘 높이 솟는다

오월의 창공이여
나의 태양이여

세상은 온통 신록으로 뒤덮였다. 연록색 신록 위에 부서지는 햇살이 보석처럼 빛나는 계절. 오월이다.

노천명은 5월을 '계절의 여왕'이라고 말한다.

왕자보다 공주가 상상 속에서 훨씬 더 낭만적이고 꿈을 가진 듯 느껴지는 것처럼, 수염이 시선(視線)을 제압하고 위세가 당당한 권위의 상징인 제왕보다는 곤용포 자락의 눈부심과 머리에 인 왕관의 보석이 빛나는 여왕이 훨씬 더 낭만적이고 다감하며 아름답게 우리 곁으로 다가오는 것이 아닌가. 여왕은 아름답고, 모든 아름다움의 실체 그것이며 세상의 어느 것과도 비교할 수 없는 아름다움의 왕좌를 지키는 사람이 아니겠는가.

우리가 사는 봄, 여름, 가을, 겨울의 계절이 분명한 이 세상에서, 5월만큼 누리를 뒤덮은 신록 그리고 찬란한 햇살과 어우러지면서 자연의 아름다움을 마음껏 즐기는 계절이 있을 수 있겠는가. 그래서 노천명은 5월을 계절의 여왕이라고 말한다.

세상은 아름다움과 그렇지 아니한 추(醜)함의 두 공간이 언제나 함께 자리하고 있다. 사람들은 그것을 밝음과 어둠으로 말하기도 한다. 이 명암(明暗)이 공존하는 곳이 우리가 사는 삶의 터전이다. 밝음 뒤에 어두움이 있고, 어둠 뒤에 밝음이 도사리고 있는 것이다. 어떻게 보면 밝음이 있으므로 어둠이 있으며, 어둠이 있기에 밝음이 더욱 두드러져 보이는 것인지 모른다.

청자 빛 코발트 색 하늘이 여섯 개 모서리의 탑 위에 펼쳐져 있는 그림 같은 모습. 노천명은 창포에 머리감은 여인의 고운 맵시를 그 곳에 가져다 놓고 감미로운 첫 여름이 흐르고 있음을 놓치지 않는다.

노천명은 1912년 황해도 장연에서 태어나 서울의 진명여고와 이화여전 영문과를 나온 재원이었다. 1957년 유명을 달리할 때까지 독신으로 살았던 여류시인이었다. 사람들은 노천명을 '사슴의 시인'으로 말한다. 그의 대표작으로 인구(人口)에 회자(膾炙)되는 「사슴」이 그의 삶과 고독을 절묘하게 형상화 해주고 있기 때문이다. 그가 생각했던 아름다움과 고독과 귀족적인 곳에로 향했던 정신적 궤적을 시 「사슴」은 고스란히 드러내주고 있다.

'모가지가 길어서 슬픈 짐승이여,/ 언제나 점잖은 편 말이 없구나./ 관(冠)이 향기로운 너는/ 무척 높은 족속이었나 보다.// 물 속의 제 그림자를 들여다보고/ 잃었던 전설을 생각해 내고는/ 어찌할 수 없는 향수에/ 슬픈 모가지를 하고/ 먼 데 산을 쳐다본다.'

이 짧은 시에 잠겨 있는 노천명의 마음은 '슬픔'과 '귀족'과 '향수' 그리고 '고독'이다. 마지막 행의 '먼 데 산을 바라본다'는 구절에서 보여주는 절절한 시인의 외로움은 계절의 여왕인 찬란한 5월에도 '왠일로 무색하고 외롭구나'라고 고독을 말하게 하며, 밀물처럼 밀려오는 향수를 어찌할 수 없어 '눈은 먼 데 하늘을 본다'라고 말할 수밖에 없도록 한다. 어찌할 수 없는 고독은 찬란한 계절에도 누구에게나 있는 법. 노천명은 그것을 먼 데 산과 하늘을 쳐다보는 허허로움, 하염없음의 자세로 언어에 새겨놓고 있다.

비 잠깐 뿌리고 난 뒤, 신록의 잎사귀나 피어 있는 꽃의 함초롬 물 먹은 모습에서 가끔 코허리가 찡 해지면서 눈시울이 뜨거워지던 경험을 한 적은 없는지? 밝음과 찬란함 속에서 삶의 고달픔과 곤고함과 어두움을 생각하는 일. 또는 말 못할 그리움과 한(恨)이 한꺼번에 가슴에 회오리치던 그런 일. 그것은 모두 세상에 명암이 공존하듯이, 이 세상에 발 붙여 살고 있는 우리의 마음에도 언제나 밝음과 어둠이 함께 있어 때로 그것이 한꺼번에 나타나기도 한다는 것을 말해주는 증표는 아닐런지.

담을 끼고 길을 걸으며, 걸으며 무지개처럼 피어오르는 생각 속에는 언제나 지난날의 그리운 추억이 있게 마련이다. 풀냄새 향기롭게 코 끝에 스며들고 '청머루 순이 뻗어나오던 길섶'의 고향을 생각하는 마음. '아름다운 노래라도 부르자'면서 '서러운 노래를 부르자'고 말하는 이 서로 상반되는 표현. 여기에서 노천명의 근원적인 고독과 외로움의 실체를 붙잡을 수는 없겠는가.

양귀비에 빠져 국사(國事)에 등한했던 당태종은 안록산의 난에 나라를 잃게 된다. 이 난리통에 지방관리였던 두보는 가족이 있는 고향에 못간 채 몇 해을 넘기고 다시 5월을 맞이한다. 그래서 그는 '시절을 생각하니 피어난 꽃 보고 눈물짓고(感時花淺淚)/ 나라와 가족 이별한 한 많음에 새 소리에도 깜짝깜짝 놀란다(恨別鳥驚心)'고 5월의 찬란한 햇살과 신록을 보면서 오히려 어두운 마음의 그늘에 잠겼다. 노천명이 세상에 가득한 계절의 여왕 5월의 푸른 여신 앞에서 고독을 새삼 '무색하게' 느끼는 것은 어쩌면 두보와 같은 마음의 그늘이 있어서가 아니였겠는가.

옛날 인도에 샤카족이 세운 제국(帝國)의 왕비 마야 부인은 당시의 풍습대로 해산을 위해 친정으로 가고 있었다. 룸비니 동산을 지날 때 산기(産

氣)를 느낀 왕비는 수레를 멈추게 하고 룸비니 동산의 보리수에 몸을 의지 했다. 그때 아기 왕자 싯다르타는 태어났다. 신록의 푸르름에 5월의 감미로 움이 흐르고 있던 동산의 연못에서는 연꽃이 활짝 피어나고, 사방에서 흰코 끼리가 모여들어 코를 들어 물을 뿜었고, 천사들의 노래가 동산에 가득했다.

그 싯다르타 왕자가 세상에 살고 있는 사람들이 태어나서 늙고 병들어 서 죽는 고통을 벗어나게 하는 진리의 길을 터득하여 제시한 바로 석가모 니 부처님이시다. 그 분이 태어나신 음력 4월 초8일은 바로 태양력의 5월 에 해당되지 않는가.

노천명의 시 「푸른 오월」은 그 같은 호시절(好時節)의 밝고 찬란하고 아 름다운 풍광 속에서 자신의 고독과 향수 그리고 허허로움과 하염없음을 잘 녹여 낸 작품이다. 그리고 밝음을 통해 이 세상의 어둡고 구석진 곳도 생각 하게 하는 언어로 드러내 놓은 감미로운 첫여름이 흐르는 5월의 찬가다.

4. 유치환[4] – 「최전선(最前線)」

적군도 못오고 우군도 더 못가고
사방 산상(山上)에 숨은 포루(砲壘)의 총안(銃眼)만이
죽음 같은 처참한 침묵을 다물은
여기 최전선 피아(彼我) 중간의 공백 지대
촌민은 어디로 어떻게 다 갔는가
개미 한 마리 얼씬 않는 백주(白晝)는
필림 멎은 무너진 돌담 너머로

---

4) 柳致環(1908.경남 충무−1967.부산) 『문예월간』지로 등단(1936). 『청마시초』(청색지사.1939). 『생
   명의 서』(행문사.1947) 등 시집

방문짝 열어 재낀 빈 방바닥엔
스산히 흩어진 낡은 세간짝들
마당가에 계두화(鷄頭花)만 피보다 붉은데
지축을 뒤흔들 사투를 노리어
시방 최전선은 악몽같이 찍소리 없다

사람들은 전쟁을 어떻게 정의하는가. 사전적 풀이는 '국가 또는 교전 단체 사이에 무력을 써서 행하는 싸움'으로 설명된다. 1950년 6월 25일 38선을 사이에 두고 벌어진 한국의 남북전쟁은 흔히 6·25동란 또는 한국전쟁, 남북전쟁, 육이오전쟁 등으로 말해진다.

그 비극의 동족상잔이었던 6·25가 발발한 지 반세기가 되었다. 처참한 전쟁의 포화 속에서 태어났던 아기는 이제 초로(初老)에 접어드는 쉰의 나이를 넘기게 되었다.

6·25는 2차 세계대전이 끝난 후 한반도를 분단하면서 생긴 결과였다. 한반도의 분단은 급조된 미국의 정책결정 때문이었다는 것이 6.25를 연구한 학자들의 일반적인 견해다. 2차 세계대전이 진행 중이던 43년 11월 미국·영국·중국 등 3개국 정상이 참석한 카이로 회담에서 한국의 일본 예속은 부당하다고 인정하게 된다. 그래서 적절한 시기에 한국을 독립시키기로 합의했다. 45년 2월 얄타에서 개최된 미국·영국·소련 등 3개국의 정상회담에서는 일본이 항복한 후 한반도는 미국·영국·중국·소련 등 4개국에 의한 일정 기간의 신탁통치를 거친 후 독립시키기로 다시 합의하였다. 그러나 이것은 실현되지 않았다.

2차 세계대전이 끝난 후 소련이 한반도를 점령할 것을 우려한 미국은 북위 38도 선을 미군과 소련군의 경계선으로 정하고 그 북쪽에는 소련군이, 남쪽에는 미군이 진주하여 일본군을 무장해제 시키기로 제의했다. 소련이 이 제의를 받아들여 한반도는 북위 38도 선을 경계로 미군과 소련군에 의하여 분할 점령당하게 되었다.

이때 미국과 소련은 한반도의 장래에 대한 분명한 계획을 가지고 있지 않았다. 그러나 시간이 지남에 따라 분할 점령하고 있던 미국과 소련의 의도가 드러나기 시작했다. 미국은 북위 38도 선을 일본군의 무장해제를 위한 잠정적인 것으로 설정한 반면, 소련은 북위 38도 선을 정치적인 경계선으로 항구화시켜 그 북쪽을 공산 소비에트화하려고 했다.

미군과 소련군은 한반도의 문제를 해결하기 위하여 미소공동위원회를 구성, 46년 3월과 47년 5월 서울에서 회동했지만 합의점을 찾지 못했다. 그래서 한반도 문제는 47년 9월에 UN으로 이관되어 UN 한국임시위원단을 구성했다. UN은 한반도에 선거를 실시하기로 결의했다. 그러나 소련의 거부로 남한만의 선거에 의해 48년 8월 대한민국정부가 수립되게 되었다.

기다렸다는 듯이 소련은 북한지역에서 소련식의 선거를 실시하고 북한에 같은 해 9월 조선인민공화국이라는 공산정권을 발족한다. 일본군의 무장해제를 목적으로 설정한 북위 38도 선이 제2차 세계대전 후 형성된 냉전체제로 말미암아 최첨단으로 대립하는 가장 긴장된 양극체제의 국경선으로 변하고 말았다.

남북한에 2개의 독립된 정부가 들어서면서 남북간의 대립은 더욱 격화되었다. 북한은 한반도를 전쟁에 의해 통일하기로 결심하고 남쪽을 침입하면서 비극적인 6·25는 시작되게 되었다. 3년 1개월 동안 계속된 이 전쟁에서 450만에 달하는 우리의 형제들이 죽어갔다. 당시의 남북한 인구를 3천만으로 본다면 거의 20%에 달하는 사람이 전쟁터에서 죽어갔다. 43%의 산업시설과 33%의 주택이 완전히 파괴되고 말았다.

전쟁이 일어나자 문총구국대라는 종군작가단을 구성, 시인들은 전쟁터로 갔다. 전쟁터에서 그들은 이 처참한 전쟁의 모습을 언어에 담았다. 유치환의 「최전선(最前線)」은 전쟁터에서 목격한 것을 있는 그대로 우리에게 보여준다. 거기에는 화려한 언어의 수사도, 꿈같이 아련한 시적 낭만도 개입할 여지가 없다. 다만 폐허가 된 전쟁터의 모습과 동족이 적군과 아군으로 갈려 서로 총구를 맞대고 노려보고 있는 '악몽같이 찍소리 없'는 상황만이 있다. 시인은 그것을 '개미 한 마리 얼씬 않는 백주(白晝)는/ 필름 멎은 스크린처럼 눈부신 허탈을 하고' 있다고 말한다.

왜 같은 민족이, 조상을 같이 하는 형제들이 적군이 되고 우군이 되어야 하는가. 이 눈물겨운 민족의 피맺힌 사연은 결코 6·25에만 있었던 것은 아니지 않았던가. 삼국을 통일하기 위해 신라가 저질렀던 대(對) 백제와 고구려의 삼국통일전쟁도 그것의 하나. 삼국통일전쟁은 삼국통일이라는 명분 아래 당나라라는 외세를 끌어들여 저질렀던 동족상잔임을 부인할 수 있겠는가.

원나라의 고려 침공, 조선시대 7년여에 걸친 일본의 한반도 침공인 임진왜란 그리고 병자호란, 노일전쟁, 청일전쟁으로 죽어간 한국인의 숫자는 목이 메이고 가슴이 막혀 도무지 헤아릴 수가 없다.

전쟁이 실제 이루어지는 전투의 현장을 최전선이라고 한다. 최전선에서 죽어가는 것은 장군과 지휘관이라기보다는 민초(民草)들이 대부분이고, 전쟁에서 파괴된 집과 부모와 형제자매를 잃고 뿔뿔이 흩어져 말할 수 없는 고통과 고초를 겪는 것은 이름 없는 서민들이 대부분 아닌가. 그들은 자신들이 왜 그렇게 되어야 하는지를 명백하게 알 도 못하면서 전쟁이 남겨주는 모든 것을 고스란히 그들 몫으로 감당해야 했다.

'어디다 던지던 돌코 누리라 맞치던 돌코 믜리도 괴리도 없이 맞아서 우니노라(어디에다 던지는 돌인가. 누구를 맞히기 위해 던지는 돌인가. 미워할 사람도 사랑할 사람도 없는데, 그저 맞아서 울고 있구나). 고려 서민의 노래인 「청산별곡(靑山別曲)」에서 이렇게 이유를 알지 못하면서 당해야 하는 서민의 한(恨)을 민초들은 언어로 건져 올리고 있다.

유치환도 「최전선」에서 전쟁의 소용돌이에 휘말린 서민들의 삶이 얼마나 피폐하고 곤고한가를 '여기 피아 중간의 공백 지대/ 촌민은 어디로 어떻게 다 갔는가'라고 물으면서, '포탄에 무너진 돌담 너머로/ 방문짝 열어 재낀 빈 방바닥엔/ 스산히 흩어진 낡은 세간짝들/ 마당가엔 계두화만 피보다 붉은데'라고 말한다. 부서진 삶의 보금자리, 그 집에 살던 사람은 어디로 갔다는 말인가. 여름 대낮에 마당에 핀 맨드라미가 피보다 붉다고 시인이 말할 때, 피빛의 맨드라미꽃은 바로 전쟁터에서 피흘리며 죽어가는 서민들 모두의 비극을 상징하고 있는 것은 아닌가. 이 시 속의 세상에는 그래서 '사방 산상에 숨은 포루의 총안이/ 죽음 같은 처참한 침묵을 다물은' 전쟁 바로 그것임을 알 수 있게 된다. 그래서 산 속에 숨어 있는 죽음의 전령인 포병대대(砲壘)의 총구(銃眼)가 시인에게는 '처참한 침묵'으로 다가오는 것이다.

청마 유치환(1908－67)이 6·25를 겪은 것은 장년의 나이인 마흔 둘. 문총구국대의 일원으로 전쟁터에서 보고 느낀 처참함을 그는 51년 부산의 문예사에서 펴낸 시집 『보병(步兵)과 더불어』에 모아 놓고 있다. 우리에게 6·25는 무엇이며 그것은 어떤 의미를 가지는가를 이 시집의 시들은 전쟁의 현장을 언어로 드러내어 말해주고 있다.

50주년을 맞는 6·25가 있는 이 달에 남북의 최고위급 지도자가 분단이후 처음으로 화해와 평화, 분단의 극복을 위해 평양에서 만난다고 한다. 그것이 정녕 민족사에 획기적인 사건으로 기록될 수 있기를 기대해 본다. 또한 시인이 시 속에 전쟁터의 비극적 모습을 담아내는 일이 이 땅에서는 다시 오지 않기를 간절히 소망해 본다.

5. 이용악[5] - 「절라도 가시내」

알록조개에 입마추며 자랐나
눈이 바다처럼 푸를뿐더러 까무스레한 네 얼골
가시내야
나는 발을 얼구며
무쇠다리를 건너 온 함경도 사내

바람소리도 호개도 인전 무섭지 않다만
어두운 등불 밑 안개처럼 자욱한 시름을 달게 마시련다만
어디서 흉참한 기별이 뛰어들 것만 같해
두터운 벽도 이웃도 못믿어운 복간도 술막
그러나 너의 떨리는 손이 남포 심지를 낮추기까진
나의 몸둥아린 오직 탐스러이 빛나리라

온갖 방자한 말을 품고 왔다.
눈포래를 뚫고 왔다
가시내야
너의 가슴 그늘진 숲속을 기어간 오솔길을 나는 헤매이자
술을 부어 남실남실 술을 따르어
가난한 이야기에 고히 잠거다오

네 두만강을 건너왔다는 석 달 전이면
단풍이 물들어 철리 철리 또 철리 산마다 불탔을 겐데
그래두 외로워서 슬퍼서 초마폭으로 얼굴을 가렸더냐

---

5) 李庸岳(1914.함북 경성-1971.) 『신인문학』지로 등단(1935). 『분수령』(동경 삼문사, 1937). 『낡
　은 집』(동경 삼문사, 1938) 등 시집

두 낮 두 밤을 두루미처럼 울어 울어
불술기 구름 속을 달리는 양 유리창이 흐리더냐

차알삭 부서지는 파도소리에 취한 듯
때로 싸늘한 웃음이 소리 없이 색이는 보조개 가시내야
울듯 울듯 울지 않는 절라도 가시내야
두어 마디 너의 사투리로 때아닌 봄을 불러 줄께
손때 수집은 분홍 댕기 휘 휘 날리며
잠깐 너의 나라로 돌아가거라

이윽고 얼음길이 밝으면
나는 눈포래 휘감아치는 벌판에 우줄우줄 나설게다
노래도 없이 사라질 게다
자욱도 없이 사라질 게다

남과 북의 한국 정상들이 평양에서 지난 6월 만났다. 공항까지 남한의 대통령을 영접한 북한의 국방위원장 김정일은 얼굴 가득 미소를 머금고 남한의 대통령 김대중과 손을 잡았다. 분단 55년, 일제로부터 강탈당한 조국을 되찾은 지 반세기를 훨씬 넘긴 55년만의 역사적 상봉이었다.

6월 15일 발표된 남북정상들의 합의문에서 우리는 분단을 뛰어넘어 통일로 향하는 민족의 첫발걸음을 머리 속에서 그려보게 되었다. 협력과 화해 그래서 남과 북으로 흩어진 이산가족들이 서로 내왕하고 편지를 주고받고, 우리 모두의 땅인 남과 북 어디로든지 가볼 수 있을 것 같은 희망에 가슴이 설레이었다. 조금 형편이 나은 남쪽이 경제난으로 고생하는 북쪽의 동포형제를 도와주는 일은 인류애와 동포애 이전의 골육지정(骨肉之情)이 아니겠는가.

동족끼리 서로 싸우지 말고 전쟁이 이 땅에서 영원히 없어져야 한다는 것을 남과 북의 정상들은, 남과 북의 겨레를 대표하여 허심탄회하게 깊은 속마음을 필경 털어놓았을 것이다. 이제 정말 열강들의 이해관계를 떠난 우리 스스로의 판단과 결정으로 한반도의 통일은 이루어질 것인가. 아니다. 이런 물음은 존재해서는 안 된다. 통일은 반드시 이루어져야 한다. 통일은 겨레의 비원이고 세계평화의 지렛대다. 그것도 우리들의 손으로, 우리들의 가슴으로, 우리들의 합의로 평화롭게 이루어져야만 한다. 그래서 의문문 대신에 통일은 반드시 이루어지고야 만다고 써야한다. 뜨거운 마음과 냉철한 의지로 '통일은 오고야 만다'고 강하게 써야만 한다.

55년의 분단기간 동안 한국의 현대문학사는 지체부자유의 몸이었다. 같은 문자로 시를 쓰고, 소설을 쓰고, 비평과 희곡, 수필을 썼지만 남한의 문학사는 북한의 작품을, 북한의 문학사는 남한의 작품을 유럽이나 미국, 일본의 그것만큼도 포용하지 않았다. 포용할 수가 없었다. 이 같은 비극을 무엇이라 표현할 수 있을까. 냉전시대의 불가피한 유산이라고만 치부하고 말 것인가.

해금문학. 한국의 현대문학사만이 갖고 있는 이 용어는 분단이 가져다 준 비극과 지체부자유한 문학사에 대한 슬픔과 응어리를 동시에 머금고 있다. 금지문학이 있었기에 해금문학이 존재한 것이다. 읽어서는 안 되는 시와 소설이 있었고 그것을 쓴 시인과 작가가 있었다. 그들이 일제에 강탈당한 국권상실기에 쓴 작품들도 읽어서는 안 되는 금서의 목록에 도매금으로 묻혀 등재되었다. 어떤 시인과 작가의 작품은 남쪽에서도, 북쪽에서도 다 함께 읽혀져서는 안 되는 것으로 되고 만 경우도 있었다. 그들은 남북의 양 진영 문학에서 미아가 되어버린 것이다. 미아를 찾아내어 문학사의 집에 문패를 달아주고 그들의 거주처를 마련해줘야 할 의무가 한국문학 연구자들에게는 차라리 하나의 멍에로 되어있다.

남한에 살고 있는 많은 사람들은 서정주(1915년 생) 그리고 김동리(1913년 생)와 광복이전의 같은 시대에 활약한 시인 이용악(1914년 생)에 대해서는 문외한이 되고 말았다. 그는 월북한 시인이기 때문이었다. 서정주는 1936년 동아일보 신춘문예에 시로, 김동리는 1934년 시로, 1935년에는 소설로 각각 신춘문예를 통해 등단, 문학활동을 시작했다. 이용악도 1935년 당시의 잡지 『신인문학』에 시를 발표하면서 활동을 시작했다. 요컨데 그들은 1,2년을 사이로 태어나서 1,2년의 차이를 두고 시인과 소설가로 활동하기 시작했다.

이용악은 함경북도 경성이 고향이었다. 그곳 경성보통학교을 졸업한 후 서울로 와서 고보를 다녔다. 34년에서 38년까지는 일본에 유학하여 상지대의 신문학과를 졸업한 것으로 되어 있다. 집이 가난하여 일본 유학시절 막노동 등으로 고학을 했다고 전해진다. 광복 후인 1946년 좌익계열의 문학단체였던 조선문학가동맹에 가담하면서 당시 『중앙신문』 기자로 활약하기도 했다. 공산주의 운동을 하다 서대문형무소에 수감되어 있던 중에 6.25가 발발, 월북하였다. 월북 후인 53년에는 북쪽에서 집필금지처분을 받기도 했고, 56년과 63년에 『평남관개시초』, 『역대악부시가』를 각각 펴냈다고 알려져 있지만 그 후의 자취는 헤아려 볼 수가 없다. 아마 나이로 보아서는 타계했을 가능성이 높다고 보아야 할 것이다.

이용악은 일본 유학중 함경북도 명천 출신인, '고향집에서 편지가 왔소/ 全州白紙 속에 하늘거리는/ 살구꽃은/ 살구꽃은 전쟁처럼 만발했소'라는 명편(名篇)을 남기고 서른살인 1945년 요절한 시인 김종한과 더불어 동인지 『二人』을 발행하기도 했다. 이 무렵 이용악은 방학을 이용, 간도 등지를 답사하면서 만주의 당시 조선 유이민(流移民)들의 비극적인 삶을 직접 확인하기도 했다. 1940년 8월 『시학』에 발표된 작품 「절라도 가시내」는 이 시기 그가 보았던 식민지 조선 유이민의 모습을 짧은 시 속에 서사적 구조로서 담아낸 작품이라고 말할 수 있을 것이다. 인용한 시는 발표 당시의 맛을 그대로 음미하고자 그때의 표기 그대로 옮겼다. 물론 <절라도>는 오늘날 <전라도>로 표기해야 맞다.

'서사적 구조'라는 말은 소설의 이야기 형태를 말한다. 이용악은 한반도의 남쪽 끝 전라도에서 북간도까지 떠돌아 와서 술집 여인이 된 조선의 '절라도 가시내'를 주인공으로 등장 시킨다. 식민지 함경도의 사내인 시인 자신이 '복간도 술막'에서 이 전라도에서 온 조선의 여인과 만난 것을 이야기의 형태로 구성한다. 그래서 첫째 연은 등장인물인 전라도 여인과 시인 자신에 대한 설명이다.

'절라도 가시내'는 알룩조개에 입맞추고 자랐는지 눈이 바다처럼 푸르고 얼굴이 까무잡잡하다. 눈보라에 얼어붙은 길을 걸어온 사내는 '무쇠다리'인 철교를 건너서 함경도에서 왔다. 둘째 연은 '술막'에 당도한 사내가 이제는 '호개' 즉 사나운 중국개도 무섭지 않고, 먼 길을 지나온 피로로 어두운 등불 아래서 한 잔 술에 시름을 달게 마시려 한다. 그러나 흉악하고 참담한 기별이 뛰어들 것 같은 생각에 술집도 못미더운 것이다. '흉참한 기별'이란 혹 독립군을 죽였다는 일본헌병들의 소식을 빗댄 것은 아닐까. 셋째 연의 '눈포래'는 눈보라를 말한다. 눈보라 길을 뚫고 온 사내인 시인은 전라도 여인의 '가슴 그늘진 숲속을 기어간 오솔길'에 새겨진 여인의 '가난한 이야기'를 듣고 싶은 것이다. 가난한 이야기는 조국을 잃고 떠돌아 고국의 북쪽 너머 북간도까지 오게 된 조선 유이민의 서럽고 한 많은 사연이 아니겠는가.

넷째 연 끝행의 '불술기'는 태양을 뜻하는 함경도 방언이다. '불술기 구름 속을 달리는 양'은 그래서 '태양이 구름 속을 지나가는 모습처럼'으로 이해하면 될 것이다. '초마폭'은 처마폭의 뜻. 넷째 연과 다섯째 연에서 우리는 이용악이 예사로운 시인이 아님을 확인하게 된다. 그가 다루는 언어에 대한 장인적인 역량이 이 연들에서 유감없이 발휘되고 있기 때문이다.

다시 한 번 넷째 연과 다섯 째 연을 읽어보라.

'두 낮 두 밤을 두루미처럼 울어 울어'라든가, '울듯 울듯 울지 않는 절라도 가시내야'에서 보이는 시어의 갈고 다듬음은 이용악이 언어의 조탁을 통해 역사적인 질곡의 식민지 현실을 얼마나 고도의 수사학으로 처리하고 있는가를 촌탁할 수 있게 된다. 마지막 연의 '우줄우줄'은 '우쭐우쭐'보다 좀 약한 동작을 가리킨다. 우줄우줄 노래도 없이 자욱도 없이 사라질 것이라고 한 것은 식민지 지식인의 모든 한이 고스란히 잠겨 있는 복받치는 설움의 표현이 아니겠는가.

「절라도 가시내」를 이용악의 대표작으로 말하는 것은 얼마간 모험이 따른다. 오히려 그의 「오랑캐꽃」 같은 시를 대표작으로 보는 것에 많은 사람들은 동의할 것이다. 그러나 이 작품 「절라도 가시내」는 한반도의 남쪽의 끝 전라도에서 북쪽의 끝인 두만강을 지나 북간도까지 걸쳐 있는 우리 민족의 동질성을 식민지적 상황과 절묘하게 아우르고 있음에 이론을 제기할 수는 없을 것이다.

지금부터 60여 년 전까지 일제에 의해 떠돌고 조국을 등져야 했던 한반도를 고향으로 하는 남북의 우리 겨레들―그 동포형제들이 분단되어 앙앙불락 왜 이 지경이 되고 말았는가. 누가 누구를 적대해야 한단 말인가. 이용악의 「절라도 가시내」가 보여주는 시 속에 담긴 세상, 식민지적 상황이라는 공간에서는 반도의 남쪽 끝 전라도와 북쪽 끝 함경도가 다 우리의 땅이고 고국임을 눈물겨운 국권상실기의 아픔과 함께 전해주고 있는데.

지난 6월 15일의 남북정상합의서는 남북 겨레의 동질성을 회복하여 통일에로 나아가는 실마리를 찾은 획기적인 역사적 사건임을 우리는 확인해야 할 것이다. 일제의 그 가혹한 식민통치로 골수에 병이 들고 온 몸에 피멍 든 우리의 역사를 분단을 극복하는 남북한의 통일을 통해 씻어내어야 할 소임이 우리에게 있음을 잊어서는 안 될 것이다. 이 말 속에는 남쪽과 북쪽 어느 곳에서든지 우리의 글자로 우리의 정서를 담아낸 작품을 제한 없이 읽고 평가하는 날이 하루라도 빨리 도래하기를 기원하는 뜻이 담겨 있다. 남북한이 따로 없는 한국의 문학! 그 문학의 도래를 기원하며 남쪽에서 오랫동안 읽을 수 없었던 이용악의 시 「절라도 가시내」를 꺼내서 다시 한 번 읽는다.

6. 이형기[6] – 「落花」

가야 할 때가 언제인가를
분명히 알고 가는 이의
뒷모습은 얼마나 아름다운가

봄 한철
격정(激情)을 인내(忍耐)한
나의 사랑은 지고 있다.

분분한 낙화(落花)……
결별(訣別)이 이룩하는 축복(祝福)에 쌓여
지금은 가야할 때

무성한 녹음(綠陰)과 그리고
멀지 않아 열매 맺는
가을을 향(向)하여

---

[6] 李炯基(1933.경남 진주-2005.서울) 『문예』로 등단(1949). 『적막강산』(모음출판사, 1963). 『절벽』(문학세계, 1998) 등 시집

나의 청춘(靑春)은 꽃답게 죽는다.

헤어지자
섬세한 손길을 흔들며
하롱하롱 꽃잎이 지는 어느날

나의 사랑, 나의 결별(訣別)
샘터에 물 고이듯 성숙하는
내 영혼(靈魂)의 슬픈 눈.

온통 세상이 녹음으로 뒤덮인 계절이다. 숲 속에 서면 갈매 빛깔의 나뭇잎이 온 몸에 초록물로 배여 들 것같은 이 시절에 왜 하필이면 떨어지는 꽃, 낙화인가.

지혜롭게 세상을 살아가는 방법에는 여러 가지가 있을 것이다. 앞 날에 대한 것을 현재의 시점에 서서 미루어 생각해 보는 것도 그 하나의 방법은 아닐까. 천지가 녹음으로 뒤덮여 있는 이 시절에 다가올 가을을 한 번쯤 생각해 보는 일. 초록색 잎들이 바라져 하나 둘 씩 조락하는 가을의 낙엽을 녹음 속에서 떠올려 보는 일. 그래서 아름답게 피었다가 황망히 떨어지는 꽃잎을 낙엽과 함께 떠올려 보는 것도 결코 의미가 없지는 않을 것이다.

오스트리아 출신의 독일 시인 라이너 마리아 릴케(1875−1926)는 그의 절창 「가을날」에서 이렇게 읊는다.

'주여, 때가 왔습니다. 여름은 참으로 길었습니다./ 해시계 위에 당신의 그림자를 얹으십시오./ 들에다 많은 바람을 놓으십시오.// 마지막 과실들을 익게 하시고/ 이틀만 더 남국의 햇볕을 주시어/ 그것을 완성시켜, 마지막 단맛이/ 짙은 포도주 속에 스미게 하십시오.// 지금 집이 없는 사람은 이

제 집을 짓지 않습니다./ 지금 고독한 사람은 이후도 오래 고독하게 살아/
잠자지 않고 읽고 그리고 긴 편지를 쓸 것입니다./ 바람에 불려 나뭇잎이
날릴 때, 불안스러이/ 이리저리 가로수 길을 헤맬 것입니다.'

릴케의 말대로 여름은 참으로 길고 지루하게 느껴진다. 그러나 여름의
무더위 속에서 과일은 영글고 이삭의 낱알들은 더욱 충실해지면서 수확을
예비한다. 지루하게 느껴지는 여름의 의미는 결코 예사롭지가 않다. 여름이
없이 어찌 가을을 생각할 수 있을 것인가. 자연과 세상의 이치란 항상 간
난과 신고를 거친 이후에라야 보람 있는 소망이 되어 제대로의 모습을 가
지고 우리 앞에 다가오는 것이 아닌가. 봄부터 소쩍새가 피같은 소리로 울
고, 여름의 천둥 번개가 또 그렇게 천지를 진동시킨 연후에 한 송이 국화
꽃은 피어난다고 서정주(1915—)는 말하고 있지 않는가.

어려움과 고통의 시련 없이 우리 앞에 제대로 된 삶의 영광은 오지 않
는다. 고통과 시련에서 좌절하지 않고 그것과 맞서 그것을 극복할 때 진실
로 참다운 결실은 여름을 지나 가을의 수확처럼 우리에게 찾아오는 것이
다. '인내는 쓰다, 그러나 그 열매는 달다'라는 말 속에는 이러한 세상의
이치와 그 모습이 함축되어 있기도 하다.

시인 이형기는 릴케가 가을을 생각한 것과 서정주가 국화를 두고 인연
과 세상의 이치를 바라보는 시선과는 또 다른 안목으로 떨어지는 꽃잎을
두고 '가야 할 때가 언제인가를/ 분명히 알고 가는 이의/ 뒷모습은 얼마나
아름다운가'라고 말한다. 가야한다는 사실을 '분명히 알고' 가는 사람의 모
습이 아름답다고 한 것은 '만나면 반드시 헤어진다(會者定離)'는 지혜를 체
득한 사람이기에 그런 것은 아니겠는가.

시인은 '봄 한철/ 격정을 인내한' 자신의 사랑이 저렇게 분분한 꽃잎이
되어 떨어지고 있다고 이어서 말한다. 떨어져 헤어지는 것은 섭리고, 그 섭

리를 확인하고 있기에 결별은 오히려 축복이라고, 세상의 이치라는 벼루에 지혜의 물로 먹을 갈아 마음의 원고지에 촌철살인 한 것이다. 이제 그 같은 섭리의 터득으로 '무성한 녹음과 그리고/ 머지 않아 열매 맺는/ 가을을 향하여// 나의 청춘은 꽃답게 죽는다'는 하나의 경지를 설정해 놓게 된다.

8월 15일은 강도 일제에게 강탈 당했던 조국을 35년만에 찾은 날이다. 조국이 일제의 굴레에서 벗어나 주권을 되찾은 광복의 날이다. 다시 한 번 국토의 흙을 만져보고, 바닷물도 춤을 추었던 환희의 날이다. 그러나 우리는 다시 조국을 분단 당해야 했고, 남과 북의 형제끼리 서로 살육했던 미증유의 동족상잔－6·25를 겪어야 했다. 분단은 고착되고 남에서 북으로, 북에서 남으로 향하는 길은 차단되고 말았다. 남과 북으로 헤어진 부모와 형제들은 같은 땅, 같은 하늘 아래 살면서 볼 수도 만날 수도 없었다. 그것이 반세기를 5년이나 넘기고 말았다.

지난 6월 15일 남과 북의 지도자가 평양서 만나 이들 이산가족들을 8월 15일 광복절에 제한되고 잠깐이긴 하지만 만날 수 있게 하였다. 헤어진 부모와 형제, 혈육들을 2000년 8월 15일 서울과 평양에서 만날 수 있게 하였다.

그들이 55년만에 만난다!

강보에 싸였던 아기는 이순의 나이인 환갑을 바라보는 50대의 후반이 아닌가. 이 서럽고 안타깝고 한스러운 사연을 왜 우리는 간직해야만 하는가.

그런데 그들은 만나자 곧 헤어져야 한다. 그들은 '가야할 때가 언제인가를/ 분명히 알고' 있어야만 하는 기막힌 사연을 한반도라는 공간에서 체득하지 않을 수 없게 되었다. 그러나 그들은 이것을 현명하게 지혜로서 감싸 안아야 하리라. 그래야만 그들의 아픔과 고통은 소망으로 이어져 통일이라는 결실로 언젠가 우리 앞에 우뚝 설 것이 아니겠는가.

'헤어지자/ 섬세한 손길을 흔들며/ 하롱하롱 꽃잎이 지는 어느날// 나의 사
랑, 나의 결별/ 샘터에 물 고이듯 성숙하는/ 내 영혼의 슬픈 눈'

이형기 시인이 「낙화」에서 보여주는 세상의 이치와 섭리를 스스로의 내
면으로 끌고 와 성숙하는 '영혼의 슬픈 눈'을 가져야 되는 것이 아닐까.
'만나면 헤어지고, 헤어지면 반드시 다시 만난다(會者定離 離者必反)'는
불교의 지혜와 슬기로 다듬어진 한용운(1879－1944)의 '우리는 만날 때에
떠날 것을 염려하는 것과 같이 떠날 때에 다시 만날 것을 믿습니다'라는 「님
의 침묵」 속의 절절한 표현과, '그러나 이별은 쓸데없는 눈물의 원천을 만
들고 마는 것은, 스스로 사랑을 깨치는 것인 줄 아는 까닭에, 걷잡을 수
없는 슬픔의 힘을 옮겨서 새 희망의 정수박이 들어부었습니다'라는, 결코
절망하지 않고 그것을 극복하는 믿음을 우리는 가져야 하는 것이 아니겠는
가. 지금 이별의 눈물을 통일이라는 새 희망의 용광로에 부어 넣어 반드시
분단이 극복되는 그 날을 우리들이 이루어야 하는 것이 아니겠는가.

여름의 한 가운데 서서 결실과 수확, 그리고 조락의 시절이기도 한 가을
을 생각하고, 떨어지는 꽃잎들도 헤아려 보는 일. 만남의 환희 속에서 이별
의 슬픔을 미리 헤아려 슬픔을 희망으로 바꾸는 마인드를 가지는 일. 그것
이 세상의 험난함을 슬기롭고 지혜롭게 극복하는 한 방법임을 시 「낙화」에
서 다시 생각해 본다.

경남 진주에서 태어나 동국대 불교과에서 공부했고, 유능한 저널리스트
였으며 동국대학의 교수이기도 했던, 지금은 병마와 힘겹게 쟁투하고 있는
「낙화」의 시인 이형기. 그의 빠른 쾌유를 손모아 빌면서……

7. 오장환[7] ―「여수(旅愁)」

여수(旅愁)에 잠겼을 때, 나에게는 죄그만 희망(希望)도 숨어 버린다.
요령처럼 흔들리는 슬픈 마음이어!
요지경 속에 나오는 좁은 세상(世上)에 이상스러운 세월(歲月)들
나는 추억(追憶)이 무성(茂盛)한 숲속에 섰다.

요지경을 메고 단이는 늙은 장돌뱅이의 고달푼 주막꿈처럼
누덕누덕이 기워진 때 묻은 추억(追憶),
신뢰(信賴)할 만한 현실은 어듸에 있느냐!
나는 시정배(市井輩)와 같이 현실(現實)을 모르며 아는 것처럼 믿고 있었다.

괴로운 행여(行旅)ㅅ속 외로히 쉬일 때이면
달팽이 깍질 틈에서 문(門) 밖을 내다보는 얄미운 노스타르자
너무나, 너무나, 뼈 없는 마음으로
오―늬는 무슨 두 뿔따구를 휘저어 보는 것이냐!

시인 오장환은 잊혀진 시인이다. 적어도 한반도의 남쪽에서는 잊혀지기를 강요당한 시인의 한 사람이다. 1947년에 임화 등과 더불어 월북했기 때문이다. 요컨대 오장환은 월북 시인이므로 남쪽의 문학사에서 그 이름을 대하기는 어려웠다. 시인으로서의 그의 이름을 알려고 하는 것은 금기시되었고, 그의 시를 대하기는 더더욱 어려웠다.

1918년 충북 보은군 회북면에서 태어난 그는 휘문고보를 중퇴하였다. 「목욕간」을 『조선문학』에 1933년 발표하면서 시인으로서 얼굴을 알린 그는

---

7) 吳章換(1918.충북 보은―1951.북한) 『조선문학』지로 등단. 『성벽』(풍림사, 1937). 『헌사』(남만서방, 1939). 『오장환 전집』(창작과 비평사, 1989)

서정주와 더불어 『시인부락』과 『자오선』의 동인으로 광복전 활발한 시작활동을 하였다. 그의 왕성한 시작활동은 월북하기 전까지 『성벽』, 『헌사』, 『병든 서울』, 『나 사는 곳』 등 4권의 시집을 내게 했다. 소개한 시 「여수」는 1937년 1월, 당시 조선일보사에서 발간하던 월간 잡지 『조광』에 발표한 것을 첫 시집 『성벽』에 다시 실었다.

오장환은 분단된 조국의 북쪽에서 남쪽의 고향을 못내 그리워하며 1951년 유명을 달리했다. 우리 나이로는 34세. 결코 길다고 할 수 없는 생애를 그는 식민지에서 태어나 광복의 기쁨과 동족상잔의 비극적인 남북전쟁을 함께 경험하면서 파란만장한 일생을 살았다. 오장환은 매우 다혈질이었고, 열정적인 사회주의자였던 것으로 알려져 있다.

그런 그의 마지막 시집 『붉은 기』가 얼마 전 한 문학연구자(원광대 김재용 교수)에 의해 미국 워싱턴의 국립문서보관소에서 발견되었다고 전한다. 그 시집은 1950년 5월25일 함께 월북했던 문학평론가 안함광이 발행인으로 있던 문화전선사에서 펴낸 것이다.

시집 제목이 말해주는 대로 이 시집은 오장환의 사회주의자로서의 신념과 남쪽에 두고 온 고향을 그리워하는 내용으로 엮어져 있다. 오장환은 1948년말에서 이듬해 여름까지 심장병 치료를 위해 소련을 방문한다. 이 시집은 소련 방문에서 얻어진 시편들로 묶여져 있다. 그래서 『쏘련기행시집』이라는 부제가 붙어 있다. 충북 보은에서 서울과 평양을 거쳐 모스크바로 이어지는 파란만장한 삶의 행로에서 사회주의자로서 오장환이 보았던 소련과 그의 신념이 이 시집 『붉은 기』의 시들에는 약여하게 나타나 있다.

그러나 오장환이 스무 살이 채 안 된 젊은 시절에 쓴 시, 위에 소개한 「여수」에서는 이념적인 색채를 전혀 찾아 볼 수가 없다. 다만 서정적이며 낭만적인 요소가 다소 감상적인 톤을 유지하면서 얼마간 울분을 삭여내는 분위기를 간직하고 있다.

여수(旅愁)란 객수(客愁)라고도 말해지는 여행지에서 느끼는 서글픈 우수를 말한다. 벌써 시 제목에서 사회주의라든가 이념이라든가를 느낄 수는 도무지 없다. 소개한 시는 발표된 당시의 표기대로 적었기 때문에 1연의 '죄그만'은 '조그만', 2연의 '고달푼'은 '고달픈', '어듸에'는 '어디에'의 의미다.

낯선 곳으로 여행을 가 본 사람이면 알 것이다. 그 여행지에서 사람들은 문득 두고온 고향도 생각하게 되고, 뜬금없이 그 곳에 있는 친구며 가족들도 새삼 떠올려 보게 되는 것이다. 그때 느끼는 정감의 포말을 오장환은 '요령처럼 흔들리는 슬픈 마음'이라고 말한다. 마음의 움직임을 요령처럼 흔들린다고 하는 표현은 얼마나 새롭고 신선한가. 눈으로 볼 수 없는 마음의 슬픈 움직임을 소리를 내는 요령인 청각적 이미지로 환치해 놓는 시인의 수사법은 이미 하나의 경지에 들어섰다고 말할 수 있을 것이다. 그런 다음 시인은 '요지경 속으로 나오는 좁은 세상에 이상스러운 세월들'이라고 말한다.

'요지경'이란 돋보기를 장치해 놓고 그 안에 재미있는 그림을 돌리면서 즐기는 기구 즉 '만화경'이다. '이상스러운 세월'들이란 참으로 우스꽝스럽고 부조리하여 어쩌면 정상적이지 않는 세상 즉 시인이 사는 현실을 말함이다. 그 현실은 그래서 요지경 속처럼 이상스러운 세상 즉 식민지적 현실을 말하는 또 다른 표현일 것이다. 그런 가운데 시인은 추억에 잠기는 것이다. 그것을 오장환은 '추억이 무성한 숲속에 섰다'고 말한다.

2연을 눈여겨 볼 필요가 있다. 요지경을 메고 떠돌아다니는 장돌뱅이의 역마살이 낀 운명의 고달픔을 '주막꿈'이라고 하였다. 일정한 거처 없이 이 주막 저 주막에 숙박하며 다리 오그리고 잠자면서 기약 없는 희망을 가지고 그것을 간직하는 장돌뱅이의 슬픈 삶의 역정을 '주막꿈'이라고 하였다. 분명 오장환이 만든 조어(造語)다. 국권을 강탈당해 나라조차 없는 식민지 한국인의 한과 서러움이 이 말 속에는 베여 있지 아니한가. '신뢰할 만한 현실이 어듸에 있느냐!'는 것은 현실은 신뢰할 수가 없다는 말의 또 다른 표현이다. 현실을 모르면서 아는 것처럼 믿었다는 자탄이 이어지면서 시인은 식민지적 현실에 우회적으로 저항적 몸짓을 보여준다고 해석할 수도 있을 것이다.

그래서 시인의 여행길은 괴로울 수밖에 없다. 그것을 마지막 연의 첫 행은 나타내고 있다. 이렇듯 괴로운 현실에서의 여행길은 달팽이 각질 속에 움추려 있는 것과 다를 바가 없다고 둘째 행에서 말한다. '깍질' 즉 '각질'이란 단단함으로 둘러싸인 현실—그것은 모든 것을 옥죄는 일제의 식민지적 현실이 아니고 무엇이란 말인가. 그러나 시인은 그것을 '얄미운 노스타르자'라고 은유적으로 표현한다. 그래도 시인은 자신의 울분을 말하지 않을 수가 없다. 셋째 행과 넷째 행 '너무나, 너무나, 뼈 없는 마음으로/ 오-늬는 무슨 두 뿔따구를 휘저어 보는 것이냐!'는 바로 이러한 시인의 자탄이자 울분의 표출이라고 보지 않을 수 없다.

오장환의 「여수」는 여행지에서 두고 온 곳을 생각하고 추억에 잠기는 우수만을 노래하는 것은 아니다. 우수를 말하면서 식민지적 현실을 우회적으로 드러내고, 그 현실 속에 옥죄이고 있는 식민지인의 '고달픈 주막꿈'을 말하면서 울분을 토로해 내고 있다. 다만 그 표출방법이 얼마간 감상적이고 낭만적인 기조 위에 놓여 있기 때문에 얼핏 헤아리기가 힘이 들 따름이다.

식민지적 현실을 정면으로 돌파하려는 만해 한용운이나 육사 이원록의 시 세계가 저항적 몸부림의 자세라면, 오장환이 「여수」에서 보여주는 낭만적이고 감상적인 식민지 현실에 대한 대응은 정서적 자세라고 말할 수 있다. 그래서 그것이 다소는 연약하고 감상적으로 보이지 않을 수 없게 만든다.

그러나 시 「여수」가 씌어진 1937년 이 땅의 현실은 국권을 강탈당한 지 이미 30여년을 헤아리는 시기가 아니었던가. 오장환의 감상적인 식민지적 현실에의 대응은 이같은 문맥에서 이해되어야 할 것이다. 그래서 시 「여수」가 수록된 시집 『성벽』을 두고 김기림이 조선일보에 쓴 서평(1937.9.18)의 다음 구절은 오장환의 이러한 초기 시 세계에 시사해 주는 바가 심대하다고 아니 할 수 없다.

'(오장환은) 새 타입의 서정시를 세웠다. 거기 담겨 있는 감정은 틀림없이 현대의 지식인의 그것이다. 현실에 대한 극단의 불신임. 행동에 대한 열렬한 지향. 그러면서도 이지와 본능의 모순 때문에 갈등하는 심리. 악과 유혹에 대한 깊은 성찰. 수렁 속에서도 어떠한 질서를 추구해 마지 아니하는 비극적인 노력. 무릇 그러한 연옥을 통감하는 현대 지식인의 특이한 감정에 표현을 주었다. 우리시는 분명히 자랐다. 지용에게서 아름다운 말떼를 보았고, 이상에게서 이미지와 메타포어의 탄력성을, 백석에게서 어두운 동양적 신화를 찾았다. 『성벽』 속에서 이러한 여음을 듣는 것은 우리 시가 한걸음 앞으로 나아갔음을 의미한다.'

자신의 한 평생을 굽히지 않는 신념으로 살아갔던 사람들은 훌륭하다. 그 신념이 우리의 체제 및 이데올르기와 다르다고 해도 그들의 굽히지 않는 신념으로 살아 온 삶의 자세에 우리는 옷깃을 여미지 않을 수 없다. 오장환은 사회주의에 대한 신념으로 월북을 한 시인이다. 그의 신념이 가진 이데올르기적 평가와는 무관한 광복 전 시들을 다시 읽으면서 이 같은 생각을 반추해 본다. 오장환의 생애와 닮아 있는 많은 시인들의 시를 편벽되지 아니한 시각으로 마음대로 읽을 수 있는 날이 오기를 고대해 본다. 그 날은 분단이 극복되고 통일이 이루어지는 바로 그 날이 아니겠는가.

8. 황동규[8] —「풍장 1」

내 세상 뜨면 풍장시켜다오
섭섭하지 않게
옷은 입은 채로 전자시계는 가는 채로
손목에 달아놓고
아주 춥지는 않게
가죽가방에 넣어 전세 택시에 싣고
군산에 가서
검색이 심하면
곰소쯤에 가서
통통배에 옮겨 실어다오.

가방 속에서 다리 오그리고
그러나 편안히 누워 있다가
선유도 지나 통통소리 지나
배가 육지에 허리 대는 기척에
잠시 정신을 잃고
가방 벗기우고 옷 벗기우고
무인도의 늦가을 차가운 햇빛 속에
구두와 양말도 벗기우고
손목시계 부서질 때
남몰래 시간을 떨어뜨리고

---

8) 黃東奎(1938.서울—) 『현대문학』지로 등단(1958). 『어떤 개인 날』(중앙문화사, 1961). 『황동규 시전집』(문학과지성사, 1998) 등 시집

바람 속에 익은 붉은 열매에서 툭툭 튀기는 씨들을
무연히 안보이듯 바라보며
살을 말리게 해다오.
어금니에 박혀 녹스는 백금 조각도
바람 속에 빛나게 해다오.

바람을 이불처럼 덮고
화장(化粧)도 해탈(解脫)도 없이
이불 여미듯 바람을 여미고
마지막으로 몸의 피가 다 마를 때까지
바람과 놀게 해다오.

지난 9월 14일 한국문학의 거목 한 그루가 쓰러져 영원히 잠이 들었다. 처음 시를 쓰다가 소설로서 일가를 이룬 이 대가의 여든 다섯 해 이승에서의 삶은 바로 한국 현대문학의 역사와 맞물린다. 그의 소설 중 한 편 정도를 한글세대로서 읽지 않은 사람은 없을 것이다. 중학교의 국어 교과서와 고등학교 문학사 시간에 그의 이름과 소설에 대한 언급을 읽지 않고, 그에 대한 논의에 귀 기울이지 않으면서 학생시절을 보낸 사람은 없을 것이다. 너무나 유명한 단편소설 「소나기」의 작가 황순원(1915－2000) 선생이 바로 그 분이시다.

영전에 금관 문화훈장이 추서된 것은 차라리 세속의 명리와 멀리하고 오로지 문학에만 평생을 바친 선생의 삶에 비추어 보면 하찮은 것에 지나지 않는다. 회갑을 넘긴 상주가 슬픈 얼굴로 빈소를 지키고 있었다. 그가 시인 황동규다.

그는 서울대학교 영문과의 교수이면서 가장 주목 받는 당대의 시인이다. 1938년 서울에서 황순원 선생의 맏아들로 태어난 그는 1958년 『현대문학』

을 통해 등단하여 아직도 왕성한 창작욕으로 이목을 집중시키는 시를 쓰는 시단의 중진을 넘어선 대가의 반열에 속하는 시인이다. 아버지와 아들이 이처럼 소설과 문학의 장르에서 자신의 세계를 확보한 것은 드문 경우에 속한다. 그것은 황순원 선생의 행복이고 가족의 영예라고 할 수도 있을 것이다.

황동규의 「풍장 1」은 제목에서 '1'이 말해주듯이 같은 제명의 연작으로 쓴 시의 첫 번째 작품이다.

풍장(風葬)은 죽은 사체(死體)를 매장하지 않고 옷을 입힌 그대로나 관에 넣어 바깥에 내버려 두는 장례법이다. 그러면 비바람에 육신의 살들은 탈골되어 없어지게 된다. 그래서 폭장(曝葬) 또는 공장(空葬)이라고도 부른다.

나뭇가지나 풀을 덮어 숲 속에 방치하거나, 관에 넣어 관을 풀이나 널빤지로 장집[葬屋]을 만들어 덮는 경우도 있다. 사체를 놓아두는 방식에 따라서 나무 꼭대기나 나뭇가지 사이에 두는 수장(樹葬), 시렁 같은 것 위에 올려 놓는 대장(臺葬), 절벽에 놓아두는 애장(崖葬), 동굴 안에 두는 동혈장(洞穴葬) 등으로 구분이 된다.

풍장의 풍습은 북아시아의 고(古)아시아족, 고지(高地) 아시아의 여러 종족, 인도차이나, 인도네시아, 멜라네시아, 오스트레일리아의 섬 주민과 아메리카 인디언들에게서 볼 수 있는 장례법이다.

풍장의 경우 풍화하는 대로 두는 경우도 있으나 유체가 해체되기를 기다렸다가 뼈를 거두어 두는 예도 있다. 일본 오키나와의 섬에서도 풍장을 하였다고 한다. 대개 물가의 숲 속 그늘, 동굴 속, 커다란 거북등 모양의 무덤 속에 넣어 두는데, 사체가 썩으면 유골만 골라 정성스레 씻어서 항아리에 담아 안치소에 모셔 놓고 제사를 지낸다고 한다. 우리나라에서 풍장은 전라북도 고군산도(古群山島)에서 행해졌다.

시인은 아마 이 고군산도를 답사하였음이 틀림 없다. 시 속의 <군산>,

<곰소>, <선유도>는 전북 서해안 지방의 지명들이다. 고군산도 일대를 가기 위해서는 이 지명들이 지시하는 곳을 지나야 될 것이다.

시인에게 있어 상상력은 체험에서 나온다고 릴케는 『말테의 수기』에서 말한다. 시인이 돌아 본 풍장을 했던 곳. 그 마을에는 서해의 해풍이 사철 파도소리와 어울려서 불어오는 외딴 섬이었을 것이고, 섬그늘에서 육신이 탈골되는 것을 상상하면서 시인은 시상을 가다듬었을 것이다.

시의 첫 연에서 시인은 죽은 뒤에 이렇게 해 주었으면 하는 자신의 소망을 소박한 언어로 풀어 놓는다. 입은 옷 그대로 손목에 있는 전자시계도 그대로 두어 달라고 한다. 그래서 가죽가방에 넣어 전세 택시에 싣고 통통배에 옮겨서 풍장하는 섬마을로 옮겨 풍장해 줄 것을 당부한다. 검색이 심하면 혹 오해 받을 지도 모르니 아예 애둘러서 곰소로 가라고 친절하게 지시해 주고 있다. 죽음이 시인에게 있어서는 슬픈 것도 가슴 아픈 것도 아니라 일상의 그것과 전혀 다를 바 없음을 그대로 말해 주고 있다.

사실 죽음과 삶은 지척이다. 지척의 가까운 거리라기보다 어쩌면 삶과 죽음은 뒤섞이어 있는 것이라고 할 수도 있다. 불교적 표현으로는 이승과 저승은 문지방 하나 사이다. 마루에서 방으로, 방에서 마루로 나가는 그 경계선이 문지방 아닌가. 결국 삶과 죽음은 한 지붕 아래 마루와 방이 있듯이 함께 있다는 것이 불교적 사유다. 그것은 아예 삶과 죽음을 하나의 공간으로 파악하고 있다. 이승과 저승을 하나로 보고 이승에서 저승으로, 저승에서 이승으로 순환되는 것이 삶이라는 것이다. 윤회사상의 바탕이 거기에 있다.

시인 황동규는 그것을 터득하고 있다. 「풍장 1」의 둘째 연을 좀더 세밀하게 읽으면 그것을 확인할 수 있게 된다. 가방 속에 죽은 자신은 다리 오그려 편안히 누워 있다가 배가 육지에 당도하는 기척에 잠시 정신을 잃는다는 구절을 다시 한 번 읽어 보라. 죽은 자신이 '편안히' 누워 있다는 것이나 '잠시 정신을 잃는다'는 것은 육체의 죽음과 관계 없이 정신은 살아 있음을 나타내는 것이 아닌가.

정신과 육체의 삶을 구분시킨다는 것은 영육(靈肉)을 각기 다른 생명체로 해석한다는 것이다. 육체는 사멸할 수 있어도 영혼인 정신은 영생한다는 것이다. '가방 벗기우고 옷 벗기우고/ 무인도의 늦가을 차가운 햇볕 속에/ 구두와 양말도 벗기우고/ 손목시계 부서질 때'라는 것은 많은 시간이 지나 풍장된 자신이 육탈되는 과정을 가장 일상적인 사실로 설명하는 대목이다. 그것은 이어지는 구절 '남몰래 시간을 떨어뜨리고/ 바람 속에 익은 붉은 열매에서 툭툭 튀기는 씨들을'이라는 표현에서 하나의 완성된 경지에 도달한다. 바람 속에 익은 열매에서 튀기는 씨들은 육탈되는 자신의 육체를 또 다르게 표현한 것이다. '무연히 안 보이듯 바라보며/ 살을 말리게 해다오'의 그 다음 구절과 대조시켜 보면 알 수 있다. 육체가 뼈와 분리되는 육탈의 과정에서 그것을 정신이 안 보이듯 바라보며 살아 있는 그런 경지. 그것은 영육의 삶을 분리해서 보는 경지고, 죽음과 삶은 다른 것이 아니라 삶의 연장이 죽음이고 그 연장이 다시 새로운 삶이 된다는 깨달음의 경지가 아니겠는가. '어금니에 박힌 백금' 같이 사소한 것들도 불어오는 해풍에 빛나게 해달라는 시인의 소망은 이미 육체 너머 있는 정신세계에 확고하게 발 디딘 상태가 아닌가.

마지막 연의 핵심은 '화장도 해탈도 없이'와 '몸의 피가 다 마를 때가지/ 바람과 놀게 해다오'에 있다. 화장은 왜 하는가. 아름답게 보이기 위해서다. 그러나 그것은 가식이다. 진면목을 감추는 것이다. 해탈은 무엇인가. 모든 고뇌로부터 벗어나는 것이다. 어려움과 번뇌(苦)를 모아(集) 그것을 없애고(滅) 깨달음의 경지(道)로 나아가는 것이다. 그러나 시인은 가식과 깨달음을 같은 자리에 놓고 있다. 요컨대 둘 모두에서 벗어나고 싶다는 것이다. 정신의 끝이 없는 자유스러움에 대한 이 열망! 그래서 시인은 육탈이 다 이루어 질 때까지 바람과 놀게 해달라고 소망한다.

황동규의 시 「풍장 1」은 육체와 분리된 정신의 영원성을 이야기 한다. 육체는 죽어도 정신은 살아 있음을 표현하려 한다. 그러나 바닷가에서 불어오는 해풍에 풍장된 자신의 육체가 육탈되어 없어질 때까지 자유스러움을 만끽하겠다는 것이다. 가식으로부터, 해탈이란 종교적 제의로부터도 완전히 자유스러워져서 바람과 놀고 싶다는 것이다. 자연과 하나가 되는, 자연의 한 부분인 인간이 자연 그것으로 환원되는 무위자연적인 사유를 생각할 수도 있게 된다.

「풍장 1」이 종교적 사상, 특히 불교적 사유에 발을 담그고 있으면서 그것과는 또 다른 시적 자유─정신의 가 없는 자유를 노래하고 있는 것은 이 시가 시로서 빛나는 이유의 가장 중요한 사항이 될 것이다. 종교적 사유를 가장 인간적인 소망으로 풀이하면서 결국 종교적 사유에 얽매이지 않은 시적 자유를 획득하고 있음에 우리는 문득 놀라게 된다. 시인 황동규의 능력을 여기서 확인하게 된다.

코스모스가 지천으로 피어 바람에 하늘거리고, 나뭇잎이 찬서리를 머금고 물들어 가고, 하늘이 끝없이 파랗게 펼쳐지는 계절. 이 가을은 생각을 보다 깊이 하는 사색의 계절이라고도 했다. 사색의 계절에 죽음의 공포에서 벗어나는 길을 종교의 신앙적 제의에서 찾지 말고, 시적 자유의 광활한 세계에서 생각해 보는 것은 어떤가. 황동규의 「풍장 1」을 다시 한 번 가만히 읊조려 보아라. 거기에 그 자유의 세계가 담겨 있음을 알게 될 것이다.

9. 기형도-「빈 집」

사랑을 잃고 나는 쓰네

잘 있거라, 짧았던 밤들아
창밖을 떠돌던 겨울 안개들아
아무것도 모르던 촛불들아, 잘 있거라
공포를 기다리던 흰 종이들아
망설임을 대신하던 눈물들아
잘 있거라, 더 이상 내 것이 아닌 열망들아

장님처럼 나 이제 더듬거리며 문을 잠그네
가엾은 내 사랑 빈 집에 갇혔네

기형도를 생각하면 눈시울이 뜨거워진다.

표현이 정확하지 못하다.

가슴이 꽉 막혀 오고 눈에 가득 눈물이 고인다.

1989년. 12년 전. 3월 8일 경부 고속도로. 부산에서 서울로 오는 버스에서 그가 3월 7일 새벽 3시 30분쯤 종로 2가 부근의 심야극장 의자에서 죽은 채 발견되었다는 기사를 읽었다. 벌떡 자리에서 일어났지만 안전벨트에 묶인 몸은 제대로 설 수가 없었다. 달리는 버스의 차창으로 펼쳐지는 남도의 벌판에는 아직 완연한 봄빛이 찾아들지는 않고 있었다. 그래도 따사로워 진 햇살 아래 먼 산은 그렇게 황량해 보이지만은 않았다.

그런 그때 그는, 그렇게 우리 곁을 떠났다.

1960년 경기도 연평에서 태어난 기형도는 이 세상에서 30개도 제대로 채우지 못한 나이테를 몸에 새기고 피안을 향해 떠났다. 그는 연세대 정외과를 졸업하고 84년 중앙일보에 입사한다. 수습기자 생활을 마치고 정치부에 잠깐 있다가 문화부로 자리를 옮겼다. 그 때 중앙일보의 문화부장이 문학평론가 정규웅이었다. 지금(2000.12.현재)은 조선일보 파리특파원으로 가 있는 박해현은 그때 기형도와 함께 중앙일보에 입사하여 문화부에 같이 있었다. 박해현은 연극과 영화를 맡았고, 기형도는 문학을 담당했다. 헤아려보아야 중앙일보에 있은 세월이 다섯 손가락을 꼽을 정도의 기간에 기형도는 평범한 기자생활을 한 것만은 아니었다.

서울 올림픽이 치루어졌던 1988년.

올림픽 전부터 군사정권에 대항한 민주화의 싹은 신문사에서는 노조 결성에 의한 편집권 독립 주장으로 모습을 드러내기 시작했다. 기형도는 기자들의 노조 결성에 적극적으로 참여했다. 그가 소속한 문화부의 책임자 정규웅은 중앙일보에서 간행하던 계간지 『문예중앙』의 부장으로, 기형도는 편집부로 자리를 옮길 수밖에 없었다. 거기에는 기형도의 노조 결성에 대한 적극적인 참여 등의 이유가 있었다. 이 같은 사정은 그 무렵, 지금은 화랑을 하는 시인 이달희, 살림출판사를 경영하는 소설가 양귀자의 부군이면서 그 또한 소설가인 심만수 그리고 박해현, 기형도, 정규웅 등 문인이면서 중앙일보에 있던 이들과 자주 만나 주막을 들락거렸던 내게는 중요한 귀동냥이었다.

유명을 달리했을 때 기형도가 중앙일보 문화부에 있지 않고 편집부에 소속해 있었던 배경에는 이만한 사연들이 있었음을 놓쳐서는 안 된다. 그의 암울한 시편들에는 문화부에서 편집부로 옮길 수밖에 없었던 내면의 울울함이 배여 있었음을 지나쳐서는 안 된다. 이것은 신문사의 어느 부서가 바람직한 것인가라는 사항과는 갈래가 다르다. 일하고 있던 부서에서 다른 부서로 옮겨야 하는 이유가 억압적인 정황과 결부되어 있다는 점에 포커스가 맞추어져야 하기 때문이다.

　평론집을 묶으려고 출판사에 갔다가 돌아오는 서소문의 골목에서 기형도를 만났다. 그는 슬리퍼를 끌고 구부정하게 땅을 쳐다보면서 걷고 있었다. 반갑게 손을 잡으면서 움푹하게 들어간 동그란 눈으로 지그시 바라보며 입가에 머금던 소년 같은 그 미소. 마지막이 되고 만 서소문 골목의 찻집에서 그가 한 말은 지금도 생생하다. 다시 부서를 옮겨주겠다고 해도 옮기지 않겠다, 이렇게 편집부가 편한데 뭣 때문에 옮기겠느냐고 동의를 구하는 것 같았지만 단호하게 그는 말했다. 그러나 쓸쓸했던 눈빛은 결코 잊을 수가 없다.

　기형도가 경제적으로 얼마나 어려운 생활을 했는가를 알았던 사람이 주위에 몇이나 됐을까. 단언하건데 아무도 없었을 것이다. 그것을 조금도 내색하지 않은 것이 기형도였다. 어머니도 아버지도 병고에 시달리다 타계하고, 누나 한 사람만 그것도 넉넉하게 생활을 꾸려가고 있지 못했던 것을 아는 사람은 없었다고 하는 편이 옳다. 기형도의 가정적인 곤고함은 그가 직장에서 자신의 신념을 좌절당했던 것과 공교롭게도 맞물리고 있었음을 누구도 눈치채지 못했을 것이다.

　그의 시 「빈 집」은 이 세상을 떠나기 얼마 전 『현대시세계』 89년 봄호에 발표되었으니 이 무렵 기형도의 황량하고 울울했던 내면에서 건져 올려졌음이 확실하다.

　첫 구절을 보라.

　'사랑을 잃고 나는 쓰네'

　시인은 사랑을 잃어버렸다. 원래는 사랑을 가지고 있었지만 그것을 그만 잃어버렸다고 시인은 말한다. 그러나 시인은 잃어버린 사랑을 찾으려고 하지 않는다. 시인은 사랑을 잃고 글로써 아니 시로서 쓰겠다고 말한다.

잃어버린 사랑을 찾으려 하지 않고 글로 남기겠다는 곳에 기형도의 황
량하고 울울했던 내면이 펼쳐진다. 잃어버린 것을 찾겠다는 마음에는 의지
가 담긴다. 그 의지는 살아가는 힘이 될 수도 있고, 삶의 생산적인 요소에
능동적으로 작용하는 에너지가 될 수도 있다. 그러나 잃어버린 것을 찾으
려 하지 않고 글로서 그 사연을 쓰겠다는 마음가짐에는 잃어버린 것을 기
정사실화 하려는 슬픔과 단념과 우울과 눈물이 골짜기를 이루는 자학(自
虐)의 평원이 있다. 황량하고 울울한 내면의 평원이 있다. 그 평원에서 기
형도는 내던져진 자신과 만나게 된다. 내던져진 자신과 만나려고 한다.

자신이 그렇게 내던져져 있다고 생각하는 것이 시인이다. 그래서 시인을
저주받은 존재라고 말한다. 그 말은 사르뜨르가 했지만 시인을 촌철살인하
는 데 그만큼 적당한 언표(言表)를 찾기도 힘들다. 이 저주받은 시인의 모
습을 자신의 그것으로 알았기 때문에 기형도는 운명적으로 시인일 수밖에
없는 존재였다. 그래서 기형도는 사랑을 잃고 나는 쓰네라고 말한다.

밤과 안개 촛불들과 모두 이별하려 한다고 시인은 말한다. 종이와 눈물
들도 잘 있어라고 말한다. 그런데 시인은 밤을 '짧았던 밤'이라 하고, 안개
는 '겨울 안개'라고 말한다. 짧았던 밤이라는 말에는 밤이 짧았던 데 대한
아쉬움이 얼마간 배여 있다. 안개도 겨울 안개다. 기형도가 생전에 남겨 놓
은 60편을 크게 넘지 못하는 시편들의 주류를 이루는 것은 밤과 겨울의
이미지다. 그것은 시인이 밤과 겨울을 선호했다고도 할 수 있지만 밤과 겨
울, 어둡고 차가운 상황, 달리 말하면 울울하고 황량한 속에 자신이 놓여져
있음을 무엇보다 통절하게 인식하고 있었던 것으로 해석해야 할 대목은 아
닌가.

흰 종이에는 무엇인가 써야 한다. 그것을 시인은 공포라고 했다. 그래서
'공포를 기다리던 흰 종이들아'라고 말했다. 공포를 종이에 쓰려고 했던 기

형도. 그의 직업은 기자였다. 기자가 쓰려던 진실이 공포였다면 기형도가 살았던 군사독재의 연장시절을 생각할 수는 없는가. 그것을 망설이면서 속으로 울기만 했던 젊은 시인은 그 눈물은 망설임을 대신했던 것이라고 말한다. 그것들과 이별을 하려는 시인. 그는 이 모든 열망들은 자신의 것이 아니라고 절규한다. '잘 있거라. 더 이상 내 것이 아닌 열망들아'라고.

'장님처럼 나 이제 더듬거리며 문을 잠그네/ 가엾은 내 사랑 빈집에 갇혔네'

사랑을 빈집에 가두어 둔다는 것은 무엇인가. 잃어버린 사랑을 찾지 않고 장님처럼 더듬어 문을 걸어 잠그고 빈집에 가두어 둔다는 것은 무엇을 의미하는 시인의 말인가. 황량하고 울적하며 슬픔과 눈물과 단념의 저 적막한 시인의 내면을 빗장으로 걸어 잠근다는 것이 과연 무엇이란 말인가.

그것은 잃어버린 사랑을 찾지 않고, 찾지 않음으로 생긴 끝없는 나락에 자신을 가두고 세상과 단절하려는 것이다. 기형도는 그렇게 세상과 단절하는 연습을 하고 있었던 것이다. 그러므로 기형도의 사랑은 세계와 타인에 대한 단절의 사랑이고, 세계와 타인과의 소통을 막는 사랑이다. 그래서 이 시 「빈집」은 기형도가 그의 죽음을 예견한 작품으로 볼 수 있다는 것에 대해 머리를 끄덕이지 않을 수 없게 된다.

스물아홉의 아까운 나이에 세상을 등진 기형도와 그의 곤고했던 삶을 생각하면, 아니 한 밤중의 극장 좌석에 앉아 저 세상으로 가버린 그를 생각하면 너무 기가 막힌다. 그가 살아 있다해도 이제 겨우 마흔, 불혹의 문턱을 겨우 밟게 되는데.

새해 벽두에 요절한 한 시인의 세계와의 단절을 절창으로 읊은 시를 읽으면 가슴이 답답해진다. 그러나 답답한 가슴을 억지로라도 열고 새로운 세기의 면모를 확인하려면 단절의 그 극한을 이해하는 것도 필요하지 않을까. 울울한 것이 산재한 이 시대의 모습을 보다 정확하게 아는 길의 하나에 이런 방법도 있지 않을까.

아직도 나는 기형도만 생각하면 눈시울이 뜨거워진다.

| 제1장 |

　·『범부의 문학과 불교주변』, 동국대역경원, 1991

| 제2장 |

　·한용운－시인 한용운론,『우리말글 24집』, 우리말글학회, 2002
　·이육사－이육사연구,『현대문학』, 현대문학사, 1985.8.
　·서정주－
　　(1) 서정주 시와 샤머니즘,『서정시학』, 서정시학사, 2006 가을호
　　(2) 설화의 시적 수용,『비평정신과 삶의 인식』, 문학세계사, 1987
　　(3)「꽃밭의 독백」평설,『현대』(현대그룹사보), 현대그룹PR사업본부, 2003.12
　·김달진－열치매 나타난 달처럼,『문학사상』, 1989.8
　·박목월－청록파 박목월의 시,『현대시학』, 2006.6
　·한국 현대시와 선시－현대시와 선시의 경계,「2004년 백담사 만해축전세미나」주
　　제발표, 2004.8.
　·함형수－함형수 시 연구,『비평정신과 삶의 인식』, 문학세계사, 1987
　·한국 전후시－한국 전후시의 일 고찰,『비평정신과 삶의 인식』, 문학세계사, 1987
　·김종길－김종길의 시세계,『문학과 의식』, 1998 가을호
　·안장현－안장현 시연구,『국제어문학 11호』, 국제어문학회, 2005.6
　·김종해－김종해의 시세계, 시집『풀』, 문학세계사, 2001.9
　·박종해－박종해론,『대구의 시』, 만인사, 2004.
　·서영수－서영수의 시세계, 시집『선도산 일기』, 인문당, 1994.10
　·기형도－기형도론,『현실과 언어의 그물』, 민음사, 1998
　·문인수－문인수의 시세계,『현실과 언어의 그물』, 민음사, 1998
　·윤기일－윤기일의 시세계, 시집『가슴 속 호리병 하나』, 문학수첩, 2001

| 제3장 |

　·『현실과 언어의 그물』, 민음사, 1998

| 제4장 |

　·『현대』(현대그룹사보), 현대PR사업본부, 2000.3~12

인명 찾아보기

작품 · 작품집 찾아보기

김선학(金善鶴)

문학평론가 · 문학박사.
현재, 동국대학교 인문과학대학 국문학과 교수.

[저서]
· 『비평정신과 삶의 인식』
· 『현실과 언어의 그물』
· 『범부의 문학과 불교주변』
· 『한국현대문학사』
· 『문학의 발견』
· 『김선학의 문학개론강좌』
· 『경주의 소설문학』 (공저)
· 『현대시론』 (편저) 등

시에 잠긴 한국인 생각 韓國詩思想史試論

지은이 김선학

인쇄일 초판1쇄 2007년 8월 17일 **발행일** 초판1쇄 2007년 8월 25일
인쇄일 초판2쇄 2009년 9월 01일 **발행일** 초판2쇄 2009년 9월 04일
발행처 국학자료원 **등록일** 제324-2006-0041호

편 집 박지혜, 이초희, 김나경 **영 업** 정구형
총 무 한선희, 손화영, 박지연 **물 류** 박홍주, 김종효

서울시 강동구 암사동 463-25 2층
Tel 441-1762, 442-4623,4 **Fax** 442-4625
www.kookhak.co.kr / kookhak2001@hanmail.net

ISBN 978-89-6137-261-9 *93180
가 격 26,000원

저자와의 협의하에 인지는 생략합니다.